진정, 한국은 정보강국인가?

정보정책의 이해와 실천

-정보화경험과 제4차 산업혁명의 진로-

한세억

박영사

Prologue

「2006년 7월 2일. 사고가 났다. 사막 한가운데에서. 왜, 자신이 운전하던 차가 뒤집혔는지 전혀 기억이 나지 않고, 40분 만에 헬기가 왔다. 헬기를 타고 병원 옥상에 내렸다. 기억이 없다. 40분 동안 숨이 끊겨 있었다. 3일 뒤, 수술 후에 깨어났다. 의식이 돌아온 것은 그때다. 몸은 마비됐지만 머리는 살아서, 그동안은 '여행을 다녀온 기분'이었단다.」

끔찍한 교통사고로 목 아래 전신이 마비된 서울대 이상묵 교수가 장애를 딛고 강의와 연구 활동을 펼쳐 감동을 주고 있다. 그의 생활은 전동 휠체어와 PC, 인터넷, 음성인식 프로그램과 입으로 작동하는 마우스 등에 크게 의지하고 있다. USB 포트만 있으면 사용 가능한 마우스에는 압력 인식장치가 달려 있어 입으로 커서위치를 조정할 수 있고 불거나 빠는 동작으로 좌·우 클릭을 할 수도 있다. 이처럼 인터넷은 세상과 이 교수의 거리를 좁혀주는 창이며 쇼핑과 은행업무 등 일상의 필요를 해결하는 공간이기도 하다. 다만, 아쉬운 것은 음성인식 프로그램. 이 프로그램은 일본이나 중국어로 호환가능 하지만 유독 한국어와 호환이 되지 않아 모든 작업은 영어로 처리한다.

물론 외국사례도 있다. 얼마 전 타계한 영국의 천재 물리학자 故 스티븐 호킹 박사, 그는 케임브리지 대학원생 시절인 1963년 루게릭병이라는 희귀병에 걸려 손발을 움직일 수 없게 됐다. 모든 걸 두 손가락에 의지해야 하는 절망적 상황 속에서도 <양자우주론>과 같은 현대물리학의 혁신적 이론들을 제시해 모두를 놀라게 했다.

이처럼 신체적 장애와 한계를 뛰어넘어 왕성한 활동을 할 수 있었던 것은 무엇 때문일까? 바로 스마트 폰을 비롯한 다양한 IT기기 덕분이다. 장애인을 위한 다양한 접근성 개선기술은 비록 손발을 움직이지 못하는 상황에서도 기기를 이용할 수 있도록 돕는다. 사람을 먼저 생각하는 따뜻한 정보기술의 힘이 물리적,

인간적 한계의 삶에 용기와 도전을 불어넣는다. 그 원동력은 사람의 얼굴과 마음을 지닌 착한 정보정책의 긍정적 영향 덕분 아닐까?

왜, 정보정책이 존재하는가? 급속한 사회변동의 불안, 불확실성, 불만, 불편 등으로부터 사람을 자유롭게 해주기 위함이다. 정보는 불확실성에 대비하는 핵심 수단이다. 그렇다면 정보정책으로 인해 얼마나 자유로워졌는가? 현상은 오히려 정보가 증가하는데, 불확실성이 심화된 것은 아닐까? 정확한 정보를 적절한 시기에 얻을 수 있다면, 상당한 정도로 불확실성을 감소시킬 수 있다. 인터넷과 모바일혁명은 인간 삶에 중요한 의미를 제공한다. 그런데 서로 모순된 정보가 공존하고 공유되고 현실은 오히려 불확실성을 심화시킬 수 있다. 이런 상황에서 정부역할이 중요하다. 정부는 정보의 바다에서 국민에게 꼭 필요한 정확한 정보를 추출하거나 생성하여 적절한·채널을 통해 알려주어야 한다. 지금까지의 정부의 노력에 긍정적 성과와 부정적 역기능으로 인해 반드시 성공했다고 단언하기 어렵다. 오히려 정부의 부적절한 정보관리 및 제공으로 인해 불확실성을 확대시키는 원인을 제공하기도 했다는 점은 반성해야 한다.

주지하듯 정보화가 세계단일경제권시대에서 승자가 되기 위한 필수조건이자 핵심과제라는 인식이 확대되면서 정보화가 핵심과제로 부상하였다. 이를테면 선진사회, 세계화, 국정개혁, 정부혁신, 선진화, 창조경제 등의 추진을 위한 최선의 수단적 의미로 채택·사용되어 왔다. 정보화 흐름은 거역할 수 없는 커다란 역사적 줄기가 되어 갈수록 심대해지고 있다. 더구나 정보화 충격의 적응적 흡수가 국가흥망을 좌우하는 요인으로 인식되면서 국가발전을 위한 핵심전략으로 부상하였다. 어느 국가를 막론하고 경험하고 있는 것은 정보통신에 의해 생성되고 있는 혁신적이고 광범위한 변화의 도전이다. 이러한 도전은 한국에 위협과 함께 기회를 내포하였으며 그동안의 정보화 노력으로 기회와 가치를 창출하였다.

그 결과인지 한국을 IT강국이라고 한다. 2018년 기준 전 세계 주요국가 가운데 한국의 인터넷 및 스마트 폰 사용비율이 단연 최고다. 인터넷 정보량은 거침없는 증가세다. 시간을 거슬러 2007년 당시 한국의 디지털정보 생산량은 국민 1인당 평균 92Gb로 세계인구 1인당 평균인 46Gb보다 두 배가 많았다. 그렇다면 과연 진정한 강자일까. 긍정보다 부정이 앞선다. IT기반구조나 하드웨어의 강국일지언정 정보윤리, 규범 등 정보문화는 후진국이라 해도 지나치지 않다. 세계 최고수준의 정보통신망에 허위, 불건전정보가 범람하고 버릇없는 네티즌에게서 네티켓을 찾아보기 어렵다. 인터넷 중독자는 수를 더해가며 정보격차의 골은 깊어지고 사이버테러, 온라인 사기 및 절도, 악성댓글로 사이버공간은 갈수록 거칠어지고 있다.

후진적 정보문화의 현상 가운데 비신사적이며 배타적인 댓글 문화는 국제적으로 악명 높고 온라인게임에서 한국의 게이머들의 욕설과 폭언 등은 외국 게이머들의 지탄 대상일 정도로 일그러진 정보화가 IT강국의 부끄러운 자화상이다. 상황이 이럴진대, 누구도 책임지려 하지 않고 자유와 권리만 주장하고 있으니 성숙하지도 않다. 이처럼 정보문화가 빈곤한 까닭은 정신없이 정보화에만 매진했기 때문이다.

온라인 정보의 양적 증대가 정보 활용능력을 높이거나 인간의 관심을 확장시켜주지 못하고 있다. 오히려 정보편식 심화로 인한 부작용이 우려된다. 뉴스·사이트·블로그·채널 등 이념과 호감에 얽매인 정보편식이 정보공동체의 가치관을 약화시키고 있다. 편식이 건강을 해치듯 특정 정보에의 쏠림은 개인 차원에서 거부·배제·단절을 낳으며 사회적 수준에서 불신·편향·분열양상을 드러냈다. 특히, 한국사회에서 동일 현상을 놓고 극단적 견해가 충돌하는 양상이 심하다. 그 까닭은 자신이 믿고 싶은 방향으로 정보를 해석·판단·선택하려는 아전인수식 확인편향에서 비롯된다.

실제 공간과 경계가 모호해지는 온라인 공간에서는 실체보다 이미지를 추구하고 합리성보다 감성에 집착하며 선동에 취약해 균형감각 유지가 어렵다. 정보 깊이나 신뢰보다 흥미위주의 가벼운 오락 콘텐츠가 진지한 담론을 압도하고 있다. 정보편식을 방치하게 되면 자칫 뫼비우스의 띠처럼 편집증의 굴레라는 화근이 돼 정보강국을 파편화시킬 수 있다. 정보문화의 창조성이 빈곤하고 자신감도 안 보이며 정보화 의지와 열정도 느낄 수 없다. 무기력한 디지털리더십이 지속되면 자칫 인터넷의 창의성·자율성·신뢰는커녕 정보강국의 위상마저 잃지 않을지 염려된다.

성숙한 정보강국을 위해 정보화 성찰과 통찰의 바탕에서 생산적 정보 이용이 뒤따라야 한다. 먼저 입맛대로 보도하는 편향언론부터 이념과 정파성에서 벗어나 사회적 갈등의 중재자로 거듭나야 한다. 정보가치 선별과 논리적 가공 및 분석능력을 높이고 사회현상에 다양한 관점과 창조적 비판으로 생산적 대안을 제시해야 한다. 취향에 맞는 통계와 유리한 정보만 골라 만든 정책을 일방적으로 홍보했던 정부 역시 투명하며 진실하고 정확한 정보의 바탕에서 국민과 양방향 소통하며 정책신뢰를 쌓아야 한다. 인터넷사업자들도 건강한 웰빙 식탁을 차리는 엄마의 심정이 절실하다. 제 기분대로 정보를 선정적으로 소비하는 네티즌이나 제 맘대로 짜깁기하는 청소년들도 정보편식에서 벗어나야 한다.

정보나 지식습득 과정에서 편리함과 호감만 추구한다면 자칫 편의주의라는 블랙홀에 지성과 창조성이 함몰될 수 있음을 경계해야 한다. 일찍이 인간의 삶과 환경을 조망했던 노벨물리학상 수상자 Werner Karl Heisenberg가 "젊은이들이 아름다움을 선택하면 세상은 그만큼 아름다워질 것이고 유용한 것을 선택하면 세상에는 유용한 것이 더 많아질 것"이라고 설파했듯이 네티즌은 정보 유용성을 냉철하게 판단하고 가치 있는 정보를 선택, 생산적으로 이용하는 창조적 존재인 Homo-Informaticus가 돼야 한다. 그래야 정보를 넘어 창조성 넘치는 신뢰기반의 제4차 산업시대의 강국이 가능하다.

본서는 성숙하고 조화로운 정보강국을 지향하는 정보정책을 위해 다양한 시각과 관점에서 정보정책을 기술, 이해, 설명하고자 한다. 그동안 정보정책관련 연구나 저서는 산업, 기술 등 분야에서 한정된 관점이 주류를 이루었다. 특정분야와 영역에 한정된 관점에서 정보정책을 다루는 과정에서 군맹평상(群盲評象)식 접근으로 인해 정보정책에 대한 전체적이며 종합적 이해가 어려웠다. 이러한 문제 인식의 바탕에서 연구자는 정보통신산업 및 경제, 정보통신기술 중심의 공급지향적 기존 연구와의 보완과 균형을 위해 수요지향의 인문·사회·문화영역에서 차별적 접근을 견지하고자 한다. 아울러 정보통신 분야에서의 실무경험과 연구를 자양분 삼아 정보정책에 대한 이론과 경험적 현상 간 조화와 함께 실제 정책현상에서 드러난 정보정책에 대한 성찰적 논의의 바탕에서, 현재 진행 중인 제4차 산업혁명의 방향을 모색하고자 한다.

2018년 9월

차 례

CHAPTER 01 정보정책의 생성과 진화, 가능성

CHAPTER 02 정보정책 고찰: 변화와 지향

CHAPTER 03   정보정책과 사람: 행위자관점

CHAPTER 04   정보정책의 지식생태: 전자정부정책의 비교분석

CHAPTER **10**　제4차 산업혁명시대와 정보정책

CHAPTER 01

정보정책의 생성과 진화, 가능성

정보정책의 생성과 진화, 가능성

CHAPTER
01

"정보가 찾아오는 것을 멍청하게 기다려서는 안 된다."
– Robert H. Waterman –

문제의식과 초점

정보화 진전에 따라 정부의 정보화활동과 노력이 증가하여 왔다. 우리나라 정책공간에서 그 지세와 영역이 구체화되고 있는 정보정책은 일순간에 생성된 것이 아니다. 정보화의 자극에 대응하여 법률, 계획, 대책, 방안 등 다양하게 표현된 정부활동의 누적적 산물로서 동태적 확장과정을 거치며 진화양상을 보여준다. 즉, 정보화의 성숙, 고도화에 따라 지식 및 지능화로의 전환양상을 보여주면서 지식·지능·스마트정책 등으로 투영되고 있다. 그렇지만 아직까지 정보정책에 대해 누구나가 쉽게 공감할 수 있을 정도의 독특한 양식으로 지칭되는 외연적 정의가 없으며, 그 경계와 영역을 명확하게 규정짓기도 어렵다. 본 장에서는 정보화 전개과정에서 정책현상에 투영된 정보정책을 거시적 차원에서 이론적으로 탐색하는 데 있다. 경험적 정책현상에서 드러난 정보정책은 정교·미분화(微分化)되고 있지만 정책현상에 대한 인식의 창으로서 정보정책연구는 단순·미분(未分)한 실정이다. 이에 정보정책에 대한 실질적 지식의 제공뿐만 아니라 정보정책의 독자성 확보의 일환으로 그 생성맥락을 고찰하고, 진화가능성 모색하도록 한다. 아울러 정보정책이 실천적 정책으로서 독자성 확보를 위해서는 첫째, 이론과 제도 간 조화를 갖추어야 한다. 둘째, 정보통신의 특성과 상황을 고려하여 정책모형, 정책기법, 정책논리, 정책전략 등이 보완, 정리되어야 한다. 셋째, 정보·지식환경의 변화와 발전단계에 부응하여 정책목표를 설정하고, 상황변화에 대응하여 정책수단이 개발되어야 한다.

제1절 정보정책의 형성과 맥락

1. 정보시대의 산물로서 정책시각

사회적 산물인 정책은 인간사(human affairs)의 일부로서 생활세계의 실제영역에서 가시적 또는 보이지 않게 작용하면서 심대한 영향을 미친다. 정책은 사회체제의 구성요소로서 생명력을 갖는 유기체와 마찬가지로 환경과 상호작용을 하면서 시대변화와 상황여건에 반응하면서 끊임없이 진화하고 있다. 가령 농경시대의 치산치수(治山治水)를 위한 관개 및 수로사업에서 산업시대의 도로·항만·공장건설, 그리고 정보시대에서는 정보기반구조의 구축에 정책초점이 맞추어지면서 정보정책이 국가 활동의 근간으로 주목받았다. 이처럼 정보정책은 기존의 산업사회의 여건이나 행동양식 그리고 삶의 형태를 변화시키기 위한 정부의 의도적 활동으로서 정보통신의 흐름 및 정보화 상황의 진전에 부응하여 나타난 정부제안(initiative)이다. 한국의 정책공간에서 그 지세와 영역이 구체화되고 있는 정보정책은 일순간에 생성된 것이 아니다. 정보화의 자극에 대응하여 법률, 계획, 대책, 방안 등 다양하게 표현된 정부활동의 누적적 산물로서 동태적 변동과 확산과정을 겪고 있다.

정보정책에 대해 아직까지 누구나가 쉽게 공감할 수 있을 정도의 독특한 양식으로 지칭되는 외연적(外延的) 정의가 없다. 즉, 정보정책이라는 어휘사용의 표준규칙을 찾기 어렵다. 그래서 때로는 정보통신과 관련된 용어의 단순한 부분집합으로 비쳐지거나 동연적(co-extensive)으로 인식된다. 그리고 보다 광범하게 학제적(interdisciplinary) 또는 범 정책적(trans-policy)으로 확장되기도 한다. 이에 따라 정보정책은 정책공간에서 임기응변적(ad-hoc), 짜깁기(patch-work) 또는 분산된 정책으로 드러났다.[1] 이처럼 정보정책은 명확하게 구분되는 경계를 갖지 않으며, 개념과 영역을 단언적으로 규정짓기 어려운 까닭에 일종의 모호 집합

---

[1] 다른 정책과는 달리 정보정책은 형성초기부터 이슈별로 분절되어 생성되었다. 그리고 부처별로 산발적이며 개별적으로 형성되면서, 독립된 분야로서 종합적이며 전체적 시각에서 통합된 양상을 보여주고 있지 못하다.

(fuzzy set)으로 인식된다(Landau, 1977: 423-427).

주지하다시피 정보화 흐름은 거역할 수 없는 커다란 역사적 줄기가 되어 갈수록 빠르고 심대해지고 있다. 한국에서 정보화는 선진국은 물론 경쟁국에 비해 높은 증가율을 보여주었다(한국전산원, 2000).[2] 급속한 정보화 성장률은 정보화 흐름과 전개과정의 역동성을 대변하는 증좌다. 이처럼 정보화가 급속하게 성장할 수 있었던 이면에는 무엇보다도 정부의 강력한 정책드라이브가 주효했던 것으로 생각된다. 달리 말하면 산업화의 견인역할을 담당했던 정부가 정보시대에서는 정보화대열에 낙후돼서는 안 된다는 위기감 그리고 국가발전을 위해 컴퓨터와 통신의 활용기반조성과 전산화 구축을 중요한 정책과제로 인식, 추진해 온 노력에서 연유하는 것으로 생각된다. 실제로 정보통신산업 육성과 초고속정보통신망 구축의 성패가 21세기 국가흥망을 좌우하는 요인이자 국가발전의 핵심전략으로 부각되면서 정보화 촉진을 위한 정부기능과 역할에 대한 인식과 기대가 시간이 흐를수록 증폭되고 있다.

정보정책을 둘러싼 법·제도적 그리고 제반 환경적 여건이 과거보다 개선되면서 정보사회를 실현을 위한 필요조건도 외견상 충분하게 갖추어졌다.[3] 이에 따라 정보화물결의 줄기와 가닥을 잡아가는 정보정책의 중요성이 커가면서 정책영역에서 그 비중과 역할이 갈수록 증대하고 있다. 그렇지만 정책현상에서 나타난 정보통신분야는 매우 다양하고 이질적이기에 아직까지 통일된 연구가 이루어지지 못한 채 잡다한 연구의 단순한 집합으로 인식되고 있다. 이로 인해 정보정책이 하나의 독립된 분야로 지위를 지닐 수 있는가에 대해서는 여전히 의문으로 남는다.

그럼에도 본 장의 목적은 정보화 전개과정에서 정책현상에 투영된 정보정

---

2) 가령 한국의 정보화 성장률(1989~1998)은 미국과 유럽을 비롯한 선진국 평균수준(20% 이상)을 크게 상회하는 40% 이상으로 나타났다. 이처럼 정보화수준이 급속하게 증가하는 현상은 새로운 정보통신서비스인 ISDN, 인터넷, Pager, 이동전화 등을 중심으로 정보화가 빠르게 확산되었으며 이들이 정보화에서 차지하는 비중이 증가한데서 비롯된다.

3) 정보정책의 총괄을 위한 정부조직으로서 정보통신부의 신설(1994. 12), 정보시대 헌법으로 불리는 정보화촉진기본법의 제정(1995. 8) 그리고 정보기술 및 산업 환경 및 구조변화 등은 궁극적으로 정보사회의 실현을 위한 필요조건으로 이미 1980년대 초부터 산·학·연 등 각계각층에서 요구되었다.

책을 거시적 차원에서 이론적으로 탐색하는데 있다. 경험적 정책현상에서 정보정책은 정교(精巧)·미분화(微分化)되고 있지만 정책현상에 대한 인식의 창으로서 정보정책연구는 단순(單純)·미분(未分)한 실정이다. 이에 본 장에서는 정보정책에 대한 이론적 지식의 제공뿐만 아니라 정보정책의 독자성 확보의 일환으로 그 생성원인과 맥락을 고찰하고, 정체성 및 진화가능성을 탐색하고자 한다.

정보가 생활 속에 확산되고, 정보통신기술의 급속한 발달로 정보의 효과적 유통과 활용에 관한 다양한 정책이 요구되었다. 이 과정에서 정책내용들이 서로 상충되거나 상호 적용영역이 상이함에도 불구하고 동일의 원칙을 고수함에 따라 정책의도를 달성하지 못하는 경우도 발생할 수 있다. 또한 각국마다 상황과 환경이 상이하기에 단일의 통합된 국가정보정책을 규정하기가 어렵다. 정책규정상 어려움을 반영하듯 영국에서는 정보정책을 네 가지 범주로 제안되었다(Rowlands and Vogel, 1991: 1-5). 첫째, 정부 내 정보창출·생산, 수집, 배분, 접근·검색 및 보존·폐기에 관한 전 과정의 지침 및 지시의 제공 및 이와 관련한 정보이용 및 규제이슈 둘째, 정보자원관리 차원에서 전자정부를 중심으로 확장되면서 제기된 조직관련 이슈 셋째, 정보통신 기반관련 투자 등 산업경제 전반에 관련된 이슈 넷째, 정보기술과 정보의 효과적 활용을 통한 삶의 질 향상이나 정보격차 해소 등 정보통신 제도화와 관련한 사회적 이슈로 구분된다. 미국에서는 정보정책을 정보수집에 따른 국민들의 부담을 감소시키려는 연방정부의 노력에서 시작하여 정보의 적극적 공개와 접근성 제고, 조직의 업무관행의 투명성 확보를 통한 정부재창조의 계기를 마련하는 것으로 이해되었다(Perrit, 1996). 이에 미국의 정보정책은 공식적 평가나 분석에 근거하기보다 "행하면서 배우는(learning by doing)"접근방식에 의해 발전되어 온 것으로 평가된다(Hernon etal., 1996: 311).

정보정책은 정보가 갖는 특성과 접근의 다양성으로 인해 정책이해를 위한 공감대 확보가 쉽지 않고 정책현상파악을 위한 방법론도 불충분하다. 한국의 정보정책은 다양한 맥락과 이슈를 배경으로 생성되었다. 물론 보는 입장에 따라 상이하고 복잡한 양상을 보여주지만 환경변화와 정책영역 확장으로 인해 정보정책에 대한 체계적 이해와 설명이 요구된다. 정보기술기반 정책패러다임이 현

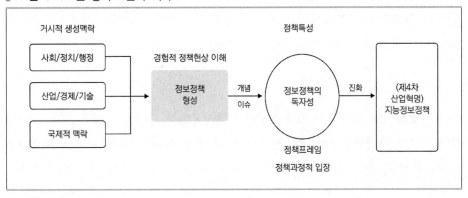

그림 1-1 본 장의 흐름과 시각

실로 투영되면서 정책지세와 영역이 달라지는 듯하다. 이에 정보정책의 형성맥락과 특성을 살펴보는 것은 의미를 갖는다. 왜냐하면 제4차 산업혁명의 진전에 따른 정보화의 질적 성숙과 고도화에 따른 지식(지능정보)화의 진전에 현실적 시사점을 제공할 수 있기 때문이다. 이러한 인식의 바탕에서 〈그림 1-1〉에서 보듯 정보정책의 생성맥락을 거시적 수준에서 살펴보고, 아울러 정보정책의 독자성과 진화가능성을 모색하고자 한다.

2. 정보정책의 형성맥락

정책과 사회는 상호 밀접하게 관련된다. 정책이 사회상황을 변화시키기도 하지만, 정책자체가 사회적 산물로 생성되기도 한다. 이처럼 정책과 사회 간 상호작용과정에서 정책영역과 지세가 변화한다. 이러한 견지에서 정보화촉진과 기반조성을 위한 정책의 사회적 확산과 응용의 확대에 따라 정부조직과 정책영역이 큰 변화를 겪고 있다.[4] 변화의 동인은 정보통신기술의 발달과 다양한 정보서비스 요구증대 그리고 정보통신기반구조의 세계화와 정보통신시장개방 압력 등으로 압축된다. 그 변화의 결과는 통신과 방송의 융합 및 정보기술혁신, 다양한

---

4) 정보화 진전에 대응하는 행정조직 차원의 변화는 국가적 수준, 부처차원에서 나타났으며, 각 부처별로 고유 업무의 정보화를 중심으로 확산되면서 정보정책공간과 영역이 급속히 확대되고 있다.

정보통신서비스의 등장, 경쟁체제의 도입과 확산, 정보통신사업의 규제완화 및 민영화 등으로 집약되면서 정보정책의 형성으로 나타나고 있다. 이를 거시적 차원에서 살펴보면 크게 다섯 가지로 설명된다.

가. 산업·경제적 맥락

산업화이후 지속적인 경제성장에 대한 국민적 요구가 고조되었다. 그동안 고도성장을 구가했던 한국경제는 1980년대 후반 이후 성장의 한계에 직면하였으며, 고임금, 높은 물류비용, 낮은 기술개발 및 생산성 미흡 등으로 경쟁력이 약화되었다. 이에 고비용·저효율의 구조적 한계와 취약한 경제체질의 개선을 위해 새로운 산업구조의 모색이 요구되었다. 이 과정에서 경제구조조정 및 산업고도화에 기여하고, 고부가가치·고성장산업으로서 인적 자원이 풍부한 한국의 잠재적 비교우위산업으로 정보통신산업에 대한 가능성에 대한 공감대가 이루어졌다. 제5공화국 초기에 발아된 정보산업육성정책에 힘입어 성장을 지속하다가 1997년의 IMF극복과 경제구조개혁의 일환으로 정보화가 채택되면서 정보통신산업이 핵심성장산업으로 자리매김하게 되었다(정보통신부, 2000). 이에 국내 정보통신산업 생산은 1997년 30.3%에 이어 1998년에는 14.0%, 1999년에는 16.9%로 고도성장하였고, 2000~2004년에도 연평균 13.9%의 지속적 성장이 예상되었다(홍동표·김용규 외, 2000).

정보통신산업은 기존산업에 비해 고부가가치·첨단·기간산업 성격을 갖고 있으며, 발전전망이 확실하여 한국경제의 유일한 대안으로 부상하였다. 이러한 현상은 정보화흐름에 민감한 기업들이 정보통신을 새로운 사업목적 및 집중투자분야로 설정하고 업종변신을 위해 정보통신분야에의 진출을 확대하는 등 일련의 대응노력에서 엿볼 수 있다. 가령 정보통신분야에의 진출기업이 1994년 5,837개에서 1997년에 9,097개로 늘어났고 1999년 12,800개로 증가하였다(중앙일보, 1997. 11. 16; 정보통신부, 2000). 이처럼 정보화는 기업들을 통해 비약적으로 진전되며 기업 간 경쟁이 그 원동력으로 인식되기도 한다(조형제, 1999: 29). 특히, 정보통신산업이 21세기 정보사회의 기간산업이라는 인식에 기초하여 벤처기업을 중심으로 기업참여가 활발해지면서 정부역할도 공급중심의 규제위주에서 기업환경을 조성을 위한 수요중심의 경쟁촉진으로 변화하였다(이인찬, 1997). 이 같은 제도적 변화는 정보통신서비스 및 제조업자 등의 규제완화, 경쟁여건조성, 사업진흥 등 요구에 부응한 것으로 이해된다.[5]

　　산업경제부문에서 정보화 양상은 산업의 정보화와 정보의 산업화로 이해할 수 있다. 즉, 산업구분 없이 산업 내 또는 산업간 정보화가 진행되면서 정보기술혁명의 성과가 산업분야에 나타났다. 가령, 공장자동화(FA), 사무자동화(OA), 컴퓨터기반 통합생산(CIM) 등을 들 수 있다. 또한 정보축적, 교환, 전송, 배분 등 정보관련 활동이 산업화되면서 정보의 산업화도 급진전되었다. 부가가치통신망(VAN), 전화망, LAN 등과 함께 정보서비스업, 정보기기제조업, 정보처리산업 등이 해당된다. 정보의 산업화와 산업의 정보화가 병렬적으로 진행된 한국의 경우, 1996년 정보통신산업 생산액이 약 50조 원이며 2000년에는 약 122조 원에 이르렀다. 뿐만 아니라, 정보통신산업의 GDP에서의 비중도 1996년 6.9%에서 1998년 10.2%, 2000년에는 11%로 성장하였다. 그리고 정보통신직종은 1998년에서 2010년까지의 전체 고용창출의 약 22% 정도를 차지하였다. 이 중에서 정보통신산업에서의 컴퓨터 전문직이 가장 큰 비중을 차지하였다. 물론 소프트웨어 및 정보처리 산업에서의 고용창출이 급속히 증대하였다(권남훈·김종일, 2000). 이처럼 정보통신산업은 산업자체로도 성장전망이 높았으며 전·후방산업연관효과가 커서 타 산업에 접목되어 노동과 자본의 생산성을 높이는데 결정적 역할을 한다는 점에서 정부지원의 타당성이 부여되었다(산업연구원, 1988; Lyon, 1988). 이 같은 맥락에서 국가산업정책에서 첨단기술과 경제발전을 주도하는 전략산업으로서 정보통신산업에 대한 중점지원의 필요성이 제기되면서 정보산업정책이 정보정책의 일맥을 형성하게 되었다.

나. 정치·행정적 맥락

　　정보통신은 상징적 의미와 함께 실질적 중요성이 커지고 있다. 정보사회로의 진전과정에서 공공분야에서 정보통신의 가치와 안정성이 확립되어가고 있음

---

5) 국내기업들의 정보통신사업분야에의 참여증대로 인해 정보통신사업의 구조조정이 요구되었으며, 이러한 과정에서 기존의 독점적 법률 및 제도상 변화를 야기하였다.

을 함축한다(한세억, 1997: 58-69). 특히, 정치권력 차원에서 진부한 슬로건을 대체하는 새로운 것의 필요성에서 정보화가 추진된 것으로 볼 수 있다. 즉, 정치적 흐름을 타고 표출된 공약사항을 실천하려는 최고정책결정권자의 정보통신 육성 의지가 크게 작용하였다. 그래서 정보시대 상황에 부응하여 정보마인드와 추진력을 갖춘 정보화선봉장으로서 정보대통령의 필요성이 역설되었다(전자신문, 1997년 10월 27일자). 이처럼 정치리더가 정보화의 시급성과 정책적 불가피성을 선전하는 이념적 상징에 매료되고, 정보통신의 시대사적 중요성을 인식하면서 정보화가 국정의 최우선과제로 부각될 수 있었다. 마침내 정보화역량의 집결과 추진의지를 다지는 정보화전략이 선언되고 국정지표로 채택되기에 이르렀다.6) 물론 이러한 현상은 모든 국민이 정보통신의 혜택을 안심하고 누릴 수 있도록 정보인프라를 대대적으로 정비하고 정보의 자유로운 유통을 실현하겠다는 의지를 표출한 미국과 일본 정치지도자들의 대국민 연설, 구상발표 및 실천적 노력과 무관하지 않다.7) 이처럼 정보통신이 정치적 이슈로 부각될 수 있었던 까닭은 정보통신에 함축된 상징적 의미가 새로운 정치적 메타포어의 필요성을 충족시키며 나아가 통치이데올로기로서 활용가능성이 적지 않다는 점에 기인한다. 결국, 이러한 점들은 정보정책의 정치적 맥락을 구성하는 것이다.

　　행정적 측면에서 전자정부의 구현과 행정정보화는 정보통신행정에 대한 국민적 관심이 높아지고, 정보행정체제를 둘러싼 책임과 권한의 명확화 요구 및 급속한 정보기술혁신에 대응하는 정책 및 제도 마련을 위한 노력에서 연유한다. 거시적으로 살펴보면 작지만 효율적인 전자정부 또는 디지털정부 구현을 위한 국가행정의 쇄신요구가 정보행정 및 정책의 역할을 증대시키는 원인으로 작용하였다. 즉, 정보통신이 행정개혁 수단이자 정부재설계와 국가재창조를 담보하는 요소가 되면서 국가경쟁력강화의 가능인자로 인식되었다. 이에 정보화가 국가 활동

---

6) 김영삼정부는 정보화의 시대사적 중요성을 인식하여 사회 각계인사가 참여하는「정보화추진확대보고회의」를 3차에 걸쳐 직접 주재하며 정보화추진 의지를 대내외에 천명하였다. 김대중정부에서는 정보화현장점검과 정보화관련 정책이슈에 대한 정책토론과 조정 등 실천적 성격의「정보화전략회의」가 5차례에 걸쳐 개최되었다.
7) 1994년 1월 미국의 엘고어 부통령과 1995년 2월 일본의 무라야마 수상은 정보통신의 중요성을 인식, 국가적 차원의 계획과 실천의지를 담은 정보화강령과 원칙을 공표하였다.

이나 기능수행의 핵심수단으로 등장하여 정보통신정책 스펙트럼이 확산되었다.

미시적으로 행정이 국가사회의 정보화를 촉진하는 역할을 수행하면서 동시에 행정 스스로가 변화되어야 한다는 당위성을 인식한 정보관료(infocracy)의 의지를 반영하였다. 행정은 정책결정과정인 정치와 불가분의 관계를 맺는다. 행정의 현실에서 볼 때 정치와 행정은 모두 가치배분의 정치성을 내포한다. 예를 들어 최고정책결정권자의 통치과정은 정치과정(정책결정)과 행정과정(정책집행)으로 구분된다. 그러나 두 과정은 배타적인 것이 아니라 긴밀한 연속관계에 있다(Dimock, 1937: 243). 이런 관점에서 행정(정책)은 정치적 상황 및 조건에 의해 큰 영향을 받는다. 즉, 정치줄기의 변화에 의해 정책의 창(window)이 열리는 경우가 많다는 것을 의미한다. 이를테면 국가적 정보화무드, 정보통신행정조직의 변화, 정보통신 관련이익집단의 압력 등과 같은 정치줄기의 변화가 정부고위관료나 정책결정에 인접한 사람들로 하여금 정보화에 관한 문제에 주의를 기울이게 만들었다. 뿐만 아니라 기술관료(technocrat)를 중심으로 한 정책담당자의 변동과 정보행정 관할권의 문제 등이 정보정책형성에 실질적 영향을 준 것으로 이해된다(Kingdon, 1984: 152-166).

다. 사회적 맥락

정보와 지식에 의한 사회변동과정에서 정보사회의 가능성에 대한 사회적 관심과 공감대가 확산되었다. 특히, 정보사회에 대한 사회성원의 관심 제고에 미래학자들의 예측과 전망이 지대한 영향을 미쳤다. 비록 정보사회를 조망하는 사회이론가들의 시각과 접근은 각양각색이지만[8] 그들 논의에서 공통적으로 발견되는 점은 정보통신 또는 정보사회라는 상징어를 중심으로 사회, 조직 및 개인이 재해석될 수 있다는 사실이다.[9]

---

[8] 정보화 현상과 그로 인한 변화결과의 불확실성에도 불구하고 크게 기술결정론, 사회결정론, 중립론으로 구분된다(Beirne and Ramsay, 1992: 6).

[9] 정보사회에 대한 사회이론가(벨, 토플러, 하버마스, 드러커, 리온, 쉴러, 기든스 등)의 시각과 접근에 대한 올바른 이해를 위해 다음의 문헌을 참고할 수 있다. 김원동, "정보화시대의 재조명(Ⅰ~Ⅴ)", 정보화동향, 한국정보문화센터, 1997년2/4/6/8/10월호; F 웹스터, 조동기역, 「정보사회이론」, 사회비평사, 1997

정보화에 대한 사회성원의 관심과 주의가 고조되면서 정보화 의식수준과 정보이용능력이 높아지고 있다. 원래 국가사회의 정보화촉진을 위해서는 물리적 기반설비 또는 공급측면뿐만 아니라 수요자로서 국민, 가정을 비롯한 사회문화적 요인도 강조된다. 게다가 정책대상 집단으로서 국민의 정보의식과 정보의 활용능력은 정보통신산업에 대한 수요기반으로서 그리고 국가전체 맥락에서 정보경쟁력 확보를 위해 중요하다. 먼저 정보의식과 이용능력에서 한국사회의 성원들은 정보통신의 발달에 의해 생산성 향상, 행정서비스 개선, 알권리 신장 등 낙관적 기대와 함께 다른 주제에 비해 정보화에 관한 주제에 높은 관심을 보여주었다(한국정보문화센터, 1996: 23-39). 이와 함께 정보의식과 이용능력도 급속하게 신장되면서 사회생활의 정보화가 심화되기에 이르렀다(통계청, 1997; 한국정보문화센터 1998).

정보화 진전에 따라 정보통신기기 및 정보인프라에 대한 사회적 수요도 증대하였다. 사회성원들이 가용하는 정보기기 및 정보서비스의 양이 증대하고 질적으로 고도화되고 있다. 즉, 〈표 1-1〉에서 보듯이 PC보급대수, 전화, 이동통신, 인터넷, 무선호출, PC통신가입자수 등의 급속한 증가추이는 정보화 현상을 잘 반영한다(통계청, 1996: 305-306; 한국전산원, 1999). 이처럼 물리적 정보환경의 변화와 함께 사회성원의 의식과 행태변화는 산업화의 양적 성장으로부터 질적 심화의 추구과정에서 지식 및 정보에 대한 욕구가 증대하고 있음을 반증한다. 달리말해 사회의 기축원리로서 종래 물질이나 재화위주의 생산이나 소비활동에서 벗어나 지식, 정보, 서비스 등의 비물질부문을 중심으로 사회가 운영되면서 전통적인 시각의 물질형 사회간접자본과 구분되는 새로운 사회간접자본으로서 기술정보, 기초지식, 공공데이터뱅크 등이 부각되고 있음을 의미한다.[10]

---

10) 이러한 인식은 정보사회에 관한 낙관론자들의 주장에서 공통적으로 나타나는 정향으로 보여진다. Daniel Bell(1973)이나 增田米二(1981)를 비롯한 미래학자들은 산업사회와 구분되는 정보사회(후기산업사회)의 동력 또는 자원, 핵심기술로 정보·지식·DB 및 정보통신을 지적하고 있다.

■ 표 1-1 정보통신 보급추이 현황

구분	1990	1992	1994	1996	1998	2000
PC보급(천대)	1,445	2,500	3,875	6,304	8,269	13,000
전 화(천명)	13,276	15,593	17,647	19,601	20,088	21,599
인터넷이용자수 (천명)	-	-	138	731	3,103	15,340
이동전화(천명)	80	272	960	3,181	13,982	26,570
PC통신가입자수 (천명)	6.7	149	479	1,221	4,869	13,930

자료: 한국통신(1999), 「전기통신통계연보」/한국정보산업연합회(1997), 「1997한국정보 산업 민간백서」/한국인터넷정보센터(2000)/
정보통신정책연구원(1998).

실제로 우리나라 국민의 45.2%가 21세기를 대비하여 가장 시급하게 투자되어야 할 대상으로 정보통신망을 제시한 것으로 나타났다(중앙일보, 1994년 9월 12일자). 이러한 사회적 수요와 사회성원의 요구가 정책체제에 투입되면서 정보정책이 형성된 것으로 이해된다. 또한 가정, 교육, 문화, 행정 등 사회 각 부문에 정보화가 확산, 보급되면서 사회 각 부문에서 정보서비스에 대한 다양한 니즈가 발생하였다. 이에 따라 사회적 정책수요를 충족시킬 수 있도록 정보인프라의 확충이 최우선적 정책과제로 등장하였다. 왜냐하면 산업사회에서 한 국가의 경쟁력과 국민생활의 질을 판단하는 기준이 GNP라면 정보사회에서 지표는 정보인프라가 대신하기 때문이다. 뿐만 아니라 정보화의 진전에 따른 부작용도 사회적 문제로서 더 이상 방치할 수 없는 계제에 이르렀다. 예컨대 컴퓨터바이러스, 사생활침해, 시스템파괴, 정보절도와 사기, 정보격차 등에 의한 폐해와 악영향은 정보사회의 건전성에 의구심을 불러일으키고 있다. 이에 정보화역기능을 정보사회 초기단계부터 방지하고 건전한 정보문화 및 안정적 정보사회를 실현하기 위해 법·제도적 측면의 다양한 대책이 요구되면서 정보정책의 사회적 맥락을 형성하게 되었다.[11]

---

11) 제4차 정보화전략회의(2000. 4. 6.)에서 김대중대통령은 정보격차 해소를 정보화 촉진과 같은 비중으로 추진하겠다는 정책의지를 천명하면서 보편적 정보인프라 구축, 정보접근능력 강화, 정보이용능력 제고를 위한 정책이 추진되고 있다.

라. 기술적 맥락

정보화는 정보·통신과학 및 기술의 혁신적 발달과 융합에 의해 형성된 것이다. 즉, 정보통신기술이 급속히 발달하면서 인접분야에 보급되고 그 응용기반이 광범하게 확장되면서 나타난 범사회적 현상이다. 이 과정에서 정보통신기술은 사회, 경제 및 산업, 문화, 교육 등 모든 분야에서 정보화를 촉진하는 핵심요소가 된다. 특히, 세계경제구조가 디지털기술과 인터넷을 중심으로 재편되면서 정보통신망의 고속, 고도화 기술 및 사용자 중심의 콘텐트, 단말기술 등을 중점개발이 요구된다. 나아가 산업구조를 저부가가치·요소투입의 산업구조에서 고부가가치·기술주도형 산업구조로 고도화시키며, 정보통신산업을 수출주도산업으로 육성하기 위해 정보통신기술개발의 중요성이 강조된다(정보통신부, 1999). 또한 기술과 사회 간 상호작용의 맥락에서 볼 때 정보기술혁신은 사회적 필요 및 수요에 부응하여 가속화되고 있다. 여기에 기술과 사회 간 조화로운 균형의 유지를 위해 정부의도가 발현되며, 의도의 구체화과정에서 정책적 개입의 명분이 주어지는 것으로 이해할 수 있다. 보다 본질적으로 정보통신을 비롯한 첨단기술개발과 사회적 활용, 그리고 정보기술 개발에 내재된 경제적 특성 및 시장실패의 우려가 정부개입의 단서를 제공하였다(황두현, 1999).

정보기술혁신과 융합이 가속화되고 그 응용과 보급이 확대되고 있다. 기술수렴현상에 의해 융합되는 정보와 밀접하게 관련된 정보정책의 범주는 전기, 통신, 방송, 위성과 여타 정보기술을 포함한다(Blaise. 1987: 129-138). 그런데 정보통신기술분야의 혁신적 융합에 의해 그 영역이 지속적으로 변화, 확대되었다. 즉, 정보통신분야의 기술간 결합과 융합이 가속화되면서 영역 간 경계가 모호하거나 없어지기도 하며, 새로운 분야가 빠르게 형성됨에 따라 정책영역과 범주를 규정짓기 어렵다. 뿐만 아니라 정보기술은 수명주기가 짧고 고도의 기술혁신 및 자본집약이 요구되고 연구개발에 대한 위험부담이 크며 기술개발을 위해 막대한 연구개발비의 투입이 요구된다. 이에 당시 정보통신과 같은 첨단 정보기술수준이 미흡한 한국에서는 개별기업의 정보기술개발능력 함양은 물론 산업기술경쟁력 제고를 위해 국가적 차원의 정보기술개발정책의 형성이 요구되었다. 왜냐하면 장차 정보통신분야에서 기술보호주의 강화와 핵심기술 이전회피 등은 기술도입의 해외의존도가 높은 한국에 많은 어려움을 줄 것으로 예상되었기 때문이다. 여기에 중국 등을 비롯한 후발개도국의 저임금비교우위에 의한 국제시장 진출도 커다란 위협요인이었다. 그러므로 선진국의 기술보호주의로부터 벗어나고 후발개도국에 대해 경쟁우위를 유지하기 위해서는 범국가적 차원에서 첨단 정보기술 혁신능력의 향상에 대한 요구가 정보정책의 형성을 자극하였다.

마. 국제적 맥락

정보화가 범지구적 현상으로 확산되면서 국가, 기업 간 경쟁이 심화되었다. 범세계적 정보화 진전과 정보경제의 글로벌화에 따라 형성된 신정보질서에서 각국은 주도권을 잡기위한 경쟁우위 확보에 국가적 명운을 걸고 있다. 이에 민간참여 촉진으로 투자수요와 시장창출을 확대하고 자국 산업의 국제경쟁우위 확보를 통하여 해외진출을 강화하고 있다. 가령 미국의 통신법개정은 범세계적 정보고속도로의 구축에 자국기업의 참여촉진과 경쟁우위 확보를 위한 의도가 엿보인다. 이러한 실리추구 정보화 확장노력은 비단 미국에 그치지 않는다. EU 및 일본 등 정보선진국들의 다양한 조치와 정책프로그램에 의해 가시화되었다. 이러한 움직임은 다른 국가에게 통신시장 개방 압력 등 정보통신 주권을 위협요인으로 작용하였다.

원래 전기통신분야는 전기통신시스템이 지니는 국가체제 유지 기제라는 공공성의 차원에서 공적 독점사업체에 의한 배타적 서비스공급이 보장되어 왔다. 그렇지만 1980년대에 들어와서 근본적 구조개혁이 이루어졌다. 즉, 자유경쟁의 시장원리에 의한 경쟁 확대와 경제적 효율을 선회 축으로 하는 새로운 체제가 모색되었다. 이러한 과정에서 선진국은 통신시장의 질서변혁을 전기통신서비스의 무역재화를 통한 새로운 시장개척과 동일시하면서 경쟁체제를 도입한 후 교역상대국에 새로운 시장 질서를 요구하였다. 이에 따라 기존의 전통적 체제를 유지하거나 점진적 변화를 원하는 국가 간 새로운 통상마찰과 갈등이 야기되었다.

자유시장 경쟁체제를 옹호하는 선진국과는 달리 개도국은 국가발전, 유치산업보호, 국가안전보장 등의 관점에서 통신시장에 대한 국가규제의 필요성을 주장하였다(UNCTAD, 1983: 525-526). 이러한 맥락을 유지했던 우리나라도 통신시장 개방 압력에 대응하여 국가이익을 유지, 발전시키기 위한 전략적 차원에서 정책적 전환노력이 요구된 것이다. 뿐만 아니라 경쟁촉진과 시장개방의 기치 아래 세계정보시장의 형성을 위해 세계정보기반구조(GII) 구축이 공표, 추진되었다.12) 이에 대응한 국가별, 지역별 정보기반구조의 구축움직임이 구체화되면서 정보통신의 지역주의가 심화되는 동시에 개별국가 간 정보화사업의 경쟁이 치열하게 전개되었다.13) 그런데 GII구상에는 미국 정보통신사업자의 해외시장 개척에 대한 지원이 함축되었다. 이러한 전략에 적극적으로 대응하기 위해 일본의 AII나 우리나라가 중심이 되는 APII가 형성되면서 정보정책의 국제적 맥락이 구성하게 되었다.

3. 정보정책의 생성구도

앞서 살펴보았듯이 정보정책은 정치·행정적, 경제적, 사회적, 기술적, 국제적 맥락들이 국가행정에 직·간접적으로 영향을 미치면서 생성되었다. 달리말하면 무한경쟁의 정보화시대에 효율적으로 대처하기 위한 국가정보화전략이 필요하자 정부차원에서 이루어진 대응노력으로서 정부조직 차원에서 정보통신부라는 기관형성으로 나타났으며, 정책수준에서는 새로운 정책프론티어로서 정보정책이 생성될 수 있었다. 이를 〈그림 1-2〉와 같이 나타낼 수 있는데 각각의 맥락들은 상호 긴밀한 영향을 주고받으면서 국가(행정체제)에 다양한 흐름의 투입경로를 보여주고 있다. 이러한 흐름가운데 정치·행정적 맥락이 다른 경제적, 사회적, 기술적, 국제적 맥락에 비해 정보정책의 생성에 결정적 요인으로 작용했던 것으로 판단된다.14) 물론 경제적 맥락을 비롯한 환경요인들은 정보정책의 생성

---

12) Al Gore, Remarks Prepared for Delivering at International Telecommunication Union, Momday March21, 1994. 이후 미국의 GII전략은 OECD회의(1994. 6) 및 G7 GII각료회담 (1994. 9 및 1995. 2)에서 주창되었다.

13) 정보고속도로의 구축은 미국의 NII, 유럽의 TEN, 일본의 신 사회간접자본을 비롯하여 싱가포르의 Singapore One 등 세계 각국에서 경쟁적으로 추진되었다.

14) 한국의 정치·행정체제의 권위주의적 특성의 단면을 나타내는 것이기도 한데 특히, 최고정책결정권자의 관심과 의지가 국가정책의 형성과 집행에 결정적 영향력을 작용해 온 행정적 특성에 기인하는 것이기도 하다.

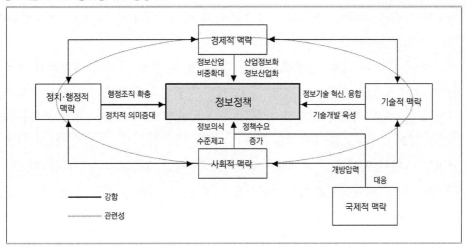

▶ 그림 1-2 정보정책의 생성구도

경제적 맥락

정보산업   산업정보화
비중확대   정보산업화

정치·행정적   행정조직 확충   정보기술 혁신, 융합   기술적 맥락
맥락   정보정책
          정치적 의미증대   기술개발 육성

          정보의식   ↑ 정책수요
          수준제고   증가

사회적 맥락

                                              개방압력   대응

                                              국제적 맥락

───── 강함
········· 관련성

에 필요조건으로 작용했지만 충분하지 않았다. 즉, 정책창구에서 다양한 형태의 이슈로 제기되었지만 정보화 대응노력을 공식적으로 제도화시킬 수 있는 영향력을 갖추는데 한계에 부딪혔다.[15]

정보정책은 정치·행정적 요인에 의해 비로소 생성여건이 마련될 수 있었으며 정보정책의 창(window)이 열려지게 된 것으로 판단된다. 물론 정보정책은 다른 분야의 정책, 즉 보건정책, 교육정책, 문화정책 등 다른 정책분야에 비해 기술적 성격이 강하며, 정보정책 형성이후 기술발달에 따라 정책영역과 지세가 변화해 왔다는 점에서 기술적 맥락이 한층 강화되었다. 하지만 앞서 지적했듯 국가적 정보화무드, 선거공약사항의 이행의지, 행정조직의 변화, 정보통신이익집단의 압력, 여론 등과 같은 정치줄기의 변화가 정부고위관료나 최고정책결정자와 근접한 사람들로 하여금 새로운 정보화에 관한 문제에 주의를 기울이게 만들었다. 뿐만 아니라 정책담당자의 변동과 정책관할권의 문제 등이 정보정책의 형성에 심대한 영향을 주었다. 다른 요인들이 환경적이며 단순히 추세적이고 자체

---

15) 가령, 정보화촉진기본법의 경우 경제적, 사회적, 기술적 측면에서 정보화에 효율적으로 대응해야 할 필요성이 강조되고 이에 따라 산업, 학계 및 부처차원에서 노력이 전개되었지만 제도화에는 실패하였다.

적으로 영향력을 결집할 수 있는 추진력(impetus)이 강하지 못했던 반면, 정치·행정적 요인은 의지적, 작용적 성격이 강하여 정보정책이 독자적으로 형성할 수 있는 계기(moment)를 마련해 주었다.

결국, 이러한 정치·행정적, 경제적, 기술적, 사회적, 국제적 맥락들이 국가에 직·간접적으로 영향을 미치면서 정보정책의 맥락을 구성한 것으로 생각된다. 그리고 이 같은 맥락을 구성하고 있는 구체적 요인들 간 상호작용적 흐름들은 정보정책의 생성구도를 나타내는 것으로 판단된다. 물론 정보통신이 국민생활의 보편적 수단인 동시에 국가행정의 쇄신에 필수적인 요소로 기능한다는 의식의 확대도 정보정책의 큰 줄기로 형성하게 되었다.

제2절 정보정책의 독자성: 개념, 의미, 이슈

산업사회이후의 사회가 정보사회라는 사실에 인식의 공감대가 확산되면서 정보화가 진전된 선진국에서는 정보정책에 관한 논의와 실천적 노력의 성과가 구체화되었다. 한국에서도 부처차원의 정보정책을 전담하는 정보통신부가 형성되었고, 범국가적 정보정책의 추진에 따라 객관적 정책공간현상에서 실재하는 정보정책으로 투영되었다.

1. 정보화관련 제 개념

정보정책의 개념을 검토하기에 앞서 관련 용어와 정의를 살펴볼 필요가 있다. 예컨대 전기통신, 정보통신, 정보, 정보화 등의 용어는 정보정책의 대상과 범주설정에 영향을 미치는 구성요소다. 우선 정보는 입장에 따라 다양한데 인간 간 소통되는 일체의 기호로서 정보화 진전에 따라 불확실성을 감소시키는 재화로 인식할 수 있다. 여기서 정보를 2인 이상이 공유하기 위해 유통시키는 것을 통신이라고 하며 상징을 통한 의미전달현상을 뜻한다(홍기선, 1984: 27). 그런데 단순히 정보 전달기능을 갖던 통신이 전기와 결합하면서 시간적, 공간적으로 확장된 정보유통의 의미를 지니고, 정보수집, 가공, 처리, 저장을 중심으로 한 컴퓨터와 결합하면서 정보자원관리 의미를 지니며 다양화 및 고도화되었다. 그리고 정보전송, 유통, 응용 및 사회제도를 포함하는 정보기반으로 그 범위가 확대되었고 현재는 사회, 조직, 인간적 측면에서 활용하려는 의지적 및 사회적 요소가 가미되면서 정보화로 변화되고 있다.

정보화영역은 정보기술혁신과 발달 그리고 융합이 가속화되면서 사회적 의미와 수용이 확대되고, 그 대상영역도 넓어지고 있다. 정보화와 관련된 용어를 학술영역에서 공학 또는 사회과학적으로 접근할 수 있지만 개념의 다양성, 포괄성으로 인해 명확한 규정이 어렵다. 이에 〈표 1-2〉와 같이 실정법의 맥락에서 정책적 개념으로 정리할 수 있다. 이를 통해 볼 때 정보화관련 법률적 개념과 범주가 확장, 진화되고 있음을 알 수 있다. 즉, 종래의 단순한 기술적 정의와 의미에서 벗어나 사회적, 인간적 의미로 확대되고 있다.

정보화기반 패러다임 전환을 개인이나 집단적 차원에서 대응하기는 거의 불가능하다. 따라서 정부를 중심으로 한 범국가적 대응이 불가피하다. 그렇다면 정부의 대응은 어떻게 이루어지는가? 정부대응은 정책을 통해 구체적으로 나타

표 1-2 정보화관련 용어의 개념

구분	전기통신	정보통신	정보		정보화
용어의 정의	유선·무선·광선 기타의 전자적 방식에 의하여 부호, 문언, 음향 또는 영상을 송신하거나 수신하는 것	전기통신회선에 문자, 부호, 영상, 음향 등 정보를 저장, 처리하는 장치나 그에 부수되는 입출력장치 또는 기타 기기를 접속하여 정보를 송신, 수신 또는 처리하는 전기통신	정보의 수집, 가공, 저장, 검색, 송신, 수신 및 그 활용과 이에 관련되는 기기, 기술, 역무 기타 정보화를 촉진하기 위한 일련의 활동과 수단	자연인 또는 법인이 특정목적을 위하여 광 또는 전자적 방식으로 처리하여 부호, 문자, 음성, 음향 및 영상 등으로 표현한 모든 종류의 자료 및 지식	전기통신설비 또는 전자계산조직 등을 이용하여 정보를 효율적으로 수집, 가공, 저장 또는 처리하는 것	정보를 생산, 유통 또는 활용하여 사회 각분야의 활동을 가능하게하거나 효율화를 도모하는 것
근거	전기통신기본법 제2조	공중전기통신사업 제2조	정보화촉진 기본법 제2조	정보화촉진기본법 제2조	정보통신연구·개발에 관한 법률 제2조	정보화촉진 기본법 제2조

자료: 관련법령.

난다. 이를테면 정보화에 의해 발생되는 긍정적인 영향을 더욱 촉진하고 부정적인 영향을 극복하기 위해서는 정보화에 관한 다양한 규제나 유도 등이 필요하다. 이러한 관점에서 "정보화에 대응하는 다양한 정책"을 총칭해서 정보화정책(Informatization Policy)으로 보는 견해가 있다(坂井秀司·益本圭太郎, 1986: 380-381). 그러나 개념의 포괄성으로 인해 정보정책의 영역 및 범주설정이 어렵다.

또한 "정보의 계획, 창출, 생산, 수집, 배분, 확산과 처리를 포함하는 정보의 활동주기(Life Cycle)를 움직이고, 관리하는 일련의 법률, 규제, 명령, 지침, 사법적 해석"으로 보거나(Hermon, 1989: 229) "정보의 처리와 저장을 통한 창출로부터 파괴에 이르기까지 정보생산 사슬(chain)의 모든 단계와 관련된 정책"으로 정의되기도 한다(Braman, 1995: 4). 그러나 이러한 주장들은 정보처리과정의 측면만을 지나치게 강조하여 정책범주를 좁게 보고 있으며 다른 분야와의 연관성을 간과하는 한계를 지닌다. 이처럼 정보정책의 개념정의와 범주를 일의적으로 정의하기 어렵다. 다만, 정책학에서 논의되는 정책분류의 측면에서 정보정책을 두 가지 측면에서 파악할 수 있다. 기능적 측면에서 경제, 사회, 교육 등 제반분야를 포함하여 정보사회 실현이라는 당위적 목표를 달성하기 위한 정부활동으로 볼 수 있다. 다른 측면에서 각 분야의 정책목표를 달성하기 위한 수단적 의미를 지니는 하위정책으로 볼 수 있다.

그동안 정보정책현상에서 비쳐진 것을 토대로 정보정책을 네 가지 범주에서 살펴볼 수 있다. 〈표 1-3〉에서 보듯이 정보정책은 통신망을 중심으로 한 전기통신정책으로부터 태동하여 컴퓨터 및 통신기술의 혁신과 응용확산 그리고 정책수요의 변화에 의해 양적 확대와 질적 심화를 보이며 재 정의되고 범위도 확장되면서 진화되고 있다. 즉, 정보정책은 고정된 설계가 아니라 집행과정을 통해서 지속적으로 수정되고 재결정되면서 변화되어 왔다. 정책은 집행과정에서 발생하는 여러 요인들의 영향을 받아 재해석되고 변질된다. 이로 인해 정책목표의 수정이 불가피해지며 변화된 정책목표는 다시 집행과정에 영향을 주면서 진화되어 왔다(Giandomenico, 1979).

정보정책은 컴퓨터 및 통신기술의 발달과 결합에 의해 고도화, 다양화되고 있으며 그 개념도 지속적으로 재정의되어 왔다. 이를 〈표 1-3〉에서와 같이 네

표 1-3 정보정책의 범주와 내용

구분	전기통신정책 〉	정보통신정책 〉	정보정책 〉	정보화정책
시기	1983~	1987~	1991~	1995~
범위	최협의	협의	광의	최광의
구성요소	통신위주	컴퓨터＋통신＋ 소프트웨어	컴퓨터＋통신＋ 소프트웨어＋컨텐트	전반적 내용
정책영역	전송망	정보통신산업	정보기반구조	국가사회전반의 정보화
구체적 프로젝트	국가전산화사업	국가기간전산망 사업	초고속정보통신망구축 사업	정보화촉진기본 계획
관련법률	전기통신기본법	전산망보급확장 및 이용촉진에 관한 법률	정보통신연구·개발에 관한 법률	정보화촉진기본법

가지 의미로 살펴볼 수 있다.16) 첫째, 최협의의 의미에서 정보정책은 전기통신
정책에 국한된 정책으로 통신망 중심의 정책을 의미한다. 여기서는 전신, 전화가
주류를 이루며 의사전달 매체로서 기능하는 통신미디어에 관한 통신고유의 정
책분야와 서비스 및 요금구조와 이용제도 등을 포함하며 주로 통신기반구조에
초점을 둔 정책이다.

둘째, 협의의 의미에서 정보화정책은 통신망과 소프트웨어를 포함하는 것으
로 정보산업과 관련한 정보통신정책으로 볼 수 있다. 여기서는 전기통신분야를
구성하는 요소 간 상호 유기적이며 조화가 이루어진다. 그리고 정보통신정책은
산업 및 행정활동의 능률화, 효율화 추진, 생활수준의 향상에 기여하며 국가발전
에 필수적인 수단으로 인식된다. 셋째, 광의의 의미에서 정보화정책은 정보산업
뿐만 아니라 기존의 정보통신정책에 사회, 조직 및 개인적 측면이 포함된다. 여
기서는 음성, 문자, 영상 등 여러 유형의 정보를 동시에 빠른 속도로 언제, 어디
서나 송·수신할 수 있는 물리적 통신망을 비롯하여, 정보기기 및 소프트웨어 그

---

16) 본서에서 제시된 〈표 1-3〉의 분류는 기술적 측면, 법·제도적 측면, 정책프로그램등을 준거
를 기초로 하였다. 여기에 정책담당자들과의 토론 및 연구자의 경험을 반영하여 정책을 구
분한 것이다. 첫째, 기술적으로는 컴퓨터와 통신기술의 발달과 융합으로 그 응용분야가 지속
적으로 확대되고 있으며, 둘째, 법·제도적 측면에서는 기술변화의 사회적 수용과 제도화의
노력이 확산, 구체화되고 있는데 이는 관련법령과 정부조직의 추이 등에 의해 실증되는 것
이다. 셋째, 정책프로그램도 종래의 이질혼합으로 분산된 형태에서 통합적이며 일관된 형태
로 정교화되고 있다.

리고 사회인프라인 제도, 문화 등도 포함한다. 넷째, 최광의의 의미에서 정보정
책은 사회전반적인 변화를 초래하는 것이며, 이와 관련된 전략과 방안 등이 매
우 다양한 분야에 걸쳐 이루어지고 있다. 정보화정책은 국가사회의 정보화를 위
해 추진되는 정책을 총칭하며 가장 포괄적인 의미로 사용된다.

　　본서에서는 정보정책을 정책학의 기능적 측면에서 그리고 정책현상에서 드
러난 광의의 의미에서 파악하고자 한다. 즉, 정보정책을 정보사회의 핵심이 되는
정보통신기반구축의 맥락에서 이해하면서 '정부가 정보사회를 실현하기 위해 설
정된 정보전송, 정보유통, 정보응용, 정보제도 등의 목표달성을 위하여 행하는
모든 촉진적 및 규제적 계획 및 활동'으로 정의하고자 한다. 이를 세부적으로 살
펴보면 첫째, 정보화정책은 행정기관에 의해 이루어지며, 그 주체는 정부가 된
다. 전통적으로 전기통신을 비롯하여 정보통신분야는 정부 또는 공공기관에 의
해 영위되면서 정부의 광범위한 규제와 통제아래 놓여왔다. 특히, 통신망을 비롯
한 정보기반구조는 정치경제적 의미와 국가발전전략의 맥락에서 정부가 주도적
역할을 담당해 왔다(Schenck, 1988: 13-14). 이러한 견지에서 정보통신에 관하여
국가의사로 결정된 정책이 정보통신행정기관에 의해 구체적으로 집행되는 것이
다. 둘째, 정보사회를 실현하기 위한 정부활동이다. 정책은 사회설계활동이라는
측면에서 볼 때 바람직한 사회의 모습을 정보사회로 설정하고 이를 실현하기 위
한 노력이 정책으로 구체화된 것이다.

　　셋째, 정보사회 실현을 위해 정보통신기반구조의 확보가 필수적이다. 여기
서 정보통신기반은 크게 네 가지로 나누어진다. 즉, 망 구축과 관련된 정보전송.
멀티미디어 단말비디오, 서버 등 정보유통계층, 애플리케이션, 데이터베이스 등
정보응용계층과 교육, 법 및 제도 등에 관한 정보사회계층으로 구분된다. 달리
말해 음성, 문자, 영상 등 여러 유형의 정보를 동시에 빠른 속도로 언제, 어디서
나 송·수신할 수 있는 물리적인 통신망과 정보기기, 소프트웨어 그리고 사회 환
경인 제도·문화·이용관습 등을 포함한다. 넷째, 정부가 목표달성을 위해 이루어
지는 모든 촉진적이며 규제적 활동이다. 즉, 정책은 주어진 목표를 성취하기 위
한 행위와 과정을 지도하는 일련의 원칙과 전략을 의미하며 촉진활동에는 확산,
지원, 진흥, 육성 등이 포함되며, 규제활동에는 지도, 보호, 제한 등에 관한 법률,

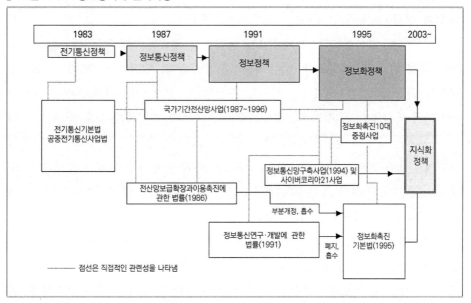

▶■ 그림 1-3 정보정책의 진화과정

명령, 규칙 등이 해당된다.

지금까지 살펴보았듯이 정보화정책은 정보사회 실현을 위해 설정된 목표달성을 위해 다양한 법률과 사업의 형태로 표현되었다. 즉, 〈그림 1-3〉에서 보듯 1980년대 초반에 전기통신정책으로 형성이후 그 의미와 내용이 변화하면서 정보화정책으로 진화되어 왔다.

2. 정보정책 전개과정에서 제기된 이슈

정보화 진전과정에서 야기되는 문제 상황은 중요한 정책문제가 된다. 그런데 문제상황에 대한 처리결과가 낳는 영향력이 많은 사람과 집단에 이르면서 공공문제가 되며 그 중 쟁점이 되는 것은 이슈로 부각된다. 사회문제나 이슈는 단순히 주어지는 것(givens)이 아니다. 또한 상황에 의해 자연적으로 도출되는 사실도 아니다. 달리말해 이슈는 사회적으로 구성되는 것이다. 따라서 이슈는 사건과 상황 그 자체보다는 오히려 사람들이 그러한 사건과 상황에 부여하는 의미로부터 발생하는 경우가 더욱 많다. 그러므로 하나의 이슈나 사회문제에는 언제나 복수의 정의(multiplicity of definition)가 가능하다.

　한국에서 정보정책의 창구(窓口)를 둘러싸고 흘렀던 이슈의 생성자(generator) 또는 주창자(initiator)를 크게 언론, 학계 및 연구단체, 일반국민 그리고 산업계를 비롯한 준공공부문과 이익집단 등으로 구분할 수 있다. 정보정책도 다른 정책과 마찬가지로 사회의 유기적 산물로 이해할 때 환경과 긴밀하게 상호 작용한다. 더구나 정책을 체제적 입장에서 볼 때 이들 이슈의 생성 또는 주창자들과 같은 환경요인의 투입을 얼마나 적응적으로 흡수하느냐에 따라 정책의 성패가 결정된다. 즉, 정책을 둘러싼 환경적 요인들은 정책과정의 투입단계에 커다란 영향을 미치는데 그 중에서도 정책형성을 위해 긍정적으로 자극, 촉진하거나 저해하기도 한다.

　그동안 정보통신과 관련하여 제기된 이슈로 ① 고도통신망의 구축속도 및 재원마련방안 ② 경쟁과 규제의 균형, ③ 외국인의 통신망 소유 및 운영금지정책의 재검토, ④ 정보통신산업의 표준화 ⑤ 지방정부 및 외국정부와의 협력, ⑥ 지적재산권, ⑦ 문화적 정보상품 및 서비스 진흥 등을 들 수 있다. 이처럼 수많은 문제와 이슈에 대한 해결책의 우선순위를 정하거나 그 결과에 대한 선호를 둘러싸고 날카로운 이해대립을 보이는 경우가 대부분이다. 이런 점에서 정책내용과 성격은 정책에 의해 해결될 것으로 기대되는 정책문제에 의해 적지 않은 영향을 받는다. 여기서 정보정책문제란 수많은 정보통신 관련문제 중에서 정부의 정책적 고려대상이 되는 정책문제를 의미한다. 이는 정책의제로 구체화되는데 정책의제는 수많은 요구 중에서 정부의 관심을 받는 점에서 정치적 요구와 구별된다(Anderson, 1979: 55). 달리 말해 정책의제는 해결해야 할 것으로서 정부스스로 인식한 문제이거나 해결되어야 할 것으로 체제구성원에 의해 명백히 표명된 것이다. 이처럼 정보정책창구에서 끊임없이 출몰하는 정책이슈와 문제로 인해 정보정책은 동태적인 변동추구 성향을 지닌다.

　한국에서 정보정책과정의 역사가 비록 짧으며 아직까지 폭넓고 심도 있게 논의되지 못하였다. 그렇지만 지금까지 정보정책현상을 통해 비쳐진 경험적 사실을 토대로 몇 가지 평가할 수 있다.[17) 첫째, 정책공동체의 활동이 활발하지 못

---
17) 정책대상과 과정에 따라 평가내용이 다소 상이할 수 있다. 그럼에도 이 글에서는 국가기간

하였다. 정책공동체는 정책발전을 위해서 필요하다. 정책공동체에서는 전문가, 학자, 정책담당자간 자유로운 공론의 장이 마련되어 정보의 공동활용 및 상호접촉을 통해 정책대안의 비교·평가 등이 이루어진다. 그런데 우리의 경우 국가전산망정책과정에서 보듯 수평적 상호작용이 제약되었으며 공론장의 형태에 논의된 주장들이 정책과정에서 투입되는 정도도 미약하였다. 둘째, 정책형성과정에서 일반 국민의 참여가 저조하다. 이를테면 정보통신서비스정책이나 정보통신단말기보급정책에서 보듯 공공서비스산출물인 정책의 수혜대상으로서 시민의 참여가 미약하였다. 가령 정부의 책임은 국민이 원하는 것에 대해 어떻게 반응하느냐에 따라 결정된다. 정부는 정책결정과 집행뿐만 아니라 문제 상황의 원인파악과 처방 그리고, 정책결정에서 무엇이 심각하게 고려되어야 하며, 미래에 유사한 문제를 접할 때 국민의 능력을 어떻게 강화시켜야 하는지에 대해 국민과 지속적인 대화를 유지해야 한다. 정책결정과 집행 및 평가에서 설명적 과정이 적절하게 관리되고 제도화되도록 노력해야 한다. 그래야만 그 사회가 집단적 목표를 정의하고 평가하며 규범과 신념을 검토하고 자원동원과 목표달성을 위한 능력이 향상될 것이다. 이와 마찬가지로 정책분석가들은 주어진 정책목표의 달성을 위해 최적 수단의 선택뿐만 아니라 공공문제를 이해하고 가능한 해결책의 대안을 제시하고 비판적 검토를 위해 규범적 토대를 확인해야 한다.

셋째, 정책대안의 개발이 적극적이며 능동적으로 이루어지지 못하였다. 정보통신분야는 새로운 영역이 지속적으로 발생하므로 정책은 이 같은 변화에 민감하게 대응해야 한다. 하지만 정보통신단말기보급, CATV, 위성방송정책 등에서 보듯 정책상황변화에 필요한 정책개발이 지연되고 기술 및 수요환경변화에 적극적이며 유도적인 대응이 이루어지지 못하였다. 넷째, 국민의견 및 공공논의의 힘이 미약하다. 초고속 정보통신기반 구축정책에서 보듯 정책의제 설정과정에서 국민의 참여가 활발하지 못하였다. 비록 국민의식조사 등 여론조사를 통해

전산망, 정보통신서비스산업, 정보사회종합대책, 정보통신단말기보급, CATV, 위성방송, 통신사업자 구조조정, 초고속 정보통신구축 기반정책, 정보화촉진기본법, 통합방송법을 예시하여 필자의 주관적 경험과 정책연구보고서(정보통신정책연구원, 한국전산원, 한국정보문화센터) 및 언론보도자료 그리고 정책전문가와의 담론과정에서 제기된 문제점을 논의의 준거로 삼았다.

국민들의 이해와 주장이 표출되었지만 정책과정으로 투입되어 의제화되기까지 거리감이 있었다. 물론 정보통신분야와 같이 변화가 빠르고 기술적으로 복잡한 내용에 대한 전문적 지식이 부족한 국민들이 정책과정에 직접적으로 참여하는 것이 어렵겠지만 최소한 이해관계에 있거나 관심있는 국민들의 제안이 정책과 정에 투입되는 기제 조차 마련되지 못하였다. 뿐만 아니라 자발적 이익집단에 의한 상향적이며 쌍방향적 의사소통이 취약하며 정책과정에 대한 영향력 행사 도 미약하였다.

다섯째, 정책과정의 투명성이 확보되지 못하고 있다. 통신시장 개방이나 통 신사업자선정을 비롯하여 한국의 정보정책은 관료주도형으로 이루어졌다. 정책 관련 정보에 대한 공개뿐만 아니라 정책부처 간 및 부처 내에서도 교호적 작용 이 원활하게 이루어지지 못하였다. 즉, 정책과정에 적절한 절차가 마련되어 있지 못함에 따라 관료적 비밀주의 풍토의 한계를 벗어나지 못하였다. 이는 물론 정 책과정의 투명성을 확보하기 위한 환류 또는 통제기제가 갖추어지지 못하였다 는 점에 기인하는 것이기도 하다. 여섯째, 의회의 정책결정 및 조정·평가기능이 취약하다. 지금까지 의회는 정보통신분야의 중요한 문제에 대한 해결 및 조정능 력을 갖추지 못하였다. 특히, 의제설정기능은 물론 정책결정 및 평가기능도 미 흡하다. 가령 정보화촉진기본법이나 통합방송법 제정과정에서 입법이 지연된 것은 관료제의 관할문제에 기인한 정책갈등과 입법능력 미비로 이해될 수 있 다. 특히, 정책갈등을 조정하고 가치배분 기능을 담당했어야 할 의회의 전문적 지식 부족과 조정능력 결여 및 정치적 이해관계로 인해 정보화 정책결정이 지 연되었다. 다만, 평가과정에서 국정감사를 통해 미약하나마 의회의 역할이 유 지되었다.

일곱째, 언론이 정책결정과정에서의 주요한 역할에 비해 집행감시 기능과 역할은 취약하였다. 정보통신분야에서 언론이 문제제기와 이슈화를 위해 담당해 왔던 역할은 높이 평가된다. 그러나 이처럼 정책결정에 있어서 언론의 역할이 컸던 것에 비해 집행 및 평가단계에서는 상대적으로 그 역할이 미비한 것으로 생각된다. 그동안 한국의 정보통신분야에서 발표된 정책과 계획은 무수하다. 정 보사회종합대책, 지역정보화정책 등 정책과 계획들은 언론의 관심대상이 되어 왔다. 그런데 정작 집행된 정책과 계획은 그 사례를 찾아보기 어려울 정도이다. 이는 언론의 관심에 반응적이며 주의를 끌기위한 일과성 전시행정의 부분으로 평가할 수 있다. 이와는 달리 언론의 주의가 집행단계에까지 지속되지 못함에 따라 집행 및 평가단계가 흐지부지했던 것으로 평가할 수 도 있다.

3. 정보정책 프레임과 공간

정보화는 정보기술 혁신이 사회체계 내 구성요소들 간 오랜 시간에 걸친 소통과정이다. 여기서 혁신을 개인이나 조직이 새로운 것으로 인지하는 관념, 관행, 사물로 이해할 때(Rogers, 1983: 1-37) 우리 사회는 정보화에의 적응성을 최대화하고, 복잡성 증대의 방향으로 변화하였다(Appelbaum, 1970: 15-64). 즉, 사회의 유기적 산물로서 정보기술과 사회 환경 간 상호작용에 의해 생성된 정보화가 적응적 진화양상을 보여주었다. 여기서 정보정책의 부분 간 많은 변이가 존재하였다. 기존 정보산업관련 부처에서 전 행정부처로 확산되면서[18] 정보정책의 영역과 지세가 확장되었다. 이에 따라 정보정책 분야의 수가 증가하는 경향을 보이면서 정보화 정책분야 간 존재를 위한 경쟁이 전개되었으며, 강한 영향력 있는 정책이 지속되는 양상을 보여주었다.

정보정책의 프레임과 공간을 인식하기 위해서 정보정책과 연관된 외부의 환경적 요인과 실체 및 정책운영에 수반되는 내부적 요인이 고려되어야 한다. 이미 앞서 정보정책의 개념과 의미 등 이론적 측면을 고찰하였는데 이를 실제 정보정책현상에 투영함으로써 정보정책의 실질적 내용을 확인할 수 있다. 정보정책의 내용은 정보정책공간상에서 나타나는 프레임을 통해 이해할 수 있다. 여기서 정보정책의 프레임은 다양한 요소로서 가령, 정책주체, 정책대상, 정책테마 등으로 이루어진다. 각각의 요소는 정책공간에서 상호 복합적으로 나타나며 지속적으로 확장되고 있다. 이러한 요소들이 정보정책 공간상에서 드러나는 형상

---

18) 각 행정기관이 주관기관이 되어 수립하고 있는 정보화촉진시행계획(1999~2000)의 경우 전 행정부처를 망라한다. 이에 1980년대 과학기술처, 상공부, 체신부, 총무처, 문교부를 중심으로 한 제한된 부처에서 관장했던 정보정책이 1990년대 후반 전 부처로 확산되면서 정보정책 스펙트럼이 확장되기에 이르렀다.

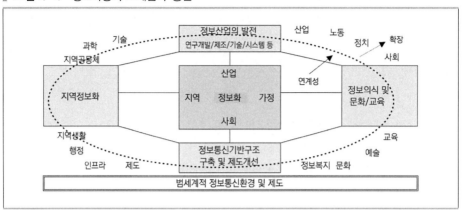

을 〈그림 1-4〉와 같이 나타낼 수 있다.[19] 즉, 정보정책은 정보산업의 육성 및 발전, 지역정보화를 비롯한 사회 각 부문의 정보화사업 촉진, 정보의식 및 정보문화의 확산과 정보통신 인력양성 그리고 정보통신 기반구조 구축 및 제도개선 등을 포함하면서, 정치, 기술, 행정, 문화 등 각 분야로 확산되고 있다. 물론 여기서 각각의 정책내용은 상호 밀접하게 관련된다. 이를테면 정보산업의 발전을 위해 정보집약적 상품생산·정보처리 등을 비롯한 절차와 기술·시스템·인력 등의 자원, 그리고 정보부문종사자·기업·지역·국가적 수준의 관점 및 관련 법률·제도·사회문화 등 측면의 요소가 종합적으로 고려되어야 한다. 정보화와 관련된 여타분야도 마찬가지이다. 결국 정보정책은 프레임을 이루는 구성요소들 간 균형적 연관성을 바탕으로 하며 사회, 산업 및 가정을 포함하여 국가사회의 정보화를 실현하기 위한 정책적 노력으로 이해되며, 근자에 이르러 정보화의 성숙 및 고도화로 정보정책공간이 한층 정교화(精巧化)되고 있다.

---

19) 본 그림에서 제시된 개념적 틀은 현재 우리나라 정보정책현상에서 나타난 것을 중심으로 하였으며 정책내용은 예시적인 것이다. 정보정책은 프레임의 구성요소인 관점, 절차, 측면, 자원 등이 유기적인 관련성을 지니며 정책내용에 담겨있으므로 각각의 구성요소의 순결성을 확인하는 것이 어렵다. 다만, 특정요소에 초점을 두어 정보정책을 분석할 수 있을 것이다.

제3절 정보정책의 진화: 지식화정책의 가능성과 전망

1. 정보패러다임에서 지식패러다임으로

그동안 촉진 위주에서 활용중심으로 전환이나 부처 간 연계와 협력을 강조한 것은 오래된 문제에 대한 모범정답일지언정 난제의 정곡을 찌를 수준의 현답이 아니었다. 국가정보화가 신 성장 동력으로서 가치 있다는 대통령의 인식을 넘어 특단의 행동이 요구된다. 정보화가 국정비전을 조기에 실현하는 훌륭한 정책수단이 되려면 국가사회 현안 문제의 해결을 위한 가능인자로 작동해야 한다. 미래뿐 아니라 현재의 위기와 문제 해결에 유용하며 과거 정보화에 대한 성찰도 이루어져야 한다.

지금껏 정보화는 추진 자체가 목표일 정도로 당위성이 실용성을 압도했는데 유독 공공부문에서 심했다. 가령 전자정부의 경우, 수십 년간 작고 효율적이며 투명한 전자정부를 구축한다고 1조 원 이상을 투입했다. 그 결과, 세계 전자정부평가에서 2006년부터 3년 연속 1위를 차지했다. 전자정부도 금메달을 획득했다느니 외국의 벤치마킹대상이라며 자화자찬이 요란했지만 국민 공감을 얻지 못했으며 체감수준도 낮았다. 일류수준의 전자정부 외피를 걸친 정부모습이 작지도 효율적이지도 투명하지도 못했기 때문이다. 국제기관(IMD) 평가에서 비대한 정부의 효율성은 30위권 이하이며 국가경쟁력의 걸림돌이었다. 정부의 부패지수, 규제수준, 법집행은 중간국가 수준에도 못 미친다. 제아무리 정보화 성과가 높다한들 국민과 기업의 이용수준은 저조했다. 온라인상 정부가 하나로 연결되었다지만 부처 간 단절, 소모적 갈등은 끊이질 않는다. 심지어 '정보화촉진기금＝눈먼 돈'이라 불릴 정도로 거품도 심했다.국가정보화의 외양적 성취에 비해 정보의 활용성, 건전성, 안전성 등 질적 수준도 빈약했다. 이런 부실한 정보화에 대한 반성에서 정보화의 새 지평을 열어야 한다. 정보화융합이 사회 전 부문에 발현되어 IT강국의 면모를 일신하는 게 국가정보화비전의 시대적 소명이다. 정보화의 산업·기술적 효용과 함께 사회·문화적 가치 간 균형을 잡는 게 정보화의 기본이다. 이러한 바탕에서 유망한 IT로서 믿음을 심어주어야 경제위기 극복과 성장 동력의 핵심수단이 될 수 있다. 먼저 디지털정부답게 정부운용체제와 속성이 바뀌어 정부활동과 예산이 투명하고 효율적으로 집행되어 가계와 기업부담을 경감해야 한다. 정부뿐 아니라 정보의 생산적 활용이 국민생활과 경제활동에 쓸모 있어야 실용적 정보화요, 정보화응용과 확산이 새로운 가치와 효용을 창출해야 창조적 정보화다. 이제 국가정보화는 정보화비전의 구현과정에서 국민의 상상력과 기업의 창조성을 자극, 촉진하는 방향타가 되어야 한다. 여기에 대통령의지와 결단, IT부처의 집행력이 가시화되어야 한다. 당장 침울한 정보화에 도전과 희망을 불어넣는 IT마인드컨트롤이 시급하다. 정보화 프런티어로서 자신감과 창조적 역량을 고취시키기 위해 과감하고 빠른 액션을 보여야 한다. 그래야 국가정보화비전이 무기력과 공허함을 벗어나 현실이 될 수 있다.

장차 정보화 방향이 어떻게 전개될지 불확실하지만 국가전체 발전을 위한 혁신의 전제로서 정보화가 기대되고 보다 실천적 측면에서 삶의 질 향상, 기술진보 그리고 사회개선을 추구할 것임이 자명하다. 물론 그동안 정보기술과 사회간 상호작용의 역사적 맥락과 축적과정을 거쳐 형성된 정보화의 경로의존성을 고려할 때 제도적 변화경로를 통해 진화될 것으로 예상된다(한세억, 2000a).[20] 주지하다시피 세계은행은 세계경제사회에서의 급격한 변화를 지식혁명(Knowledge Revolution)으로 규정하였다(World Bank, 1998). 정보기술 혁신을 바탕으로 가속화되는 지식혁명은 과학과 기술지식에 의해 다양한 산업과 조직체에 새로운 기회를 창출하고 있다. 이러한 상황은 그동안 급속하게 성장하여 선진국 수준으로 평가되는(중앙일보, 2000년 5월 3일자), 한국 정보화의 전개와 방향에 적지 않은 점을 시사한다.

그동안 정보기술의 급속한 발달로 인해 산업사회에서 정보사회로 이행하면서 정보화가 행정과제로 규정되었으며, 정보사회에 대한 준비와 논의가 주류를 이루었다.[21] 이제 다시금 지식사회패러다임으로 바뀌었다. 20세기 대량생산시대

---

20) 장차 불확실한 환경변화에서 정보화촉진을 위한 정책패턴이 지속될 것이며, 정보화 성숙과정에서 진화양상을 보여준다. 이는 정보화 연장선상에서 전개되는 지식담론을 통해 알 수 있다(Drucker, 1993; OECD, 1997; World Bank, 1998).
21) 정보화는 "정보를 생산, 유통 또는 활용하여 사회 각 분야의 활동을 가능하게 하거나 효율화

에서는 노동·자본·기술이 생산의 3요소로 간주되었다. 21세기에 들어서면서 지식의 중요성이 새롭게 강조되고 있다. 특히 정보통신 기술혁명과 더불어 지식의 확산이 빠른 속도로 이루어짐에 따라 지식이 경쟁과 협력의 중심개념으로 부상하였으며, 지식패러다임에 대한 예견은 경영학과 행정학 분야의 연구들에 실제 반영되고 있다(Thurow, 1999; Drucker, et al., 1998; Sveiby, 1998; Prusak, 1997; Booz Allen & Hmilton, 1997). 이른바 자본, 노동력, 토지 등 산업사회의 핵심 요소들이 지식으로 대체되면서 정보화에 대한 담론은 진부한 느낌을 준다. 그렇다고 정보가 중요하지 않다는 것은 아니다. 정보의 상위개념으로서 지식이 정보를 대체하기 시작했다는 의미로서 이미 21세기를 지식사회로 규정하려는 주장이 확산되고 있다(Drucker, 1998). 이에 선진국들은 지식이 21세기 경쟁력의 핵심원천임을 인식, 지식기반경제로의 전환을 핵심기조로 채택, 시행에 착수하였다.[22) 여기서 지식기반사회라 함은 부를 창조하는데 지식의 창조와 활용이 가장 핵심적인 활동이 되는 사회를 말하는데, 지식이 사회발전의 주요 동력으로서 작용하는 사회이다. 이에 개인은 집단 및 조직체들은 물론 국가의 경우도 지적 우위성(intelligence advantage)에 따라 그 생존이 결정될 것으로 전망된다(McMaster, 1995). 이는 무한경쟁시대라고 불리는 근자에 이르러 과거 20여년 간 사회발전 담론의 화두가 되어온 정보에 대신한 새로운 시대적 수식어로 새롭게 부상하고 있다(김문조, 2000). 달리말해 일종의 정보패러다임에서 지식패러다임으로의 전환이 이루어지고 있음을 의미한다.

2. 정보화의 성숙, 고도화 그리고 지식화의 등장

정보는 조직화 또는 구조화된, 그리고 의미를 부여받은 데이터로서(Glazer,

를 도모하는 것"으로 정의되는데(정보화촉진기본법 제2조), 세계적으로 1960년대 말에 등장하였고, 한국에는 1980년대 후반에 본격적으로 소개되었으며, 1990년대중반 이후 경쟁력강화를 위한 수단이자 최우선국정과제로 채택되었다.

22) 지식기반경제 발전전략을 수립한 국가로 영국(Our Competitive Future: Building the Knowledge Driven Economy), 캐나다(Knowledge-Based Economy/Society Pilot Project), 네델란드(Knowledge in Action), 싱가포르(Strategies for Future Competitiveness: Vision-A Competitive Knowledge Economy), 핀란드(Skill & Fair Play) 등을 들 수 있다.

1991: 1-19), 정보시스템상의 현재 또는 과거 상태를 말한다. 반면에 지식은 예측 가능성 및 인과관계를 설정하며, 나아가 무엇을 할 것인지에 대한 진단적 의사결정을 가능하게 하므로 정보 이상의 의미를 갖는다. 이처럼 지식을 정보보다 가치사슬의 상위에 올려놓으면서 최고 정보책임자(CIO) 역할이 최고지식책임자(CKO)로 넘어가고 있다(행정자치부, 2000: Barclay, 1999). 이 같은 변화가 전 세계적으로 진행되면서 지식을 발굴·창조·관리하여 새로운 부가가치를 창출하고 경쟁력을 확보해 나갈 것인가에 초점이 맞추어지면서 정책패러다임도 지식중심으로 전환되고 있다.

　　앞서 보았듯이 국가의 경제성장이 생산요소인 노동과 자본투자에 의존하는 시대로부터 벗어나(Krugman, 1994) 이제는 지식이 성장의 원동력이 되고 있음을 반영하는 것이다. 우리 나라의 경우도 지식을 창조, 유지, 활용할 수 있는 경제시스템을 민주주의와 시장경제원리의 큰 테두리에서 찾기 위해 부심해 왔다(재정경제부, 1999). 이를테면 정책결정자입장에서도 첨단산업을 육성을 하기 위해 단순히 금융지원이라는 정책수단에서 탈피하여 기업과 그 종업원들이 창의성을 발휘하고 필요한 지식을 축적할 수 있는 간접적인 동기를 부여하는 자유시장 경쟁질서를 확립하는데 정책의 초점이 모아지고 있다. 뿐만 아니라 학습(學習)하는 국민, 지식경영을 수행하는 기업, 혁신(革新)하는 국가상이 국가비전으로 정립되고, 새로운 성장을 지속하기 위해 지식기반 신산업의 전략적 육성이 시도되고 있다(재정경제부, 2000). 이러한 흐름을 반영 기존의 정보화촉진기본계획을 수정, 보완하여 지식기반경제하의 창조적 지식기반국가 건설을 위한 사이버코리아 21 계획이 마련되기에 이르렀다(정보통신부, 1999). 이러한 움직임은 정보화의 성숙 및 고도화에 상응한 노력으로 이해할 수 있다.

　　가령 전자정부의 이면(裏面)으로서 정보행정은 정보관리와 정보정책을 근간으로 한다. 이에 대해 지식정부의 경우 내면으로서 지식행정은 지식활용도의 제고에 초점을 두면서 지식관리와 지식정책을 주요 내용으로 한다(한세억, 2000b). 여기서 지식화는 정보화의 발전적 형태로 이해하되 단순히 정보기술 인프라에서 벗어나 인간적 요소에 의한 세련되고 정교한 수준의 정책으로 이해할 수 있다. 이런 맥락에서 지식화정책은 정보정책의 진화선상에서 그려지며, 지식사회에 부합되는 정부활동으로 상정할 수 있다. 지식기반사회에서 정부역할은 시장실패의 조정역할을 넘어 지식의 개발·파급·활용을 담당하는 경제주체와 이를 둘러싼 환경으로서 금융시스템, 기업지배구조, 노동시장구조, 교육수준, 법·규제 등을 포함하는 국가혁신시스템상의 장애요인, 즉 시스템실패를 조정하는 역할로 확대되고 있다(홍동표, 1999).

지식기반사회로의 이행과 함께 부각되는 지식화정책은 우선 경제, 문화의 발전을 위하여 지식기반이 필요하다는 맥락에서 강조된다. 즉, 지식기반을 활용하여 경제 발전과 문화생활수준을 제고하는 사회라는 의미에서 지식화정책이 요구된다. 이처럼 지식의 공급과 수요에 양 측면에서 사람들의 생활수준을 높이는 것이 지식기반사회의 궁극적인 목표가 된다(배순훈, 2000). 이를 반영하듯 김대중정부시절 개최되었던 제1차 국민경제자문회의에서 "지식기반경제발전 3개년 추진전략"을 수립키로 하였다.23) 여기서 최고 정책결정권자에 의해 21세기 한국이 지향해야 할 국가적 과제는 한국사회를 지식기반사회로 전환시키고 지식정부 또는 지식국가로의 전환이 주창되었다. 여기서 지식국가란 구성주체들이 지식을 보유, 활용, 학습, 공유, 인프라 확충 등을 통해 지식을 배양(knowledge cultivating)하며, 지식을 기반으로 한 경제시스템과 문제해결능력을 보유하고, 정부·산업·기업·개인 등 개별 주체가 능동적으로 지식을 창조, 활용하는 국가를 의미한다. 또한 주체들의 지식활동이 유기적으로 연계되며, 지식이 창조, 활용, 학습, 축적, 공유되는 국가로서 축적된 지식이 풍부하고 지식활동을 지원하는 인프라(제도, 가치, 문화 등)가 정비된 국가이다(강홍렬 외, 2000).

그동안 대한민국은 정보화와 함께 지식기반사회를 국가비전으로 제시하였으며 이런 맥락에서 신지식인화운동이 추진되었다. 이와 함께 장차 중점 추진되어야 할 지식화정책을 다음과 같이 제시할 수 있다. 첫째, 지식기반구조정책으로서 정보통신기기 도입이나 DB제작과 같은 하드웨어적 측면뿐만 아니라 지식·

---

23) 지난 2000년 1월 19일 대통령주재 국민경제자문회의에서 〈지식기반경제 발전방안〉을 보고하였으며, 3개년 추진전략을 수립·추진키로 하였다. 동 전략은 2003년까지 ① 세계 10대 지식정보강국으로 도약, ② OECD수준의 교육환경 개선, ③ 생명공학 등 첨단 분야 과학기술의 G7수준 발전 등 3대 목표를 설정하였으며, 19개 부처가 참여하여 지식기반경제발전전략이 마련되었다(재정경제부외, 2000).

정보콘텐츠와 관련된 소프트웨어분야를 강화하여, 지식정보의 수준이나 활용도를 지속적으로 제고하는 것이다. 둘째, 지식정보화, 정보지식화의 촉진정책이다. 여기서 지식을 개개인의 인간자원의 범주를 넘어 조직 및 사회적 자원으로 전환하는 것이 중요하다. 즉, 개체적 지식관(知識觀)을 넘어선 지식의 제도화과정을 활성화하는 것으로 지적 자산의 공유를 위한 합리적 준칙·보상·규범·문화의 정립이 핵심 정책과제가 된다. 셋째, 디지털경제 및 사회화의 촉진이다. 지식기반경제를 발전시키는 데 있어 기본적 전략으로서 지식정보인프라의 구축과 새로운 기술 및 경제현상에 대한 대응하는 창의적 인적자원 개발 등이 요구된다.

정보화는 한 시대를 풍미했다가 사라지는 유행(流行)이 아니었으며 현실과 동떨어진 채 비전만을 제시하는 이상(理想)도 아니었다. 실재적(實在的)으로 지속되는 현실의 문제로 작용하면서 사회성원들이 체험하고 느끼는 삶의 현장에 대두하였다. 그동안 정보화 현상들이 우리 사회의 곳곳에 다양한 형태로 투영되었으며 이 같은 현상을 둘러싸고 크게 두 가지 입장인 낙관론과 회의론이 대칭적으로 견지되어 왔다. 이러한 논의가운데서 공통적으로 발견되는 사실은 정보화(Informatization) 물결은 더 이상 거역(拒逆)할 수 없는 새로운 현실(現實)이라는 점이다.

지금까지 정보정책의 독자성 확인의 일환으로 정책형성의 맥락과 개념에 대해 살펴보았다. 비록 정보정책의 형성맥락의 강·약을 이론적으로 기술(記述)하였지만 보다 구체적으로 맥락을 구성하는 요인들 간 강도와 세기(strength)가 어느 정도인지 실증적으로 파악하지 못했다. 앞서 제시된 형성맥락과 생성구도가 정보정책의 흐름을 추상화한 것에 불과하지만 정보정책의 형성을 총체적으로 이해하는데 도움이 될 수 있다는 점에 그 의미를 부여할 수 있다. 또한 정보정책의 개념과 의미도 정보통신분야의 급속한 발달과 사회적 상황의 변화에 따라 지속적으로 재 정의되어야 할 것으로 생각된다. 이와 함께 정보정책이 바람직한 정보사회를 실현하고 정보화과정에서 야기된 사회문제의 해결에 적극적이어야 한다는 맥락에서 실천적 성격이 강조되어야 한다.

정보정책의 궁극적 가치와 의미는 한국사회가 처한 실제적인 문제 상황의 해결에 있다는 점에 유의해야 한다. 더구나 Frontier 정책영역으로서 정보정책은 무한경쟁시대의 국가경쟁능력을 향상시키는데 있어서 전략적 역할을 담당할 것이다. 이에 정책이론과 실무가 현실적합성과 합목적성의 고려 하에 상화(相和)되어야 한다. 장차 정보정책은 정보통신을 주제로 사회과학 및 자연과학의 발전과 더불어 진화되는 양상을 보여주어야 한다. 이 과정에서 정보정책이 실천적 정책으로서 독자성을 확보하기 위해서 다음과 같은 사항이 지속되어야 할 과제로 제기될 수 있다. 첫째, 이론과 제도 간 조화를 갖추어야 한다. 현재 진행 중인 정보·지식사회는 사회성원의 삶과 비전을 담고 있다. 그러므로 인간사(人間事)의 중요부분으로서 정책이론과 제도의 마련에 있어서 한국적 상황과 특수성이 고려되어야 한다. 이에 미국이나 일본 등지의 정책이론과 제도를 무비판적으로 답습하는 양상은 지양(止揚)되어야 한다. 둘째, 정보통신의 특성과 상황을 고려하여 정책모형, 정책기법, 정책논리, 정책전략 등을 보완, 정리하여야 한다. 이를 통해 정보정책이 하나의 통일된 정책체계로 갖추어지도록 하며, 나아가 독립된 정책분야로 완성되도록 정책기반이 마련되어야 한다. 셋째, 정보·지식환경의 변화와 발전단계에 부응하여 정책목표를 설정하고, 상황변화에 대응하여 정책수단이 개발되어야 한다. 정책목표와 수단은 정책의 실질적 내용을 구성하며 정책의 존재이유가 된다. 이런 점에서 정책목표와 수단간 정합성과 인과성이 확보되어야 한다. 그리고 정책집행과정에서 정책실효가 이루어지도록 정책수단간 상호관련성이 유지되어야 한다. 끝으로, 정부뿐만 아니라 정치 및 민간부문에서 정보환경변화에 따른 자체전환능력을 배양하며, 정보정책의 자율성과 생존능력을 넘어 고도화 그리고 영향력의 지속적 확대를 위한 창조적 개발노력이 요구된다.

정보정책 고찰: 변화와 지향

정보정책 고찰: 변화와 지향

문제의식과 초점

　본 장에서는 정보정책의 전개 및 변화양상을 제도주의 관점에서 이해, 설명하고자 한다. 제도형성에 영향을 주는 내·외적 변수를 도출하여 정보화의 경험적 현상에 적용, 분석함으로써 정책변화를 고찰하면서 현실적 정보화전략 및 정책방향에 시사점을 제시하였다. 분석결과, 정보화는 사회적 수요, 기술혁신에 따라 영역과 지세가 확장되면서 그 특성과 가치가 현실로 투영되었다. 한국의 정보화는 제도화변수에 의해 영향을 받았다. 내적 변수의 경우, 대통령을 비롯한 지도층의 관심과 지지가 제도화에 강한 영향을 드러냈다. 외적 변수의 경우, 정부주도 및 선진국 모방에 의해 강제적이면서 규범적 동형화 양상을 특징적으로 보여주었다. 장차 정보통신 전개방향이 불확실하지만 국가발전과 사회변동의 가능인자로서 가치가 기대되며 보다 실천적 측면에서 정부뿐만 아니라 정치 및 민간부문에서 환경변화에 따른 자체전환능력의 배양과 정보통신의 자율성과 생존능력을 넘어 고도화 그리고 영향력의 지속적 확대를 위한 창조적 개발노력이 요구된다.

제1절 정보정책의 정체성

1. 정보정책의 대상요소와 영역

정보정책은 정보·통신에 관한 정책이라는 관점에서 이해할 때 정보의 발생 및 변환, 정보전송 및 분배에서 정보의 이용에 이르는 정보의 수단적 기능만을 정보통신의 범주로 보는 협의의 개념과 정보의 수단적 기능 이외에 정보의 저장 및 가공까지를 포함하는 광의의 개념으로 구분할 수 있다. 광의의 개념에서는 정보의 전달뿐만 아니라 정보의 저장 및 처리, 즉 정보의 가공 및 인식방법을 포함하는 종합적이고 확대된 의미로 정보통신을 이해할 수 있다. 이 경우 정보정책이 다루어야 할 정보통신의 범주도 종전의 수동적, 부분적, 분산적 개념에 바탕을 둔 매체제공뿐만 아니라 〈그림 2-1〉에서와 같이 정보의 처리, 가공을 포함하는 능동적, 종합적, 확대된 의미로 전환되어야 한다. 이런 맥락에서 정보통신의 요소에는 음성은 물론, 데이터와 영상을 포함해야 한다.

정보정책은 기술수렴현상에 의해 융합되고 있는 정보와 관련된다. 이와 관련하여 정보정책의 범주는 전기, 통신, 방송, 위성과 여타 정보기술을 포함하는 것으로 이해된다(Cronin, Blaise. 1987: 129-138). 정보정책은 사회·경제적, 기술적 변화와 도전에 대응하는 것으로 미국, 일본, 유럽 등 정보통신분야의 선진 각국에서는 자국의 사회 및 제도적 구조와 문화적 특수성에 부합하는 정보통신의 발전과 확산을 위해 정책을 형성하고 있다. 이를테면 각국은 정보통신에 관한 정책을 발전시키고 수행하기 위해 필요한 절차를 확립하고 있다. 이에 정보통신의 기술적 능력의 향상, 확산, 규제완화 등과 같이 특정의 정책영역에 강조점이 두어지고 있다. 이같은 정책의 측면들은 상호 밀접한 유사성을 보여주기도 한다. 뿐만 아니라 정보정책은 그 목적과 내용이 정치제도, 경제체제, 문화, 과학기술 등에 크게 영향을 받고 있다. 이 가운데 정보통신분야의 과학기술은 정보정책에 있어서 커다란 영향을 주는 중요한 영역이다. 달리말해 정보정책은 정보통신과학 및 기술의 발달과 진보에 의해 새롭게 형성된 것이다. 즉, 정보통신기술이 급

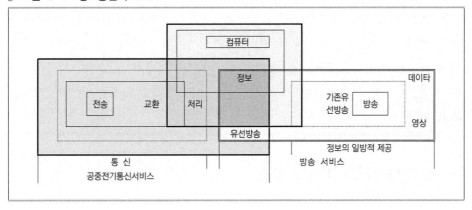

▶ 그림 2-1   정보통신의 요소

속히 발달하고 인접분야에 보급이 확대되고 그 응용기반이 광범하게 성립되고
있다. 이 과정에서 정보통신기술은 사회, 경제 및 산업, 문화, 교육 등 모든 분야
에서 변화를 촉진하는 본질적 요소가 되고 있다. 또한 사회적 필요 및 수요에 부
응하여 정보통신의 기술혁신도 가속화되고 있다.

　　정보정책은 국가경쟁능력을 향상시키는 전략적 역할을 담당하면서 정보사
회의 변화에 대응하는 새로운 정책영역으로 인식되었다. 많은 부문에서 정보통
신의 급속한 확산이 이루어지고 있어 예상했던 것보다 훨씬 커다란 영향이 나타
났다. 이 같은 정보정책의 대상영역을 기술적 측면에서 살펴보면 〈그림 2-2〉와

▶ 그림 2-2   정보정책의 대상영역

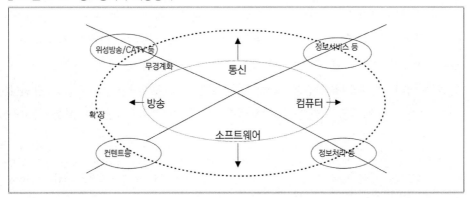

같이 통신, 방송, 컴퓨터, 소프트웨어 등을 포함하는 것으로 이해할 수 있다. 중요한 점은 정보정책의 대상영역이 정보기술발달에 의해 그 영역이 지속적으로 변화, 확대되고 있다는 점이다. 특히, 정보통신분야의 기술혁신이 급속히 이루어지고 기술간 결합과 융합이 가속화되면서 영역 간 경계가 모호하거나 없어지기도 하며, 새로운 분야가 빠르게 형성되면서 정책영역의 확장과 변화에 영향을 주고 있다.

2. 정보정책의 범주와 차원

정책은 마치 살아 움직이는 유기체와 같다. 사회적 산물로서 정책은 생명력을 지닌다. 정책의 생명주기는 외부적 요인에 의해 커다란 영향을 받는다. 거꾸로 정책이 사회에 영향을 미치기도 한다. 그렇지만 전자의 입장에서 볼 때 정책은 외부적 환경요인에 의해 다양하게 변화한다는 사실은 부인하기 어렵다. 이처럼 정책이 정책 환경과 교호작용하는 역동적 관계를 정책과정이라고 할 수 있다. 이런 관점에서 정보정책도 시간이 흐르면서 그 내용이 복잡하며, 정교해지고 있다. 동시에 정책범주도 갈수록 확대되고 있다. 그러면 정보정책의 범주를 어떻게 설정할 수 있는가? 선진 각국에 비교할 때 우리나라 정보정책은 매우 광범하게 이해되고 있다(KISDI, 1993: 89).[1]

한국의 정보정책현상에서 나타난 정보정책의 범주를 살펴보면 크게 수평적 범주와 수직적 범주를 나타낼 수 있다. 수평적 범주로는 산업, 사회, 기술, 법/제도, 문화, 교육, 행정, 네트워크부문으로 구분된다. 각각의 분야는 상호 밀접하다. 실제로 정보정책은 정보통신주관청으로서 정보통신부에 의해 형성, 집행되었다. 달리 말해 정보통신부가 정보정책으로 결정된 사항에 대한 계획(안) 및 대책을 수립하며, 제도나 기관을 형성, 연구개발 등을 담당하였다. 그리고 관련예산과 법률로 구체화된 사항을 집행하였다. 이 같은 범주의 정책은 물론 정보통

---

1) OECD(선진국경제협력개발기구)국가들의 정보통신정책은 크게 두 가지로 대별되는데 캐나다, 뉴질랜드, 노르웨이, 스웨덴 등의 국가는 정보통신산업분야의 정책에 초점을 두고 있으며, 반면에 미국, 영국, 일본, 독일, 덴마크 등의 국가는 산업 및 경제발전을 포함하는 광범한 프레임에서 정보통신정책의 범주를 설정하고 있다.

신부에서만 실시하는 것이 아니다. 정보통신의 급속한 확산과 적용으로 인해 다른 정부부처 및 기관에서도 정보통신정책이 형성, 추진되었다. 정보통신 관련업무는 횡적으로 수평적 연계성이 강하기 때문에 여러 부처에 관련된다. 이를테면 산업관련부처, 행정자치부, 문화관광부 등 정보통신분야와 직접적으로 연관된 정부부처가 있으며 외교부, 국방부, 법무부, 건설교통부, 농림부 등 관련부처에서 간접적으로 정보화촉진에 관련된 계획, 사업 또는 법률을 담당하고 있다. 이렇듯 정보정책은 한 부처의 범주를 넘어서 국가차원에서 이루어지고 있으며, 나아가 정보기반구조를 중심으로 국제적 수준에서의 정보정책으로 확대되고 있다.

정보정책의 수직적 범주는 정책이 누구에 의해서 이루어지느냐에 따라 네 가지 차원에서 살펴볼 수 있다. 물론 여기서 정책은 각 차원이 분리되는 것이 아니라 중첩성을 띤다. 첫째, 개인차원의 정보정책이다. 정보정책의 형성과 집행에 영향을 미치는 정책관료는 최소단위의 정책주체이다. 엄밀히 말하면 정부활동의 주체는 국가 및 행정조직을 구성하는 정책관료로 환원될 수 있다. 다른 정책보다 기술적 성격이 강하게 작용하는 정보정책의 경우 생성초기에는 전문지식과 기술 및 경험을 갖춘 정책관료에 의해 정책결정과 집행이 이루어 졌다. 한국의 정보정책의 초기 소수의 전문적 기술관료에 의해 정책이 창도되었을 정도로 개인적 차원에서 정책이 강하게 나타났다.

둘째, 부처차원의 정보정책이다. 행정부처의 공식적 권한은 의회가 법률의 형식으로 결정한 정책과 대통령이 결정한 정책을 전문성에 입각하여 집행하는데 있다. 정부조직법상 행정부처는 법률로 정해진 영역에서 정책을 관할한다. 또한 행정조직은 엄격한 계층제원리에 의해 운영되는 관료제를 이루는데 각 부처의 조직은 실, 국, 과차원에서의 이루어지는 경우가 통례이며 이 같은 맥락에서 정보정책이 형성, 집행되었다.

셋째, 국가차원의 정보정책이다. 국가수준의 정보정책은 국가기반정보구조(NII)정책으로 나타났으며 국가정보정책으로서 상징적 의미가 강했다. 이론적으로 국가정보정책의 제안자들은 미국의 예에서 찾을 수 있다. 미국의 경우 지방, 주, 지역 및 국가정부의 정보를 통합하고, 정부 및 이와 관련된 비정부부문의 정보통신 관련 정책영역을 유지하기 위한 지침을 통해 국가적 목적의 의미(sense)

를 지닌다. 또한 공고한(cohesive) 정책은 국제적 장(field)에서의 정책협상에 있어서 자국의 입지와 이익을 강화하는 것으로 나타났다(Hermon, 1989: 231).

넷째, 세계적 수준에서 이루어지는 정보정책이다. 국가 간 정보정책의 비중이 확대되었다. 정보정책에서 국제적 협력의 필요성은 한 국가에서 정보통신의 발전이 문화로부터 경제적 거래 및 교환에 이르기까지 확대된 데서 비롯된다. 이를테면 새로운 정보통신기술에 의해 영향을 받는 관심영역들은 법, 사회, 경제적 영역뿐만 아니라 사생활보호라든가 국경 간 데이터유통, 보안 등 다양한 분야에서 나타났다. 정보통신은 세계화와 지방화(glocalization)의 발전과 세계무역에서 근본적 역할을 담당하고 있다. 이는 정보통신무역의 확대뿐만 아니라 기본적 사회구조로서 국제적 데이터전송에 의해 전략적 역할을 수행한다. 이런 점에서 국가의 정보정책은 세계적 차원을 간과할 수 없다. 더구나 정보통신네트워크상에서 드러난 추세는 수평적 접근과 함께 국제적 적응이 요구된다. 종래와 달리 많은 변화와 적응을 필요로 하면서 정부 간 및 비정부조직간 그리고 공공과 민간부문간 협력 등을 의미한다.

지금까지 살펴본 정보정책의 범주를 〈그림 2-3〉과 같이 나타낼 수 있다. 여기서 정보정책을 구성하는 개별정책은 상이한 맥락을 포함한다. 예컨대 정보이용활성화정책이나 정보문화 확산정책은 개별국민의 정보마인드 및 정보능력

▶ 그림 2-3 정보정책의 차원

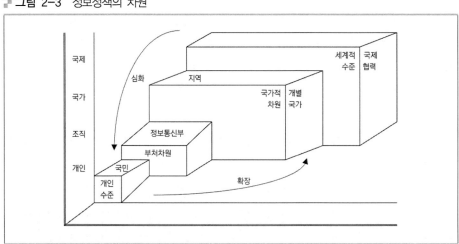

의 향상에 초점이 두어지지만 국가적 수준에서 정보산업의 수요창출, 부처차원에서 의미 있는 맥락을 구성한다. 물론 정보산업육성을 위한 정책의 경우에도 각각의 차원이 동시에 고려되고 있다.

3. 정보정책의 실제: 정책공간과 실체

정보정책은 어떠한 양상으로 정책공간에 실재하는가? 그 실체적 내용은 무엇인가? 그리고 어떻게 분류될 것인가? 이러한 질문에 대한 해제를 찾기 위해서 정보정책을 구성하는 개별정책을 중심으로 그 내용과 성격, 정책단위 등에 대한 분석이 이루어질 필요가 있다. 이 가운데 정책의 본질을 파악하기 위해서 정책내용을 살펴보는 것이 바람직하다. 이를 통해 정책성격을 파악할 수 있으며 분류도 가능하다. 먼저 정책성격과 관련하여 정책현상에서 투영된 정보정책은 법률, 계획, 대책, 방안, 방침, 지침 등 다양한 형식으로 표현된다. 그 형식에 따라 정책의 강제성, 집행력, 포괄성, 일관성 등 정책성격을 가늠할 수 있다. 물론 정책성격에 따라 분류가 가능하다. 즉, 〈표 2−1〉에서 알 수 있듯이 기존의 정책분류방식에서와 같이 구분할 수 있다(Almond and Powell, 1966: 195−196, Lowi: 298−310) 그러나 동 구분을 정보정책에 일의적으로 적용하기 어렵다. 이는 정보정책의 이질혼합 성격 또는 복잡성을 잘 반영하는 것이다. 예컨대 「전산망보급확장 및 이용촉진에 관한 법률」이나 「정보화촉진기본법」의 경우 법률의 형식으로 형성된 정책으로서 촉진, 진흥 또는 조성 등을 통한 분배정책의 성격이 강하다. 뿐만 아니라 구성 또는 규제정책으로서의 내용을 지니고 있다. 반면 「전기통

표 2−1 정책분류별 정보정책내용

구분	주요 정책내용 및 분야
규제정책	요금, 통신사업자(진입)규제, 기술기준, 정보보호
분배정책	연구개발사업, 구매정책, 사업자선정(구조조정)
재분배정책	보편적 서비스, 복지통신
구성정책	정부조직 및 위원회 신설, 관련기관 및 단체의 형성
적응·안정정책	사회변동에 대한 적응정책(의식,계몽교육 등)

신사업법」은 규제정책의 성격이 강하다.

지금까지 정책공간상에서 드러난 정보정책맥락을 개괄적으로 살펴보면 1980
년대 초반에는 전기통신정책을 비롯하여 규제정책의 맥락에서 접근되었으며 산
업적 측면이 강하게 작용하였다. 그러나 1980년대 후반과 1990년대 초반에 이르
러서는 산업적 측면과 함께 사회적 측면이 강조되었으며 기존의 규제정책으로
서의 성격과 함께 적응, 분배정책의 특성이 나타났다. 사실 정보정책은 다양한
형식을 띠며 이슈와 영역도 경제, 법, 문화 등에 이르기까지 매우 넓게 분산되어
왔다. 그리고 급속한 상황변화에 대응하여 임기응변적(ad-hoc) 형태로 진화되어
왔으며 이 과정에서 정책내용과 성격이 달라지고 있다. 그러므로 정보정책의 실
제를 이해하기 위해서는 다차원적 맥락과 접근에 의한 종합적 관찰이 요구된다.

정보정책의 공간을 인식하기 위해서 정보정책과 연관된 외부의 환경적 요
인과 실체 및 정책운영에 수반되는 내부적 요인이 고려되어야 한다. 이처럼 정
보정책공간의 인식에 따른 영역을 구명(究明)함에 있어서는 우선적으로 정보통
신분야에서 정책이 수행해야 할 내부적 요인을 중점으로 하는 내용분석 또는 행
위주체에 입각하여 미시적 접근과 외부환경 요인과의 관계까지를 포함하는 거
시적 접근이 적용될 수 있다(임두순, 1986).

첫째, 미시적 접근에 의한 정책영역을 살펴보면 정책행위자로서 정보통신부
를 비롯한 정책결정자와 전문기술지원기관 및 통신사업자 등 정책집행자가 정
보정책분야에서 수행해야 할 일(업무), 즉 기본적 과제로서 예를 들면 정보통신
의 기반시설을 구축하고, 시설을 유기적으로 운용하는 것 등이다. 그리고 정책과
제의 범주는 교환 및 전송시설을 구축하고 단말기기를 설치하여 정보통신기반
시설을 유지, 보전함으로써 사회적 서비스를 제공하는 것이다. 여기서 정책내용
은 정보통신시설을 개발하여 정보통신기기를 생산, 조달하고, 종합적인 정보통
신망을 구성하여 정보통신사업의 합리적인 운영을 통하여 효율적인 정보서비스
를 제공하여 정책목적으로 달성하는 것이다. 이런 맥락에서 정보정책의 영역을
살펴볼 수 있다. 그러나 정보정책이 수행해야 할 업무가운데 당면한 정책과제로
인식되는 것은 정보의 전달, 처리 및 배분을 가능하게 하는 기반시설의 효율적
인 투자에 의한 구축 등이 제시될 수 있다.

둘째, 거시적 접근에 의한 정책영역은 미시적인 접근에 의한 정책과 관련될 뿐만 아니라 외부 환경적 요인과의 관계에서 나타나는 정책분야를 포함하여 실질적으로 인식하는 것을 말한다. 이에 따라 정보정책공간을 〈표 2-2〉에서와 같이 정리할 수 있다.2) 수평적 측면에서 국내와 국제맥락으로 구분되며 국내는 산업경제를 비롯하여 사회, 지역, 기술, 문화 등에 걸쳐 정보화활동이 확산되고 있다.

수직적 측면에서는 정책행위 또는 수혜대상과 관련하여 개인 부처, 국가 그리고 범 세계수준으로 구분된다. 이 같은 각각의 맥락과 측면은 일종의 matrix의 형태를 보이면서 정책공간에 나타나고 있다. 그 주요내용을 몇 가지로 예거하여 살펴보면 ① 정보정책은 그 범위가 국민경제 및 사회전반에 걸쳐있다. 그렇지만 그 사업내용이 국가기반구조 및 시설에 관련되어 있으므로 국가의 경제개발정책과 밀접한 관계를 지닌다. 그러므로 정책결정에 있어서 관련되는 타부문의 경제정책 내용까지 실질적인 정보정책으로 간주하여 고려함으로써 현실에 적합한 정책집행이 가능하게 된다. ② 정보정책은 타 부문정책과는 달리 경제정책 성격은 물론 과학기술정책, 산업정책, 문화정책, 복지정책, 교육정책 및 국제적 성격이 강하다. 게다가 정책분야 간 연관성이 요구되며 실제로 복합적으로 작용하고 있기에 관련 정책결정주체 및 집행자들 간 이해상충과 갈등이 불가피하다. 이런 까닭에 정보정책을 효율적으로 집행하기 위해서는 거시적 안목에서 실질적인 광의의 정책영역을 구체적으로 인식하는 것이 필요하다. 특히, 정보통신의 실체를 이루고 있는 정보통신망은 가장 급속한 기술혁신과 발달이 이루어지고 있는 분야로서 타 정책부문과의 협조와 조정은 합리적인 정책결정을 위한 필수적 조건이 된다.

---

2) 여기서 정보정책공간은 정책실무자의 정책경험과 정책관련기관의 실제업무영역을 중심으로 설정(mapping)된 것이다. 다만, 〈표 2-2〉의 점선은 개별수준과 맥락에서 이루어진 정책이 명확하게 구분되는 것이라기보다는 밀접한 연관성하에 다면적 또는 다차원적 성격을 지니는 것으로 이해할 수 있다.

구분	국내									국제
	산업/경제	사회	지역	기술	문화	교육	행정	법/제도	네트워크	해외
개인 수준	정보생산·소비/정보구매능력 제고	정보사회의 삶의 질/정보윤리/정보이용자 보호	지역주민 정보능력 함양	기술훈련	정보문화 확산/인식제고	정보화인 재육성	정보능력	제도적 적응	인터넷 이용	
부처 수준	정보통신 사업진흥/정보산업 육성시책/요금/산업정보화와 정보의산업화촉진	복지통신/의료서비스 고도화(원격진료 등)/환경관리 정보화	지역정보화 시책(지역정보센터)	기술개발 정책(HW·SW·DB 등) 국산화/정보보안	홍보계몽/문화의 정보화	학술단체 지원/교육정보화/정보통신 대학원/학술 정보이용 환경조성	행정정보화 (부처별 정보화)	분야별 정보화제도 정비/추진체제 정비	통신망 확충/부처별 네트워크이용방안/시범사업/인터넷활용시책/부처별 정보화 촉진방안	
국가 수준	산업구조 고도화/사업구조 조정/종합발전계획/규제완화	국가사회 정보화 기반조성/통일관련정보화 사업	정보격차 해소	정보기술 혁신과 융합/종합계획/R&D 지원/국책사업(G7)/시스템개발/가학 기술인프라확충	정보화이벤트(정보문화의 달/정보능력제고 행사)	인력양성 계획/인력양성환경정비/공동연구 활성화	전자정부/공공정보화	기금운용/법·제도정비(전자거래 등)/공정 경쟁환경 조성	초고속정보통신망 구축사업	정보인프라의 세계화
세계 수준	해외시장 진출/시장개방/통상협상	정보화 삶지표 개선	지역간 협력/교류	국제협력(개도국지원) 및 표준화	지적재산권				APII운영/GII/AII	국제적 조화와 협력

자료: 정보통신부/통상산업부/과기처/공보처/기타 정부부처업무 참조.

제2절   정보화와 정책변화

1. 정책변화와 시각

한국의 정보화는 압축성장의 역사다. 정보화의 시초인 통신역사는 100여 년을 거슬러간다. 1884년 4월 우정총국 창설로 근대우정이 시작되었지만 통신제도 및 정책은 1948년 11월 정부수립과 함께 발족된 체신부에 의해 비롯되었다. 정보통신분야는 60년이 경과하는 동안 국내총생산(GDP)의 12%가 넘는 비중을 차지할 정도이며, 특히, 2012년 IT무역수지는 773억 달러 흑자를 기록하여 한국경제의 중추 산업으로 성장하였다. 사회성원의 의사소통과 업무처리의 기본 도구로서 정보통신서비스는 보편적 서비스로 자리 잡았다. 사회적 수요, 기술혁신에 따라 영역과 지세가 확장되면서 그 특성과 가치가 현실로 투영되었다.

주지하듯 세계가 인정한 IT강국은 정보화 노력의 누적적 산물이라 할 수 있다. 이 과정에서 정보화 정책변화는 역동적이고 지속적이었다. 이에 정보사회로의 변화는 속도의 문제로 인식된다. 이른바 생각의 속도로 정보화 변화가 진행되면서(Gates, 1999), 변화관리가 새로운 과제로 대두되었다. 그러면 정보정책의 지세가 어떤 패턴과 변화양상을 드러냈으며 이 과정에서 어떠한 요인이 작용하였는가? 정보통신이 갖는 특성과 접근의 다양성으로 인해 정보화 이해를 위한 공감대 확보가 쉽지 않다(Machlup and Mansfield, 1983).

본 절에서는 정보화의 전개과정에서 그 가치와 안정성이 확립된 정보정책을 거시적 차원에서 이해, 설명하고자 한다. 나아가 역사적 성과에 대한 성찰의 바탕에서 지속 가능한 선진 정보사회 구현을 위해 시사점을 제시하고자 한다(한세억, 2000; 한세억, 2008). 이를 위해 첫째, 기존 제도주의 이론의 바탕에서 대안적 분석모형을 제시하고 둘째, 정보정책의 범주와 공간을 개관하면서 정보화 전개과정에 분석모형을 적용, 살펴보기로 한다. 셋째, 정보정책의 변화가능성을 바탕으로 그 방향을 탐색하기로 한다.

정보정책은 짧은 기간 동안에 급속하게 확장하고 있다. 이는 정보정책이 갖는 특성에서 기인하는 것으로 볼 수 있다. 즉, 정책성격이 정보정책의 발전과 확산과정에 적지 않은 영향을 준 것으로 이해된다. 정보정책은 〈그림 2-4〉에서 보듯이 정책공간에서 그 지세(地勢)가 확장되고 있다. 컴퓨터와 통신 그리고 정보처리기술의 혁신과 융합으로 정보처리, 축적, 전달능력이 증대되면서 정보의 가치가 사회의 핵심요소로 등장하였다. 또한 정보화가 새로운 국가사회발전전략으로 인식되면서 국가정책의 우선순위로 부상하기에 이르렀다.[3] 이에 정보정책은 국가정책의 모든 영역에 걸쳐 양적 증가와 질적 심화를 보여주면서 정교한 궤적을 그려가고 있다.

　정부는 국가의 주요 자원인 국민·국토에 관한 정보 및 자료를 토대로 공공서비스를 창출하는 조직이다. 이를테면 정보생성-정보전달-정보처리-정보이용 등 일련의 정보과정을 계획, 통제, 관리하는 정보화활동은 공공부문을 시초로 국가사회 전 분야에 확산되고 있다. 여기서 정보정책은 확산과정에서 순환적 확대재생산의 양상을 보여주었다. 이는 정보정책의 결정과 집행 간에 작용하는 상

▶ 그림 2-4 　정보정책의 공간적 지세와 확장

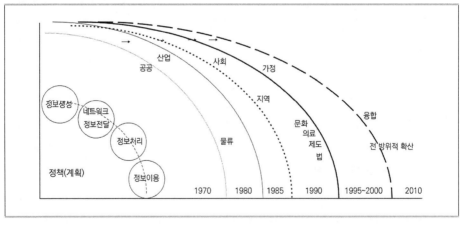

3) 우리나라에서 정보화가 국가사회발전의 전략 또는 이념형으로 부각된 것은 범국가적 종합계획으로 수립된 「정보사회종합대책-선진 민주복지국가 구현을 위한 장기계획(1990. 9)」에서 비롯된다. 동 계획을 바탕으로 「국가사회정보화 5개년계획(1991)」이 수립되었다. 이어 「제7차 5개년 경제개발계획(1992~1996)」에서 정보통신부문이 독자적 영역으로 설정되었다. 이후 「정보산업육성국가전략계획(1992. 10)」이 수립되었으며, 마침내 국가정책의 최우선과제로 공표(1996. 3)되었다.

호적응성에서 비롯된다. 달리 말하면 정책결정과 집행간 연계성에서 연유하는 것이다. 즉, 정보정책의 발전적 진화와 확산메카니즘이 연계성과 관련이 있음을 의미한다. 이로 미뤄 정보정책은 다른 정책과 구분되는 특이성을 지니는 것으로 이해할 수 있다.

2. 정보화 정책현상 분석을 위한 모형

지난 60년 동안의 정보화 정책현상을 이해하기 위해 이론적 시각이 필요하다. 다양한 요인에 의해 역동성을 보여주는 정보통신의 형성과 배경, 그리고 역사적 맥락을 살펴보는 데 제도적 접근과 분석이 유의미하다(Haggard, 1988: 91-120). 이 가운데 역사적 제도주의는 국가 와 사회 간 상호의존관계를 구조화하는 제도적 배열을 관찰하며 정치행정현상을 설명하는데 유용하다. 제도주의의 분석 단위이자 중심개념인 제도는 매우 포괄적이고 다양한 개념으로서 사회과학 전반에 걸쳐 이론구성 및 경험적 연구에서 강조되었다(March and Olsen, 1984).

물론 국가형성의 구조적 틀이자 정책이나 규칙을 낳는 제도는 사회적 실재를 구성하는 과정의 산출물이자 인간행동을 규제하는 통제의 의미를 내포한다(Berger and Luckmann, 1967). 여기서 안정성과 지속성이 강조되며 상징 및 행동 체계로 이해되면서 사회적으로 인정된 규범이나 규칙을 바탕으로 공식화된 법, 규제절차 그리고 행동관행을 포함하는 규칙으로 정의할 수 있다. 제도가 가치와 안정성을 확보하는 과정을 제도화라고 할 수 있다. 제도화를 위해서는 주어진 목적달성 이상의 영속성이 요구되며(Selznick, 1949). 집단구조와 조직, 리더십, 귀속감(Lawry and Rankin, 1969), 또는 상호작용, 연계(Bill, 1974) 등이 영향을 준다. 그래서 제도화는 시간경과에 따라 일정한 상태를 이루거나 습득한 사회질서, 규범, 조직, 규칙, 행위의 조직화된 반복적 유형이라는 성격을 지니며 환경조건이 달라져도 변하지 않는 경로의존성을 드러낸다(Krasner, 1984). 하지만 시간변화에 따라 권력관계와 외부환경 변화가 제도적 역동성을 자극하면서 제도변화를 야기하기도 한다(Thelen and Steinmo, 1992). 이러한 제도적 특성과 변화는 정책변화를 이해, 설명하는데 유의미한 시사점을 제공한다.

본 서에서는 정보통신정책의 전개과정과 변화양상을 살펴보기 위한 이론적 시각으로 제도주의를 채택하였다. 정보통신 제도화는 정보통신이 생성되어 성장하는 정도를 의미하며 그 전개과정에서 영향을 미치는 요인도 다양하다. 이처럼 환경변화에 따른 역사적 산물로서 정책 틀의 구성 및 작용을 설명하기 위한 변수가 필요하다. 제도화 과정과 변수의 이해를 위해 제도형성에 관한 Esman (1970)모형이 유용하다. 하지만 Esman모형은 사회체제이론에 입각해 있기에 정태적이며, 변수의 추상성으로 인해 제도화과정의 역동성을 설명하는 데 한계가 있다. 특히, 동태적이고 시차원상에서의 연속적 변동을 설명하기 어려우며 사후판단의 조직진단이론의 성격이 강하다. 뿐만 아니라 내적 변수들 간 상호작용적 관계와 변수 간 흐름, 그리고 환경과의 관련성을 이해하기 어렵다.

이러한 한계의 대안적 모형으로서 〈그림 2-5〉에서 보듯 분석모형을 제시하기로 한다. 여기서 내적 변수는 변화전략과 관련된 내부속성으로서 지도력, 이념, 조직구조, 예산, 사업 및 프로그램 등으로 구성된다. 외적 변수로 권한과 자원배분을 통제하는 수권적 관련변수, 상호 보완적 관계에 있는 조직들 간 연관성과 산출 그리고 환류를 포함하는 기능적 관련변수, 변화목표와 방향과 관련된 규범이나 가치창출기관 간 연계를 나타내는 규범적 관련변수, 공식적 조직 및 구성원으로 특징짓기 어려운 환경요소로서 여론, 대중매체 등과의 관련성을 의미하는 확산적 관련변수를 포함한다. 각각의 변수들은 상호 영향을 미치면서 제

▶ 그림 2-5 제도화 분석모형

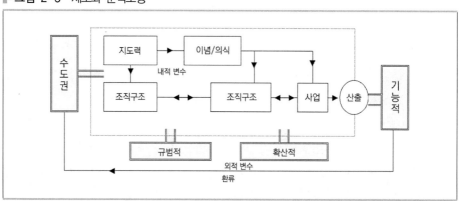

도화를 촉진한다. 동 모형에서는 정보통신 현상의 시·공간적 요소를 시기별 발전과정에 따라 분석하면서 활동 및 구조 간 상호작용과 교환으로 연결시켜 동태적 과정의 설명준거로 삼기로 한다(한세억, 2000).

제3절 정보정책의 역동성: 전개과정과 변화양상

1. 정보통신정책의 전개과정: 제도화 변수의 적용

정부수립 이후 1960년대 초반까지 전기통신은 다른 부문에 비해 부진한 형편이었다. 1960년대 초부터 4차에 걸친 5개년 계획으로 후진성을 탈피하고 근대화된 통신구조 및 정책체계를 갖추었다(체신부, 1988). 즉, 1960~70년대의 개발 시기를 지나 1980년대부터 전기통신 환경변화에의 대응과정에서 급속한 발전을 이루었다. 이후 1980년대 중반에 정보화가 공시되었으며 1990년에 들어서 본격적으로 정책담론과정을 거쳐 실체화되었다(한국정보문화센터, 1997; 전석호, 1999).[4]

정보통신 전개과정에 대한 구분 논의는 다양하다. 체신부(1988)는 통신주권, 통신경영, 산업기술 및 이용 성격을 고려하여 초창기(1885-1910), 수난정체기(1910-1945), 복구재건기(1945-1961), 개발성장기(1961-1980), 도약발전기(1980 이후)기로 구분하였다. 1990년대 후반에 정보통신 추진과정 및 시기에 대한 논의들이(안문석, 1995; 김동욱·이원희, 1998; 행정자치부, 1998; 한국전산원, 2003) 활발하게 이루어졌으며 정보통신 정책변화의 이해에 시사점을 제공한다. 하지만 기존 연구는 컴퓨터와 전산화, 추진체제, 정보유통 등 특정 국면에 초점을 맞춘 미시적 연구이기에 정보통신의 역동적과정과 변화수준의 전체적 파악이 어렵다. 그럼에도 불구하고 본 절에서는 정보통신의 이해를 역사적 맥락에서 찾되 그 깊이를 더하기 위해 앞서 제시된 제도화 분석모형의 구성변수를 정보통신 전개과정에

---

4) 이러한 주장에 대해 다른 견해(서현진, 1997)가 있지만, 통설로 받아들여지고 있다.

적용하여 살펴보기로 한다.[5)]

가. 내적 변수

(1) 리더십

1948년부터 1980년대 이전까지 정보통신부문이 정책우선순위로 설정되지 못하였다. 1980년대에 이르러 전두환 정부에서 신설된 경제비서실(과학기술비서관)을 중심으로 대통령이 국가전산화확대회의를 직접 주재하면서 국가프로젝트로서 강력하게 추진하였다. 그러나 1980년대 후반 노태우 정부에서는 청와대 비서관제가 폐지되면서 정보화추진의 구심력이 약해지고 부처 간 정책조정역할의 상실로 정책혼란이 가중되었다. 이에 노태우 정부는 정보통신의 제스쳐는 요란했지만 무관심과 안일로 일관되었다고 평가된다(동아일보, 1998년 2월 3일자). 1990년대 김영삼 정부에서 범정부적 정보화추진은 전두환 정부의 전산화정책과 견줄만하다. 세계화의 수단으로써 정보화가 국정과제로 설정되었으며 분산된 행정기능의 통합과 함께 정보화추진확대회의에서 정보화의지가 표출되었다. 하지만 강력한 정책리더십의 부재로 인해 기존의 국가기간전산망정책을 답습하는 수준에서 벗어나지 못하였다(컴퓨터월드, 1997: 76). 1990년대 후반 김대중 정부에서는 IMF극복을 위한 국가개혁과 구조조정의 핵심수단으로 정보화가 채택되었고 국가경쟁력 강화를 위한 정보화프로젝트와 정보화전략회의가 개최되었다. 이후 2000년대 초반 노무현 정부에서는 IT839를 비롯하여 다양한 정보정책 및 계획이 수립되었다. 하지만 정보화 활용의지와 열정을 넘쳤지만 통신·방송융합 등 시급한 정보화 현안해결과 갈등조정을 위한 정보화리더십은 미흡하였다. 이명박 정권 때는 정보화에 대한 부정적 인식과 함께 정체상태를 보여주었다. 대신 '녹색성장'이란 새 슬로건을 내놓았으며 정보화를 통한 녹색성장을 주창하였다. 저전력·저탄소로 전환하는 'Green of ICT'와 함께 첨단 ICT기술을 활용하여 사회 각 분야의 그린화를 지원하는 'Green by ICT'의 병행 추진해야 함을 강조했다. 물론 그릇된 방향

---

5) 1948년 정부수립 이후 1970년대까지는 통신부문의 경험 및 통신관리 체제의 미비로 인해 제도배열의 관찰이 용이하지 않아 분석변수의 적용이 어렵다. 따라서 1980년대 이후를 중심으로 살펴보며 시기별 구분은 정부별 관리방식 및 정책특성을 감안하여 분석변수를 통시적으로 고찰하기로 한다.

은 아니었지만 과학기술, ICT로 이어진 기술정책 흐름과 조화를 이루지 못했다.

(2) 이념

정보통신정책 리더십은 최고정책결정권자의 이념과 정책으로 투영되었다. 1980년대 전두환 정부에서 발전적 미래의 건설을 위한 전략으로 전산화가 채택되었다. 하지만 노태우 정부에서는 사회복지이념이 강조되면서 소홀히 다루어졌다. 이어 1990년대 초반 김영삼 정부에서 세계화와 경제구조개혁을 위한 경쟁력 강화수단으로 정보화가 최우선과제로 채택되었으며, 특히 1990년대 후반 김대중 정부는 역대 정부 중 최초로 정보사회 구현을 국정지표로 설정하였으며 국정개혁보고회의(99)에서 「사이버코리아21」을 채택, 정보화가 곧 국정개혁으로 인식되었다. 2000년대 노무현정부에서는 정보화와 혁신이 맞물리고 성장 동력의 모색을 위해 과학기술분야와의 접목이 확대되면서 정보화초점이 약화되었다. 또한 이명박 정부는 2008년 12월 국가정보화비전 선포식에서 창의와 신뢰의 지식정보사회로 설정하고 소통과 융합을 강조하였다(행정안전부, 2008). 이처럼 역대정부에서 통치권자 국정이념의 사회적 확산과정을 통해 정보화수요를 자극하였다. 즉, 국민의 정보화의식 및 인지수준이 지속적으로 높아졌다. 이 가운데 정보를 중요한 재화로 인식하는 정보화 의식수준의 경우 〈표 2-3〉에서 보듯 1986년 이후 지속적 증가세를 보여주었다. 정보통신의 중요성에 대한 사회성원들의 인식과 활용의지를 나타내는 가치관과 규범 그리고 이들 요소들의 상호작용을 포함하는 체계로서 정보화가 산업사회 이후의 국가발전 이념형으로 자리매김하고 있다는 사실을 드러낸다. 일상생활에서 정보 활용을 나타내는 시내전화의 경우 1981년 3,263천 명에서 2000년 21,599천 명, 2007년 23,130천 명으로 확대되었으며 무선통신서비스(이동전화) 가입자는 1989년 5,665명, 2000년 2,600만 명, 2007년 4,349만 명에서 2011년 52,506만 명으로 증가하였다. 인터넷이용자도 1993년 76천명, 1996년 73만 명, 2000년 1,500만 명을 넘어 2007년 기준 3,559만 명, 2011년 3,718명으로 세계에서 가장 빠른 증가세를 나타냈다(정보통신부, 2000/2007; 방송통신위원회 2012). 한편, 국가정보화의 중추 분야인 행정정보화의 성과로서 전자정부에 대한 인지도와 이용률의 경우, 2006년 53.5%, 32.4%에서 2010년에 92.6%, 60%로 향상되었다.

표 2-3 정보화 의식의 연도별 추이

구분	1986		1988		1992		1994		1997
의식수준(%)	26.6	/	61.1	/	76.5	/	86.8	/	91.3

자료: 한국정보문화센터(98) 재구성.

(3) 조직구조

정보통신행정체제는 1980년대 초반이후 상공부, 체신부, 과기처 등으로 분산되면서 부처 간 정책갈등 양상을 드러냈다. 1994년 12월 김영삼 정부의 정부조직개편에 의해 정보통신부가 정보통신정책 관장부처로 외견상 매듭지어졌다. 그러나 당초 의도와 달리 정책 일원화는 이루어지지 못하고 정책분산 양상을 보여주었다. 김대중 정부에서 정보화가 국정개혁과제로 채택되면서 부처별 다기화되었으며 중앙행정기관에서 정보화추진업무를 종합, 조정하는 정보화책임관제가 운영되었다. 이후 노무현 정부에서도 추진체제의 중첩 및 부처별 다기화 양상을 드러냈다. 특히, 정보화 및 전자정부의 성과로서 정부혁신과의 연계가 강조되면서 행정자치부 역할이 확대되었다. 하지만 이명박정부는 정보통신부를 폐지하고 기존 기능을 행정안전부, 지식경제부, 교육과학기술부, 문화부로 이관하였으며 방송통신위원회를 신설하였다. 정보통신부 해체이후 기존 IT정책 추진체계는 정보정책분야의 경우, 국가정보화전략위원회와 청와대 IT특보, 행정안전부 등을 중심으로, 분야별 IT정책의 경우에는 부처별 추진을 원칙으로 하되 CIO협의회를 통한 정책조정의 수행방향으로 형성되었다(홍성걸, 2009). 이후 박근혜정부에서는 미래창조과학부로 개칭되었다. 한편, 범국가적 수준의 정보통신 추진체제의 경우 〈표 2-4〉에서 보듯이 1980년대 초반 청와대를 중심으로 정보산업육성위원회와 전산망조정위원회 및 국가전산화확대회의에서 정보화계획 및 정책이 형성되었으며, 1990년대 정보화추진위원회와 정보추진확대회의 및 정보화전략회의로 유지되었다(정홍식, 2007). 김대중 정부에서 한시적으로 정부혁신을 위한 과제 수행을 위해 '전자정부 특별위원회'가 구성되었고 정보통신부와 함께 기획예산처와 행정자치부가 공동으로 참여하는 추진조직이 마련되었다. 노무현 정부에서는 정부혁신과 함께 행정자치부에서 전자정부를 전담하도록 하고 범국

표 2-4 범국가적 추진체제의 변화

구분	1970년대	1980년대	1990년대	2000년대	2010년대
위원회	행정전산화추진위원회	정보산업육성위원회 전산망조정위원회	초고속정보통신망추진위원회 전산망조정위원회(체신부) 정보화추진위원회(총리실)	정보화추진위원회 전자정부특별위원회 전자정부전문위원회	국가정보화전략위원회(2009) • 정보화실무/전문위원회
비서실		국가전산화확대회의 기술진흥확대회의	정보화촉진확대회의 정보화전략회의	정보화전략회의	
		경제수석(과학기술담당)	경제수석(정보통신비서관) 정책수석	경제수석 정보과학기술보좌관	대통령 IT특보

가적 조정과 기획을 위해 '전자정부전문위원회'가 설치되었다(박정은, 2006: 162).
이명박정부에서는 국가정보화전략위원회(국무총리·이각범 공동위원장)가 발족, 운영되었다. 박근혜정부는 창조경제민관협의회가 신설되었지만 정보화전략기능 및 역할이 미흡했다.

(4) 정책수단

국가정보통신정책의 핵심인 행정정보화의 경우 1967년6월 경제기획원이 조사통계업무를 위해 IBM컴퓨터 도입이후 1978년에 인사·급여·출입국관리 등 기본적인 행정업무전산화계획에서 비롯되었다. 이후 국가전산망사업(1987~1996)이 역대정부에 걸쳐 추진되면서 정보화추진에 필요한 주전산기, PC, 응용업무 등 전산장비와 전산요원 등 정보화자원이 급증하였다.[6] 물론 통신이 국가발전을 위한 인프라로 인식되면서 국민총투자의 비율이 4차 5개년계획기간에 3%에서 5차 5개년계획기간에 7.5%로 증가되었다. 국가정보화예산의 경우 1997년 7,498억 원에서 1998년 8,720억 원, 그리고 2000년에 1조 525억 원이 투입되었으며, 2010년에는 중앙 및 지방자치단체의 5,431개 정보화사업을 위해 2조 9,500억 원이 투입되었다(한국정보화진흥원, 2012).[7] 이 외에도 정보화와 정보통신산업의 육성을

---

6) 제5공화국에서는 정부수준의 선투자 후정산 방식으로 재원을 조달하였으나 6공화국에서는 부처 자체예산으로 전환되면서 우선순위가 뒤쳐지게 되었다(김동욱, 1997).

7) 행정부문에 투입된 정보화(전자정부)예산의 경우 1991년 775억, 1994년 1,283억, 1996년 1,598억, 1998년 2,467억, 2000년 2,785억 원으로 지속적 증가추이를 보여준다. 하지만 예산은 지난 2007년 2,907억 원을 정점으로, 이명박 정부가 들어선 이듬해 바로 1,450억 원으로

표 2-5 정보화 분야 재정투자 추이　　　　　　　　　　　　　　(단위: 억 원)

구분	1999년	2000년	2001년	2002년	2003년	2004년	2005년	2006년	2007년	연평균 증가율
예산(a)	8,562	12,155	15,029	16,114	16,380	16,947	20,272	23,469	22,349	12.7
기금(b)	8,061	7,053	16,133	11,835	11,413	11,498	8,780	10,874	12,211	5.3
합계(a+b)	16,623	19,208	31,162	27,949	27,793	28,445	29,052	34,343	34,560	9.6
(증가율, %)	(12.0)	(15.6)	(62.2)	(△10.3)	(△0.6)	(2.3)	(2.1)	(18.2)	(0.6)	-

자료: 기획예산처(2006.20), 「2006~2010년 국가재정운용계획」.

뒷받침하는 긴요한 정책수단으로 1993년부터 정보화촉진기금이 설치되었다. 그 결과, 〈표 2-5〉에서 보듯 국가 통합재정규모 대비 정보화예산의 비중은 2001년까지는 증가하였으며 그 이후에 감소세로 반전되다가 2006년 이후 증가추세를 보여주었다(기획예산처, 2006).

　　정보화 진전에 따른 입법적 대응은 지원 및 육성, 보호와 이용확산 그리고 부작용 및 역기능 예방 등으로 나타났다. 이 가운데 정보화에의 적응적 변화는 기존 법률의 폐지 및 개정이 해당된다. 가령, 정보통신연구개발에 관한 법률, 전산망보급확장및이용촉진에 관한 법률의 폐지 및 컴퓨터프로그램보호법, 저작권법, 음비법, 형법 등의 개정을 들 수 있다. 반면 유도적 변화의 일환으로 정보화촉진기본법(95), 개인정보보호법(95), 정보공개법(98) 등을 들 수 있다. 지금까지 정보통신법제는 전기통신기본법 및 사업법(83) → 전산망보급확장 및 이용촉진에 관한 법률(86) → 정보화촉진기본법(95)이 대강을 이루며, 분야별로 정보통신 법률체계가 재구성되고 있다. 이에 1967년 전자계산조직의 도입 및 이용에 대한 규정이 제정된 이후 1990년대 후반에 이르러 전자거래기본법, 전자서명법, 정보격차해소법 등 정보화법령이 무려 100여 개로 세분화되었다. 한편, 정보통신산업 육성을 위해 2010년 3월 방송통신발전기본법이 제정되고, 정보사회 역기능 방지를 위해 2011년 3월에는 개인정보보호법이 제정, 공포되는 등 2010~2011년

급락한 뒤 매년 감소세를 보이다 이명박정부 마지막 해인 2012년 890억으로 확정되었다(전자신문, 2011년 8월 25일자).

상반기까지 126건의 정보화관련 법령이 제·개정되었다.

(5) 정책프로그램 및 이벤트

정보통신 제도화의 구체적 산출로서 사업 및 프로그램의 추진과정에서 행정지도와 정책지세가 변화하였다. 1962년부터 4차에 걸친 통신사업 5개년 계획이 1981년에 마무리되면서 통신체계 현대화, 전국전화 광역자동화, 각급 연구기관 설립, 위성통신지구국 개설 등 경제발전에 따른 통신수요를 충족시켰다. 이 가운데 1978년에 '작은 정부' 구현을 위해 추진된 행정전산화사업은 국가정보화의 시초를 이루었다. 전두환 정부가 출범한 1983년의 경우 '정보산업의 해'로 공포되면서 다양한 정보화시책이 전개되었다. 특히, TDX·반도체·주전산기개발 프로젝트는 국가정보화의 근간으로 평가된다(이기열, 1995). 뿐만 아니라 정보화 영역에서 정책영토 확장을 위해 과기처·상공부·체신부간 정책경쟁이 전개되면서 정책갈등이 표출되었지만 국가적 차원의 조정은 미흡하였다. 또한 1987년은 통신정책의 2대 숙원목표인 전화적체 완전해소와 전국전화자동화 완성으로 새로운 전환기를 맞으면서 '정보통신의 해'로 공포되었다. 이어 노태우 정부에서 1988년 서울올림픽이 정보통신부문의 지원적 역할에 힘입어 성공리에 개최되었다. 김영삼 정부에 이르러 국가경쟁력 강화를 위한 정보화전략과 정책과제가 제시되었다. 그리고 김대중 정부에서 IMF위기극복의 일환으로 정보화근로사업 등 다양한 정보화프로그램 및 이벤트가 전 행정부처에 걸쳐 계획, 집행되었다. 이 가운데 정권을 초월하여 국가전산망사업(1987~1996)과 초고속 정보통신기반 구축사업(1995~2005)이 전개되었다. 특히, 김대중 정부에서는 사이버코리아21사업(1998~2002)과 인터넷보급과 관련하여 인터넷PC 보급정책, 국민정보화교육사업 등 다양한 정책이 집행되었다. 이후 노무현 정부의 정보화전략은 2003년 12월에 수립된 〈Broadband IT Korea 2007〉에 나타났다. 동 계획은 〈e-Korea Vision 2006〉을 보완한 것으로 차세대 인프라 구축, 전자정부 로드맵 등 다양한 분야별 핵심 계획들을 반영하였다. 이어 2004년에는 u-Korea 프로젝트로 불리는 〈IT839 전략〉이 발표되었다. 또한 WiBro 세계 최초 상용서비스 개시(2006), 세계 최초 HSDPA(고속하향패킷접속) 상용서비스 개시, 세계 두 번째로 BcN(광대역 통합망) 상용화와 함께 인터넷 ITU, 디지털 기회지수(DOI) 연속 세계 1위를 보여주었다. 한편, 이명박정부 시기인 2010년 UN전자정부 평가에서 세계 1위에 이어 '정보화마을'과 '민원 24'가 UN 공공행정상에서 각각 1, 2위를 수상했으며, 스마트정부가 본격적으로 추진되었다.

나. 외적 변수

(1) 수권적 연계

전두환 정부에서는 국가의 정보개발을 통한 국민경제발전의 노력의무를 최초로 헌법에 명문화하였다. 이에 정보화에 대해 호의적이었으며 대통령의 확고한 지지와 관심을 바탕으로 정책 및 정책관료의 안정성이 유지되었다[8]. 반면 노태우 정부에서는 대통령의 정책적 지지가 미흡했으며 부처수준의 재량권이 확대되었지만 통합조정이 미흡했다. 김영삼 정부에서 대통령의 정책적 지지가 강했지만 장관의 자리 바뀜이 빈번하면서 정책혼선이 드러났다. 하지만 후반기에는 정보화선봉장으로 정보대통령의 필요성이 역설되었다(전자신문, 1997년 10월 27일자). 김대중 정부에서는 정책적 지지와 관리 및 개발능력이 강하게 드러났다. 노무현 정부는 2003년 2월 청와대 내에 정보과학기술보좌관(차관급)을 신설하여 IT와 과학기술 관련 정책을 총괄하도록 했다. 2003년 5월에는 과학기술중심사회 구축을 범부처적으로 총괄하기 위한 과학기술중심사회추진기획단(단장: 정보과학기술보좌관)이 설치되고 과학기술 혁신체계가 강조되면서(손호철 외, 2007) 과학기술부의 위상과 역할이 중시되었다. 뿐만 아니라 정부혁신 등 개혁의 과제와 맞물리면서 행정자치부의 역할이 강조되면서 정보통신부의 위상과 역할이 상대적으로 축소되었다. 이명박 정부에서는 정보통신부가 폐지되고 정보화 법률의 통폐합[9]에 따라 정보화 추진동력으로 정보화추진체계가 약화되었다.

---

8) 제5공화국 경제비서관, 체신부차관, 장관을 역임했던 오명은 장·차관시절을 합하여 8년을 체신부리더로 재직하였으며, 이우재 한국통신사장(7년 2개월), 홍성원 청와대비서관(8년)도 마찬가지인데 이는 강력한 정치적 뒷받침을 의미한다.

9) 당시 법제개편은 국가사회 정보화와 정보문화 분야를 규율했던 정보화촉진기본법, 지식정보자원관리법, 정보격차해소법을 가칭 '국가정보화기본법'으로 통합하고, 전자정부 부문의 전자정부법과 ITA법을 전자정부법으로 통폐합하며, 개인정보보호와 관련해 정보통신망법과 공공기관개인정보보호법을 통합한 개인정보보호법을 제정, 총 9개 법률을 5개로 정비하였다.

(2) 기능적 연계

기능적 연계는 투입 면에서 관련부처 및 산업간 관계로, 산출 면에서 사회적 기여로 이해할 수 있다. 먼저 투입기능의 경우, 정보화사업은 다수조직의 분산된 집행구조를 갖기에 조직 간 횡적 연계성이 중요하다. 아울러 정보통신 자유화, 민영화 확대에 따라 집행기능을 담당하는 민간부문과의 역할설정도 필요하다. 1980년대 중반까지 부처 간 및 산업과의 관계는 우호적이며 사업추진도 체계적이고 원만한 편이었다. 하지만 중반 이후 노태우 정부에서는 부처 간 갈등양상이 표출되었고,[10] 통신시장개방 및 통신사업구조조정과정에서 산업과 국민간의 관계도 원활하지 못했던 것으로 드러났다. 이후 1994년 정보통신부 출범으로 부처 간 협조 및 보완관계가 유지되었다. 1990년대 후반 김대중 정부에서는 부처 간 협력적 경쟁관계가 유지되었고 산업부문과는 통신시장 완전경쟁에 따른 시장원칙이 강조되면서 기존의 시장보호자 입장에서 관리자입장이 견지되었다. 2003년 이후 노무현정부에서는 정보화사업의 범부처적 확산에 따라 부처 간 갈등이 심화되었지만 정책조정이 원활하게 이루어지지 못했다. 이러한 현상은 이명박정부에서도 지속되었는데, 정보통신부가 폐지되면서 정보통신컨트롤타워의 부재로 정책혼선 양상을 드러냈다. 한편, 산출기능으로 정보통신의 사회경제적 및 개인적 기여로 구분된다. 전자는 정보산업 비중, 정보노동자, 후자는 정보욕구 충족 등을 들 수 있다. 특히, 정보통신산업의 성장률이 두드러지는데 2005년 11.7%에서 2010년 17.7%로 급증하면서 국가기간산업을 자리매김하였다 (한국정보화진흥원, 2012). GDP에서 정보통신산업 비중이 전두환 정부(83)의 4.1%, 김영삼 정부(96)의 6.9%, 김대중 정부(99)의 10.2%에서 노무현 정부(06) 16%로 증가하면서 산업 및 노동구조는 물론 국민 개인의 정보욕구와 수요를 충족시키면서 생활의 정보화와 정보의 생활화를 촉진하였다. 정보통신의 사회적 및 개인적 기여는 정책체제에 지지와 관심, 참여를 확산시키면서 정책의 환류양상을 드러냈다.

---

10) 제5공화국 당시 대통령경제비서실에 과학기술담당비서관제가 신설되어 과학기술행정에 대한 조정역할을 수행하였지만 6공화국에 비서관제가 폐지되면서 부처 간 정책조정역할이 상실되어 정보통신정책의 혼란을 가중시킨 것으로 해석된다.

(3) 규범적 연계

1980년대 초반 전두환 정부시기에 정보화 규범과 가치창출이 청와대를 중심축으로 정보산업육성위원회(83), 전산망조정위원회(87)에서 전산화의 필요성과 정보산업 발전전략이 설정되었다. 반면 1980년대 후반 노태우 정부에서는 부처 수준에서 체신부·과기처·상공부를 중심으로 정보사회 기반조성 및 정보화의 당위성이 역설되었다. 1994년 이후 청와대(경제·정책수석), 정보화추진확대회의, 정보화추진위원회 및 정보통신부의 역할이 두드러졌다. 1990년대 후반 김대중 정부에서는 청와대(정보화전략회의)와 각 부처로 다원화 양상을 보이며 정보화의 당위성이 강조되었다. 노무현 정부 초기에 정보화추진위원회와 정보통신부가 주도적 역할을 담당했지만 중반이후 미흡한 양상을 드러냈다. 공공부문의 경우, 1980년대 중반이후 형성된 전기통신공사 발족(82), 통신정책연구소(86), 한국전산원(87), 한국정보문화센터(88) 등 기관들은 정보사회연구, 정보통신교육 및 홍보사업을 추진하면서 정보화인식 제고, 정보사회에의 대응하는 규범정립에 기여하였다. 민간차원에서는 김영삼 정부이후 정보공간에서의 공동체 확립, 정보주권보호, 전자민주주의 구현을 위한 시민단체(NGO)의 정보화노력이 본격 전개되었으며 1996년 이후 정보기본권운동으로 자리매김하였다. 김대중 정부에서 지식패러다임이 부상했지만 사회전반으로 확산되지 못했다. 노무현 정부에서는 유비쿼터스 등장과 함께 미래지향적 로드맵이 설정되었지만 집행력은 미약하였다. 이명박정부에서는 정보화의 정책방향을 '단절과 분산'에서 '소통과 융합'으로, '촉진' 중심에서 '활용' 중심으로 전환하고 정보화 역기능에 대한 적극적인 대응과 민관 간 거버넌스 협력을 강화하는 등 5대 목표(2대 엔진, 3대 분야)에 20대 아젠다와 72개 과제를 제시하였다.

(4) 확산적 연계

1967년 경제기획원에 전자계산기가 최초 도입된 이후 1978년과 1983년에 행정전산화 1, 2차 계획이 수립되면서 정보통신이 발아되었다. 1987년부터 10년에 걸친 국가전산망사업의 결과, 국가존속의 근간이자 국민생활에 필수적인 정보가 DB화 되면서 사회적 거래비용이 감소하였고 투명성이 제고되면서 사회적 신뢰수준도 개선되었다. 정부주도의 정보통신 확산노력은 1988년 이후 국민중심의 정보화노력으로 외연이 확장되었다. 즉, 정보화인식 및 이용 확산을 위해 정보문화 확산운동이 범국민적 민간운동, 산업구조 개선운동, 문화운동으로 추진되었다(이용태, 1989). 중앙중심의 정보화가 1997년부터 「지역정보화 본격추진의 해」로 설정되면서 지방자치단체의 정보화추진체제가 정비되었으며 전국적으로 다양한 정보화이벤트가 전개되면서 정보화의 사회적·공간적 및 인구·생태적 확산에 기여하였다. 이처럼 정보통신의 확산과정에서 언론은 정보화 변신노력과 함께 정보화에의 대응 및 사회변화에 따른 문제점 부각 등을 통해 선도적 역할을 담당한 것으로 인식된다.11) 정보통신 관련기사의 증가와 캠페인활동을 전개하면서 정보통신의 중요성에 대한 국민적 인식확대와 정부의 정보정책 의제형성을 자극하였다(이영음, 1996: 72-74). 물론 정보기술의 지속적 발달과 사회적 확산으로 블로그의 등장과 모바일환경 구축 등으로 사회성원의 의사소통이나 네트워크 형성이 가속화 되어 왔다(강성주, 2007). 한편, 정보통신정책에서 정부역할의 변화과정에서 기업 및 시민사회의 정책참여도 확산되었다. 노무현 정부에서 수립된 〈Broadband IT Korea 2007〉과 〈IT839 전략〉의 경우 국가경쟁력 강화라는 목표아래 시장주도적 자유화를 지향하였다. 여기서 국가와 시장 간의 협력적 네트워크가 강조되면서 규제기관이라는 측면에서 탈피하고 시장주도적 거버넌스에 맞는 독립적인 규제기관으로 변모하는 경향을 보여주었다(손호철 외, 2007). 이명박 정부에서는 정보화기반의 네트워크화는 경제의 국제동조화 등 국가 간의 영역을 파괴하고, 글로벌 무한경쟁체제를 가속화하면서 지식기반경제로 전환되고 있다. 따라서 그동안 추진해 왔던 정보화 촉진 중심에서 지식정보의 활용을 중심으로 정보화 패러다임이 전환하면서 다양한 분야 간의 연계·융합을 통한 신규가치 창출을 강조하였다. 아울러 ICT와 ICT의 융합, ICT와 BT·NT·CT의 융합, ICT산업과 전통산업의 융합 등 디지털 컨버전스 현상에 대응하였다. 하지만

---

11) 정보사회에 관한 국민의식실태조사에서 정보화의 효과적인 인지통로수단으로 언론이 제시되었으며 정책담당자들의 경우 언론역할과 중요성을 높이 평가하는 것으로 드러났다(한국정보문화센터, 1997).

활용이나 융합의 성과는 미흡한 것으로 평가된다(박성욱, 2010).

3. 평가적 논의: 정책변화와 특성

지금까지의 분석결과, 〈표 2-6〉에서 보듯 정부수립 이후 1970년대 후반 개발연대까지 정보통신의 필요성과 중요성이 정책의 창에 인식되지 못하였다. 그러나 1967년 컴퓨터도입 이후 잠재기를 거쳐 1980년대 초반에 이르러 전산망 정책의 줄기가 형성되면서 정보산업정책이 태동하였다. 정보정책이 형성되고 집행되는 과정에서 수많은 참여자 및 이들 간 상호작용의 양상이 드러났다(한세억, 2010). 특히, 대통령과 기술관료(technocrat)를 중심으로 한 강한 리더십과 의지의 바탕에서 확보된 정보화예산 및 법률, 인적 자원으로 정보통신정책이 안정적으로 추진되었다. 1980년대 후반에는 부처별로 정책경쟁이 표출되었지만 조정기제 미흡 및 정책수단 미흡 등으로 줄기를 형성하지 못하였다. 1990년대 중반이후 정보정책으로 확대되면서 양적 확장과 질적 분화를 이루었으며 조직구조의 체제정비가 두드러진다. 1990년대 후반 전문지식이 뒷받침된 정보화리더십을 바탕으로 자원을 확보하여 정보화사업을 추진한 결과, 정보화의 성숙과 함께 지식화의 단초를 마련하였다.

▶ 표 2-6 시기별 제도화변수의 종합

구분	~1979	1980~1987	1988~1992	1993~1997	1998~2002	2003~2007	2008~2012	2013~2017	발전방향
내적 변수	약함	강함	약함	보통	강함	약함	약함	약함	자율성
외적 변수	약함	약함	보통	강함	강함	강함	약함	약함	민간역량
제도화수준	미약	높음	미약	높음	높음	약함	취약	정체	성숙/고도화
동태적 과정모형	발아(잠재)	도입	모방·습득	체제정비	혁신·활용	확장·정체	쇠퇴	정체	창조·개발

2000년대 초반이후 정보화 외연이 확장되고 사회적 활용수준도 증대하였다. 하지만 정보통신 전면화와 성숙에 따른 지속가능한 정보통신 발전모형의 창출에는 한계를 드러냈다. 한국에서 현상된 정보화는 역동적 진화과정을 거치면서 사회발전과 경제성장과 관련한 가치와 안정성이 인정된다. 정보통신의 영역과 지세의 확장과정에서 정보화는 개인 및 조직생활을 넘어 국가사회 및 경제의 근간으로서 커뮤니케이션 인프라를 제공하고 산업경쟁력 강화와 신규문화 창출에 기여하였다. 즉, 사회 전 분야에 걸쳐 개인적, 조직적 차원을 넘어 국가·사회적 수준에서 요구를 충족시키며 IT강국의 위상을 유지하였다.

지금까지 정보통신의 전개과정을 개괄적으로 살펴보면 70년대 말 뿌려진 전산화씨앗이 잠재·발아기를 거쳐 1980년대 선진국수준의 국가경쟁력 확보, 유지라는 당위적 국가전략의 일환으로 착상된 전산망정책으로 도입·모방기를 경험하였다. 1990년대 중반이후 분산된 제도와 관행 개선을 통한 체제정비·혁신의 단계를 지나 2000년대 이후 사회적 확산과 추진여건의 지속적으로 개선으로 확장기의 변화양상을 보여주었다. 이러한 전개과정은 제도화 변수에 의해 제도화 수준의 강약을 드러냈다. 먼저 내적 변수의 경우, 대통령을 비롯한 최고관리층의 관심과 지지가 제도화 수준에 강한 영향을 미쳤다. 특히, 김대중정부는 IMF위기극복과 국정개혁과정에서 유효한 수단으로 정보화를 인식하였으며 후반기부터는 전자정부 추진정책이 대통령의제(Presidential Agenda)로 설정, 지속적으로 추진하였다. 이처럼 김대중 정부에서 정점을 이룬 후 노무현, 이명박, 박근혜 정부를 거치면서 하락, 쇠퇴, 정체상태를 보여주었다. 다만, 노무현정부에서는 정보화의 사회적 확산 및 활용이 활발하게 이루어졌다. 외적 변수의 경우, 1990년대 중반까지 정부주도의 수권적이며 규범적 연계가 강한 양상을 드러냈다. 이후 1990년대 후반 이후 창의적 시도와 자율적 양상을 보여주었지만 가시적 성과를 드러내지 못했으며, 2000년대 중반 이후 지속적인 약세와 정체를 보여주었다. 그동안 정보정책에서 드러난 내·외적 변수의 연관성과 조합에 따라 정보화 제도화의 강도를 역대정부별로 살펴보면 〈그림 2-6〉과 같이 정리할 수 있다.12)

---

12) 물론 정보통신 역시 제도화 변수의 형성과 강도에 영향을 미쳤다는 점에서 상호작용적이었다. 이는 내·외적 변수의 작용에 의해 제도화된 정보통신이 독립변수로 작용하였음을 보여준다.

구분	내적 변수의 연관성			
	강도	낮음	보통	높은
외적 변수의 연관성	낮음	박정희 정부 ──────약함────── → 전두환 정부		
	보통	박근혜 정부 ↑ 이명박 정부 ←약함 노태우 정부	강함 약함 노무현 정부	
	높음	보통 김영삼 정부 ──강함── → 김대중 정부	강함	

사회변동의 가능인자로서 작용할 것이며 보다 실천적 측면에서 삶의 질 향상과 사회개선을 추구할 것으로 예상된다. 그동안 정보통신과 사회 간 상호작용의 역사적 맥락과 축적과정을 거쳐 드러난 가치와 경로의존성을 고려할 때 다음과 같은 방향으로의 진화가 전망된다. 첫째, 정보통신은 구조적·문화적·근본적 변화를 추구할 것이다. 정보통신이 사회 각 부문으로 확산, 심화되면서 근본적인 질적 변화를 야기할 것이다. 둘째, 융합과 창조위주의 혁신지향적 변화를 추구할 것이다. 정보통신의 혁신과 함께 새로 등장하는 창조경제의 확산으로 민간 및 공공부문 공히 문제해결과 가치창출을 위한 혁신 및 재창조 수단으로 작동하면서 기술적 문제뿐만 아니라 사회와 조직구조 및 절차 그리고 의사결정과정의 혁신수단으로서 그 유용성이 확대될 것이다. 셋째, 정보통신의 고도화 및 이분야간 융합에 촉진에 의한 창조적 발상과 전략이 요구된다. 이러한 방향성을 전략적으로 순기능적으로 관리하면서 정보통신의 효율적 추진을 위해 내·외적 변수와 함께 정보통신이 지속될 수 있도록 정치적 맥락과 관리체계를 균형, 발전시켜야 한다. 아울러 정보정책기능의 분산에 따라 경쟁적이고 창의적인 정보정책이 요구된다. 그리고 정보통신 환경변화에 능동적으로 대응, 관리하기 위해 정부뿐만 아니라 정치 및 민간부문간 거버넌스(협치) 역량을 배양하면서 정보화의 양적 확장을 넘어 질적 성숙과 고도화를 위한 창조적 정책능력이 요구된다.

CHAPTER 03

정보정책과 사람: 행위자관점

정보정책과 사람: 행위자관점

CHAPTER
03

문제의식과 초점

한국의 정보화는 정부의 강력한 정책의지의 산물로 인식된다. 대통령을 비롯하여 정책관료의 영향이 컸다. 실제로 정책과정에 수많은 인물과 조직이 참여하면서 정책에 영향을 주면서 정보화 정책이 역동적으로 변화하였다. 국가적 담론으로서 자리 매김한 정보정책에 영향을 미친 인물이 누구이며, 인적 맥락에 따라 어떠한 변위와 특성을 보여주었는가? 이런 문제에 대한 해제탐색을 위해 시도된 본 글의 분석결과, 한국의 정보화 정책의 전개과정에서 정책관료의 역할이 지배적이었다. 여기에 산업계 및 학계 인사들이 참여하였다. 반면 정치인의 역할은 미약한 것으로 드러났다. 통상 인맥은 학·지·혈연 등에 의해 형성되었지만, 정보정책은 기존의 연(緣)에 의해서라기보다는 정보통신기술을 매개한 정책공간에서 형성되었음을 알 수 있다. 정보통신인맥구성이 이질혼합적임에도 공감대의 바탕에서 정책줄기가 유지될 수 있었던 것은 Professionalism에 바탕을 둔 연대 또는 유대감이 강하게 작용했기 때문에 가능했던 것으로 판단된다.

제1절　정책과 사람: 새로운 관점

1. 정책주체로서 행위자

사회현상으로 정책은 인간의 행위들이 촘촘하게 뒤섞이며 엮어진 망으로 이해할 수 있다. 그래서 정책현상을 살펴보는 경우 사회적 맥락에서 거시적 분석과 함께 사회적 구성부분으로서 행위자를 대상으로 한 미시적 분석은 유의미하다. 무릇 정책은 공익증진을 도모하며 국리민복을 위해 존재하기에 정책관료는 국민 또는 정책대상 집단을 만족시키기 위해 어떻게 하면 정책을 잘 만들어서, 바르게 집행하여, 소망스런 정책성과를 거둘 것인가에 대해 늘 고민한다. 이 과정에서 담론체계로서 정책은 수많은 정책관료와 이론가의 주장과 이론들의 상호작용 과정에서 생성된다. 이를테면 최고정책결정자와 관료들의 선호, 아이디어 및 의지 그리고 이해관계자간 상호작용 등이 정책선택과 내용 및 과정에 영향을 미친다.

사회문제의 해결을 위해 구성된 정책은 행위자의 사고(思考)작용 또는 해석의 산물이다. 달리 사회변동의 계기로서 미래탐색을 위한 가치와 행동의 복합체로 정의된다(Lasswell and Kaplan, 1970: 71). 이런 점에서 정책형성 주체로서 대통령이나 장·차관을 비롯하여 전문지식과 능력을 갖춘 각계의 인사들은 정책형성과 집행에 직·간접적으로 영향을 미친다. 더구나 정책은 정치작용이며, 정책과정 참여자들의 이해관계와 상호작용에 따라 역동적 변화양상을 드러내기에 정책참여자에 대한 이해가 필요하다.[1] 달리 말해 정책참여자와 정책변동과 관련성을 지니므로 인적 맥락이 정책변화를 이해하는 유용한 관점이 될 수 있음을 시사한다.

한국의 정보화는 정부의지와 기업노력 및 국민열정 등의 산물로 인식된다(ITU, 2003). 무엇보다 대통령을 비롯한 정책관료의 영향이 컸다(IT Times, September 21, 2009).[2] 사실 초기에 정부주도로 형성된 정보정책은 확장과정에서 정부뿐만

---

1) 행위자 수준과 정책변화 및 특성 간 상호작용적 관계를 맺기에 어느 한 요소의 일방적, 절대적 영향을 단정할 수 없다. 다만, 이 글에서는 인적 요인이 정책에 영향을 미치는 관점에서 행위자 수준에 초점을 두어 정책전개와 변화 그리고 특성을 기술하고자 한다.
2) Verizon Communication의 기술담당 David Young의 인터뷰내용이다(CNETNews July 28, 2004).

아니라 산업, 학계, 시민사회 등의 상호작용에 의한 산물이다. 다른 정책처럼 정보정책도 정보와 지식에 바탕을 둔 의사결정행위라는 점에서 행위자 요인이 강하다. 시간경과에 따라 정책과정 참여자간 이해관계와 상호작용에 의한 역동적 변화양상을 드러냈다(Berman, 1978; Gourevitch, 1989; Scharf, 1978; Van Meter and Van Horn, 1975). 이처럼 정보정책의 동태적 변화를 가능하게 한 요인은 무엇일까? 아마도 정보통신을 매개로 형성된 인적 유대관계의 확장과 심화에서 비롯된 것으로 판단된다. 일종의 디지털인맥의 힘이다. 그러면 정보정책에 영향을 미친 인물이 어떤 사람들이고, 정보정책공간에서 드러난 인적 네트워크는 어떤 양상을 보여주었는가? 환언하면, 행위자수준에 따라 정보정책의 변화와 특성이 어떻게 나타났는가? 에 관한 질문으로 이해할 수 있다. 이러한 의문에 대한 해제탐색을 위해 본 장에서는 정보정책공간에서 나타난 인적 네트워크를 기술, 이해하기로 한다.3) 그리고 인적 네트워크 양상에 따라 정보정책이 어떻게 변화하면서 특이성을 드러냈는지 행위자 관점에서 설명하기로 한다.

2. 이론적 시각과 분석모형

무릇 정책은 행위자의 사고 작용 또는 해석의 산물이다. 단일 또는 다수행위자에 의해 형성, 집행되는 정책은 정책엘리트의 활동결과이면서 미래탐색을 위한 인간가치와 행동의 복합체로 정의되기도 한다(Lasswell and Kaplan, 1970: 71). 따라서 이들의 인식과 행태에 의해 정책변화와 특성에 대한 설명이 가능하다(Grindle and Thomas, 1993). 즉, 참여자의 능력, 성향, 의식 등 행위자 요소와 인적 맥락에 대한 고찰과 접근은 정책변화의 이해와 특성 파악에 유의미하다. 또한 정책행위들은 시간적 연속선상에서 생성되는 과정적 성격을 띤다(Holsti, 1977).

다양한 정책시각 가운데 행위자에 초점을 둔 인간관계적 접근은 개인행태에 영향을 미치는 역할을 강조한다. 여기서 의지, 리더십, 동기부여, 역할 등이

---

3) 본 장은 정보정책전개와 변화양상을 관찰·조사하여 사실대로 기술하고 해석하였다. 아울러 정보정책현상의 변화에 영향을 미친 요인가운데 행위자 요인에 초점을 두면서 정책공간에서 드러난 인적 네트워크를 살펴보고 향후 정보정책방향에 시사점을 탐색하였다.

지배적 메타포어로서 추상성을 띠지만 정책환경과 개인특성 간 관계에서 개인을 이해하는 개념구조로 활용되며(Yanow, 1990), 행위자 수준은 정책현상의 이해, 설명, 예측을 가능하게 한다.[4] 하지만 행위자에 초점을 두는 경우, 나무를 보되 숲을 보지 못하듯 정책의 전반적 이해가 어렵다. 이러한 한계극복을 위해 네트워크분석이 유용한데 기존의 정책결정(Allison, 1971; Cohen et al, 1972)이나 정책집행(Scharf, 1978; Hjern and Porter, 1981)에서 다루어진 정책네트워크에서 핵심 요소는 행위자다. 주요내용을 살펴보면 첫째, 행위자는 정책과 이해관계를 갖고 정책과정에 자신의 주장이나 이해를 반영시키고자 노력한다. 둘째, 정책네트워크의 구성형태는 상호작용 방식과 연계양식으로 드러나며, 관계구조는 행위자들 간의 관계패턴을 의미한다. 셋째, 정책행위자들은 상호작용을 통해 신념, 욕구, 자원 및 전략을 교환하면서 상호 간의 이해와 관심을 파악하고 서로 간의 신뢰와 이해력을 증진시킨다(Hindmoor, 1998; Rhodes &Marsh, 1992).

또한 정책을 거시적, 역사적 차원에서 이해하는 시각(Scott, 1995; Peters, 1999)을 반영한 신제도주의 접근에서 정책네트워크는 정책행위자들 간 동태적 관계를 보다 잘 기술하면서 정책과정과 정책변동의 설명하는데 유용한 것으로 인식된다(Rhodes & Marsh, 1992). 뿐만 아니라 다양한 정책행위자들의 네트워크 현상을 거버넌스(governance) 맥락에서 볼 수 있지만 정보정책초기에 설명력이 제약된다. 따라서 본 글은 정보정책의 인적 네트워크에 초점을 둔다. 기존 연구는 한정된 시기나 특정 정책에 초점을 맞추었기에[5] 통시적 맥락에서 종합적이며 체계적인 논의가 요구된다. 이에 본 연구는 정책행위자로서 대통령, 장관을 중심으로 기업가, 학자, 정치인 등을 분석대상으로 한다. 하지만 정책성격에 따라 참여

---

4) 이 글의 분석대상인 행위자는 공식적 제도 및 정책과정에서 드러난 인물을 대상으로, 환경 – 행위자 – 행동의 틀 속에서 이해하고자 한다. 다만, 연구자가 관찰할 수 있는 것은 행위자가 처한 상황과 행동으로 이는 성격이론, 동기이론, 태도이론, 학습이론 등 다양한 이론적 구성물로 표현된다(Greenstein, 1975: 27).

5) 한국의 정보화는 30여 년이 경과했으며 정책행위자와 정보정책변화에 초점을 둔 선행연구는 미흡한 실정이다. 언론사(전자신문사) 및 학회(한국정보처리학회: The e–Bridge), 정보화전문기관(한국정보화진흥원) 등에서 정책회고나 경험담을 중심으로 정보정책의 전개과정을 다루고 있지만 전체적 시간선상에서 행위자에 초점을 둔 종합적이며 체계적 논의는 미흡하다. 따라서 본 장에서는 인적 맥락에서 정보화 정책변화와 함께 정보정책의 성격과 정체성을 탐색하고자 한다.

범주가 다르거나 정책집행자들의 역할과 태도 등이 명시적으로 드러나지 않기에 정책상황과 흐름에서 관찰 가능한 정책결정 행위자를 주요 대상으로 하였다. 아울러 본 연구는 질적 연구방법에 기반을 두면서 귀납적으로 정책문서 및 관련 문헌자료를 분석, 정리하였다.[6] 행위자의 정책비전과 역할의 경우, 정책문서에 투영된 행위자 및 관계자의 언어를 통해 파악하였으며, 행위자 인적맥락의 강도는 이해, 의지, 상호작용, 신뢰, 정책프로그램 등을 분석요소로 연구자 경험과 관련문헌을 판단근거로 삼았다. 다만, 연구자경험이나 판단의 한계를 보완하기 위해 직·간접적 인터뷰자료를 활용하였다[7]. 시간적 범위는 전두환 정부로부터 이명박 정부까지를 대상기간으로 하며 시간흐름에 따른 정책변화와 특성은 정부별 정책상황과 내용을 중심으로 비교분석하였다. 정보정책공간은 정보기술 발달과 사회적 활용, 그리고 정책참여자 증가에 따라 확장하였다. 참여자간 연계요소와 인적 네트워크의 강약은 정책영역과 지세 변화에 영향을 미칠 수 있다. 이러한 인식의 바탕에서 정책공간과 시간을 축으로 행위자수준에서 인적 네트워크의 강·약과 확장에 따른 정책변화와 특성을 기술, 이해, 설명하기 위한 분석모형을 도시하면 〈그림 3-1〉과 같다.

그림 3-1 본 장의 분석모형

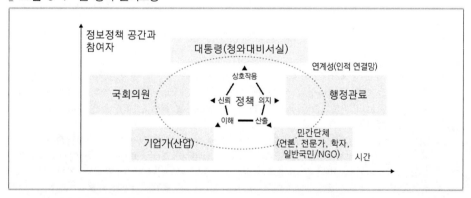

---

6) 분석 자료는 주요 정책결정자의 인터뷰기사와 내용, 강연내용, 취임사, 회고록, 자서전 등을 활용하였다.
7) 본장의 내용은 기술적 성격이 강하다. 행위자관점에서 정보정책을 다루었기에 정보화제도, 자원 등을 포함한 정책내용에 대한 심층적 고찰이 미흡하다. 아울러 연구자의 경험에 기반을 둔 주관적 평가로 인한 논리적 객관성 미흡은 본 연구의 한계임을 밝혀둔다.

제2절 정보정책의 전개와 변인(變因)

정보정책은 법률, 계획 등 다양한 형식으로 정책현상에 투영되었다. 형성된 정책의 집행과정에서 수많은 행위자가 참여하였기에 그 변화과정과 전모의 파악은 쉽지 않다. 이 글에서는 시간의 축을 역대 정권시기로 구분하면서 정책결정에 영향을 미친 행위자에 초점을 두어 살펴보기로 한다.[8]

1. 시기별 정보정책의 단계와 양상

그동안 전개된 정보화 단계에 대하여 체신부는 전기통신 발전과정을 통신주권, 통신경영의 성격, 산업기술 및 활용 등의 특성을 고려하여 도입초창기(1885-1910), 수난정체기(1910-1945), 복구재건기(1945-1961), 개발성장기(1961-1980), 도약발전기(1980 이후)의 5기로 구분하였다(체신부, 1988). 1990년대 후반의 정보화추진과정 및 시기에 대한 논의(안문석, 1995; 김동욱·이원희, 1998; 행정자치부, 1998; 한국전산원, 2005)[9]들은 정보통신 정책변화의 이해에 유용한 시사점을 제공한다. 하지만 기존 연구는 컴퓨터와 전산화, 추진체제, 정책프로그램 등 특정 국면에 초점을 맞춘 미시적 연구이기에 정보화의 역동적 변화와 전체적 수준을 파악하기 어렵다.

---

8) 대통령은 최고 정책결정권자로서 정책결정에 가장 큰 영향을 미치는 행위자이기에 정권에 따른 구분을 통해 분석대상인 정보정책내용에 대한 비교와 변화상의 파악이 용이하다. 여기서 정책단계는 정책목표와 내용, 정책과정, 정책상황 및 특성, 정책산출 등의 요소를 고려하여 구분하였다.

9) 안문석(1995)은 경제환경과 정부업무특성에 따라 ① 1단계(1970-1976): 수요창출기, ② 2단계(1977-1980): 정체기, ③ 3단계(1981-1984): 산업정책기, ④ 4단계(1985-1994): 국가기간전산망시기, ⑤ 5단계(1995-): 초고속정보통신망시대로 구분하며, 김동욱·이원희(1998)는 정보화추진체제를 기준으로 ① 태동기(1978-1981), ② 준비기(1983-1986), ③ 초기전산망사업기(1987-1989), ④ 후기전산망사업기(1989-1995), ⑤ 정보화사업기(1995-1998)로 구분하였다. 행정자치부(1998)는 ① 제1차 행정전산화사업(1978-1982), ② 제2차 행정전산화사업(1983-1986), ③ 제1차 행정전산망사업(1987-1991): 전산망개념 도입, ④ 제2차 행정전산망사업(1992-1996)으로 구분한다. 한편, 기존 연구보다 시간적 범위를 확장하여 한국전산원(2005)은 1960년대는 정보화 발아기, 1970년대는 정보화 개화기, 1980년대는 정보화 도약기 1990년대는 정보화 확산기, 21세기는 정보화 성숙기로 구분하였다.

1) 도입기

1967년 컴퓨터도입 이후 잠재기를 거쳐 1983년에 구성된 정보산업육성위원회(기존 반도체육성위원회가 확대, 개편됨)가 정보산업정책과 국가전산망사업 전반을 담당했다. 여기서 대통령경제비서실의 오명, 홍성원 등 기술관료(technocrat)들을 중심으로 정보산업정책의 줄기가 형성되었다. 즉, 정보산업의 해인 1983년 12월에 국가전산망기본방침이 마련되었다(한국정보처리학회, 2009). 이듬해 8월 동 위원회가 국가기간전산망조정위원회로 개편되어 국가정보통신정책을 심의, 의결하는 최고 정책기구로 작용하였다. 이후 1986년에 「전산망보급확장 및 이용촉진에 관한 법률」(체신부)과 「공업발전법」(상공부)이 제정되었다. 그리고 정보통신의 해인 1987년 7월에 제1차 「국가전산화확대회의」가 전두환대통령주재로 개최되었다. 이 자리에서 산업계(이용태 등) 및 학계인사가 참여하여 국가기간전산망기본계획 등 국가전산화정책이 보고되었다. 동 시기의 정보산업정책은 정보기기 및 부품국산화 등을 둘러싸고 과학기술처와 상공부에 의해 양분되었다. 여기에 체신부가 1981년 KTA 출범과 함께 정보산업의 전면에 나섰다. 1982년 최순달장관은 통신사업이 전자산업의 핵심임을 강조하면서 체신부의 선구적 역할을 강조하였다.[10] 이어 "선진조국 창조"는 곧 정보화사회를 구현하는 것으로 인식, 정보사회기반조성에 정책초점을 둔 체신부장관(김성진)에 의해 강하게 드러났다.[11] 그리고 1984년에 오명[12]차관은 통신정책연구소(홍병유)를 설립, 인적 교류의 기반을 형성하였다. 1987년 7월 체신부장관에 취임하면서 통신의 개념을 피력하면서(체신부, 1987; 8-10) 체신부 기능과 역할을 명확히 규정하였다.[13]

---

10) 1982년 10월 8일 최순달장관의 특별강연내용을 인용, 분석하였다.
11) 1983년 10월 15일 김성진장관 취임사내용을 인용, 분석하였다.
12) 대통령경제비서관이었던 오명은 1981년 5월 체신부차관에 부임하여 6년 2개월이라는 전례 없는 장수기록을 세운 다음, 장관으로 옮겨 체신부 내부승진이라는 첫 번째 사례가 되었다.
13) 당시 오명차관은 세미나형식의 교육을 통해 체신부간부의 역할과 사명을 일깨웠다.

2) 갈등/혼란기

1988년 12월 대통령선거유세 당시 노태우후보는 정보산업고도화를 공약하였지만 그 결과는 무기력했다. 실제로 노태우정부 시기에서 법령이나 계획 등으로 표현된 정책산출은 제5공화국에 비해 미미했다. 그런데 1989년 1월과 이듬해 2월에 체신부(이우재)의 연두업무보고 시 노태우대통령은 정보사회종합대책의 조기수립을 지시하였다. 이에 상공부, 과기처, 체신부 및 전문가로 구성된 전산망조정위원회 사무국에 의해 동 대책이 수립(1990. 11)되었다. 계획수립과정에서 11개의 전문가분과회의(방석현)에 산·학·연구계 인사가 참여했다. 하지만 전산망조정위원회 위원장이 대통령비서실장에서 체신부장관(최영철)으로 이관되면서 범 부처기구로서 명분이 퇴색하였다. 반면 체신부는 정보통신정책기능과 행정체제의 면모를 갖추게 되었다[14].

노태우정부 시기에 민주화 열기가 고조되면서 사회 및 복지문제가 주요 정책이슈로 부각되었다. 이로 인해 정보통신은 대통령(청와대) 관심 밖으로 밀려났다. 뿐만 아니라 부처 간 정책갈등으로 정책혼란이 지속되자 그동안 정부요로에 건의사항을 제시했던 민간기업 및 학회 등 단체를 중심으로 정보화의 필연성과 시급성을 담은 '정보화 선언'이 1988년에 발표되었다. 동년 3월에 정보산업연합회(이용태회장)를 비롯한 4개 민간단체는 6공 정부에 정보산업육성대책을 건의하였지만 관철되지 못하였다. 이듬해 1989년 1월 19일 과학기술처(이상희)는 정보화사회촉진법의 입법추진을 선언, 법제정을 시도했지만 부처 간 합의를 도출하지 못한 채 표류되었다. 이처럼 정보정책의 관할권을 둘러싼 부처 간 입장 차이는 1992년에 극명하게 드러났으며 경제기획원(최각규장관)이 개입하면서 한층 복잡한 양상을 띠게 되었다.[15] 이로 인해 부처 간 갈등은 정체상태로 빠져들면서 동 시기에 최대관심을 모았던 정보화촉진법안제정작업의 경우도 그 의미와 취지가 퇴색되었다.

---

14) 1991년 조직개편 시 통신정책국이 통신정책실(박성득)로 확대되고, 사무국기능을 흡수한 정보통신국(정홍식)이 신설되었다.

15) 경제기획원의 개입은 1992년 7월 「정보산업기획단」을 부총리직속으로 설치하여 『정보산업중장기발전계획』을 작성, 보고하라는 노대통령 지시에서 비롯되었다.

3) 정착기

1980년대부터 1990년대 초기까지 계속된 부처 간 정책갈등은 정보통신행정의 일원화라는 사회적 이슈를 제기하였다. 특히, 행정학계에서 체신부를 중심으로 한 행정체계 일원화 주장이 강했다. 이런 여론은 1993년 김영삼정부 출범과 함께 체신부(윤동윤)의 급부상으로 구체화되었다[16]. 즉, 1994년 12월 3일 정보통신부 발족(초대장관: 경상현)과[17] 함께 1995년에 정보화촉진기본법이 제정되면서 정보통신망구축정책이 본격 추진되었다. 이어 이석채장관이 취임하면서 정보정책은 거시적 경제정책의 맥락에서 추진되었다(WIN, 1996년 8월호: 114). 즉, 정보통신부의 특수성보다 경제부처로서 보편성에 입각한 경제정책의 관점이 강조되었고 정보화기획실을 신설하여 재경원출신(안병엽, 노준형, 유영환 등)이 충원되면서 체신부인맥과 재경원인맥이 형성되었다. 이 과정에서 기술마인드에 익숙했던 정보통신부와 경제마인드를 강조한 이장관의 변화요구 간 갈등이 야기되기도 하였다.[18] 이후 1996년 8월 이장관이 청와대 경제수석으로 자리를 옮기면서 강봉균행조실장이 정보통신부장관으로 취임하였다. 강장관은 정보화를 세계화 및 경제문제해결을 위한 수단으로 이해하였다(조선일보, 1996년 8월 10일자). 이각범 정책수석도 정보화를 개혁수단으로 인식, 당시 개혁정책을 정보화로 마무리한다는 입장이었지만(WIN, 1996년 8월호: 112), 정보정책을 둘러싼 분산양상이 드러났다.[19] 1996년 10월 이후 대통령주재 「정보화추진확대회의」가 개최되었으며, '정보화전략'이 공표되면서 정보화가 국정의 최우선과제로 부각되기에 이르렀다.

4) 확장기

IMF 외환위기상황에서 출범한 김대중정부는 정보화를 국정개혁수단으로 채

---

16) 1993년 2월 26일 장관 취임사에서 윤동윤장관은 체신부의 체질전환을 강조하면서 신정보통신정책을 주장하였으며 정책부처로 탈바꿈하려는 의도를 드러냈다.

17) 당시 경장관은 "입각은 생각도 기대도 않았다. 전혀 예상 밖의 일이었다."며 그는 "정치권과 별 안면이 없고 김 대통령과도 개인적인 인연이 없었다."고 회고했다(전자신문, 2010년 6월 4일자).

18) 이 같은 사실은 정보통신부 공무원들과의 비공식적인 토론과정에서 확인될 수 있었다.

19) 당시 이석채경제수석은 정보통신, 과학기술, 건설교통, 국가경쟁력강화기획단 등을, 이각범 정책기획수석은 국가정보화, 문화체육, 환경을 맡았다.

택하였다. 지식정보사회의 구현을 위한 대통령의 정보화의지[20]는 청와대 및 부처수준의 정책개발과 집행에 의해 구체적으로 투영되었다. 이를테면 김태동(정책기획수석), 진념(기획예산위원장), 강봉균(경제수석), 배순훈·남궁석(정보통신부장관) 중심으로 전문성과 추진력의 바탕에서 개혁과 정보화간 접목이 시도되었다. 동시기에 정보화의 확장, 심화와 함께 지식담론이 실천으로 이어졌다. 특히, 신지식인운동의 범국민적 실천운동, 교육부의 부총리급 교육인적자원부로의 격상(2000. 12), 평생교육법(1999. 8) 및 지식정보자원관리법(2000. 1) 제정 등은 정보화를 넘어 지식화 노력으로 이해할 수 있다. 김대중대통령은 정보화전략회의에서 부처별 정보화현안을 직접 챙겼는데 초고속정보통신기반의 조기구축을 비롯하여 사이버코리아21사업(1998~2002)과 전자정부 구축사업은 대통령프로젝트로서 중점 관리, 추진되었다. 부처 수준에서도 정보화근로사업 등 다양한 정보화프로그램 및 이벤트가 계획, 집행되었으며 지식정보사회로의 촉진을 위해 정보화관련 150 여개 법령이 제·개정되었다(정보통신부, 2001). 또한 인터넷PC 보급정책, 국민정보화교육사업 등 다양한 정책으로 정보화분야가 급성장했다(정보통신부, 2002). 이러한 과정에서 경제주의적 관점이 견지되었다. 즉, 신자유주의 경제개발 프로젝트로 삼으면서 정보화의 경제적 가치가 부각되었는데 벤처프로젝트의 경우 급속한 양적 성장을 보여주었지만 사회문제와 부작용을 양산하기도 하였다.

5) 심화기

IT업계의 높은 기대 속에 출범한 노무현 정부는 정보화를 산업경제주의적 관점에서 접근하였다. 먼저 신성장동력으로 지식정보화를 인식, 성장엔진을 제공할 정보통신부 수장에 진대제장관을 임명하였다. 그는 기업가적 경영스타일을 관료조직에 접목시켰다. 특히, IT839정책(8대 서비스, 3대 인프라, 9대 신성장동력)을 전략적으로 추진하였다. 뿐만 아니라 과학기술부 장관을 부총리급(오명)으로 격상시키면서 성장동력의 발굴, 육성에 힘을 실어주었다. 청와대에는 정보과학기술보좌관(김태유, 박기영, 김선화)이 신설되었다. 그러나 정보과학기술보좌관 역할 미흡, IT산업전망의 불분명, IT산업 육성의 구체성 미흡, 명확한 전략플랜 미비

---

20) 1998년 2월 25일 김대중대통령의 취임사를 인용, 분석하였다.

등 IT업계 CEO의 부정적 평가를 통해 미흡한 성과가 확인된다.[21] 그럼에도 노무현 정부는 정보화의 정치사회적 확장과 함께 인터넷 대중화로 정치과정에 국민 참여가 활성화되면서 인터넷이 정치적 실천 장으로 부상하였다. 이 외에도 청와대 국정홈페이지 개설, 공무원의 댓글 장려와 관련 직접 모범을 보여주었다. 비록 정보통신 및 과학기술분야에 대한 위원회와 부처 간 갈등에 대한 조정이나 통합이 이루어지지 못해 정체상태를 보여주었지만 정보화의 생활화 및 대중화 단계로 이끌었다.

6) 융합 및 정체기

이명박 정부에서는 IT분야가 특정분야를 넘어 모든 산업과 연계를 통해 성장 동력을 발굴한다는 전제에서 IT융합 및 정보통신부처통합을 강조했다. 가령 녹색성장이 국정과제로 추진되면서 그린IT가 정책과제로 채택되었지만 경제 살리기 등 경제현안에 정책우선순위에서 밀린데다 정보통신부가 해체되면서 행정안전부, 방송통신위원회, 지식경제부, 과기부, 문화부 정책기능이 분산되었다. 청와대의 구심적 정책기능이 약화되고 잇따른 국제경쟁력 저하[22]에 대한 우려가 고조되면서 산업계의 냉소와 불만이 증폭되었다.[23] 특히, 정보화 예산축소와 정보화사업 위축, IT규제 개선이나 진흥정책을 둘러싼 부처 간 영역다툼으로 산업, 정계일각에서 정보통신부 부활론과 함께 컨트롤타워가 필요성이 제기되었지만 정보정책 기조는 유지되었다. 비록 IT특보(오해석) 신설 및 IT융합 활성화에 본격 나서고 스마트코리아 건설을 지향하였지만, 정작 산업계의 IT활용도는 감소추세로 나타났다(박성욱, 2010).[24] 박근혜정부에서는 과학기술과 IT의 융합기반

---

21) 노무현정부 초기 IT분야 CEO를 대상으로 한 조사결과다(inews, 2004. 2. 24).
22) ICT산업 경쟁력지수는 2007년 OECD회원국 중 3위에서 2009년 16위로 추락했다. 세계경제포럼 WEF의 정보통신기술 이용환경과 경제발전에 미치는 영향 등을 종합평가한 NRI(네트워크 준비지수)에서 2008년 9위, 2010년 15위로 하락하였다. 이 외에도 ITU, EIU, IMD 등의 평가에서 하락세를 면치 못하였다.
23) 청와대에서 마련한 IT간담회에서 드러난 불만으로 "~ 세간에는 이명박 대통령을 포크레인, 건설대통령이라고 비아냥거리는 목소리가 높다. ~ 컨버전스 때문에 IT가 사라져 가고 있다. ~"등으로 나타났다(IT데일리, 2009년 4월 4일자).
24) 박성욱 책임연구원은 "주요 경제데이터가 2007년까지 밖에 없어 2008년과 2009년치 IT활용도를 분석하지는 못했지만, 2007년까지 줄어들었던 IT활용도가 1~2년 사이에 급증하기는 불가능하다."고 설명했다.

표 3-1 정보정책의 전개양상

구분	1981~ 1986	1987~ 1991	1992~ 1997	1998~ 2002	2003~ 2007	2008~ 2012	2013~ 2017
정보화 정책단계	도입기	갈등/혼란기	정착기	확장기	심화기	융합/정체기	정체기
주요 행위자 (조직)	청와대/ 체신부/ 상공부/ 과기처	체신부/ 상공자원부/ 과기부/ 경제기획원	청와대/ 정보통신부	청와대/ 전 행정부처	정보통신부/ 행정부처	방송통신 위원회/ 행정안전부/ 지식경제부	미래창조과학부/ 창조경제 민관협의회
정책상황	정책집중	정책다기화	정책일원화	정책다원화	정책분산화	정책분산	정책분산 및 모호
주요 정책이슈	정보산업육성	부처간 정책 갈등/관련법 제정	쇄신/체제 정비 및 산업 육성	개혁/경쟁력 강화	혁신/성장 동력	융합/녹색 성장/스마트 코리아	창조경제/ 일자리창출
정책맥락	전자산업진흥 정책/ 전산망정책	정보사회 종합대책/ 전산화정책	초고속정보통 신망구축정책 /정보화촉진 정책	정보화촉진 계획/ 사이버코리아 21/ 지식화정책	IT839전략/ 유비쿼터스 코리아	Green IT/ 정보화촉진 위원회	창조경제혁신

창조경제 추진하였지만 정체성의 모호성 논란을 야기하였다. IT분야 투자회임기간을 고려할 때 성급한 판단일 수 있지만 당초 기대했던 의도와 달리 이명박 및 박근혜 정부시기의 융합노력은 시너지나 경쟁력 효과가 미흡했다.

이상에서 보았듯이 정보정책 참여자의 제도적 맥락인 정책기관의 경우, 초기에 청와대와 상공부, 체신부 및 과기처였다. 이런 조직맥락에서 정책관료 간 정책갈등이 빚어졌다. 이후 정책공간의 확장과 시간경과에 따라 대통령의 관심과 의지가 강화되고 부처별 정책분산, 통합 및 다원화 양상을 드러내면서 경쟁과 협력의 양상을 보여주었다. 이 같은 전개과정을 종합하여 정리하면 〈표 3-1〉에서 보듯 정책단계에 따라 상이한 양상을 드러냈다.

2. 정보정책의 변인(變因): 행위자

정보정책과정에는 수많은 참여자 및 이들 간 상호작용의 양상을 보여주었다.

행위자 관점에서 이해하는 경우, 정책참여자 의지, 전문지식과 능력, 리더십, 인품 및 가치관 등으로 살펴볼 수 있다(Hogwood and Peters, 1983: 25-29). 첫째, 정책결정자의 비전과 의지와 관련하여 보면,25) 정보화 도입기는 전산망구축 및 정보산업육성정책을 국가발전전략으로 채택하여 강력하게 추진하였다. 특히, 대통령의지가 청와대비서실 및 부처 정책관료에 전달되었으며(정홍식, 2007). 전자통신연구소 관련자들의 개혁의지와 행동도 강했다(이용태, 1994: 7). 반면에 혼란기는 정보화부처 간 갈등이 심했지만 조정이 미흡했다. 이어 정착기에서는 세계화와 국가사회개혁의 수단적 의미로 정보화를 활용하면서 조직 및 법체제가 정비되었다. 확장기에서는 지식정보사회의 진입만이 외환위기 극복의 해결책임을 인식, 정보화가 정책영역에 확장되었다.26) 한편, 심화기에서는 IT를 정치와 경제 등 전 분야에 철학적 접목이 시도되었지만 기대와 달리 성과가 약했다. 이명박정부(2007~)에 이르러 IT융합이 강조되었지만 정보화비전과 의지, 철학조차 미약한 것으로 비쳐졌다(전자신문, 2008년 8월 28일자). 이렇듯 노태우, 이명박 정부를 제외한 역대정부에서 정보화를 대통령프로젝트로 추진하면서 정보화의지를 강하게 드러냈다. 장관의 경우, 오명·남궁석·진대제장관에게 강하게 나타났다. 정·학계에서 이상희, 정호선, 곽치영, 허운나 등의 활동이 두드러졌다.

둘째, 정보화리더십과 역할을 살펴보면, 정책과정에서 나타난 리더십을 儀式主義者(ritualist), 發明者(inventor), 仲介人(broker), 무기력 등으로 분류할 수 있다(Conway and Feigert, 1972: 124-137). 여기서 전두환대통령(국가전산화확대회의: 1회/정보산업육성위원회/전산망조정위원회)은 발명가적 리더십을 보여주었다. 경제비서실의 과학기술비서관에 의한 조정역할이 강했다. 그러나 노태우정부에서 비서관제가 폐지되면서 부처 간 정책갈등에 대한 조정역할이 상실되어 정책혼란이 가중되었다. 김영삼대통령(정보화추진확대회의: 2회)은 의식주의자적 경향을 보인 듯 정보화 제스처는 요란했지만 무관심과 안일로 일관했다고 평가된다(동아일보,

---

25) 대통령 및 장관은 정책의 성패에 직접적 영향을 주는 행위자(송희준, 2008)로서 시기별 정보화관련 정책 및 계획, 대통령주재 정보화추진(확대, 전략)회의, 인터뷰 등을 바탕으로 평가하였다.
26) 김대중 대통령의 정보화의지는 대통령취임사 및 각종 어록(99년 8월 광복절 경축사 및 2000년 6월 16대 국회개원 연설 등)과 신년사에서 확인된다.

1998년 2월 3일자). 비록 범정부차원의 정보화 추진은 전두환대통령의 전산화정책과 견줄만하지만, 강력한 정책리더십 부재로 인해 전산망정책을 답습한 수준에 머물렀다는 지적을 받았다(컴퓨터월드, 1997년 11월호: 76). 하지만 김대중대통령(정보화전략회의: 7차/전자정부특별위원회)은 발명가적 리더십을 보여주었다. SW산업육성, 벤처활성화, 전자정부 구축 등 정보화사업의 과감한 추진[27]과 적극적 투자로 지식정보강국으로 거듭나는데 훌륭한 리더의 역할을 하면서 IT산업의 초석을 닦은 것으로 평가된다(아이뉴스, 2009년 8월 18일자).[28] 한편, 인터넷대통령으로 불린 노무현대통령(전자정부전문위원회)은 개인적 수준에서 정보화에 대한 이해와 열성 그리고 청와대업무관리시스템(e-知園)의 고안 등 실무형 성격 등 발명가적 리더십이 강했지만 정책리더십은 미약했던 것으로 보인다. 그러나 노태우 및 이명박정부(정보화전략위원회)는 무기력 증세를 보여준다. 장관의 경우, 역대 체신부 및 정보통신부장관은 정책개발 및 부처 간 관계에서 발명가 성격이 강했던 것으로 보인다. 이 중 오명장관은 대내 조직관리능력에 대외관리능력을 지녔던 것으로 평가된다(김정수, 1994). 윤동윤, 강봉균, 남궁석장관도 부처위상 제고, 비전제시능력, 조직구성원의 조직목표 달성을 위해 리더십을 발휘했던 것으로 평가된다(신동아, 2001. 10월호). 반면 산업자원부장관은 중개인 그리고 과학기술부장관은 의식주의자 성향을 강하게 드러냈다.

　　셋째, 정보정책은 정보기술과 사회적 응용이 근간이기에 정책과정에서 전문지식과 역량이 요구된다(김광웅, 1995: 36-49). 그래서 초기에 소수의 기술경제관료에 의해 주도되었다.[29] 전두환대통령은 취약한 정치적 정당성을 경제에서 보완하기 위해 경제문제에 관심을 갖고 학습하였다(이장규, 1991). 특히, 반도체, 컴퓨터, 웨이퍼 등 IT 용어조차 낯설기만 하던 시절, 국가기간전산망 사업 등 IT분야에 많은 관심을 드러냈다(정홍식, 2007). 여기에 김재익을 비롯하여 강경식-

---

27) SW전문기업협회 H실장은 "당시 DJ정부에서 정보화 사업에 역점을 두면서 정부가 SW기업의 주요 수익 창출원이 됐다."고 회고했다.
28) 이희호 여사가 자서전 '동행'에서 밝혔듯, 김 전 대통령은 수감 시절 미래학자인 앨빈 토플러의 '제3의 물결' 등의 서적을 읽으며, IT산업에 대한 식견을 넓히고 이를 훗날 정책에 반영했다.
29) 중앙부처 과장(1,264명)을 대상으로 한 특별조사에서 자유응답을 통해 나타난 의견 중 일부이다. 조선일보사, 「월간조선」, 1995년 1월호, p. 185.

사공일 – 박영철 – 오명으로 이어진 전문관료의 역할이 컸다(오명, 2009). 노태우 대통령은 중요 결정사항을 경제부처에 위임하면서 부처 간 할거주의를 드러냈다. 당시 문희갑 – 김종인 – 조순으로 이어진 정책관료가 경제사회민주화에 역점을 두면서 정보통신분야에 대한 관심 미약과 전문성 부족이 정책조정 미흡을 야기했다. 또한 김영삼대통령은「신경제 5개년계획」수립 및 산업구조 개선에 초점을 두었지만 경제수석(박재윤 – 한이헌 – 구본영 – 이석채 – 김인호) 부처 간 정책일관성을 찾기 어려웠다. 반면 김대중대통령은 정보화의 중요성을 강조하였으며, 기획예산처 등에 의해 추진의지가 뒷받침되었다. 당시 경제수석(김태동 – 강봉균 – 이기호 등)과 부처별 정보산업 및 신산업 육성을 통한 국가경쟁력 강화에 정책역량이 결집됐다. 노무현대통령은 IT전문가로 인식될 정도로 박식한 것으로 평가되었다[30]. 하지만 조직적 정보화 추진보다 내부합의나 인식을 뛰어넘는 실천양상을 드러내 혼선을 야기했다(전자신문, 2006년 5월 11일자). 청와대정책실장(이정우 – 김병준 – 권오규)과 정보과학기술보좌관(김태유 – 박기영 – 김선화)의 협조체계 및 정보통신역량이 발휘되지 못했으며 정책조정능력도 미흡한 것으로 보여진다. 이명박정부는 정보화 의지는 물론 전문지식과 경험도 미약한 것으로 판단된다.

넷째, 정책결정자의 인품과 가치관이 정책의 질을 좌우한다. 역대장관 가운데 오명장관의 인품이 긍정적으로 평가된다.[31] 친화력과 설득능력은 폭넓은 지지를 받았으며 용인술도 뛰어나 하위자로부터 존경받고 상위자의 신망을 받았던 것으로 알려졌다.[32] 5공부터 노무현정부에 이르기까지 장수했으며, 정보사회를 연 공로는 역대 최고장관으로 거명되었다(월간조선, 1995년 2월호: 159). 뿐만 아니라 윤동윤(체신부)과 한승수 · 정해주(통산부) 그리고 남궁석(정보통신부), 강창희(과기부) 등은 국 · 과장급 조직구성원의 긍정적 평가와 정책공감대 확보 및 설득력이 인정된다. 반면 배순훈(정보통신부), 김영호(산자부)은 조직관리방식 및 이론과 현실 간 괴리를 극복하지 못한 것으로 평가된다(신동아, 2001. 10월호). 또한

---

30) 전 정보통신부의 진대제장관은 "첨단 IT분야 업무를 추진하면서 최고정책결정권자를 이해시키는데 어려움이 전혀 없었다."고 회고하였다(2003년 8월 29일자 연합뉴스 기사 재인용).
31) 이 같은 사실은 정보통신분야 종사자들의 경험담으로부터 확인할 수 있다.
32) 문화방송(MBC)에서 방영(1998.3.29)된 인물다큐멘터리프로그램「성공시대」에서 상세히 다루었다.

▶ 표 3-2 시기별 주요 정책결정행위자(대통령/장관) 요인의 비교

구분		1981~ 1986	1987~ 1991	1992~ 1997	1998~ 2002	2003~ 2007	2008~ 2012	2013~ 2017	판단근거
정책비전과 의지		강함	약함	강함	강함	강함	약함	약함	• 대통령프로젝트 및 어록
리더십	대통령	발명가	무기력	의식주의	발명가	발명가	무기력	모호	• 갈등조정 및 정책개발
	장관	강함	강함*	강함	강함	강함	약함	약함	• 정책추진 * 부처갈등 심화
전문성(장관)		강함	약함	보통	강함	강함	불명확**	약함	• 경력 및 정책 내용 **정책분산
가치관(장관)		강함 (이우재/ 오명)	강함 (오명/ 최영철)	강함 (윤동윤)	강함 (남궁석)	강함 (진대제)	미약	모호	• 인터뷰결과 및 연구자 경험

진대제장관은 대통령의 두터운 신망을 바탕으로 업무를 창조적으로 추진했지만[33] 조직장악력, 친화력은 다소 약했던 것으로 지적된다(인터넷한겨레, 2005. 1. 4). 이어 정통 관료출신으로서 노준형, 유영환장관은 기존 정책의 안정적 추진에 역점을 두었다. 또한 과학기술분야에서 오명장관은 과학기술부(부총리급) 초대장관을 역임하면서 능력을 인정받았다. 이처럼 시기별로 주요 정책결정자를 중심으로 의지, 리더십, 전문성, 가치관 등의 요소로 살펴보면 〈표 3-2〉와 같이 정리할 수 있다.

---

33) 노대통령은 국무회의 석상에서 "과거에는 제일 센 부처가 내무부였는데 요즘은 정통부가 가장 센 것 같다."고 언급하며 진장관에 대한 믿음을 단적으로 보여주기도 했다. 뿐만 아니라 역대 정통부 장관 중 대통령을 공식 수행해 해외에 나간 것은 진장관이 처음이다(위클리경향, 2005년 7월 8일자).

제3절 정보정책의 인적 네트워크와 특성

정보정책과정에서 행위자는 상이한 수준과 분야에서 구성되고 이들간 의사소통, 정보, 전문성 등의 교환과 정책에의 영향력에 따라 정책네트워크의 양상이 드러났다(Rhodes and Marsh, 1992; Rhodes, 1997). 정책전개과정에서 행위자의 인적 맥락은 행위자 및 부처 수준에서 살펴볼 수 있다.

1. 분야별 행위자와 인적 네트워크

대통령과 관료를 비롯하여 전문가들은 정책과정에 직·간접적 영향을 미친다. 특히, 대통령제에서 대통령의 관심과 지원은 사업성패에 직결된다(송희준, 2008). 또한 정책참여자의 성향을 통해 정책방식이나 패턴을 읽을 수 있다(정정길, 1994; 김광웅, 1991). 첫째, 대통령을 중심으로 살펴보면 전두환대통령이 정보산업정책에 대한 관심과 의지가 강했다. 반면 노태우대통령은 정책의지나 노력에서 미흡한 것으로 평가된다. 김영삼대통령은 관심과 의지가 높았지만 전문지식과 능력은 미약했지만 김대중대통령은 정보화에 대한 식견은 물론 정책관심 및 의지가 강하게 드러났다.[34] 반면 노무현대통령은 개인적 활용능력 및 관심이 컸지만[35] 국가수준에서 담론적 성격을 벗어나지 못했다. 반면에 이명박대통령은 IT의 중요성은 인식하였지만[36] 상대적으로 정보통신에 대한 관심과 의지가 미약했으며 심지어 업계에서는 IT홀대라고 체감될 정도로 회의적 반응이 컸다.[37]

---

34) 김대중대통령은 미래서적 다독 및 MS사의 빌게이츠 회장, HP의 룸필트 회장, Cisco의 챈모리스 회장, 앨빈 토플러 등 석학들과의 대담을 통해 정보화를 터득한 것으로 평가된다(신동아, 2000)

35) 진대제장관은 "~ 노무현(盧武鉉) 대통령은 정보통신분야에 관심이 많아 관련 기사까지 열심히 읽으세요. 얼마 전 제게 직접 전화를 걸어 '통신3강 정책 재검토'란 제목의 보도에 대해 물으셨습니다. 그래서 직접 대통령을 찾아뵙고 설명 드렸죠 ~"(동아일보 2003년 7월 10일자).

36) 지난 2009년 9월 2일 'IT 코리아 미래전략'보고회에서 "대한민국의 모든 산업이 경쟁력을 가질 수 있는 것은 IT의 힘"이라고 했다.

37) 2008년 9월 이 대통령은 〈대통령과의 대화〉에서 "IT산업 키워봐야 일자리만 줄어든다."는 발언을 했다. 2008년 12월 정부부처 합동업무보고에서 "디지털 정보화 시대로만 묶이다 보

이어진 박근혜정부에서는 과학기술과 정보기술기반 창조경제를 주창하였지만 정보통신에의 정책초점이 약화되었다.

둘째, 정책관료의 경우, 5공 시절 형성되었던 기술경제관료서 김재익-오명-홍성원-정홍식이 맥을 형성하여 국가기간전산망정책을 비롯하여 정보정책 전반에 걸쳐 커다란 영향을 미쳤다. 또한 정보통신부(체신부)장관을 지낸 김성진-이우재-경상현-양승택 등 기술자출신과 송언종-윤동윤 등 체신관료의 역할이 컸다. 이후 정보정책이 확장되면서 이석채-강봉균-안병엽-노준형 등 경제관료출신이 등장하였으며, 배순훈-남궁석-진대제 등 기업가출신도 맥을 형성하였다. 반면에 산업자원부(상공자원부)나 과학기술부(처)는 정보통신이 업무영역상 일부분이었기에 관료역량을 집중시킬 수 없었다. 한편, 1980년대 중반 김성진체신부장관이 과기처장관으로 전보되면서 과기처와 체신부간 협조가 유지되었다(서현진, 1997: 285).[38] 이 외에도 체신관료를 중심으로 한 정책네트워크는 정치사회적 파워를 형성하였던 것으로 보인다. 가령 체신부산하 정책연구기관(KISDI/ETRI)과 대학교수, 언론기관 등이 정책이슈네트워크를 형성하여 관료의 정책결정에 영향을 미쳤다(노화준, 1996: 151-153).

셋째, 민간분야에서 학자 및 연구계 출신이 폭넓게 활동하였다. 성기수-양승택-정선종-오길록 등 연구개발 전문가와 이충웅-박한규-진용옥-허운나 등 공학자 그리고 홍병유-김세원-조백제-이천표-김효석-이주헌 등 KISDI를 축으로 경제·경영학자 그리고 방석현-안문석 등 행정학자들을 중심으로 각각 정보통신 및 정보정책의 맥이 형성되었다. 특히, KISDI 출신들은 90년대 이후 SK텔레콤을 비롯한 통신산업계, 학계, 행정 및 정치권 인맥 형성으로 확대되었다(전자신문, 2008년 3월 20일자). 물론 전석호-강상현 등 신문방송(언론정보)학 분야 학자들도 미디어 및 방송정책에 영향을 미쳤다. 그리고 김영삼정부에서 이

면 빈부격차도 줄일 수 없고 일자리를 창출할 수도 없다."는 반응을 드러냈다. 국가의 미래 전략을 책임진 정부 고위인사는 "옛 정보통신부를 그리워하는 그룹은 과거 정통부로부터 보조금을 받았거나 독점사업권을 받아 무한경쟁 시대에 편하게 지냈던 그룹"이라고 발언하여 IT업계의 반발을 샀다.

38) 당시 현안사항이었던 '전산망보급확장과 이용촉진에 관한 법률(안)'에 대해 체신부쪽을 밀어 준다는 것이 과학기술처의 공식입장이라는 점을 통해 알 수 있다.

각범(사회학자)이 정책수석에 임명되면서 정보사회정책에 영향을 미쳤다. 여기서 다른 부처에 비해 정보통신부(체신부)와 학계인맥 간 유대관계가 긴밀했던 것으로 드러났다.[39] 이 외에도 포럼, 정보통신미래모임, 협의체(한반도정보화추진본부), 연합회(정보산업) 등 산－학－연 IT전문가들에 의한 자발적 결사체가 형성, 활동하면서 정보정책에 영향을 미쳤다.

넷째, 정치인 출신으로서 이자헌－이대순－최영철 등은 체신부장관 재직 시부처 간 협의 및 조정자 역할을 하였다. 특히, 대선 및 정치과정에서 정보대통령론(1997), 디지털대통령론(2002)이 부상하고 정치적 및 상징적 의미를 지니면서 정치인의 관심대상으로 부각했다. 즉, 선거과정에서 IT정책 및 공약개발의 중요성이 커지면서 IT전문가그룹이 형성, 참여하였다. 가령 노무현대통령의 IT분야 공약개발을 지원한 현정포럼(이주헌)[40]이나 이명박대통령의 정책자문그룹으로서 장원포럼(오해석) 등이 대표적인 IT전문가 네트워크다.

다섯째, 기업가출신으로 정보산업연합회를 통해 영향을 미친 이용태(삼보컴퓨터)의 영향이 누구보다 컸으며 이해욱(관계)－조백제(학계)－서정욱(연구계)－이상철(산업계) 등 통신사업자와 민간기업 출신의 이범천－김건중－김영태－남궁석－박성규－송병남－민병현 등이 정보산업육성에 영향을 미쳤다. 이 가운데 남궁석은 정보통신부장관시절 정보화 비전인 '사이버코리아 21'을, 진대제는 IT839 전략을 수립 및 추진하였다. 다만, 각각의 인물들은 줄곧 한 분야에만 있지 않고 각계를 두루 거치며 정책과정에 영향을 미쳤다.[41]

보다 상위맥락에서 행위자수준의 인적 맥락은 대통령을 중심으로 행정관료, 학자, 정치인, 기업가 등에 의해 구성된다. 전두환, 김대중정부는 대통령, 관료, 학자, 기업가간 공고한 맥락을 유지하였으며, 노태우정부는 전반적으로 느슨한

---

39) 체신부(정책관료)와 학술단체(학자 및 연구자)간 협력관계는 1983년12월에 제정된 「전기통신기본법」제23조 '연구기관 등의 육성' 조항에 근거한다.

40) 남궁석의원은 "노당선자의 IT공약은 현정포럼이 초안을 만든 뒤 나를 비롯한 민주당내 IT전문가들이 이를 수정－보완하는 과정을 거쳐 최종 완성됐다."고 말했다(주간동아, 369호 2003년 1월 23일).

41) 개인적 경륜이나 경력은 인맥형성에 영향을 미친다. 가령 학계인사의 관·정계진출(이각범, 정호선, 허운나, 김효석 등), 연구 및 관계인사의 산업계진출(경상현, 홍성원, 이해욱, 신윤식, 서정욱, 조백제, 정홍식, 석호익, 이석채 등), 산업계인사의 정·관계진출(남궁석, 이찬진, 이상철, 진대제 등), 관계인사의 정계진출(강봉균, 변재일 등) 등 다양하게 나타났다.

📊 표 3-3 정부별 정보정책의 인적 맥락

구분	전두환정부	노태우정부	김영삼정부	김대중정부	노무현정부	이명박정부	박근혜정부
대통령(비서실)	강함	약함	강함	매우 강함	약함	약함	약함
정책관료	강함	강함	강함	매우 강함	강함	보통	보통
민간(학자)	강함	강함	강함	매우 강함	약함	강함	약함
정치인	약함	약함	약함	강함	약함	약함	약함
기업가(산업)	약함	약함	약함	매우 강함	강함	약함	보통

맥락을 보여주었다. 김영삼정부는 정치인을 제외하고는 공고한 맥락을 보여주며, 노무현정부는 전반적으로 느슨한 맥락을 보여주지만 기업 및 관료 간 긴밀한 관계가 유지되었다. 하지만 이명박정부와 박근혜정부는 상대적으로 느슨한 연결 관계를 유지하였으며 〈표 3-3〉과 같이 정리할 수 있다[42].

보다 구체적으로 살펴보면 전두환정부 시기는 〈그림 3-2〉와 같이 대통령과 관료, 공학자를 중심으로 인맥이 형성되었으며 정치인은 느슨하게 나타났다. 예컨대 전산망정책에서 청와대비서실과 정보관료(김재익-오명-홍성원) 그리고 공학자(성기수-이용태-정선종-오길록-양승택-서정욱)들간 인적 맥락이 강했다. 당시 대통령의 정보산업육성 의지와 참모에 대한 신뢰의 바탕에서[43] 기술관료

📊 그림 3-2 전두환정부의 인적 맥락

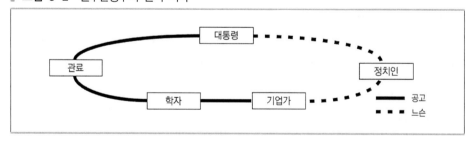

42) 인적 맥락의 강도는 정책결정자(대통령)의 정보정책프로젝트 관심과 이해, 의지, 상호작용, 신뢰, 정책산출(프로그램) 등을 판단기준으로 삼아 관련문헌과 자료를 근거자료로 활용하였다.
43) 당시 실무주역이었던 박승덕박사는 "전두환 대통령은 결재표지에 '전자통신연구소장은 전 연구원의 인사권을 장악해야 하며 3사는 공동운명체로써 연구소장의 지휘 하에 순응 협조해야 함'이라고 적을 정도였다."고 회고하였다(한국과총, 2009. 1. 18일자 인터뷰자료).

와 공학자들의 협력 하에 국가전산망정책 집행, 전기통신관련법 제정 그리고 대통령프로젝트로서 반도체개발, TDX개발 및 국산화(1986), 정보산업육성계획, 전국 전화자동화 및 전화 1천만회선 돌파 등 다양한 정책 산출이 가능했다. 특히, TDX개발관련 1차 투자금액(240억 원)이나 혈서와 같은 각서, 긴밀한 유대감 등은 공고한 인적 연결망을 상징적으로 보여준다.

노태우정부는 〈그림 3-3〉에서 보듯이 관료(송언종, 이우재)와 학자(서정욱-안문석-방석현-이원웅)를 중심으로 맥락이 유지되었다. 그렇지만 전반적으로 인적 맥락은 느슨했던 것으로 보인다. 노태우정부는 민주화합과 균형발전의 정책 기조를 중시하여 정보화에 대한 관심과 이해가 상대적으로 낮았다. 더구나 정보통신부처 간 정책갈등의 심화로 ETRI와 민간기업주도의 주전산기 개발사업을 제외한 국가적 수준의 정보정책산출이 미약했다. 기존 전산망 2단계사업의 추진, 정보통신연구개발에 관한 법률, 정보사회종합대책 등이 제안, 수립되었지만 부처갈등으로 법제화 실패 및 집행 좌절을 경험하였다.

▌그림 3-3 노태우정부의 인적 맥락

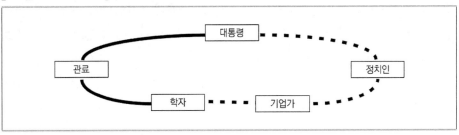

김영삼정부는 〈그림 3-4〉에서와 같이 청와대(한이헌), 관료(강봉균-이석채-정홍식-임창렬-정해주)와 학자(경상현-이각범-박재윤-권숙일), 기업인(안병화-김철수)에 의해 인적 맥락이 유지되면서 정책 확장을 보여주었다. 대통령의 추진력과 돌파력으로 단행된 4차 조직개편에서 정보통신부가 신설(1995)되고,[44] 대통령의 관심과 신뢰, 정책관료의 의지가 결집된 결과, 정보화촉진기본법 제정

---

44) 당시 체신부를 정보통신부로 확대, 개편하는 데엔 이견이 없었다. 행정쇄신위원회(박동서)는 정보통신부 확대개편은 정보화 사회로 이행을 촉진하는 과정이라고 판단했다.

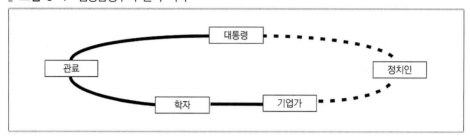

(1996), 초고속정보통신망구축사업 등 다양한 정보화프로그램이 개발되었다. 특히, 세계최초로 CDMA상용화(1996)는 개발비(2,223억), 관료(정보통신부)와 연구자(ETRI)의 긴밀한 협력체제의 산물이다.

김대중정부는 〈그림 3-5〉에서 보듯 관료(안병엽, 윤진식, 신국환)-기업가(배순훈, 남궁석, 이상철) 및 학자(양승택, 서정욱), 정치인(강창희, 김영환)간 긴밀한 관계가 유지되었다. 특히, 정보통신부장관에 기업인을 발탁하여 경영마인드화를 시도했다. 대통령의 강한 정보화의지와 관심의 바탕에서 전자정부 11대 프로젝트, 정보통신망구축사업이 추진되었는데 전자정부구축과정에서 민간부문의 적극적인 참여로 IT거버넌스를 이루었다(송희준, 2008). 이 외에도 국민정보화교육, 정보화근로, 인터넷PC, 벤처진흥정책 등 다양한 정보화촉진사업이 집행되었다. 그 결과, 2002년 정보화예산규모가 3조 9천 억으로 증가했으며 정보화법령도 100여 개로 세분화되었다(한국정보사회진흥원, 2008).

▶ 그림 3-5 김대중정부의 인적 맥락

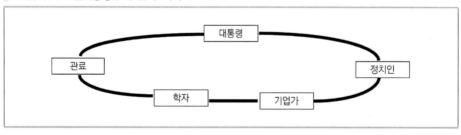

노무현정부는 〈그림 3-6〉에서 보듯 대통령의 정보활용 능력과 관심의 바

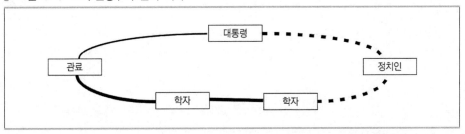

▶ 그림 3-6 노무현정부의 인적 맥락

탕에서 기업가 및 관료, 정치인 간 긴밀한 관계를 유지했다. 집권초기에 정보통신부 및 산업자원부 장관에 기업인사(진대제, 이희범)를 발탁하여 혁신마인드를 조성하면서 유비쿼터스, IT839전략(2004)과 함께 정보화사업(500여 가지)이 증대하고, 예산도 3조 원 규모가 유지되었다(이연우, 2009). 후반기에 관료출신(노준형, 유영환, 김진표)이 정책기조를 이어갔다. 특히, IT839전략 가운데 정부-산업-연구(ETRI)간 협력에 의한 휴대인터넷-Wibro 개발(2004) 및 상용화(2006)나 인터넷 보급이 급속도로 확산되었다.

　이명박정부는 〈그림 3-7〉에서 정보통신부의 폐지로 공식화된 정보통신인맥이 약화된 채 기업가 및 관료 간 인적 맥락이 유지되고 있다. 집권 초 기업인(이윤호)을 지식경제부 장관에 임명하여 정보통신산업에 시장원리와 경쟁마인드를 강조했다. 학계 및 민간부문(안병만, 최시중) 인사가 관련부처 수장으로 발탁되었지만 전문성이 미약했다. 정보정책이 융합기조에서 뉴IT플랜, 그린IT, 스마트전략이 추진되고 있지만 정책산출은 미흡하다. 산업계의 IT컨트롤타워 필요성[45]을 의식하여 과학기술특보(박찬모)에 이어 2009년 8월 31일에 IT특보(오해석)가 신설되고 총리소속 정보화추진위원회를 대통령소속 국가정보화전략위원회(이각범)로 격상, 개편했지만 역할은 미미하며, 정보화예산도 2조 원대 수준으로 축소 조정되었다(디지털타임즈 2008년 12월 1일자).

---

45) 이명박정부의 정보화에 대한 반응이 엇갈려 나타났는데 기존 정보통신산업 및 학계의 부정적 시각(IT홀대론, IT위기론, IT후진국 등)이 지배적으로 드러났다.

▶ 그림 3-7 이명박정부의 인적 맥락

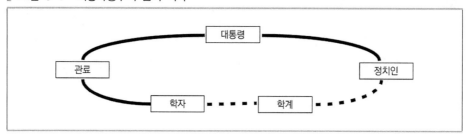

박근혜정부는 〈그림 3-8〉에서 과학기술처와 정보통신부가 통합하여 미래
창조과학부로 신설되면서 창조경제가 국정과제로 추진되면서 공식화된 정보통
신인맥이 약화된 상태에서 기업가 및 관료 간 인적 맥락이 느슨하게 유지되었
다. 최문기(2013~2014), 최양희(2014~2017)를 미래창조과학부장관으로 임명하여
정보통신산업에 과학기술과 ICT 혁신을 통한 역동적 창조경제 실현을 도모하였
다. 이명박정부에 이어 정보정책이 융합기조의 바탕에서 창조경제 구현관련 정
책과 사업이 추진되었지만 정책성과는 미흡했다. ICT전담 부처를 통해 방송과
통신을 융합하면 많은 일자리가 창출되고 산업이 발전한다고 기대했지만 이론
적으로도 실제로도 그렇지 않았다.

▶ 그림 3-8 박근혜정부의 인적 맥락

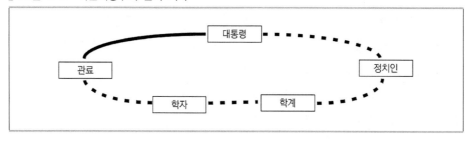

2. 부처별 정책행위자 및 인적 네트워크

지식경제부(상공부-통상산업부-산업자원부)는 산하기관, 협회 등 준공공부문과 기업에 걸쳐 인맥이 광범하였다. 정책결정자의 경우 금진호(85)-나웅배(87)-안병화(88)-한승수(89)-박필수(90)-이봉서(91)-한봉수(92)-김철수(93~94)-박재윤(95)-안광구(96)-임창렬(96)-정해주(97)-박태영(98)-정덕구(99)-김영호(00)-장재식(01)-신국환(02)-윤진식(03)-이희범(03-06)-정세균(06~07)-이윤호(2008)-최경환(2009~) 등과 같이 정계, 학계, 산업계 등 다양했다. 장관을 정점으로 상공관료와 한국전자공업진흥회와 한국전자기술연구소, 한국정보기술연구원, 정보산업표준원 등의 전문가들 간 인적 맥락이 형성될 수 있었지만, 공식적 수준에서 이루어졌을 뿐 그 유대는 공고하지 못했다. 또한 산자부관료가 산업계진출을 통해 인맥이 느슨하게나마 유지될 수 있었지만, 정책흐름에 영향을 주지 못했다. 게다가 광범한 업무영역의 상공부가 1993년 동력자원부를 통합하면서 범위가 확대되고, 정부조직개편에 관한 논의와 맞물려 기능별 산업정책이 강조되면서 정보통신영역에 대한 입지가 약화되고 결국 1994년 12월 조직개편에 의해 정보통신영역이 축소되었다.

반면 정보통신부는 체신부시절부터 상공자원부나 과학기술처에 비해 인맥이 공고했다. 상공부와 달리 이대순, 최영철장관을 제외하고는 정통체신관료와 정보통신전문가들이 임명되었다. 예컨대 최순달(83~84)-김성진(85)-오명(86~87)-최영철(88)-이우재(90~91)-송언종(92)-윤동윤(93~94)-경상현(95)-이석채(96)-강봉균(96~97)-배순훈(98)-남궁석(98~2000)-안병엽(01)-양승택(02)-이상철(02)-진대제(03~06)-노준형(06)-유영환(07)으로 이어졌다.[46] 이처럼 정보통신부는 정통관료 또는 전문가가 영입되면서 정치외풍의 영향을 덜 받았기에 정책일관성을 유지할 수 있었다. 특히, 오명, 윤동윤, 경상현, 남궁석, 안병엽, 양승택 등 실무형 장관들은 전문성과 행정능력을 바탕으로 리더십을 발휘했다. 이들 중 오명장관(당시 이해욱차관)은 한국통신(1981)과 한국데이타통신(1982)

---

46) 이명박정부에서 방송통신위원회(최시중-이계철-이경재-최성준)가 정보통신정책기능을 흡수, 정책을 담당하였다.

의 설립 등에 핵심 역할을 수행하면서 정보화 토대를 구축한 IT계 대부로 평가된다.[47] 그는 체신부차관시절부터 연구기관 및 정보통신유관단체간 상호협력체계를 구축, 정보교환 등을 실시함으로써 산·학·연 간 정보통신인맥을 강하게 유지했다(이기열, 1995). 이처럼 체신부가 정보통신정책을 유지, 확장할 수 있었던 까닭은 분명한 정책목표, 강력한 정책의지, 통신공사의 구매 및 자금력, 학계와 연구소의 연구개발 의욕 그리고 산업계의 실용화 의지 등이 결합될 수 있었기 때문이다.[48] 또한 다양한 참여자로 구성된 정책네트워크의 안정적 구축에 의해 구조적 응집성도 높았다(고경민, 2001; 정금애, 2000). 이로써 체신부는 인적 네트워크를 강하게 형성할 수 있었던 것으로 판단된다. 달리 업무흐름, 영향력 그리고 네트워크의 통합양상을 유지하면서 전기통신분야에 정책초점을 두어 일관되고 뚜렷한 목표를 설정하였고, 활용 가능한 자원과 기술을 집중할 수 있었다. 여기에 80년대 중반이후 유망 경제부처로 성장할 것이라는 인식과 부처 위상이 제고되면서 학계, 산업계 등을 중심으로 인맥이 확장되었다. 하지만 이명박정부의 정보통신부 해체와 정책기능 분산에 따라 공식화된 인적 맥락이 약화되었다. 그럼에도 기존 정보통신인맥은 포럼[49]이나 연합체 등 민간조직 형태로 명맥을 유지하고 있다.

한편, 과학기술부는 1980년대 초반까지 연구계 중심의 네트워크를 유지했지만 대부분 준독립적이며 각 기관을 움직일만한 법적 권한과 자원이 미흡했다. 게다가 집행기능이 없었고 명목상 조정기능만 유지해 온 힘없는 부처로 인식되었다. 역대 장관으로서 이정오(82~85) - 김성진(85~86) - 전학제(86) - 이태섭(86) - 박긍식(87) - 이관(88) - 이상희(88~90) - 정근모(90) - 김진현(90~93) - 김시중(93) - 정근모(94~96) - 구본영(96) - 김용진(97) - 권숙일(97) - 강창희(98) - 서정욱(99~2000) - 김영환(01) - 채영복(02) - 박호군(03) - 오명(03~05) - 김우식(06) - 김

---

47) ZDNet Korea 2010년 5월 23일자 인터뷰기사를 인용하였다.
48) 전전자교환기(TDX) 자체개발 이후 국책사업으로 진행된 4M DRAM, 행정망 주전산기(TICOM), CDMA 개발 등의 성공적 추진도 바로 산·학·연·관간 협조체제가 있었기 때문으로 해석된다.
49) 2003년 발족된 한국IT리더스포럼(윤동윤회장)은 정보통신관료, 학계, 산업계 인사 110여 명으로 구성된 모임으로 방송통신흐름 파악과 산·학·연 상호협력 및 산업발전 방안을 모색하고 있다.

진표(07) － 안병만(08~10) 등에서 보듯 김진현(언론계)·강창희·김영환(정치계)을 제외하고는 과학기술전문가로 임명되었다. 그렇기에 정치·관료적 기질이 미약했으며 부처 성격상 고급기술 인력이 많았지만 행정직 우위풍토로 인해 그 위상도 낮았다. 이처럼 정책조정능력 미흡, 정보화 집행수단 미비로 인해 영향력이 미약한 부처로 인식되었다. 정보통신부 등 관련부처의 연구개발 노력이 강화되면서 상징적 권위와 위상도 낮아졌다. 산하연구기관에 대한 실질적 영향력도 미약하여 전자통신연구소가 체신부로 이관되면서 정보통신관련 연구소의 입지가 약화되고 영향력도 약화되면서 과기부 관료와 산하연구소 전문가 간 인적 맥락과 그 연계가 미흡하게 나타났다. 특히, 이명박정부에서는 교육부와 통합되면서 당초 기대했던 시너지 창출보다는 과학기술이 교육현안에 묻혔던 것으로 평가되었다(전자신문, 2009년 2월 24일자).

3. 정보정책의 변화와 특성: 평가적 논의

앞서 보았듯이 정보정책은 시간경과에 따라 정책의 확장양상을 보여주었다. 여기서 인적 맥락은 정보정책의 특성과 연관된다. 첫째, 인적 네트워크의 범위가 확장되면서 정책영역의 양적 확장과 질적 심화를 보여주었다. 1970년대 후반부터 1980년대 중반까지 기술·경제관료가 중심이 되어 행정을 비롯한 공공정보화 기반을 구축했다. 아울러 1980년대 중반이후 1990년대에 정보산업 육성 및 산업정보화 과정에서 기업인과 함께 지역사회(지역정보화)가 참여하였다. 1990년 후반부터 2000년대에 생활 및 정치영역의 정보화 진전에 따라 인문·사회과학·법학자 및 정치인, 시민단체의 참여가 두드러졌고 법제도적 정비가 이루어졌다. 둘째, 정보정책은 전두환정부에서 전산망정책이 형성되었으며 노태우정부는 정보통신의 사회적 확산에 기여했지만, 큰 줄기를 형성하지 못했다. 그리고 김영삼정부에서 정보화조직 및 법제정비와 함께 정보통신망구축기반을 확대하였다. 김대중정부에서는 정보화의 성숙에 따라 지식화정책으로의 진화양상을 보여주었다. 노무현정부에서는 인터넷을 통한 국민의 정치참여 확대를 도모하면서 정보의 생활화 및 대중화에 기여하였다. 이명박정부는 융합을 강조했지만 그 성과는 물론 정보정책의 특징적 양상이 미약하다. 이처럼 정보화 심화기까지 정책관료역할이 다른 행위자보다 강했다. 특히, 정보통신부(체신부)를 중심으로 정보통신관료의 인맥이 강했다. 반면 정치인은 상임위원회, 당·정 협의, 입법 및 국정감사과정에서 영향력을 행사했지만, 실제 정책 확장에 크게 기여하지 못했으며 오히려 전문가 및 관료의 정치화과정에서 정치영역의 정보화확산에 기여하였다.

셋째, 정보정책은 전자·통신·컴퓨터공학자를 비롯하여 체신관료에 의해 형성된 통신정책이 경제·경영학자를 축으로 정보통신정책으로 변화하였다. 1990년대 초반부터 행정학자를 비롯한 사회과학·공학 등 학제적 접근에 의해 정보정책줄기가 확장되었다. 1990년대 후반부터 법학·인문학과의 접목이 강조되면서 법·제도적 정비와 함께 역기능이 사회적 이슈로 부각되었으며 2000년대 중반이후 지식화, 유비쿼터스, 스마트화로의 진화양상을 드러내면서 전 부문에 걸쳐 다양한 분야에서 전문 인력이 참여하고 있다.

넷째, 정보정책은 정책참여자가 다양해지면서 복잡성, 기술적 성격과 함께 동태적 성향을 띠며 그 영역과 내용이 변화하였다. 시간이 흐르면서 정보통신기술 혁신과 함께 급속한 확장을 보여주었다. 이러한 정책변화는 부처수준의 정책을 관장하는 장관의 임기[50) 및 정책행위자 맥락의 유동성에 관련되는 것으로 생각된다. 물론 정책에 의해 행위자가 영향을 받기도 하지만, 인적 수준을 강조할 때 행위자가 정책을 창도하고, 정책생명주기를 통제하면서 정책형성과 집행에 영향을 미쳤다. 이로 미루어 정보정책의 흐름을 파악하는데 인적 맥락은 중요한 변수가 될 수 있다.

다섯째, 정보정책은 행위자들 간 경쟁과 상호작용 정도에 따라 그 유형과 성격이 상이하게 드러났다. 1980년대 중반까지 관료중심의 정부주도적 통신정책이 유지되었다. 1980년대 말부터 학계, 산업계 인사의 관계진출과 함께 민간부문의 정책참여가 확대되었다. 또한 1990년대 이후 경쟁적 시장구조로의 전환과 함께 참여자 증대 및 상호작용성 등으로 정보정책의 정치화와 역동성이 강화되

---

50) 전두환대통령 시절부터 김대중정부 중기인 2000년 8월 현재까지의 장관 1인당 평균 재임기간은 13개월로 1년을 약간 넘고 있다. 정부별로는 전두환정부가 17.8개월로 가장 길었고, 노태우정부 13개월, 김영삼정부 11.6개월, 김대중정부 10.5개월로 나타났으며(김호균, 2001), 노무현정부는 10개월 미만으로 나타났다(뉴스피플, 2007년 8월 31일자).

었다. 2000년대 이후 전자정부프로젝트 구현과정에서 민간부문의 적극적인 참여로 정부-시장-시민사회의 상호작용에 의한 e-거버넌스가 형성, 유지되면서 정책이념과 성격의 변화를 야기했다(이연우, 2010). 최근에는 국가와 시장 간의 협력적 네트워크가 강조되면서 정보통신부는 규제기관이라는 측면에서 탈피하고 시장주도적 거버넌스에 맞는 독립적인 규제기관으로 변모하는 경향을 보여주었다(손호철 외, 2007).

여섯째, 민간부문에서 학자 및 연구자그룹의 전문가역량이 발휘되면서 인적 맥락의 중요 고리를 형성했다. 특히, ETRI, KISDI출신 연구원의 학계 및 산업계 진출은 정보정책의 영역확장에 기여했다. 언론 역시 정보화에 대한 국민적 관심과 참여를 촉진하면서 정책 확장에 기여하였다(전석호, 2006). 반면에 NGO 및 사회단체는 정보공개, 정보불평등, 정보주권 등 정보화법제 및 역기능 이슈에 참여 의지가 높았지만 공식채널 및 정책참여기회의 제약 등으로 인해 수요자 의견과 요구가 정책과정에 제한적으로 반영되었다. 이상의 내용을 정리하면, 〈그림 3-9〉와 같이 도시할 수 있다.

앞서 〈그림 3-1〉의 분석모형에서 제시했듯이 시간이 흐르면서 정책공간에 참여자그룹도 다양화되면서 연결망이 확대되고 정보정책영역이 확장, 변화하였다. 즉, 행위자수준에 따라 정보정책의 변화와 특성이 시기별로 상이한 양상을 보여주었다. 정책공간에서 초기에 형성된 인맥으로서 관료-기업가-공학·기술자 등 공급자 중심의 인적 네트워크가 공고하게 유지되어 왔다. 반면 확장기 이후 사회·인문과학-시민사회-정치영역 등 수요지향의 인적 네트워크는 분절적이면서 느슨한 양상을 드러냈다. 즉, 공공부문을 시초로 생성된 정보화는 산업분야를 너머 사회분야로 확산되면서 가정 및 생활분야로 확장·심화되고 있다.[51] 최근에는 기술·산업간 융합 및 사회통합, 학문적 통섭이 강조된다. 장차 정보화의 균형과 통합을 위해서 인적 네트워크 개방, 교류와 협력이 요구된다.

---

51) 이를테면 초기의 정책과정에서 기술적, 산업적 요인이 정책기관 위상과 권력관계에 영향을 주었다면, 확장·성숙기이후에는 사회, 정치권력 요인이 정책과정에 영향을 미치면서 정책스펙트럼을 확장시켰다.

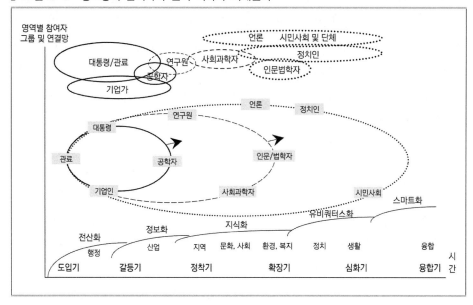

▶ 그림 3-9 정보정책 참여자의 인적 맥락과 지세변화

　　앞서 정보정책을 행위자 수준에서 분석한 결과, 정보정책은 다양한 행위자
들 간 상호작용의 산물로서, 그 강약 및 역학구도에 따라 확장적 변화를 드러냈
다. 그동안 한국의 정보화추진과정에서 정부의지와 정책리더십이 강했으며 특
히, 기존 정보통신부 중심의 인적 맥락이 공고했다. 그 까닭은 첫째, 장·차관과
기술관료 및 학계를 중심으로 형성된 인맥이 정권과 이념을 초월하여 안정적으
로 유지되었기 때문으로 보여진다. 이를테면 정보통신관료와 학계·연구계(KISDI/
ETRI 등) 및 산업계(KT/SKT/DACOM 등 통신사업자), 전문기관(NIA/KADO 등) 인력
간 유동성과 응집력이 높았다. 이는 외부적으로 정보통신패밀리로 비쳐졌으며
자칫 기득권을 유지하는 그들만의 폐쇄적 이익집단화 경향으로 흐르지 않도록
유의해야 한다. 둘째, 정보통신분야가 유망분야로 인식되면서 자원증대와 함께
관·학·산 분야의 인재가 모이면서 유대감이나 공감대를 유지할 수 있었다. 다
만, 2002년 대선과정 이후 이념적 정파에 따른 인맥 분화현상이 드러났지만 정
책내용은 정보과학기술의 속성상 유사성 또는 동질성을 유지하였다. 셋째, 정보
통신분야의 퇴직관료와 산하기관 및 지원기관 등 준공공부문간 교류가 강했다.

특히, 정보통신 고위관료출신의 경우, 회전문처럼 정책결정－집행자로 순환하는 양상을 보여주었다. 통상 인맥은 학연, 지연, 혈연 등에 의해 형성되지만 정보정책공간에서 드러난 인맥은 기존의 연(緣)을 넘어 대형연구개발프로젝트(반도체, TDX, TICOM, CDMA)의 기반에서 정보통신지식과 기술을 매개로 형성되었다. 비록 정보정책 인맥구성원이 이질혼합적임에도 불구하고, 정책공감대 및 정책줄기가 공고할 수 있었던 것은 Professionalism에 바탕을 둔 유대감이 강했기에 가능했던 것으로 생각된다. 뿐만 아니라 정보정책의 영역확장과정에서 기술경제성으로부터 정치사회적 가치로의 정향을 드러냈는데 이는 정보통신전문가들의 정치화에서 그 편린을 찾을 수 있다. 이명박 정부에 들어서 정부역할이 감소되고 정보통신부가 폐지되었다. 하지만 정보통신인맥은 중요한 정책자산이다. 융합의 심화가 정보통신정책인맥의 약화로 이어져 자칫 정보통신 인적자원의 경험과 지식의 유실되지 않도록 해야 한다. 나아가 한국의 정보화가 성숙의 한계를 넘어 융합과 새로운 성장을 지향하려면 인적 자원의 혁신적 활용이 필요하다. 그래야 창조적 정보화가 가능하다.

정보정책의 지식생태: 전자정부정책의 비교분석

정보정책의 지식생태: 전자정부정책의 비교분석

CHAPTER
04

"정보는 불확실성(uncertainty)을 감소시킨다는 의미에서
엔트로피(entropy)를 감소시키는 도구이다."
- Claude Elwood Shannon(1916~2001) -

문제의식과 초점

 정책공동체의 지적 산물로서 정책지식은 문제해결과 가치창출능력의 개선 또는 향상에 얼마나 기여하는가? 이러한 질문에 대해 합의된 해제를 찾기는 어렵다. 즉, 긍정하는 입장과 무기력을 비관하는 관점으로 분기된다. 그런데 정책현상에서 드러난 정책 또는 행정서비스에 대한 만족수준이나 정부경쟁력지표 역시 부정적이다. 왜 그럴까? 그 원인의 하나로 취약한 정책지식생태를 지적할 수 있다. 연구공동체에서 산출된 지식의 양이 양적, 질적으로 확대, 심화되고 있음에도 불구하고 그 유용성이나 효용의 수준이 낮기 때문이다. 이러한 실상에 대한 문제인식과 학문적 성찰의 바탕에서 정책학의 정체성에 대한 재정립이 요구된다. 만일 정책연구가 공공서비스 관련영역에서 정책담당자들의 역량발휘에 무익하거나 정책연구가 정책 및 행정활동에 유용하지 못하다면, 정책연구의 존립근거 자체가 회의시 될 수 있다. 하지만 정책의 다양성, 복잡성, 역동성으로 인해 그 원인을 일률적으로 단정하기 어렵다. 그럼에도 불구하고 이 글은 국가지식생태의 일부분으로서 전자정부 정책실상을 진단하고 정책지식의 창조성 제고를 위해 시도되었다. 이를 위해 한국과 미국의 전자정부 정책사례를 비교분석하고, 정책지식생태의 창조성 발현을 위한 이론 및 정책적 함의를 탐색하기로 한다.

제1절   정책지식생태와 창조성: 이론적 고찰

1. 정책지식의 개념과 유형

정책이 만들어지기 위해서는 다양한 정책지식이 필요하다. 정책의 입안 및 집행과정에서 직접 활용되거나 그 기초가 되는 지식이다. 정책이론은 좋은 정책을 위한 체계적 지식이어야 한다. 과학주의 입장에서 규범이론이나 처방이론을 배제하는 경향이 있지만 한국의 정책이론은 경험이론만이 아니라 규범 및 처방이론 모두를 포함한다. 규범적 정책이론에서는 무엇이 좋은 정책인가? 즉, 좋은 정책의 기준에 대한 도덕적 및 철학적 정당화에 관심을 둔다. 경험적 정책이론은 좋은 정책의 기준과 관련하여 행정제도와 과정의 실재를 기술하고, 그 원인과 결과를 설명하는데 관심을 둔다. 처방성이 강조되는 경우, 좋은 정책을 위한 행정설계와 선택에 관심을 둔다. 궁극적으로 정책이론은 좋은 정부와 정책에 기여하는 행정제도와 과정을 기술하고 그 조건을 분석하면서 정책을 어떻게 설계할 것인가에 초점을 두어야 한다(박종민, 2006).

정부능력과 가치는 공무원 수, 조직이나 예산규모에서 파생되는 것이 아니라 시민과 기업의 욕구를 충족시킬 수 있는 새로운 방법이나 서비스를 끊임없이 발견하는 과정에서 창출된다. 공·사를 막론하고 성공적인 조직에 의해 제공되는 가치들은 서비스를 수반한다. 서비스는 문제해결과정에서 이루어지는 연구, 엔지니어링, 설계서비스라든가 문제인식에 필요한 판매, 마케팅, 자문서비스 그리고 문제해결과 인식을 연결시키는 전략과 관리 등에 의해 산출된다(Reich, 1991). 반면, 정책지식서비스의 경우 〈표 4－1〉에서와 같이 구분할 수 있다. 즉, 문제해결지향의 정책은 정책서비스를 통해 고객인 시민과 기업의 고충이나 불만을 해결하는 것이며, 가치창출지향의 정책은 행정서비스 활용을 통해 부가가치 및 새로운 것이 제공된다. 또한 유형의 재화에 기초한 행정서비스는 물리적 급부나 기반의 구축 등이 주요 내용을 이루며, 무형의 정책서비스는 지식·정보·서비스를 기초로 개방된 Platform에서 지식(정보) 공동활용시스템 등을 통해 제공된

▶ 표 4-1   정책지식서비스의 유형

구분	유형의 재화베이스	무형의 서비스베이스
문제해결형	• 인·허가 • 정책프로그램(촉진 및 지원) • 법·제도의 구축, 운영	• 국방 및 치안서비스 • 행정정보서비스 • 보호(의료보호서비스 등)
가치창출형	• 사회보장 및 복지급부활동(생활보호/노인) • 재난 및 재해방지 • 사회간접자본(인프라구축 및 제공)	• 민원서비스(여권발급), 금융범죄 예방, • 일기예보, 공시 등 • 정책정보공유 및 제공

다.[1] 이처럼 정책서비스의 제공에서 지식은 본질적 요소가 되기에 정보관리를 넘어 지식창출, 활용 등 지식관리의 필요성이 한층 강조된다(한세억, 2006).

2. 정책지식의 창출과 활용

행정학은 다양한 정책지식 생태의 부분을 구성하면서 지형을 확장시켜 왔다. 지식과 정책 간 상호작용과정에서 지식세계와 정책세계는 다양한 연결과 상호성을 보여준다. 정책은 사회문제 발견 및 해결의 준거로서, 그리고 사회변화에 부합한 행정활동의 분석 및 평가수단으로 지식을 활용한다. 오늘의 지식정보사회에서 지식이 사회 및 국가운영의 기축원리가 되면서 조직의 생존과 번영을 담보해 줄 수 있는 자원으로 인식되면서 지식을 효율적으로 관리하는 활동이 중시되고 있다. 지식은 그 활용목적과 범위에 따라 여러 갈래로 해석되지만, 경험적이며 구조주의적 시각에서 문제해결에 적용되는 기능(skill)의 의미가 강조된다(Heibeler, 1996; Leonard and Sensiper, 1998; Nonaka and Takeuchi, 1995; Wigg, 1995). 정책맥락에서 볼 때 정책지식은 국가사회 발전이나 변동의 유지과정에서 야기된 문제를 해결하는 데 필요한 원인과 결과 간 인과관계를 규명하는 수단으로 이해할 수 있다. 그렇기에 지식은 정보에 비해 지식활용자의 문제영역에 대한 해결책을 의미하면서 해결책 자체 또는 그 일부이거나 결정적 단서를 제공한다.

---

1) 여기서 단일의 행정서비스에 의해 문제해결 및 가치창출의 효과를 낳을 수 있다. 행정지식 및 서비스의 유형은 지식관리의 본질을 이루기에 보다 심층적 연구작업이 후속되어야 할 것이다.

문제해결과정에서 지식은 혁신산출물로 기능하며, 정책 및 행정활동의 준거로 작용하기도 한다. 그리고 합리적 의사결정 형태를 개발, 시도하는 방법 또는 수단으로 소용된다. 행정조직에서 지식은 정책수립과 관련된 지식, 정부자원 및 업무처리와 관련된 지식, 공공서비스와 관련된 지식으로 구분할 수 있다. 이처럼 정책지식이 상이한 까닭은 정책 활동과 정책문제의 다양성에서 기인한다. 동 사실은 정책영역의 확장과 행정조직의 확대에서 엿볼 수 있다. 행정활동에 유용한 정책지식은 그 형태나 출처가 다양하다. 예컨대 행정조직 내 경험과 노하우, 행정민원 및 요구, 여론의 정책비판 및 건의사항, 국회의 정책논의, 전문가 의견 및 자문 등으로 예거된다. 이 가운데 정책전문가의 역할이 증대하고 있다. 그 역할을 둘러싸고 논의가 엇갈리지만,[2] 전문지식이 행정활동의 주요내용을 구성하면서 정책지식 창출과 활용에 시사점을 제공한다. 또한 정책입안과정에서 직접 활용되거나 기초가 되는 지식으로 다양한 참여자들에 의해 구성된 정책지식생태는 정책지식의 생성과 발전에 관련된다.

지식창출과 활용은 지식생태를 유지하는 역동적 현상이면서 작용이다. 먼저 지식창출의 정의 및 접근방법은 학자들에 따라 다양하기 때문에 명확하게 정의를 내리기 어렵지만, 공통된 논의를 정리하면 지식창출이란, 현재에 존재하거나 미래에 발생할 수 있는 복잡한 문제해결을 위해 정보를 수집하고 기술을 개발하는 창의적 활동이라 할 수 있다. 특히 정부부처들은 다양한 정책분야에 난제에 있는 복잡한 정책문제를 해결하고 불확실한 미래에 대처하고자 지속적으로 정책지식 창출활동을 한다. 정책분야별로 창출되어진 정책지식은 현존하는 제도나 법령의 개선이나 새로운 정책을 만들어 내는 바탕이 된다(황창호·문명재, 2012). 또한 지식활용(knowledge utilization)은 정책결정자가 연구나 그와 관련된 연구결과를 정책문제의 장·단기적 해결책으로 고려하는 것이다(Weiss, 1978: 35). 정부는 자신이 결정 및 집행하는 정책의 성공을 위해 과학적 정보와 학술적 증거가 필요하고, 행정학은 그러한 증거로 활용할 수 있는 지식을 생산한다. 특히, 행정

---

2) 정책과정에서 전문가역할은 과학적 지식과 정치이념 간 시각차이로 나타난다. 즉, Lane(1966: 65-80), Galbraith(1967: 60-71), Drucker(1969: 263-381)를 위시한 전문가 옹호론과 Collingridg and Reeve(1986: 8-10) 등의 회의적 입장이 갈린다.

학 연구결과의 활용을 파악하기 위해서는 우선 무엇을 활용으로 보아야 할 것인지에 관한 논의가 필요한데, 정책지식활용에 관한 대부분의 기존 연구들은 개념적 활용, 도구적 활용, 설득적 활용으로 구분하고 있다(Weiss, 1978; Caplan, 1979, 1980). 정책지식활용은 지식창출과 함께 정책지식생태의 역동성을 강화하는 인자다.

3. 정책과 지식생태 간 관계

최근 지식생태계라는 용어가 널리 사용되고 있지만 학술적 연구는 부족하다. 일찍이 Emery & Trist(1973)는 조직간 관계를 다루기 위해 사회생태학적(social ecological) 접근방법을 선호하였다. 인간이 환경적응과정에서 공동체적 관계와 적응형태사이에 기본적인 연속성에 초점을 두고 사회현상에 대한 생물학적 유추의 적용을 연구하였다. 지식생태학(knowledge ecology)과 지식생태계 개념은 인간사회와 조직에서 지식창출과 순환, 활용과정을 포괄하는 논의의 틀로서 등장하였다(유영만, 2006; 최희윤, 2006). 이것은 경영과학, 교육공학을 중심으로 전개되어온 지식경영, 학습조직 등의 연장선상에서 볼 수 있지만 기존 논의와 차별성을 지닌다(Malhotra, 2002). 그리고 행정영역에서 국가정책지식생태계에 관한 이론적 연구(삼성경제연구소, 2006; 권영일, 2011; 채승병 외, 2006; 홍일표, 2011; 한세억, 2006; 유재미·오철호, 2011)와 실천적 연구(윤정선 외 2005; 유영만, 2008; 최희윤, 2006)가 존재하지만 실제 정책사례를 바탕으로 이론 및 실천적 융합연구는 척박한 실정이다.

지식생태에서 창조·활용·소멸되는 지식은 지식생태의 자생성을 확보하는 밑거름이다. 급변하는 정책 환경에서 현안 발생 시 정책지식을 급조하는 방식으로는 시의적절한 정책수립이 불가능하다. 이에 효과적인 대응을 위해 상황 및 환경변화를 빠르게 감지하는 지식생산자들이 다양한 지식을 지속적으로 창출, 축적하여 적은 변형으로도 현실 활용성이 높은 정책지식을 생산·유통시킬 수 있는 시스템이 요구된다. 불확실한 환경에 잘 적응하는 정책지식시스템이 생태계 개념으로 연결된다. 지식인으로 구성된 지식집단의 경우, 생태계의 다양한 개체와 개체들로 구성된 종과 유사하다. 자연생태계에서 환경에 잘 적응한 종이

진화적 선택 메커니즘을 통해 살아남듯, 역동적 환경에 대응하여 활용성이 높은 정책지식이 실제로 정책으로 연결된다. 생태계의 동·식물들이 상호 협력, 경쟁하며 다양한 먹이그물을 맺으며 진화하듯, 정책지식 창출과정에서 수많은 지식인들은 추측과 논박을 통해 다양한 협력관계의 사회연결망을 만들면서 발전해 간다. 이러한 시스템이 정책지식 생태계다(채승병·양재석·김선빈, 2006).

정책지식은 정책입안에 직접 활용되거나 그 기초가 되는 지식이다. 즉, 정책적 대응을 필요로 하는 문제에 대해 해결책을 제시하거나 타당성을 밝히는 지식으로 이루어진다. 정책지식의 창출과 활용에 참여하는 주체들을 정책지식생태계의 구성요소라고 한다면 정책지식생태계의 구성요소는 크게 창출주체, 활용주체, 유통주체, 환경요소의 네 가지로 구성된다. 먼저, 창출주체는 정책지식을 만들어내는 조직과 개인을 포함한다. 연구기관이나 지식인이 해당되며 정책지식의 창출을 목적으로 하는 조직을 연구기관에 포함시킨다. 활용주체는 정책지식을 활용하여 구체적인 정책을 입안하는 기관이다. 정부와 국회의원이 대표적인 활용주체다. 각종 압력단체(NGO나 이익단체)도 정책지식을 활용하여 구체적인 정책안을 개발하는 경우에는 활용주체라고 할 수 있다. 유통주체(미디어)에는 언론 및 인터넷이 포함된다. 국민 사이에 존재하는 요구를 창출 및 활용 주체에게 전달하는 역할을 한다. 환경요소로는 국민과 정치제도, 그리고 외국이 존재한다. 국민과 정치제도가 내부 환경요소라면, 외국은 외부 환경요소라고 할 수 있다. 국민요구는 정책지식 형성의 중요한 원천 중 하나다. 정치제도는 각 주체들의 존재양식과 상호작용방식을 전반적으로 규정한다. 외국은 국내 정책지식생태계에 지식을 공급하는 환경요소다(채승병·양재석·김선빈, 2006).

지식생태란, 지식을 창출, 통합하고 공유, 활용하며 이를 적절한 지렛대로 삼기위한 방법론 및 인적 관계를 지속적으로 개선해 나가는 데 초점을 맞춘 지식과 실천의 장이다. 지식의 창출, 활용, 유통 및 확산과정에 참여하는 사람, 집단 및 이들 간의 상호작용 총체로 정의된다(삼성경제연구소, 2006; 유재미·오철호, 2011). 이러한 맥락에서 본 연구에서 정책지식생태는 "공공문제에 대한 해결책이나 바람직한 가치창출을 위하여 정책지식의 창출과 활용에 참여하는 사람, 집단, 조직들 간 및 이들 요소와 내·외부 환경과의 역동적 상호 작용과정과 산물의 총체"라고 정의할 수 있다.

4. 정책지식생태의 창조성에 대한 논의

창조성에 관한 기존 논의(Torrance, 1988; Haensly & Reynold, 1989; Sternberg & Lubart, 1996)에서 공통적으로 나타나는 요소를 종합하여 정리하면, 융통성 있는 사고를 통해 새로운 아이디어를 고안하는 능력으로서 당면한 문제에 대한 적실한 해결방법을 생각해 내고 독특하고 유용한 가치를 창출하는 능력이라 할 수 있다. 이러한 정의는 공공의 문제해결이나 공적 가치를 창출하는 활동으로 정책의 성격과 상통한다. 즉, 정책대상인 공공문제와 가치는 다양한 이해관계를 맺기에 복잡하고 동태적 양상을 보여준다. 특히, 정책과정에서 관－학－산 연계가 불가피하다. 이런 견지에서 현재의 정책학은 사회문제 해결이나 가치창출에서 지적 위기를 맞이하는 듯하다. 양적으로 상당한 성과를 보여주지만 질적 성장의 경우, 평가가 갈린다.[3] 짧은 지적 전통에도 불구하고 사회문제 해결에 기여한다는 긍정적 입장과 부정적 시각이 존재한다.

1) 긍정론

정책학의 현실 적합성과 유용성을 인정하는 입장이다. 현실문제의 해결에 도움이 된다고 본다. 우리나라 행정학 연구자들과 행정가들은 다양한 인적교류를 통해서 정책공동체를 형성하고 있으며, 연구결과는 행정 현실에서 다양하게 활용되고 있었다. 또한, 연구자가 스스로의 흥미에 이끌려 수행하는 학술연구보다는 정부가 특정한 정책적 필요에 의해서 발주하는 용역연구가 더 많이 활용되고 효과도 더 있었다. 그리고 일부 공무원들은 담당 업무 관련 자료 파악을 위해서 비교적 많은 양의 학술논문을 읽고 있는 것으로 나타났다. 즉, 정부 정책결정자들은 당면한 국가의 정책문제를 풀어나가는데 도움을 얻기 위하여 기존의 학술연구들을 소비한다(김재훈, 2008; 오철호, 2008). 실제로 정책연구 용역결과가 담당업무 수행에 유용한 것으로 나타났다(정부혁신지방분권위원회, 2005). 이러한 입

---

3) 연구 성과는 Case마다 상이하게 평가될 수 있다. 평가의 질적 측면은 과거에 비해 분명히 성장했지만 사회과학분야와의 상대적 평가측면에서 제기될 수 있다.

장에서 행정학이 현실문제에의 참여를 통해 자신감을 얻었다고 긍정한다. 특히, 직접 정부에서 일하면서 느낀 행정학에 대해 대단히 유용한 학문이라는 사실이 뒷받침한다(하연섭, 2005). 이러한 입장에서 관리자계급(executive class)에 유용한 행정학, 계선기능에도 의미 있는 행정학, 의사소통과 국민과의 대화에 적절한 행정학의 성격이 강해진다면 행정학의 정합성은 높아질 것으로 인식한다. 뿐만 아니라 행정학회의 연구용역 건수의 증가추세에 대해 연구결과에 대한 적실성과 타당성이 높기 때문에 수주기관이 신뢰하는 것으로 인식되기도 한다(남궁근, 2006). 이러한 기본인식의 바탕에서 증거기반 논쟁과 설득(evidence, argument, persuasion)이라는 정책과정의 기본 메커니즘에 대한 이해를 촉진하고 이에 대처할 수 있는 능력을 키워줄 수 있다.

2) 비관론

비판적 입장은 지식사회학적 반성의 부재에서 비롯된다. 한국행정학은 지식사회학적 뿌리가 약해 외국의 연구동향을 무비판적으로 수용하면서 한국적 독자성 없이 외풍에 그대로 노출된 성향을 드러냈다. 이는 정책연구가 한국사회에 뿌리를 내리지 못한 채 선진 외국, 주로 미국 행정학을 그대로 받아들이는 '수입상' 역할에서 잘 나타난다(권해수, 2005). 또한 행정학은 역대 권위주의정권과의 밀착과정에서 팽창하였다.[4] 심지어 정책용역 결과가 학문세계로 환류 되어 학문발달에 기여하기보다 정권유지와 그 정당화에 기여하였다. 학문적 관점보다는 용역발주자의 입장이 강조되며, 정책합리화의 구실로 작용했기 때문이다. 게다가 부실한 연구용역은 사회적 비판대상이 되었다(한라일보, 2005년 11월 3일자). 실제 정책담당자들은 행정연구의 실효성에 대해 비판적 입장을 견지하면서, 제도적 장치의 필요성을 제기했다.[5] 사실 그동안 행정학문에서 공공철학, 공공성 의

---

4) 수많은 학자들이 찬밥, 더운 밥 안 가리고 정부프로젝트에 매달리는 통에 행정학은 〈정부용역학〉이라는 경멸적 별칭을 얻었다. 그리고 정권과의 오랜 밀월은 행정학의 〈몰가치성〉을 방패삼아 정당화 되곤 하였다(안병영, 2006).

5) 행정자치부는 2006년 정부수행 연구용역과정의 투명성 제고와 연구결과의 품질향상을 위해 정책연구용역 관리제도를 도입하고, 이를 지원하는 정책연구정보서비스시스템(PRISM)을 개통했다.

미, 민주성, 형평성에 대한 심층적 논의가 부족했으며 현실과의 괴리로 인해 문제의 원천에서 멀고 초보적 수준에서 벗어나지 못했다. 실례로 관료직급이 올라갈수록 가치기반 증거(evidence)를 가지고 논쟁, 설득해야 한다(Majone, 1989). 하지만 행정학은 5급~7급 사이의 공무원훈련이나 준비교육에 치중하였다(하연섭, 2005). 특히, 기법일변도의 행정학교육이 강조되면서 행정현실로부터 유리되었다. 그 까닭은 진보시대(progressive era)에서 정치적 부패 척결을 위해 정치·행정 분리가 강조되고 행정의 독특한 측면, 즉 예산, 조직, 인사, 기획 등 참모기능이 강조되는 과정에서 분석적 기법이 강화되었기 때문이다(Ventriss, 1991). 또한 경험적 현상에서 행정은 문제 상황에 대한 정확한 원인진단이나 교정 없이 수차례 땜질식 대책을 남발하여 정책불신을 초래하였다. 게다가 특정 인맥과 소수전문가에 국한된 채 상호작용이 취약한 정책지식생태를 벗어나지 못하였다. 실패한 정책을 놓고도 전문가가 아니라고 둘러대거나 세력 탓으로 돌리며 나중에 두고 보자는 식이다. 이로 인해 정책은 문제 악화와 고통을 심화시키면서 무지한 정부실상을 드러냈다(한세억, 2006).

제2절   정책지식생태의 경험과 교훈; 사례의 비교분석

1. 정책지식생태의 의미와 분석모형

인간은 역사·문화적 상황에서 제기된 문제들을 풀기 위해 창조적 상상력을 동원하여 지식을 생성해 왔다(Popper, 2001). 문제해결을 넘어 가치창출에 유용한 지식은 힘으로 역설된다. 불확실성과 복잡성이 증가하는 환경에 대응하기 위해 단순한 경험적 지식을 뛰어넘어 대내·외적 상황과 맥락, 그리고 사회 각 분야의 특수성을 연결시켜 현실에 입각한 실용적 지식과 부분 및 전체를 모두 설명할 수 있는 이론적 지식이 통합된 정책지식창출이 한층 중요하게 인식된다(김선빈 외, 2007). 그러면 과연 정책공동체의 지적 산물로서 정책지식은 문제해결과

가치창출능력의 개선 또는 향상에 얼마나 기여하는가? 이러한 질문에 대해 합의된 해제를 찾기 어려우며 긍정과 비관하는 관점으로 분기될 수 있다[6].

행정학은 학문적 특성이 다르지만 경영학이나 의학과 같은 응용학문으로 그 처방성은 유사하다. 행정학은 행정현실의 다양한 현상에 대해서 설명하고 행정이 직면하는 다양한 문제들에 대한 해결책을 제시하는 학문이다. 즉, 행정학은 한 시대에 있어 행정문제에 대하여 관심을 갖거나 영향을 받는 사람들이 요구하는 행정수요를 이용자의 입장에서 규정해야 실용적 학문으로서 위상이 유지될 수 있다고 볼 수 있다(박순애, 2007). 그러나 실제 연구내용의 유용성은 대조적이다. 실례로 정부의 연구용역은 증가추세지만 정책 활용비율은 감소하는 것으로 나타났다(행정안전부, 2012). 행정학의 수요자는 사회문제 해결을 원하지만, 현재까지 행정학이 생산하여 온 지식은 수요자를 고려하지 않았던 것으로 평가된다(송희준, 2008; 염재호·김호섭, 1992; 이희선·윤상오, 1996). 정책현상에서 드러난 정책 또는 행정서비스에 대한 만족수준이나 정부경쟁력지표 역시 부정적이다(한국경제신문, 2012년 9월 6일자). 특히, 국가사회문제의 해결이나 방향설정에 직접 투입 가능한 활용지식의 생산능력은 국가경쟁력 수준에도 못 미치는 세계 50위권 박으로 나타났다(조선일보, 2013년 1월 24일자).[7] 왜 그럴까? 그 원인의 하나로 취약한 정책지식생태를 지적할 수 있다. 연구공동체에서 산출된 지식의 양이 양적, 질적으로 확대, 심화되고 있음에도 불구하고 그 유용성이나 효용의 수준이 낮았기 때문이다.[8] 또한 정책지식의 선별이 대부분 맞춤형 선결기제에 의해 작동되거나 그러한 관성이 작용하고 있다. 가령 국책연구소가 국가정책에 배치되거나 상이한 견해를 밝히기 어렵고, 민간 연구소도 정부정책에 직접적으로 반론을 제

---

6) 일반적으로 행정학 학술연구결과가 정부 정책결정에 활용되는 정도가 낮다고 지적되고 있다(오철호, 2008: 9). 그러나 김재훈(2008)의 연구에 따르면 행정안전부 5급 이상 공무원 중 행정연구결과를 읽고 이를 활용하는 공무원의 비중이 약 40% 정도 되는 것으로 나타났다.

7) 미국 펜실베이니아대 산하 '싱크탱크와 시민사회 프로그램'이 '2012 세계 싱크탱크 보고서'를 통해 밝힌 내용에 의하면 전 세계 182개국 6603개의 싱크탱크를 대상으로 한 경쟁력 평가에서 한국 싱크탱크로는 대외경제정책연구원(KIEP)과 한국개발연구원(KDI)은 각각 55위, 58위로 나타났다.

8) 지난 2002년부터 2004년까지 행정 및 정책학분야에서 수행된 1,703건 정책연구용역 중 105건만이 정책대안 발굴에 활용되고 82%에 달하는 1,399건은 단순 참고용도로만 활용돼 정책연구 용역관련 낭비가 심하다는 지적을 받아왔다.

기하지 못하는 실정이다. 연구자들도 정부, 기업, 정당 등 후원자로부터 자유롭고 독립적인 정책지식을 생산하기 어려운 상황이다(강원택·박인휘·장훈, 2006). 이러한 실상에 대한 문제인식과 학문적 성찰의 바탕에서 행정학의 성찰과 정체성 재확인이 요구된다. 만일 행정연구가 공공서비스 관련영역에서 행정담당자들의 역량발휘에 무익하거나 행정활동에 유용하지 못하다면, 정책연구의 존립근거 자체가 회의 시 될 수 있다. 비록 정책지식과 영역의 다양성, 복잡성, 역동성으로 인해 그 원인을 일률적으로 단정하기 어렵다. 그럼에도 불구하고 이 글은 국가 지식생태의 일부분으로서 전자정부 정책실상을 진단하고 정책지식의 창조성 제고를 위해 시도되었다. 이를 위해 한국과 미국의 전자정부 정책사례를 비교·분석하고, 정책지식생태의 창조성 발현을 위한 이론 및 정책적 함의를 탐색하기로 한다.

정책지식생태계에서 다양한 정책지식이 생성, 발생한다. 정책지식생태의 지속적인 유지 및 발전을 위해 정책지식의 창조성은 핵심적 가치다. 창조성에 대한 개념과 특성은 학자들에 따라 다양한 관점이 드러난다. 기존 논의를 종합해 보면 창조성의 특성 및 요소는 첫째, 새로움이다. 인간의 고등정신 기능으로 독창적이고 새로운 아이디어나 산출물을 생성하고, 어떤 문제나 상황에 직면했을 때 기존의 관계양식이나 해결방법을 제시할 수 있는, 새로운 것을 만들어 내는 능력을 의미한다. 가장 폭넓게 받아지고 있는 정의는 새롭고 적절한 것을 생성해 낼 수 있는 개인의 능력이다(Hennessy & Amabile, 1988; Amabile, 1996). Webster사전에서 창조성은 "무엇인가 새로운 것을 실제로 존재하도록 만드는 능력"으로 정의된다(Third New International Dictionary, 1976). 둘째, 유용성이다. 기존 문제를 해결해 주거나 기존의 욕구를 충족시키는 정도를 의미한다(Kao, 1991). 또한 고도의 사회적 유용성 또는 좋은 형태를 갖는 참신한 사회를 만드는 능력을 의미하며, 지능구조의 조작적인 차원 중 확산적(발산적) 사고를 말한다(Guilford, 2001). 그리고 고도의 사회적 유용성 또는 좋은 형태를 지닌 독창적 생산성이다(Day & Berlyne, 1971). 창조성 발휘과정은 문제를 독창적으로 그리고 유용한 방법으로 해결하는 사고과정으로 이해된다(Fox, 2002). 셋째, 적절성이다. 기존의 예술적 미의식이나 과학성의 발견에서 참신성(novelty)의 중심개념에 적절성(appropriate),

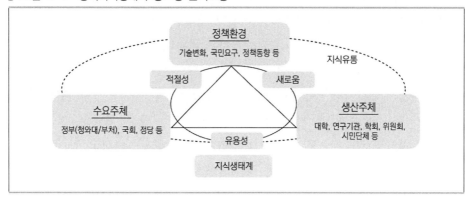

유효성(effectiveness), 윤리성(ethicality)이 가미된다(Cropley, 1999).

　　본 장에서는 한국과 미국의 전자정부 정책지식생태를 살펴보기 위해 〈그림 4-1〉과 같이 분석모형을 제시하기로 한다. 첫째, 정책참여자와 네트워크의 상호작용이다. 정책지식의 창출과 활용에 참여하는 구성요소들은 현실 적합한 지식의 생성과정에서 상호작용과 연계를 이룬다. 둘째, 산출지식으로 정책지식은 특정정책의 필요성이 제기되고 그것이 만들어지는 과정에서 관련분야의 정보, 지식들이 법, 정책, 계획 등 다양한 형태로 형성된다. 셋째, 정책프로세스는 정책지식의 생성과 발전으로 정책주기와 관련된다. 이슈-정책형성-정책집행의 단계로 압축할 수 있다. 넷째, 창조성은 정책지식의 가치와 의미를 평가하는 요소로서 정책성패의 판단기준으로 작용한다. 정책지식 생산, 소비주체와 환경요소로 구분하여 주체별로 요구되는 창조성 요소를 새로움, 적절성, 유용성 등을 파악할 수 있다.

2. 한국의 전자정부 정책지식생태

1) 정책참여자 및 네트워크

　　전자정부 구축과정에서 정책행위자들은 정책네트워크를 구축하여 전자정부의 적응성을 증대시켜 왔다. 부처수준에서 1980년대 중반까지 기존 정보산업관련 부처에서 1980년대 후반 전 행정부처로 확산되면서 심화된 정책경쟁으로 지식생태의 외연을 확장하였다. 이 과정에서 정책지식생태를 구성하는 환경요소, 소비 및 생산주체로 네트워크가 형성되었다. 여기서 정책네트워크에서 노드역할은 지식생산자로서 전자정부를 연구하는 행정학자를 비롯한 전문가들이 담당하였으며, 링크기능은 연구자들과 소비주체들 간 상호 간 관계에서 나타났다. 연구자를 비롯한 지식인들 간 관계는 산출된 연구보고서 내용의 유사성 정도로 결정할 수 있다.

전자정부 정책네트워크의 관계구조를 보면, 행정전산화 시기에는 느슨한 형태의 정책공동체 형태를 드러냈다. 전산화초기인 1978년 이후 역사적 맥락의 영향과 정보기술 혁신적 변화, 그리고 정보화 축적과정이 진행되면서 네트워크의 형태를 규정돼 왔다(방민석, 2003). 행정정보화 단계에서 이슈네트워크화가 형성되고 조정문제가 대두되었다. 특히, 1997년 12월에 지식생산자로서 행정학회 산하에 전자정부연구회가 발족하였다. 전자정부연구회는 1997년 12월 한국행정학회 동계학술대회에서 처음으로 전자정부연구회 분과의 장을 마련하여 전자정부 관련 논문 들을 소개하기 시작했다. 전자정부영역을 행정학의 하위 분야에서 벗어나 새로운 정부 또는 정부지향으로 인식하였다(유평준, 2001). 1999년 2월에는 전자거래기본법과 전자서명법이후 전자정부입법에 대한 연구검토의 필요성이 학계와 정치권에 확산되었다. 1999년 9월 16일 학계, 연구소, 법조계, 정치권 및 행정부의 전자정부정책 관련자들을 중심으로 한국전자정부입법포럼이 창립되었다. 당시 이상희의원은 국가과학기술자문회의를 통해 전자정부입법과제를 발주하였다. 동 연구진은 전자정부법제화를 기본법적 접근방식에 입각하여 추진될 필요성이 있다고 주장하였다.[9] 일련의 활동을 통해 행정연구자들의 경험과 지식이 전자정부의 구축과정에서 투입되어 법·제도가 마련되었다. 시민사회단체는 전자정부 구축과 참여, 전자시민증 등 영역에서 제기된 이슈와 문제를 중심으로 투입작용을 하였다. 전자정부정책과정에서 관료와 소수학자그룹에 의해 주도되

___
9) 행정자치부는 한국전자정부입법포럼에 법초안을 의뢰하였다. 이에 따라 연구진(4명의 행정학자 및 2명의 법학자)을 구성되어 (가칭)전자정부법 제정을 위한 학술연구를 수행하였고, 2000년 9월 전자정부법(안)으로 행정자치부에 제출되었다(황성돈 외, 2000). 최종안은 본문 제7장 75조 부칙 3조로 구성되었다.

었으며 소비주체로 정치부문의 참여는 미미했다. 즉, 정책지식 선별, 소비주체와 생산주체 간 괴리현상이 나타났다.

2) 정책공동체의 산출지식

정책연구는 행정관리 및 정책개발에 가치를 제공할 때 그 유용성이 담보될 수 있다. 즉, 연구공동체에서 산출된 지식이 사회문제 해결과 가치창출에 기여할 때 적실성을 인정받을 수 있다. 이런 관점에서 정책연구자들은 정부 및 현장과 지속적인 교류가 필요하다.[10] 실제로 전자정부의 정책경쟁 및 확산과정에서 참여자가 확대되었다. 1980년대 초반 전자·통신공학자를 비롯한 체신관료에 의해 토대가 마련되었고 후반에 경제·경영학자의 참여로 정책지세가 변화하였다. 1990년대 초반 행정학자를 비롯한 사회과학과 공학 등 학제적 접근이 이루어지고 후반부터 지식정책으로 전이양상을 드러냈다(한세억, 2002). 여기서 행정학자들은 정부위원회에 참여하면서 정책지식을 산출했다. 가령 전산망조정위원회(1980년대), 정보화추진위원회·전자정부특별위원회(1990년대), 전자정부전문위원회·정보화전략위원회(2000년대)에서 정책방향 설정 및 대안발굴에 기여하였다. 특히, 전자정부특별위원회의 경우, 주요위원들이 민간인이었음에도 조정자 역할을 성공적으로 수행하였다.[11] 대통령의 지원과 학자들의 전문지식을 결합하여 부처입장을 조율하면서 정책지식을 산출하였다. 노무현정부의 전자정부전문위원회에서 한국전산원장이 국가CIO 역할을 맡았다. 정책참여뿐만 아니라 정책연구에서 전산화, 정보화, 전자정부로의 진화과정에서 정보통신분야의 연구비중이 증대하였지만(남궁근, 2006) 전자정부관련 산출지식은 상대적으로 미흡했다.[12] 행정학자들은 일정기간 공직에 참여하거나 정책자문 또는 용역을 통해 정책지식을 산출하였다(안병영, 2005). 행정학자가 정부프로젝트에 완전 배타적이기 어려운 이유이면서 학문성격상 이론과 실무간 조화의 필요성을 시사한다. 그러나

---

10) 행정학은 정부 내지 공공영역을 연구대상으로 하므로 정책과정 및 행정현장에 대한 이해와 지식, 정보가 필요하다.

11) 그 까닭은 대통령, 정책수석실 등이 전문성을 존중하고 권한을 분명히 위임해 주었기 때문이며, 전자정부11대사업에 막강한 영향력을 행사할 수가 있었다.

12) 2002년부터 2011년까지 한국행정학회와 정책학회에서 산출된 연구는 총 6,276건 가운데 전자정부를 주제로 한 연구는 108건으로 1.72%에 불과한 수준이다.

대부분 연구용역이 사전 의도된 방향성이 내재된 경우가 많았기에 연구자소신과 관계없이 정책성향을 판단해 프로젝트가 수행되었다. 게다가 정부 또는 공공기관이 행정학회라는 대외적 지명도에 편승, 기관명의를 요구하는 경우가 많았다. 연구자도 소속기관의 제약에서 자유로운 학회명의 프로젝트를 선호하는 경향이 강했다(권해수, 2005). 이러한 영향으로 정책지식 창출주체로서 논리적 의견그룹이 미약하여 지식생태의 다양성이 미흡한 것으로 생각된다. 즉, 정책지식 창출주체들이 내적 상호작용보다는 정부의 이슈제기에 대응하는 방식이 주류를 이루면서 전자정부 기술 및 정책에 대한 대외의존이 높았다. 이로 인해 전자정부정책에 대한 사회적 관심이나 이슈가 제약되면서 사회적 수요를 충족시키지 못했다. 즉, 한국의 현실상황에 부합한 전문적이고 통합적인 정책지식으로 사회적 수요에 부응하기 보다는 특정 분야에 국한된 전문가와 한정된 관계형성으로 인해 정책공동체가 긴밀했지만 폐쇄성으로 인한 산출지식의 적실성이나 다양성의 한계를 벗어나지 못했다.

3) 정책프로세스와 정책지식

정책연구 산출물은 정책개발에 도움이 될 때 적실성이 확보될 수 있다. 정책 산출과정에서 지식프로세스가 원활하게 작동해야 한다. 정책지식생태의 건강성을 위해 지식공유와 유통이 자유롭고 동태적이어야 한다. 정부 내에서 정책활동의 핵심 자원으로서 지식을 효과적으로 관리하고, 전략적으로 활용하려는 행정관리 개선노력이 요구된다(한세억, 2000). 정책지식관리는 지식을 효과적으로 파악, 조직 내부의 보편적 지식으로 공유하여, 문제해결능력과 경쟁력 강화에 그 목적이 있다(행정자치부, 1999). 나아가 외부의 지식자원들이 조직 내에 신속하게 유통되도록 통합체계를 갖추어 시민니즈와 정책문제를 해결하는 것이다. 정책활동이나 서비스개선에 지식이 핵심 요소로 작용하면서, 지식습득·생산·공유·변형·활용이 어떻게 관리되느냐에 따라 정책성패가 가늠될 정도로 중시된다(Sugarman. 1999). 그러므로 행정의 지적능력 강화를 위해 체계적 지식관리와 함께 지식네트워크의 확장이 요구된다. 그러나 한국 전자정부정책은 정책초기부터 정책관료, 정보기술공학자 및 행정학자가 중심으로 구상되었다. 반면에 사회문화 분야의 전문가 및 학자, 시민사회의 참여가 제약된 채 정책프로세스가 하향적 방식에서 공급자 중심으로 운영되었다. 즉, 이슈, 정책형성과 집행프로세스가 관주도적인 경향을 보여주었다. 실례로 행정자치부의 법안검토과정에서 연구자의 원안이 훼손되고 전문가와 시민단체 의견수렴이 없이 추진되는 등 공급자위주의 정책편향을 드러냈다. 그 까닭은 정책연구에 필요한 자원이 정부에 집중되었기 때문이다. 학계 및 시민사회 영역에서 독자적이며 안정적 재원이 마련되지 못했기에 정부의존이 심했던 것으로 판단된다. 물론 전자정부 구축이후 확산과정에서 학계, 전문가, 시민사회의 참여가 활발했지만 여전히 정부주도의 정책과정 양상을 벗어나지 못하였다.

4) 정책지식생태의 창조성

새로운 정부이념형으로서 전자정부는 기존 정부와 상이한 기술과 제도, 절차를 필요로 한다. 한국의 전자정부 초기단계에서 정책개발이나 연구 활동에서 미국의 정책프로그램 및 보고서 등이 준거로 활용되었다. 즉, 미국의 전자정부이론이나 제도가 원용되었다. 하지만 전자정부사업의 확산, 심화과정에서 제도 및 시스템의 독창성이 강하게 드러났다. 가령 1996년에 제정·공포된 정보공개법은 아시아권에서 최초의 정보공개제도였다. 또한 1999년 서울시에서 개발한 민원처리온라인공개시스템(OPEN System)은 세계 최초의 부패척결 우수모델로 선정되었다. 동 시스템에 대해 국제투명성기구(TI)도 부패방지를 위한 획기적인 모델로 평가하였으며 1999년 10월 국제반부패회의에서 반부패 우수사례로 발표되었다. 이후 2001년 세계 최초로 종합적인 전자정부법이 제정되었다. 이어 각 부처에 분산된 전산장비들을 통합한 정부통합전산센터가 구축되었다. 또한 2006년 세계전자정부평가(Global E-Government, 2006)에서 세계 1위로 꼽히면서 국제기구와 세계 각국의 벤치마킹 대상이 되었다. 행정안전부는 2012년 9월 세계 각국 전자정부담당 고위공무원과 민간 기업을 초청, 전자정부 글로벌 확산이란 주제로 유엔경제회사회국(UNDESA) 경제협력개발기구(OECD)와 공동 개최하여 전자정부경험과 지식확산의 계기를 만들었다. 이 외에도 세계 최고수준의 전자정부 인프라를 바탕으로 인터넷기반 전자출원시스템인 특허넷 등의 성과는 산업, 학계, 정부

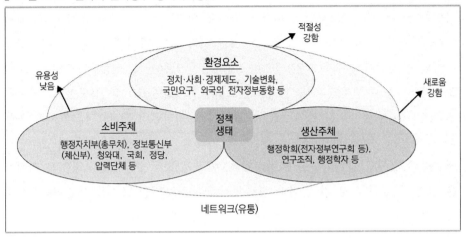

▶ 그림 4-2 한국의 전자정부 정책지식생태

의 기술 및 지식생산과 공유와 활용에 힘입은 바 크다. 이처럼 한국의 전자정부 정책지식생태에서 산출된 제도, 시스템은 새로움을 드러낸다. 그러나 전자정부 기술과 인프라혁신을 세계 최고수준을 성취했지만[13] 당초 전자정부가 의도했던 정부능률성과 생산성 향상, 국민 삶의 질, 기업경쟁력으로 연결되지 못했다는 점에서 정책 산출의 유용성이나 적실성은 제약된 것으로 판단된다. 전자정부 정책지식이 새로운 정책 및 서비스발굴에 활용성은 높지만 정책성과 및 효과에 대해 수요자가 체감하는 유용성(61.8%)이나 만족수준(63.3%)은 낮은 것으로 나타났기 때문이다(행정안전부, 2010). 앞서 논의된 한국 전자정부의 정책지식생태를 정리하면 〈그림 4-2〉와 같이 나타낼 수 있다.

3. 미국의 전자정부 정책지식생태

1) 정책참여자 및 네트워크

클린턴정부 출범과 함께 형성된 전자정부정책은 정보고속도로사업(NII)과

---

13) 「글로벌전자정부포럼 2012」에서 브루킹연구소는 한국을 전자정부성과 세계 1위의 국가로 꼽았다(전자신문, 2012년 10월 18일자).

함께 행정성과평가사업(NPR)에서 그 비전과 전략이 구체화되었다. 전자정부의 상위맥락을 이루는 NII사업의 비전은 국민 삶의 질 제고, 이익공동체 창출, 교육 강화, 보건증진, 참여민주주의 제고로 요약된다. 정책과정에서 정부·민간·산업 분야의 협력체계가 구축, 운영되었다. 여기서 백악관은 전자정부정책의 선도 및 조정자역할을 수행하였다. 또한 정보인프라임시작업반(IITF)과 정보인프라자문위원회(NIIAC)는 민간부문 투자증진, 보편적서비스 개념의 확대, 기술혁신과 응용 증진, 이용자 지향, 정보보안 및 망 신뢰성 확보 등 NII 기본원칙을 천명하면서 전자정부 정책의 상위맥락을 형성하였다. 미국의 전자정부비전과 정치적 리더십은 산업, 학계와 정부 간 긴밀한 협력체계에서 정보기술 발전을 통한 세계적 리더십과 국가경쟁력 강화라는 국정목표로 나타났다. 여기에 의회와 시민사회는 경쟁과 협력적 공생관계의 바탕에서 정책추진체계가 작동하였다.

미국의 전자정부정책은 민간주도 원칙을 고수하면서 분산형 추진전략을 구사했다. 물론 정책초기에 IT가 행정개혁 수단으로 강조하였지만 구체적 전략을 수립하지 못했다. 정부업무의 생산성 향상, 신속한 업무처리, 대국민 서비스 질 향상 등의 목표가 수립되었지만 실제로 정부조직에 일관성 있게 적용할 기준이 마련되지 못하였다. 심지어 IT기술개발 및 응용수준이 사기업에 비해 낮고[14] 경험도 부족하므로 사기업에 전자정부 구축을 민간에 위임하자는 소수의견도 있었다. 그러나 행정개혁의 핵심과제인 성과중심 실적평가제가 도입되고 법적 기반도 마련되었다. 즉, IT가 행정개혁 목표달성기준으로 인식되고 각 분야별 및 IT의 업무성과 측정기준이 제시되었다. 전통적으로 미국은 연방정부와 의회, 주정부의 독립적 기능과 역할이 상호 간 분담되었기에 전자정부 구축이 일관성 있게 진행되기가 힘들었지만 대통령의 관심과 지지에 의한 리더십이 뒷받침되었고, 예산권과 함께 전문성을 갖춘 OMB가 통합적 조종자 역할을 수행하였다. 또한 정부나 민간에서 지속적인 수요창출을 바탕으로 전자정부 선도국의 위상을 유지하고 있다. 부시정부도 체계적이고 효율적인 전자정부메커니즘을 구축, 운영하였으며 오바마 정부에서는 적극적인 IT활용을 강조하며, 국가혁신 조건으로

---

14) 민간부문은 정보화사업 투자를 통해 약 40%의 생산성을 향상시켰지만 연방정부는 2002년 450억불을 투자하고도 가시적 성과가 미흡한 것으로 평가되었다.

전자정부정책을 추진하였다. 즉, 대통령과 OMB 처장 등이 공공관리의 개선을 위한 전자정부의 필요성을 강조하면서 전자정부국의 활동을 뒷받침하였다(엄석진, 2008).

2) 정책공동체의 산출지식

전자정부정책 지식산출은 정부·교육·산업연구소·정보이용자를 연결시켜 정보교환 및 지식확산 양상을 드러냈다. 범정부적 정책산출의 경우, 정책개발 (NPR), 정책조정(GITS위원회, OMB), 정책협의 및 자문기구(정보기술자문위원회/CIO 협의회)를 통해 이루어졌다. 또한 산·학·관 협력기반 민간중심의 실용주의 맥락에서 정책지식이 산출되었다. 미국이 인터넷을 비롯하여 전자정부 구축에서 세계 중심국가가 된 것은 치밀한 국가전략과 기업의 숨은 노력에 비롯된다. 기업, 대학, 시민사회, 의회, 주 및 지방정부와의 긴밀한 동반자 관계를 강조하였다. 대통령은 전자정부관련 입법 및 법집행을 위해 직접 의회와 정책협상을 수행하였다. 의회와의 원활한 관계와 효율적 정책집행을 위해 대통령 역할이 컸다. 특히, 클린턴정부시절 발의된 법률안에 대한 의회의 높은 지지율은 정보정책이나 전자정부사업 집행과정에서의 갈등조절을 위한 중요한 역할사례다. 전자정부의제와 실천지침이 대통령리더십에 의해 현실화되었고 개별 행정부처의 독립적 권한과 역할을 통해 실행되었으며, OMB 및 위원회를 통해 조정이 이루어졌다. 또한 시민사회가 중요 정책의제를 위원회에 반영할 수 있도록 하는 장치를 통해 정보정책의 견제와 균형을 추진체계 내에서 실행하였다(정연정, 2009). 미국의 전자정부 추진체계가 정부 주도적이었지만 시민사회 참여와 정부부처 내부의 분산화를 통해 정부독주의 위험성을 최소화하였다.

민간차원에서 전자정부정책 지원조직으로서 산업자문단은 전자정부국과 파트너십을 맺고 정책과정에서 제기된 문제점과 쟁점, 관련 사례를 조사, 분석하였다. 민간사례를 정부에 적용하면서 필요조치들에 대한 연구결과를 전자정부국과 공유하였다. 이처럼 공공과 민간부문간 제도화된 연계는 일종의 협력적 공생관계(symbiotic relationship)로서 전자정부 정책과정에서 민간의 전문지식의 유입통로로 기능하였다(엄석진, 2008). 역사적으로 독점금지와 공정경쟁 확보를 위한 시장규제를 고유기능으로 삼아온 정부와 기업 간 적대관계가 우호관계로 전환되었다. 특히, 시장규제완화는 기업경쟁력 제고를 도모함으로써 전국적 고속통신망 구축과 정부서비스에 대한 기업참여 유도를 통해 국가경쟁력 제고에 기여하였다. 초기의 전자정부 인프라구축은 정부기관시스템 간 유기적 연계 미비 등으로 인해 효율성은 미흡했다. 따라서 의회는 전자정부관련 법안을 제정하여 전자정부사업 집행력 제고 및 예산확보 등 전자정부구축을 가속화하는 계기를 마련하였다[15]. 뿐만 아니라 Benton Foundation을 비롯한 민간부문의 연구단체들은 전자정부구축 및 운영이념이나 철학적 토대 구축을 위한 지식창출에 기여하였다.

3) 정책프로세스와 정책지식

전자정부구축과정에서 지식생산주체들은 개방, 경쟁과 협력이라는 수평적 위치에서 자율적 형태로 정책지식을 생산하였다. 먼저 연방정부에 의해 산출된 정책은 인터넷을 통해 접근가능하다. 백악관도 정책정보제공을 위한 홈페이지를 개설하였고, 의회도 Thomas라는 온라인서비스를 통해 법안, 의회기록, 요약문서 등 입법정보를 제공하였다. 행정개혁사례의 지역적, 범부처적 확산노력도 정보기술기반에서 이루어졌다. 가령 NPR의 'BenchNet on FedWorld'이 국방성, 원호청, 국세청, 상무성, 의회도서관 등의 지원을 받아 벤치마킹을 통한 행정개혁 추진성과 및 정책정보공유 및 교환이 주정부(캘리포니아)나 카운티(산타모니카, 알링턴)에서도 시행되었다. 이처럼 국민의 행정정보에의 접근보장은 1981년 문서감축법(Paperwork Reduction Act of 1981)에서 시작하였다. 각급 정부기관의 문서작업을 감축하여 연방정부가 수집, 관리, 배포하는 정보업무를 효율화하고 정보공개를 활성화하기 위한 것이다. 의회는「전자정부법」제정 등 입법기능을 통해 정책을 지원하였다. 특히, 전자정부 전담기관(전자정부국) 형성과 전자정부기금(e-Government Fund)의 운용권한을 부여하였다. 전자정부정책에 관한 행정부 내 통제권한과 재정자원의 결합이라는 의미에서 전자정부국은 정책역량 강화를 위한 제도적 기반으로 평가된다(Fountain, 2002).[16] 미국 전자정부정책에서 의회는

---

15) 미국은 이미 1993년부터 GPRA(93), FASA(94), Clinger-Cohen Act(96), GPEA(98) 등 전자정부 구현과 관련된 법률을 제정하였다.

16) 의회는 전자정부 정책추진과정에서 OMB에 권한과 함께 책무부과로 견제와 감시를 강화하

당파에 관계없이 법·제도적 지원을 위한 정책지식 산출이 활발하게 나타났다. 1990년대 초기 고성능전산법, 관리예산처규칙 개정, 정부인쇄청법 개정 등을 통해 전자정부 구현을 가속화하였다. 1996년 초에 개정된 통신개혁법(Telecommunications Reform Act of 1996)은 시장진입장벽의 제거 및 완화(통신과 방송의 상호진입 허용), 경쟁의 공정성 확보, 음란·폭력물에 대한 감시 및 제재 등을 규제함으로써 전자정부 구축을 위한 법적 토대를 정비하였다. 2001년 5월, 민주당 리버만의원이 상원에 전자정부법안제출을 시작으로 부시행정부의 반대에 따른 협상과정과 공화당 프레드톰슨의원이 공동발의자가 되는 등 우여곡절을 겪은 끝에 2002년 6월, 상원에서 만장일치로 법안이 통과되었고, 이후 자매법안인 H.R. 2458과 함께 하원 정부개혁위원회 기술조달정책소위원회 회부(2002. 7), 하원소위원회입법청문회(2002. 9)를 거쳐, 11월 15일 최종 확정되었다(한국전산원, 2002). 2002년 전자정부법제에서 예산관리국은 법적조항의 범위 내에서 진행되는 정부의 전자정부진행에 대한 의회보고서 제출하여 정책지식을 공유하였다. 또한 전자정부국은 민간부문과의 연계장치 제도화로 정책과정을 활성화시켜 왔다. 첫째, 전자정부국 내 업무전반을 지원하는 컨설팅지원팀(supporting contractors)[17]의 활동이다. 이들은 경쟁입찰을 통해 OMB와 서비스제공 계약관계를 맺으며, OMB에 상주하면서 정책결정자들을 지원하였다. 가령 전자정부집행관련 이해관계자분석에서부터 전자정부 정책대안의 제시, 사업추진 상황 및 성과분석 등 전자정부프로세스의 제반 분석업무를 담당하고 있다. 둘째, 민간 IT조직으로 산업자문단(IAC)은 400여 미국 IT기업들의 연합체로서 비영리조직으로서 정부와 민간부문의 IT전문가들이 정보공유와 전문적인 경력개발을 지원하며, 의사소통의 원활화와 파트너십과 신뢰증진을 목적으로 한다(엄석진, 2008). 전자정부정책의 산출과정에서 드러난 민간부문과의 협력과 민간중심의 위원회형성에서 특성이 드러난다. NII자문위원회는 민간과 정부 간 협력체로서 참여방식도 다양하다. 이는 분산적 정

___

였다. 전자정부 추진결과에 대한 연례보고서 제출을 의무화하고, 집행과정에 대한 지속적인 점검과 통제를 수행하였다. 또한 연방기관의 정보기술관련 사업이나 운영에 대한 청문회에 전자정부국장을 출석시키기도 했다.

17) 컨설팅지원팀은 대부분 MBA학위를 보유하고 있거나, 정보화분야에 능숙한 전문가들로 구성되어 있다.

보화추진체계를 반영하는 것으로 통합수준의 자문위원회보다 개별 부처의 업무 수행을 위한 민간위원회가 상대적으로 많이 존재한다. 또한 시민사회의 강력한 정책개입 가능성이 드러나면서 전자정부사업이 시민사회의 주요 아젠다로 자리 잡았다. 미국은 정책홍보과정에서 강하게 작용한 참여메카니즘은 미국의 시민사회 이해의 조직화와 정책개입이라는 전통을 반영한다(정연정, 2009).

4) 전자정부 정책지식생태의 창조성

미국 국가성과평가위원회(NPR)의 보고서인 '정보통신기술을 이용한 리엔지니어링(1993)'은 전자정부 구축을 위한 최초의 계획보고서로서 전자정부(Electronic Government)라는 용어가 처음 사용되었다. 1990년대부터 추진되어 온 미국 전자정부는 세계 최고수준으로 평가되며 2002년 발표된 '전자정부 전략(E-Government Strategy)'은 대통령관리아젠다(PMA)로서 한국을 비롯한 다른 나라의 벤치마킹대상이 되었다. 가령, 정부 대 시민(G2C) 분야의 5개 사업, 정부 대 기업(G2B) 분야의 6개 사업, 정부 대 정부(G2G)분야의 5개, 사업 및 운영 및 내부효율화(IEE)의 7개 사업을 범정부적으로 추진하였다. 미국 전자정부 사업의 성공요인은 예산관리처(OMB)를 중심으로 한 강력한 추진체계와 예산과 성과를 연계한 결과중심 성과주의에 기인한다. 정부, 의회, 산업, 시민사회의 조직, 인력 등이 유기적 협업체계를 통해 정책지식을 산출하였다. 특히, 의회는 지속적인 법·제도적 정비를 통해 범부처적 사업추진기반을 확대하고, 학계 및 산업부문, 시민사회의 참여를 통해 지속적으로 발전하였다. 또한 전자정부의 기술혁신뿐만 아니라 제도 구축에서도 선도적 위치에서 정책지식을 창출, 활용하여 한국을 비롯한 여타국의 벤치마킹 대상이 되었다. 연방정부아키텍처(FEA) 기반 범부처간 상호운영성 확대, 공통기반 솔루션의 제공, 중복투자 제거를 통한 효율성 향상, 시민중심의 전자정부서비스를 발굴, 제공하였다(한국전산원, 2005). 앞서 논의된 미국 전자정부의 정책지식생태를 정리하면 〈그림 4-3〉과 같이 나타낼 수 있다.

그림 4-3 미국의 전자정부 정책지식생태

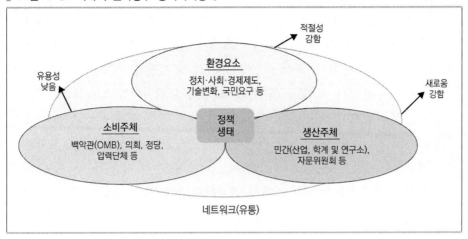

4. 비교평가 및 시사점

전자정부정책은 진공맥락에서 추진되는 것이 아니기 때문에 국가상황과 현실에 대한 고려가 필요하다. 한국과 미국의 행정부 기능이 상이하고, 입법부 및 사법부간관계의 차이, 행정과 국민 그리고 시민사회 간 관계에 드러나는 차별성 (이종범, 1979)에서 기인하겠지만 한·미간 정책지식생태를 비교평가하면 다음과 같다. 첫째, 정책참여자와 네트워크의 경우, 한국은 대통령비서실 내 정부혁신·지방분권위원회 산하에 전자정부전문위원회에 의해 정책이 주도되었다. 반면 미국은 백악관 및 상무성에 의해 전자정부비전이 제시되고 정책의제 과정에서 학·산·연 간 인력과 협력업무가 느슨하게 연결되었다. 중요한 특징은 연방예산 관리국(OMB) 책임자와 각 부처의 책임자의 역할을 IT와 행정개혁의 맥락에서 재정립하였다. 미국은 연방정부와 의회, 주정부의 독립적인 기능과 역할이 상호 분담되었기에 전자정부 구축의 일관성 확보가 어려웠지만 정책지식 생산주체들이 정치, 민간, 공공, 시민사회가 자율성을 갖고 참여하면서 정책지식생태의 다양성과 건강성이 유지되었다. 여기에 대통령리더십의 바탕에서 OMB가 통합적 조정자 역할을 수행했다. 지방수준에서는 지방자치단체를 중심으로 분산된 전자정부정책이 추진되었다. 둘째, 정책공동체의 산출지식의 경우, 미국은 의회, 학계, 산업계가 균형적으로 상호작용하였다. 정책지식생산자(연구소/학계)와 소비자(정부/의회)간 인적 및 지적 네트워크가 활발하다. 여타 정책과 마찬가지로 민간참여가 활성화되었는데, NIIT에 의한 시범사업, 규제완화, 정보기반구조 보조금제도 등에서 나타났다. KIOSK, WINGS 등 대국민 서비스향상을 위한 전자정부서비스가 산출되었다. 하지만 한국은 중앙정부 주도로 정책지식이 산출되었다. 지식생태계로서 국회 및 정당의 정책비전이나 기능이 취약하고 시민사회의 참여도 미약했다. 물론 정권별로 상이한 특성을 보여주는데 전두환－노태우－김영삼 정부에서 행정전산망사업, 김대중 정부에서 전자정부 인프라구축, 노무현정부에서 전자정부서비스 구현을 중심으로 추진되면서 전자정부의 정책영역이 확대되고 정책산출의 양적 확장과 질적 심화를 보여주었다. 셋째, 정책프로세스와 산출지식의 경우, 미국의 정책프로세스가 민간주도의 원칙을 고수하면서 분산형적 추진전략을 구사하여 상향적인 정책과정을 보여주었다. 이 과정에서 백악관의 예산국이 전자정부정책의 선도와 조정자 역할을 담당하였다. 반면 한국은 관료주도적 하향적 정책프로세스에서 지식이 산출되었다. 전자정부의 논의도 지나치게 행정편의 위주의 발상에서 추진되었기에 정부조직의 운용체제 속성 자체를 바꾸는 노력이 이루어지지 못했다. 넷째, 정책지식의 창조성의 경우, 미국은 클린턴정부에서 오바마정부에 이르기까지 사회현안의 해결 및 미래사회 선도를 위해 민주주의 강화, 정부효율성과 효과성 향상 및 정부투명성, 시민참여성 및 협력성 증진을 위해 IT기술을 활용한 전자정부 정책지식을 산출하였다. 특히, 미국의 정책사례나 지식이 다른 국가의 벤치마킹되거나 확산되고 있다는 점에서 창조성이 인정된다. 한국의 전자정부사례와 정책지식은 초기에 싱가포르, 미국의 경험을 벤치마킹하면서 정책이론을 도입하였다. 하지만 후기에 독창적 성격을 드러내고 최근에는 한국의 전자정부 경험이 개발도상국으로 수출되고 있다. 한국의 전자정부 정책지식은 환경변화에 대한 참신성과 적절성은 강화되고 있지만 유용성은 앞서 지적했듯 정부경쟁력과 투명성, 시민활용 등의 측면에서 영향이나 기여가 약하다. 이러한 논의를 정리하면 〈표 4－2〉와 같이 요약된다.

표 4-2 한국과 미국의 전자정부 지식생태의 비교평가

구분		한국	미국	정책적 시사점
정책네트워크		정부주도의 강한 연결	독립적 주체 간 균형, 느슨한 연결	참여자의 자율성과 다양성 증진
정책공동체 지식산출		• 정부 및 정책연구소 주도 하에 민간(학계, 산업)의 제한적 참여 • 산출지식의 적실성 제약	• 민간(산·학·연 자문위원회)의 적극적 참여 • 산출지식의 사회적 활용	• 산·학·관·연 교류 활성화 • 산출지식의 사회적 적실성 제고
정책프로세스		하향적	상향적	• 정책흐름의 역동성 제고 (수평적, 쌍방적 흐름)
정책 지식 창조성	참신성	초기 모방, 후기 독창	독창적	생성적 지식산출 (혁신적 정책지식 및 창발성 제고)
	유용성	약함	강함	
	적절성	강함	강함	

제3절 정책지식생태의 지향과 과제

주지하듯 한국의 전자정부는 세계 최고수준이다.[18] 전자정부분야의 연구활동 증가로 지식축적과 확장이 드러났고 정책 산출의 성과도 인정된다. 나아가 정보화와 전자정부연구의 국제화 한계의 극복양상도 보여준다(김성태, 2006). 이제는 정책지식이 모방에서 벗어나 창조로 전환해야 한다. 이를 위해 정책학의 정체성 재인식과 정책지식의 규범과 처방 간 조화, 그리고 정책지식생태의 다양성과 개방성, 역동성, 창발성확보를 위한 지향과 실천이 필요하다.

1. 정책학의 정체성 재인식과 지향

한국의 정책지식은 한국사회 특유의 문제 상황과 바람직한 미래를 바르게

---

18) 한국의 전자정부는 2010년, 2011년 UN평가에서 세계 1위를 나타내는 등 전자정부 인프라뿐만 아니라 전자정부를 통한 민원서비스와 시민참여에서도 세계적 수준에 도달한 것으로 평가되었다.

이해, 설명하고 있는가?, 정책연구가 경험적 정책관리와 개발에 실제로 유용한가? 등 정책지식을 둘러싸고 제기된 의문에 대한 해제탐색과정에서 정책지식생태의 새로운 지향이 모색되어야 한다. 첫째, 한국정책과 사회발전을 제약하는 문제가 무엇이며, 그 발생 원인을 어떻게 설명, 해결할 것인가라는 문제의식 속에서 정책지식을 추구하되 한국적 상황과 현실에 적합해야 한다. 달리 말해 한국적 특성과 문제에 대한 고려 없이 정책연구가 이루어지는 경우, 정책이 당면한 행정 및 사회문제와 유리될 수밖에 없다. 따라서 국가 및 사회발전을 위한 보편성을 지향하면서 새로운 지식을 창출해야 한다.

둘째, 정책연구의 단편성과 피상성에서 벗어나[19] 정책영역별로 지속성, 심층성을 추구해야 한다. 특히 공공적 지식생산자들은 기능적, 미시적 정향에 편향되거나 지엽적, 단편적 주제에서 벗어나 전체와 본질을 이해하는 능력이 요구된다. 실제로 행정학자들은 정부존재와 역할, 심지어 신공공관리론의 흐름에서경영 및 경제학자들에게 밀리고 폄하되기 일쑤다. 그러므로 행정학자들의 현실참여와 자문과정에서 정책전문가로서 실용성 및 유용성의 위기를 극복하기 위해서는 보다 거시적 맥락에서 전체론적 인식능력의 향상과 함께 해당 정책분야에서 전문성을 제고해야 한다.

셋째, 탈세속화, 탈규격화를 지향해야 한다. 대학 내 교수승진요건 등이 엄격해지면서 소장교수들의 연구실적에 대한 강박관념이 크다. 그런데 실증적, 처방적 차원의 학술연구를 수행하는데 적지 않은 비용이 든다. 따라서 정부를 포함한 대학 내·외의 학술용역의 유혹으로 인한 세속화 함정에 빠질 수 있다. 또한 연구실적 압력은 규격화의 위험성을 내포한다. 학자들은 논문 집필에 앞서 논문이 어디에 실려, 평가점수를 몇 점 더 올릴지 신경 쓰고, 질 보다 논문편수와 형식, 그리고 긴 안목의 학문적 평가보다는 당장의 평가위원의 선호에 집착하는 게 불편한 현실이다. 이렇게 되면, 자칫 규격품을 생산하는 기술자로 전락할 수 있음을 경계해야 한다. 정책지식이 국가사회 문제해결과 방향설정에 직접

---

19) 흔히 정부가 정책자문을 구하는 경우, 행정학자보다 해당분야 전문가를 청하는 경우가 많았다. 그러나 실제로 정책전문가들은 전체를 보는 안목과 개념적 틀이 부족하며 정치논리나 권력관계, 정책관리 등에서 현실적 한계가 있다.

투입 가능한 활용지식이 되기 위해서는 한국적 상황에 적합한 독창성, 고수준의 이론화에 집중해야 한다. 나아가 연구 산출물이 창조적 행정인 양성 및 역량강화로 연결되어야 한다. 이러한 바탕에서 정책지식 생태계의 주체이자 역동적 촉발자로서 관심과 이슈를 새롭게 제기하면서 변화를 자극해야 한다.

2. 정책지식생태의 실천과제

1) 정책참여자 및 네트워크의 다양성과 상호작용 촉진

정책지식은 시대적 가치, 수요자 요구를 반영하고 환경변화에 적절해야 한다. 정책지식생태계에서 환경과 주체들 사이에 정보가 흐르고 순환하면서 정책지식이 끊임없이 생성되어야 한다. 즉, 정책지식의 지속적 창출과 선순환을 위해 개방성과 유연성과 함께 다양한 구조를 확립해야 한다. 구조화된 다양성을 통해 전문지식의 심화와 개별지식의 창발적 통합을 도모해야 한다. 개별주체의 다양성을 제고하기 위해서 사회적 용인수준을 높여야 한다. 즉, 정치, 사회, 경제, 문화, 기술 각 부문이 고르게 참여하고 시민사회와 민간부문의 지식생산역량이 강화되면서 활발한 교류와 상호작용으로 나타나야 한다. 이를테면 지식창조 주체들 간 인적 네트워크를 구축하여 호혜적 상호작용으로 다양한 수준에서 협의의 틀을 제도화하고 미래지향적 담론이 형성될 수 있는 장을 마련해야 한다. 지식생태의 다양성과 상호작용으로 끊임없이 변화하는 환경에 적응할 수 있도록 하는 지식네트워크를 만들어야 한다. 정책지식 생태계를 구성하는 지식인, 지식집단 역시 자율성과 다양성이 충족될 때 변화하는 환경에 적합한 정책지식의 산출이 가능하다. 생태계에서 다양한 개체와 종이 상호의존하고 끊임없는 상호작용을 통해 생태계의 생명력을 유지하듯 정책지식생태계에서도 지식인과 지식집단 역시 추측과 논박, 경쟁과 협력을 통해서 새로운 지식의 창출과 지식의 고도화가 가능하다(김선빈 외 2006). 더구나 복잡성과 불확실성이 증대하는 정책 환경에 효과적인 대응을 위해 정책 환경변화를 빠르게 감지하는 지식생산자들이 다양한 지식을 지속적으로 만들어내고 축적하여 적은 변형으로도 현실 활용성이 높은 정책지식을 생산·유통시킬 수 있는, 즉 환경에 빠르게 적응할 수 있는 역동적이며 유연한 시스템을 갖춰야 한다. 즉, 정책지식네트워크의 실천적 도구로서 지식DB, 커뮤니케이션링크, 그룹웨어 등으로 연계된 기술적 지원이 마련되어야 한다.

2) 산출지식의 사회적 적실성 제고

정책지식은 인간 및 사회발전에 기여하는 과학성과 객관성을 지녀야 한다. 정책이론은 사회발전을 제약하는 사회문제의 시대적 성격과 밀접한 관련을 맺는다. 이런 맥락에서 정책공동체 구성원의 관심은 자신이 속한 시대적 상황 속에서 인간과 사회발전을 제약하는 사회문제를 선택하고 이를 설명, 해결하는데 집중되어야 한다. 그동안 정책지식은 처방과 개혁에 초점을 맞추었지만 정책현상의 설명이나 규범적 연구는 미흡했다. 전자정부정책 및 연구의 경우, 독자적 이론개발이 미흡했고 경험적 연구도 한국적 상황에의 적부에 관한 논리적, 실증적 차원의 검증작업이 부족했다. 그나마 응용분야에서는 하위수준의 해결을 위한 분석방법으로서 의미가 인정받을 정도다. 전자정부의 상위맥락에서 행정연구 관심은 근대화시기에는 정부행정 합리화, 민주화시기에는 정부행정 탈 권력화, 그리고 세계화 시기에는 정부행정의 경쟁력을 위한 처방이 강조되었다. 반면에 행정제도와 과정에 대한 서술 및 설명지향의 연구는 미흡했다. 즉, 한국행정에 적합한 이론개발의 필요성에 대한 문제의식은 오랫동안 있었지만 그 성과는 부진했다(정용덕, 1996). 시기별 전자정부연구의 주제적 관심이 달랐지만 연구자의 공통화두는 경쟁력 강화와 국민 삶을 제고하는 전자정부 구축에 있었다. 그렇지만 사회 및 수요자 요구에 부합하는 실질적인 성과는 축적되지 못했다. 특히, 전자정부를 위한 행정은 어떠해야 하며, 행정현실은 어떤지, 왜 그러한지, 그것이 정부의 질에 어떤 영향을 주는지 분석, 설명이 필요하다. 또한 역사적 맥락에서 전자정부를 위해 행정을 어떻게 설계, 선택할 것인가에 대한 처방연구도 필요하다(박종민, 2006). 단순히 유행 쫓기 보다는 학문공동체가 진취적으로 정부에게 시대적으로 적실하며, 윤리적으로 바른 길을 가도록, 한 발 앞서 이론 및 실천적 대안을 제시해야 한다(박순애, 2007). 이러한 상황을 인식, 장차 전자정부 정책뿐만 아니라 상위맥락인 정책이론 및 제도형성과정에서 정책지식이 선택, 활용될 수 있도록 정책지식생태 요소들 간 교류와 협력이 필요하다. 아울러 산-학-연-관의 정책공동체 구성원들이 정책에 대한 사회적 관심과 이슈를 새롭게 변화시키면서 당면한 문제와 바람직한 가치에 대한 창조적 해결책이나 방향을 도출해야 한다. 이를 위해 전자정부 연구에서 지속적인 새로운 영역탐구와 설정이 필요하며 전자정부 연구초점도 사회적 수요에 대응하는 이론, 교과내용 그리고 접근방법을 개발하는 방향으로 나아가야 한다(박치성, 2008).

3) 정책프로세스의 역동성 강화

지식생태의 관점에서 지식창조와 활용은 상황과 필요에 따라 지속적으로 성장, 발전하는 과정이며 경계를 초월하는 동적 프로세스의 성향을 갖는다. 정책과정의 역동성을 촉진하는 요인의 하나는 참여자 간 공유, 소통과 참여이다. 참여의 확대는 의사소통성의 전제로서 각 주체의 책임성을 확보하고 자신의 가치를 능동적으로 실현하는 구성요건이다. 즉, 정책과정에서 각 주체들이 직접 참여한다는 능동적 의미가 담겨있다. 더구나 사회문제 해결과정에 시민참여를 증가시킴으로써 정책의 정당성을 확보해야 한다. 즉, 다양한 지역, 계급, 이익집단과 이웃의 욕구를 충족시키기 위한 해결책의 개발은 이해관계집단의 참여가 필요하다. 정책과정에 해당정책과 관련된 사람들을 직접 참여시킴으로써 각 주체의 창조성이 활용되고 의사소통성은 확대될 수 있다. 더불어 정책에 대한 책임의 고양과 가치의 실현으로 정책의 집행가능성이 높아질 수 있다. 정책의제의 설정에서 형성, 집행, 평가 그리고 환류에 이르는 정책의 전 과정에서 이루어지는 다양한 계층과 집단 간의 참여를 통해 확보된 민주성은 정책과정에서 시민의 순응정도를 높여 정책합리성과 효과성 제고에도 기여한다. 정책지식생태로서 정책공동체는 off-line과 on-line 모두 운영되어야 한다. 전자는 정부가 운영하는 각종 위원회를 들 수 있으며, 후자는 전자정부에서 구현되고 있는 정책고객관리시스템(PCRM)이 대표적이다. 정책공동체의 활성화를 위해 전문가와 이해당사자를 정책네트워크망(policy network)을 형성하고 정책의 이슈를 발굴하여 이슈네트워크화(issue networking)하는 것이 긴요하다. 정책네트워크 구성요소들 간 역동적인 상호작용을 통해 성장과 발전이 지속되도록 운영되어야 한다. 정책공동체에서 구성원의 공동체적 유대감을 통해 정책공감대와 합의, 접점을 찾아 사회적 갈등을 해소할 수 있다. 가령 학술세미나, 토론회, 간담회, 자문회의 등을 통해 공식, 비공식접촉을 활성화하여 현안 문제해결이 용이하다. 정책공동체는 참여집단이 스스로의 자유로운 선택에 의한 교환논리에 따라 서로 양보하고 타협하는 방식을 지향한다. 정책공동체는 수직적, 일방적 권위주의적 의사결정방식을 배제하고 수평적, 쌍방향의 민주적인 절차적 합리성을 추구해야 한다. 인터넷 기반 지식의 자유로운 접근 및 획득 활동은 지식소통의 구조적 전환을 가능하게 한다. 정책지식생태 구성요소들이 자유롭게 지식교류 및 공유의 장을 이용할 수 있도록 기술과 수단을 적극 활용해야 한다. 뿐만 아니라 학회도 학술논문과 기타 정보를 학계, 관계는 물론, 일반시민도 적정 절차를 거쳐 접근할 수 있는 제도적, 기술적 장치를 개선해야 한다.

4) 정책지식생태의 창발성 고양

정책지식은 다양한 구성요소의 상호작용에 의해 생성된다. 즉, 지식생태 구성요소들 간에 이루어지는 상호작용은 다층적 인과관계가 복잡하게 얽히고설킨 적응적 복잡계이다. 이러한 과정에서 개별적 요소가 갖지 못한 특성이나 행동이 전체 구조에서 자발적으로 돌연히 출현하는 창발성이 나타난다(Johnson, 2002). 창발은 인위적 처방의 결과가 아니며 네트워크의 어느 한 부분에만 내재되어 있지 않은 속성이나 구조 및 능력이 연결망에서 집합적 상호작용을 통해 자발적으로 생성된다. 지식생태계는 창발적 상호작용을 통해 지속가능한 생명력을 확보할 수 있다. 지식생태에서 창발성이 강조되는 까닭은 비교적 느슨하게 결합된 융합미디어의 지원을 받은 구성원들의 활동들로부터 정교한 결과물이 창출될 수 있기 때문이다. 정책지식생태의 창발성은 지식융합으로 시너지 효과를 창출하는 능력이다. 지식시대의 생존요건으로서 융합창발력을 높이기 위해 먼저 과학적 사고와 방법의 기반에서 조직의 업무프로세스를 혁신해 비효율을 줄이고 창의적인 업무방식을 고민해야 한다. 둘째, 소통과 화합의 조직문화가 필요하다. 이 분야의 학문과 기술을 융합하려면 끊임없는 소통이 전제되어야 한다. 소통의 필요성과 중요성이 증대하지만 아직까지 공공조직의 소통능력은 미흡하다. 획일적 사고와 권위주의에서 벗어나 자율성과 화합의 문화를 갖춘 조직문화가 융합 창발력의 필수요건이다. 아울러 단순히 창의적 사고를 넘어 정책지식생태 구성 요소들이 스스로 창조적 리더십을 가지고 새로움을 향해 실천해 나가는 역량을 발휘해야 한다. 이처럼 과학적인 업무 프로세스, 활발한 소통문화, 구성원들의 창조 리더십이 갖춰질 때 융합을 통한 기술혁신과 지식혁명이 가능할 것이다.

지식은 관리대상을 넘어 창조의 대상이다. 지식의 가치는 개별적으로 존재하는 수준을 넘어 비교, 결합될 때 발생한다. 가령 사회적 관계망으로 구성된 집단지성이 세상을 변화시키는 사회적 요소로 부상하였다. 집단지성에 속한 개인은 미덕(美德)과 같은 사회적 가치를 추구하는 일에 몰입하여 창의성을 마음껏 발휘하고, 개인의 창의성은 집단지성의 협창성으로 창발되어 더 좋은 공동체를 만들어가는 원동력이 될 수 있다(한국정보화진흥원, 2011). 지식은 본질적으로 자율적 학습활동을 통해 용출된다. 따라서 한국정책지식생태는 통제와 관리메커니즘에서 벗어나 지식사용의 자발성과 자생성을 촉진하는 방향으로 운영되어야 한다. 시스템이나 기술을 통한 관리적 사고에서 벗어나 신뢰의 바탕에서 지식창조 주체의 열정과 몰입, 공유의 촉진을 위해 정부의 인식과 실천이 요구된다.

앞서 제시된 실천과제들은 밀접하게 관련되며 정책의 문제해결과 가치창출에 필요하다. 현실의 정책은 문제해결에 무기력하고 가치창출보다는 혼란을 초래했다. 심지어 정책개입이 문제 악화와 정부실패를 야기하면서 정책 또는 행정서비스에 대한 불만족과 낙후된 정부경쟁력에서 벗어나지 못했다. 갈수록 정책상황의 복잡성이나 불확실성이 심화되는 상황에서 정책지식이 창조성을 결여한다면 정책은 문제해결은커녕 혼돈을 야기할 수 있다. 따라서 정책지식생태의 창조성이 그 어느 때보다 강조된다. 주지하듯 세계 최고수준으로 평가되는 전자정부의 경우, 창조단계로의 이행이 요구되는 상황에서 전자정부 정책지식의 창조성 발휘가 필요하다. 정책지식생태의 창발성 발현을 위해 관료나 연구자에게 공히 새로운 기술과 사회·문화, 이론과 제도, 규범과 현실 간 적절한 균형감각을 갖추어야 한다. 그리고 역동적 정책 프로세스와 산출지식의 유용성과 사회적 신뢰를 제고하기 위해 시민사회와 다양한 전문가의 참여를 보장하고, 국회 및 정당차원에서 정책지식 생산능력과 현실에 적합한 정책지식 선별능력을 배양해야 한다. 나아가 정책연구자들이 정부참여나 자문 및 용역연구 수행과정에서 국민 편익과 공익을 수호하면서 관료제의 자기기익 대변성향을 비판적으로 견제할 때 정책지식 무용론이나 회의론자들의 우려에서 벗어날 수 있다.

정보화현상과 정보정책:
정보화의 현상학적 분석

정보화현상과 정보정책: 정보화의 현상학적 분석

CHAPTER
05

"정보가 원하는 것은 자유로움이다."
– Stewart Brand(1938~) –

문제의식과 초점

본 장에서는 정보화 성취과정에서 드러난 사상(事象)으로서 정보서비스 이용, 정보화 부처 관계, 인터넷 확장과정에서의 경험적 사건들이 개인과 조직 그리고 생활세계에 미친 영향을 현상학적으로 분석한 것이다. 분석결과, 한국의 정보화는 압축적 성장을 이룩해 온 과정에서 공급자중심의 지배기제가 강했다. 정보이용자 피해와 부처 간 이기적 갈등, 초고속인터넷의 양적 팽창은 정치·경제적 상황과 공급자 중심적 요소가 정보화에 발현되었음을 실증한다. 원래 정보화는 사회·문화적 상황과 이용자의 요구를 반영하여 사회성원 삶의 질 향상과 조직 및 사회생활의 질적 성숙을 도모하는 것이 원칙이었다. 하지만 실상은 사회구성원의 요구와 권리를 억압하면서 수동적이고 순응적인 성향으로 변질시키는 결과를 낳았을 뿐만 아니라 사회구성원 간 합의가 불충분한 정보화가 편향성을 띤 채 전개된 것으로 나타났다. 따라서 장차 성숙된 정보화흐름으로서 스마트 확산과정에서 개인, 조직적, 사회적 수준에서 가치와 방향에 대한 신중한 고려가 요구된다.

제1절 정책대상으로서 정보, 정보화

1. 정보화현상의 양과 질

한국의 정보화는 단기간에 괄목할 만한 성취를 이루었다. 정보량의 증대와 함께 정보시스템이 고도화되고 정보통신법령의 수나 조직규모가 팽창하는 등 국가사회 전반에 걸쳐 정보화가 급성장했다. 일례로 휴대폰가입자, 인터넷이용자의 경우, 2010년 3월말 기준으로 각각 4,897만 명, 3,658만 명을 넘어섰다(방송통신위원회, 2010; 한국인터넷진흥원, 2010). 국제전기통신연합(ITU)의 정보화수준 측정결과, 한국의 정보통신발전지수는 세계 2위로 평가되었고, UN의 전자정부평가에서도 세계 최고수준의 전자정부로 평가되었다(행정안전부, 2010). 하지만 외견상 정보화의 양적 성취와 달리 생활세계에서 사회성원들은 부정적 체험과 우려를[1] 넘어 강한 불만과 불신을 드러냈다.[2] 즉, 정보화의 양적 확장과 질적 성숙 간 괴리의 단상을 보여준다. 이러한 현상을 어떻게 이해·설명할 것인가? 그 원인은 어디에서 연유하는 것일까? 정보화 현상의 분석을 위해 계량적 수치보다는 현상 속에서 삶을 영위하는 사람들의 의식·생각·언어·개념 등에 의한 본질적 접근이 요구된다.

사실 그동안 정보화과정에서 드러난 긍정적 현상과 함께 부작용과 징후들에 대한 비판적 성찰이 시도되었다(Ang, and Pavri, 1994; Schiller, 1996; 권기헌, 1999; 송희준, 2008). 그러나 정보화 과정에서 표출된 문제나 역기능이 인간 행태의 내면적인 세계의 의미(meaning) 이해나 본질보다는 피상적이며 한정적으로

---

1) 정보화 현상에서 드러난 부정적 편린으로서 "허울뿐인 초고속인터넷 강국, 가격만 명품, 속 터지는 휴대전화, 생색내기식 요금인하 소비자우롱, 이용자보호는 '뒷전' 깨알 같은 약관 함정·막무가내식 요금결제. IT, 밥그릇 싸움에 휘청, 팔 때만 손님은 '왕' AS 땐 '봉' 무늬만 IT 강국 …"등은 2010년 1~12월 기간 중 국내일간지의 정보통신 관련분야 사설 및 기사의 표제의 일부다. 이러한 저널리스틱한 표현들은 비록 학문적 깊이가 얕지만 경험적 현상에서 인간의 실재적 인식, 체험, 느낌을 여실히 나타내준다.

2) 통신서비스현장에서 통신이용자의 민원건수가 지속적으로 증가하고 있으며 심지어 지난 2007년 4월 10일에 이어 2010년 4월 15일에 통신서비스에 불만을 품은 소비자의 차량이 통신사와 매장을 향해 돌진하는 상황이 발생하기도 하였다.

다루어졌다. 그동안 IT서비스 및 인터넷에 대한 이용이 증가하면서 개인, 조직, 공동체 생활세계에서 정보화는 이제 선택의 요소가 아닌 삶의 기반이자 환경이 되었다. 사회구성원들의 일상 속에 편입된 사이버공간의 확장에 따라 정보화에 대한 인식이나 경험도 다양하게 표출되고 있다. 정보화가 인간의 실존적 체험의 바탕에서 상호작용적 소통, 이해, 공유를 촉진하고(Harmon, 1981: 102) 삶의 질적 향상을 도모하며 생활세계에서 신뢰 증진에 기여할 수 있다는 점에서 가능성을 지녔다. 하지만 실상은 그렇지 못했다는 점에서 정보화 현상에 대한 주관과 객관 간 관계 및 실제 정보화된 생활세계를 구성하는 과정에서 상황적 요인, 주체 간 균형과 조화의 유지가 요구되지만 이론적 논의나 실천적 노력은 미흡했다.

본 장에서는 정보화 촉진 및 심화과정에서 발생한 개인적 경험과 사회적 사건으로서 정보서비스 왜곡, 정보화추진조직간 갈등, 정보공동체의 불만과 위협 등 정보화된 생활세계에서 드러난 사실적 경험을 현상학적 시각에서 접근, 분석하였다. 비록 역동적인 정보화현상은 질서정연한 모습으로 드러나지 않기에 그 본질과 형상을 이해, 규명하는 것이 쉽지 않다. 그럼에도 불구하고, 본 장은 정보화를 바라보는 입장, 방법에서 실증주의 접근에 대한 대안적 시도로서 사회성원의 정보화 사건과 경험을 현상학적 이해와 직관의 바탕에서 분석하고 정책적 시사점을 살펴보고자 한다.

2. 정보화현상의 이해: 의미와 사상(事象)

정보화성취의 산물로서 IT강국은 정부, 기업의 노력에 힘입은 바 크다. 정보화를 국가경쟁력 강화인자로 인식, 정책추진을 가속화했다. 하지만 정보화의 공급요인이자 필요조건일 뿐 수요요인으로서 이용자의 초기채택(early adapter)과 능동적 소비가 있었기에 정보산업 성장과 초고속정보통신망 활성화에 의한 IT강국으로서 충분조건을 갖출 수 있었다.[3]

---

3) 정보화는 정책관료나 과학기술자 및 학자들에 의한 구성물이 아니며 초경험적인 대상도 아니다. 이용자들에게 비쳐졌거나 시민이 '부과시킨' 해석들을 선입관 없이 바라본 결과로 이해되어야 한다. 정치경제적 의도와 이념 및 이론적 편향이나 전제가 없이 정보화를 순수하게 파악해야 한다.

가. 정보화 의미와 현상

정보화는 사회 전반에 걸친 총체적 변화로서 사회·경제적 지표에 의한 평가뿐만 아니라 시·공간적인 연속성에 의해 나타나면서 사회 전반적 인식이 확산되었다. 사회적 구성물로서 법 및 정책적 차원에서 규정된 정보화는 정보를 생산·유통 또는 활용하여, 사회 각 분야의 활동을 가능하게 하거나 효율화를 도모하는 것으로 의도되었다.[4] 이처럼 정부에 의해 규정된 정보화는 사회성원들에게 하나의 동태적 지향의 사실이자 포괄적인 지평 속에서 동시대적 지향성을 포괄하며 체험되었다. 이론적 수준에서 정보가 물질과 에너지처럼 가치 있는 자원으로 인식, 전 분야에 걸쳐 인간 및 조직의 정보활용 노력과 의지가 확대되면서 인간생활의 시간·공간·조직적 한계를 극복하는 과정 등으로 이해되었듯(Toffler, 1980; Webster, 1995), 낙관적 시각에서 긍정적 지향을 보여주었다.

실제로 정보화에 따른 긍정적 효과는 개인, 조직, 공동체 수준에서 다양하게 나타났다. 정보처리나 커뮤니케이션 속도를 증가시켜 사람들 사이의 관계를 긴밀하게 연결시켜주고 커뮤니케이션 연동에 따라 시간적, 지리적 문제가 해결된 폭넓은 사람들 사이의 연결을 가능하게 해주었다(이호영 외, 2004). 물론 조직 차원에서도 정보기술을 통하여 의사소통과 결정의 새로운 가능성이 확장되었다. 공적 영역에서의 활동뿐만 아니라 상업적, 문화적, 정치적 과정에 적극적 참여가 촉진되었다. 정보화는 경제활동뿐만 아니라 일상생활에도 변화를 가져왔다. 생활 곳곳에서 정보이용이 증가하면서 인터넷은 생활방식을 변화시키는 수단으로 자리매김했다. 참여와 개방을 통한 새로운 커뮤니티와 사회적 결속을 만들어 냈다. 개인화된 서비스를 기반으로 커뮤니티를 형성하고 새로운 관계를 맺어온 이용자들은 사이버공간에서 여론을 형성하고 새로운 사회변화의 원동력으로 작용하고 있다. 정보이용자들은 양방향 정보기술의 발전과 함께 상호작용이 증가하면서 강한 공감대 형성과 참여 동기를 유발하여 사회변화의 동력으로 작용하고

---

4) 국가정보화의 패러다임이 정보화 촉진에서 정보 활용중심으로 변화하는 등 국가정보화 추진 환경의 급속한 변화에 대응하여 기존 정보화촉진기본법이 국가정보화기본법으로 전면 개정되었지만, 정보화에 대한 정의는 동일성을 유지하고 있다.

있다(한국정보사회진흥원, 2008).

정보화현상을 나타내는 기술적 지표나 요소로서 이동전화와 인터넷, 의지적 요소로서 이용자의 정보이용과 정부의 정보화촉진활동에 초점을 두어 살펴볼 수 있다. 먼저 정보화 상징물인 인터넷 이용인구가 양적 팽창을 거듭, 1999년 1,000만, 2001년 2,000만에서 2010년에 3,600만 명을 넘어섰다. 정보통신은 단순히 의사소통도구를 넘어 생활수단으로 활용되고 사회하부구조로서 인터넷은 역동성을 드러내면서 인간의 가치실현과 사회발전을 위해 새로운 규제와 질서, 그리고 제도적 장치를 요구하는 등 정보화과정에서 전향적 정부역할의 필요성에 대한 인식[5]은 변함없는 듯하다. 그럼에도 정보화표상은 다양하게 비쳐졌다. 세계 7위(76.5%)의 인터넷이용률(2008)이나 전자정부 인프라 세계 1위(2010) 그리고 광대역통신망 보급률에서 1위를 기록한 것으로 드러났다(서울경제신문, 2008년 6월 18일자). 비록 이코노미스트 인텔리전스 유니트(EIU) 등 국제기관의 IT경쟁력 지수평가에서 뒷걸음치고 있지만(중앙일보 2009년 12월 2일자), 정보화 열기는 지속되는 듯하다. 가령 인터넷이용율의 경우, 2001년 당시 월 평균 17시간으로 세계 1위 수준을 나타냈다(연합뉴스, 2001년 6월 22일) 특히, 대학생의 인터넷이용이 17.7시간으로 나타났다(통계청, 2009). 2010년부터 불기 시작한 스마트열풍에 따라 한국의 스마트폰활용은 세계 최고수준이다. 1인당 스마트폰 사용트래픽은 월 271MB로 글로벌 평균(85MB)의 3.2배다(한국정보화진흥원, 2011). 이러한 경향이 지속되면서 한국은 전 세계 주요 국가 가운데 인터넷 및 스마트폰 사용비율이 최고 수준으로 조사되었다.[6] 이러한 현상은 정보화의 양적 성장의 단면을 드러낸다.

나. 정보화의 내면과 사상(事象)

정보화에 의한 사회성원, 조직지향, 사회생활 전반의 변화는 보편적 현상으

---

5) 이를테면 관주도적 정책추진방식, 경제위주의 정책, 중앙집권적 형태의 하향적 추진, 법규만능적 형식주의와 부처 간 이기주의, 장기적 정책추진 미흡 등으로 평가된다(한국전산원, 1996) 이러한 인식은 크게 변화되지 않았는데 이명박정부에 이르러 경제중심 및 부처이기주의에 대한 우려가 IT홀대론, 콘트롤타워 논쟁 등을 촉발시키고 있다.

6) 24일 미국 시장 조사 기관 퓨리서치가 37개국 4만 448명을 대상으로 지난해 조사한 결과를 토대로 최근 펴낸 보고서에 따르면 스마트폰을 보유한 성인의 비율에서 우리나라는 94%를 기록하며 1위를 차지했다(연합뉴스, 2018년 6월 24일자).

로 받아들여진다. 하지만 주관적인 구성물이 아닌 객관으로의 전향(轉向)되고 있는 정보화현상은 의도된 방향으로 인식되거나 드러나지 않는 듯하다. 그 실상을 정보이용자, 조직지향, 생활세계의 측면에서 살펴보기로 한다.

1) 정보이용자의 존재: 삶의 질

삶의 질은 개인수준에서 경험되는 주관적 해석의 개념과 속성을 포함하기에 계량화에 회의적이며(Diener, 1984), 통상 개인의 소망과 기대, 요구 등의 충족을 나타낸다(Clemente and Sauer, 1977; Hadaway, 1978). 정보화과정에서 삶의 질 문제는 정책이데올로기로 정립되면서 누구를 위한 정보화인가? 라는 질문에 철학적 기초를 제공하며, 정보화의 문명적 이기(利器)에 대한 사회적 저항을 최소화시키는 방법이 될 수 있다(Lanlan, 1985). 실제로 정보기술은 인간생활방식을 변화시켰으며 사회개혁뿐만 아니라 인간의 정신적 의미까지 함축한다(Gabor, 1970). 정보사회에서 삶의 질은 환경오염의 방지와 함께 커뮤니케이션의 활성화, 편리성 증진 등으로 설명될 수 있다(Moles, 1980). 하지만 정보이용과정에서 야기되는 부작용으로서 개인정보유출, 사이버사기, 정보편식, 정보격차, 부당요금 등은 개인의 삶의 질을 위협하는 부정적 요인들이다. 이로 인한 이용자의 불만족스러운 상태는 개별 행위자에게는 이전에 경험하지 못했던 사건으로 인식된다. 실례로 2000년 상반기 통신서비스이용자의 피해신고방에 접수된 민원건수는 모두 2,745건이었는데 2008년 상반기 동안 15,421명의 민원이 급증했다(통신위원회, 2000; 방송통신위원회 CS센터, 2008). 일평균 민원건수의 경우, 1998년 7.1건에서 1999년 15.6건, 2000년 상반기에만 20.3건에서 2004년 92건으로 급증했다. 유형별로는 부당요금 청구 및 이동전화 의무사용기간 부당 설정, 해지장소의 제한, 통신사업자의 불성실 응대, 미성년자의 이동전화 가입 등의 순으로 나타났으며, 관리소홀 및 명의도용으로 인한 불법가입이 늘면서 선의의 피해자가 발생하였다. 이동통신서비스 위약금 분쟁의 경우, 해마다 증가추세지만 피해구제는 오히려 감소경향을 드러냈다. 위약금 관련 소비자상담 건수는 2007년부터 2009년까지 총 3만 1,705건이며 이 중 4.2%인 1,340건만이 피해구제를 받은 것으로 집계됐다. 피해구제율도 2007년 5.81%에서 2008년 4.50%, 2009년 2.19%로 갈수록 줄고 있는 것으로 조사됐다[7]. 이처럼 정보서비스 이용과정에서 드러난 부정적 현상들은 단순히 불만을 넘어 불신을 고조시키고 정보이용자의 후생을 감소하면서 삶의 질을 저하시키는 원인이 된다. 최근 스마트폰의 급속한 확산과 함께 잦은 버그 및 고장 등로 인한 불만도 급증한 것으로 나타났다(헤럴드경제, 2011년 1월 24일자).

2) 조직지향: 정보화 정책부처 및 서비스사업자간 관계

정보화과정에서 국민생활의 질 향상과 경제발전에 기여해야 할 정보화관련 행정조직 및 기관 간 협력적 상호작용이 기대되었다. 하지만, 정책영역 확장을 위한 부처 간 입장과 지향의 차이가 극명했다. 이처럼 정보화분야에서 조직간 지향성의 차이와 갈등은 1980년대 중반부터 상공부, 과기처, 그리고 체신부간 정보화계획에서 비롯된다. 가령 정보화촉진기본법의 제정과정을 통해 부처 간 관계정황을 쉽게 이해할 수 있다. 또한 정보화 전개과정에서 주요행위자는 정치인, 기술관료 그리고 사업자였으며, 정보화 촉진과정에서 정부 및 공급자 입장이 강조된 듯하다. 이는 정보화의 주체가 되어야 할 수요자로서 사회성원의 참여가 상대적으로 제약되었음을 의미한다. 동 사실은 정책기관의 정책방향에서 여실하게 드러났고 기존 정보화담론이 정보산업의 이윤추구에 초점이 맞추어져 왔다. 그 편린이 정보정책의 근간인 정보화촉진기본법 제정과정에서 확인된다. 심지어 정보화 추진과정에서 드러난 부처 간 정책경쟁에 따른 중복과 비효율은 망국병으로 인식되기도 하였다. 물론 정보통신산업육성의 경우, 각 부처의 관심이 해당 부처의 이익에 집중되면서 제도적 분기가 이루어졌지만 제도화과정에서 정책수요자인 이용자나 국민의 요구가 충분히 반영되지 못했다(한세억, 2001). 지속적으로 확장, 분화되어 온 정보화제도가 이명박 정부출범과 함께 정보화관련법령의 통폐합과 IT융합이 고려된 정보통신정책의 기능적 통합으로 축소양상을 보여주었다. 그러나 융합효과는 미미했고 부처 간 갈등과 혼선이 해소되지 못한 채 부처이기주의를 심화시키면서 산업계와 국민의 우려를 고조시키며 IT컨트롤타워

---

7) 지난 2010년 3월 8일 안형환 문화체육관광방송통신위원회 소속의원(한나라당)은 방송통신위원회로부터 제출받은 '최근 3년간 이동통신 관련 통신사별 위약금 분쟁현황' 자료를 분석, 발표했다.

논쟁을 가열시켰다.[8] 여전히 조직간 지향성 차이는 법령뿐만 아니라 정보통신기금이나 조직, 업무영역 등을 둘러싸고 나타났다. 정책수요자나 기술, 사업 환경의 변화요구를 무시한 채 지속되고 있다는 점에서 심각성을 내포한다. 정책기관뿐만 아니라 통신서비스사업자간 경쟁도 갈수록 치열해지고 있다. 통신시장 성숙에 따른 새로운 돌파구를 찾지 못한 채 심화되는 출혈경쟁은 통신사업자들이 가입자 유치와 '뺏기지 않기 위한' 유지에 막대한 마케팅비용을 쏟아 붓는 구조를 만들어내며 IT산업 발전을 위한 선순환 구조를 위협하면서 궁극적으로 이용자후생을 감소시키는 상황을 야기하였다.

3) 정보화된 생활세계: 정보공동체

"나는 클릭한다, 고로 존재한다."고 표현될 정도로 정보네트워크의 활용은 생활세계의 재구조화, 경제사회기반의 변화 등 산업사회와의 단절을 운위할 만큼 인간생활의 근본적 변화가능성을 제기하였다. 이에 각국은 정보시대에서 정보우위 선점을 위해 정보통신기반구축에 매진하여 왔다. 조직은 물론 개인도 정보 활용능력의 우위에 따라 그 생존이 결정된다는 인식에서(McMaster, 1995), 정보통신기반을 근간으로 한 정보환경이 생활영역 전반으로 확산되었다. 그 결과, 정보네트워크를 통한 의사소통의 전지구화, 병렬적 커뮤니케이션, 사용자의 위상 강화 등 생활세계[9]에서 혁신적 변화를 낳고 있다. 여기서 상징적으로 구조화된 정보망을 정보사회의 생활세계로 이해할 때 인터넷부문의 경우, 이용자의 증가와 함께 인터넷 산업매출, 전자상거래 규모, 인터넷 뱅킹서비스, 도메인 수 등이 급속한 양적 확장을 보여주면서(한국정보화진흥원, 2010). 생활세계를 변화시키고 있다. 사회구성원의 생활영역에서 전화, 컴퓨터 등이 보편적 생활도구로 활용

---

8) IT산업에 대한 국제경쟁력지표가 뒷걸음치면서 기존 정보통신부 부활을 둘러싸고 불거진 IT 컨트롤타워논란은 산업, 정치, 정부, 학계 일각에서 제기되었다. 이러한 현상은 융합, 혁신흐름으로 급변하는 IT기술에 정책기관 간 유기적인 협조체제와 신속한 정책 및 관리가 이루어지지 못했음을 반증한다.

9) 여기서 지향된 의식으로서 체험들은 인간의 자연스럽고 순수한 의식이 지향하는 인간세계의 이념적인 대상들로서의 존재다. 또한 생활세계는 인격적 태도에서 바라본 세계로서 합목적적 효율성을 중시하는 사회체계의 범주에 대항하는 개념이다. 개인적·사회적 동일성을 유지하며, 사회성원들이 배경지식으로 공유하는 상호주관적 삶의 맥락인 생활세계(Habermas, 1975)보다 넓은 의미로 이해하고자 한다.

되고, 정보망의 고도화 및 보급 확산에 따라 생활정보화가 촉진되고 있다. 생활 정보공동체는 양방향적 소통구조를 갖기에 여론의 영향력과 동의에 근거한 헤 게모니의 성립을 가능하게 한다. 또한 자유로운 여론형성의 장으로 실시간 정치, 정치적 참여 확산으로 소통을 증진시킬 수 있다. 초고속정보통신에 접속하는 정 보이용자들의 인식과 반응은 의도했던 방향과 거리감이 있었다. 이를테면 정보 의 다양성이 제약되었고, 업체마다 성능과 품질이 제각각인 데다 가격도 천차만 별이었기에 정보가 부족한 소비자들의 정확한 선택이 어려웠다. 게다가 느린 속 도, 고비용 등으로 인해 이용자들의 불만이 높은데다 부작용도 심화되고 있다. 그나마 열악한 접속 상황은 개선되고 있지만 이용자를 위한 혁신적 서비스가 생 성되지 못하거나 생산적 공론장 형성 및 건전한 정보의식이 미약하다. 물론 일 부 국한된 현상이지만 정보의 활용내용이나 질적 수준, 이용예절에 있어서 부끄 러울 정도다. 인터넷 부작용의 범위와 수준이 갈수록 확장, 심화되면서 정보공동 체의 가치와 안정성을 위협하고 있다.

제2절 현상학적 접근의 의미와 가능성

1. 기존 접근의 한계와 대안적 접근

가. 실증적 접근의 한계

실증적 접근은 현상의 일부분을 파악하기에 한정적이며, 본질탐구에서 유용 성이 제약된다. 인간의식 및 행동을 인위적으로 분해시키는 결과를 초래하고, 신 뢰도의 지나친 강조로 타당성 문제를 소홀히 여기며, 경험적 세계를 조사자의 사용모형에 맞도록 왜곡시키기도 하였다(Deutscher, 1966). 게다가 주관적 성격의 가치문제를 배제하고, 객관적 사실만 분석대상으로 삼기에 의식현상을 이해하거 나 이념적인 것을 파악하려 할 때 한계를 드러냈다(Husserl, 1981). 이런 제약의 극복과 의식이라는 정곡(正鵠)을 간과해 버리는 오류에서 탈피하기 위해 현상학적 접근과 해석학 및 비판적 방법론이 제기되었다. 사실 현상학이 가장 비판적으로 접근하는 실증적 접근은 객관학문으로서 경험을 통해서 미리 주어진, 즉 자명한 세계의 객관적 진리를 추구하는 학문이다(오수길 외, 2009).

나. 현상학적 접근의 이해와 가능성

1) 현상의 개념과 인식: 인격주의적 태도

현상이란 의식흐름을 구성하는 것으로 대상의 존재가 아닌 인간경험을 의미한다. 현상은 의식에서 독립된 객관적인 현상이 아니다. 의식된 혹은 지향된 현상이다. 그래서 현상은 의식주체의 직관적 의식에 거주하고, 실재성의 평가근거로 작용하면서 지각, 기억, 상상, 상징방식, 이론화작용 등의 인식과정을 통해 심화, 확장된다. 이처럼 현상인식을 위해 취할 수 있는 태도가운데 사회과학에 적용할 수 있는 것은 인격주의적 태도다. 동 태도는 사물을 주체적으로 파악한다는 점에서 엄밀한 학문으로 정초하기 위해 요구되는 현상학적 또는 혹은 선험적 태도와 밀접하다(김동일 외, 1989: 192-195). 지속적 의식흐름을 관찰, 기술하는 현상학적 태도는 인식형성과 주체 및 인식생활에 관한 자기반성의 최종근거를 반문하는 태도를 취한다. 현상학적 태도는 판단중지(epoché)라는 철학적 반성을 거쳐 도달하게 되는 태도이며 철학적 관심영역이다(소영진, 2004). 반면에 인격주의적 태도는 인간을 자연의 일부로서가 아니라 그와 독립된 인격으로 세계를 단순히 대상세계로서가 아니라 환경세계로 파악한다. 여기서 환경세계는 그 속에서 생활하는 인간과 함께 실재세계로서 주어지며, 인격자의 지각·기억 등의 행동에 의해 인격자와 일정한 관계 속에 있는 세계를 의미한다.

2) 현상학적 행정 및 정책연구와 가능성

현상학은 1960년대 말과 70년대 초 신행정학자들에 의해 실증주의를 비판하기 위한 방법론적 전략으로 채택되었다. 기술문명과 물질주의, 관료제화 등에 의해 초래된 인간소외의 본질을 파헤치려는 특성을 지녔다. 1980년대 이르러 Harmon의 행위이론 등에 의해 행정학에 도입되면서(Harmon, 1981: 45) 가치중립적 연구로부터 가치비판적이고 가치평가적 정책연구로의 전환계기를 마련하였다.

현실적으로 행정문제는 복잡·다양하기에(Hendrick and Nachmias, 1992: 310- 11; Fisher, 1998: 129-46) 다차원적 연구방법과 이론이 요구된다(Brunner, 1982: 130; Hendrick and Nachmias, 1992: 311). 이런 맥락에서 현상학은 현실문제의 해결에 무기력했던 실증적 정책연구로부터 가치문제와 주관 및 객관 간 조화를 찾으려는 이론적 및 방법론적 분기이자 실증적 접근의 대안적 방법론으로서 의미를 지닌다. 뿐만 아니라 현상학적 정책연구는 정책학 본래의 목적에 접근, 정책현상을 설명하면서 문제해결에 응용될 수 있다는 점에서 응용과학으로서 정책학과 맥락을 같이한다(Lasswell, 1971: 29).

사상(事象) 그 자체로서 본질을 중시하는 현상학적 접근은 경험에 대한 지속적 탐색을 강조한다는 점에서 실증성을 띠지만, 과거 경험을 통해 증명하려는 실증주의와는 이념 및 방법론적 측면에서 구분된다(Macleod, 1974: 68). 또한 의미세계(생활세계)의 개별적 구성물을 보다 잘 이해하는 것을 목표로 한다. 그러나 실증주의든 현상학이든 현상의 본질을 규명하며 풀어나간다는 점에서 공통적이다. 다만, 사회적 상호작용과정에서 생성된 정책이 특정 개인의식 밖에 존재하더라도 개인의 가정과 공유된 연결망으로서 의미를 갖기에(Burrell and Morgan, 1979) 현상학적 분석이 실증적 접근에 비해 정책이해와 설명에 유용하다. 보다 확장된 의미에서 현상학이란, 방법에 맞추어 현상에 접근하는 것이 아니라 현상에 맞추어 방법을 택하는 입장, 원래 취지나 의도가 실종되지 않도록 찾아내고 끊임없이 상기시키는 입장, 생활세계를 원래의 취지와 의도들이 배태(胚胎)되고 서식(棲息)하는 가장 원초적인 세계로 보는 입장에서 규정될 수 있다(김홍우, 2007)는 점에서 대안적 설명가능성도 지닌다.

다. 기본개념, 분석수준과 모형

현상을 인식하는 주요 개념요소로서 〈표 5-1〉에서 보듯 인간존재, 생활세계, 그리고 인간-세계-관계 간 범주를 상정하기로 한다. 이러한 개념들은, 즉 현상학의 중심을 이루거나 인접학문인 실존철학 및 해석학에서 산발적이나마 적용된 개념요소로부터 추출한 것이다. 이는 현상학적 정책연구에서 관심을 가져야 할 개념으로서 삶의 주체인 인간존재, 생활세계 그리고 주체와 세계 간 관

표 5-1 현상학적 분석의 기본개념

구분	인간존재	생활세계	인간-세계-관계
Kierkegaard	주체성	미·윤리·종교적 단계	진리
Husserl	의식, 삶의 주체	지각의 세계	인간의식과 필연적 상관
Heidegger	현존재/일상인	존재와 시간/체험된 세계	개방성, 진리, 비은폐
Sartre	즉자-대자	세계내·상황내 존재	본질부정
Jaspers	상호내적 존재	상황내 존재/한계상황	난파, 개방성
Arendt	사회적/정치적 동물	생활영역	세계의 사물화
Harmon	의미의 협의	조직체, 공동체	왜곡 없는 이해

자료: 필자 재구성.

계를 중심으로 구성되었다. 현상학적 분석이 언어를 매개로 현상을 바라보면서 문제의식의 문맥을 구성한다는 점에서 현상학적 의미의 사회세계를 구성하는 데 유의미한 시사점을 지닐 것으로 판단된다.

2. 현상학적 접근의 분석모형

기본 개념의 바탕에서 분석수준을 연구대상의 단위에 따라 개인, 조직, 사회적 측면으로 구분하여 살펴볼 수 있다. 아울러 분석시각은 인간적, 관리·기술적 그리고 정치·사회적 관점에서 구성할 수 있다(Alford and Friedland, 1985: 234-235). 이 같은 분석수준과 시각을 절충하여 현상학적 접근을 위한 분석단위를 도출하면 첫째, 인간행위의 의미를 행위자 관점에서 파악하는 것이다. 그 까닭은 관찰 가능한 요소 간 인과관계에 대한 설명이 아니라 사회성원이 능동적 입장에서 자신의 삶과 사회질서를 이해할 수 있기 때문이다. 둘째, 조직은 인간의 목적적이며 의도적 행위에 의해 구성된 가치 함축적 행위의 집합물이다. 이에 겉으로 드러난 구조성에 있는 것이 아니라 그 안의 가치, 의미 및 행동에 있다(Jun, 1986: 72). 그리고 조직 내 주관적 개인의 경험을 간주관적으로 공유된 의미의 집합으로 객관화하여 이해할 수 있다. 셋째, 행위자와 조직이 존재하며 상호작용적으로 대면하는 일상적 실존으로서 생활세계에 초점을 둘 수 있다.

앞서 제시된 기본개념과 연관시켜 살펴볼 수 있다. 첫째, 개인 수준은 인간 관계적 관점에서 인간존재를 파악할 수 있다. 주로 정보화 현상에서 정보이용의 행위주체로서 정보이용자의 실존적 행위와 삶의 질에 초점을 맞추기로 한다. 둘째, 조직수준은 관리·기술적 시각으로 조직지향과 구성을 이해할 수 있다. 즉, 정보화촉진과정에서 나타난 행위주체로서 정보화 부처 간 갈등관계와 양상을 분석대상으로 삼고자 한다. 셋째, 사회체제의 분석수준으로서 사회·정치적 관점에서 생활세계를 살펴보기로 한다. 여기서 생활세계(Lebens-Welt)는 개인에 의해 구성된 체험적 세계로서 정보네트워크에 의해 형성된 생활정보공동체로 파악하고자 한다. 왜냐하면 정보통신망에 사회성원 삶의 현실이 투영되기 때문이다.

사실 정보가 갖는 특성과 접근의 다양성으로 인해 정보화성취를 이해하려는 공감대 확보가 쉽지 않다(Machlup and Mansfield, 1983). 정보화 현상도 보는 입장에 따라 상이하고 복잡한 양상을 드러낸다. 그럼에도 불구하고 본 장에서는 정보화현상을 개인, 조직구조, 생활공동체의 바탕에서 직관하고 이해하고자 한다.10) 즉, 정보화 경험을 조직의 부분(bit)을 구성하면서 정보서비스의 이용주체로서 이용자, 정보화의 주체이자 행위자의 맥락(context)을 구성하는 조직체로서 정부조직, 그리고 개인과 조직의 상위맥락(meta context)으로서 공동체생활세계의 관계 속에서 분석틀을 도시하면 〈그림 5-1〉과 같다. 정보화에 대한 경험을 바탕으로 인간존재로서 이용자 삶, 조직간 관계지향, 정보망의 생활세계를 기술, 이해하고 정보화 성취에 대한 평가, 해석을 바탕으로 바람직한 정보화방향을 제시하고자 한다.

아울러 현상학적 분석을 위해 중층기술(thick description)11)을 사용하기로 한다. 아울러 연구대상의 문화적 의의와 가치를 해석하기 위해서 상징, 은유, 언어분석 등이 의미해석의 도구가 될 것이다.

---

10) 정보화현상은 복잡다양하기에 모두 기술하기는 어렵다. 그럼에도 불구하고 본 연구는 세 가지 차원, 즉 개인(이용자), 조직(부처), 공동체(정보네트워크)를 중심으로 하였다. 이용자 차원에서 휴대폰서비스 경험, 조직차원에서 정보화 부처 간 관계, 정보화된 생활세계의 근간인 인터넷의 경험에서 부딪친 문제에 초점을 두고자 한다.

11) 중층기술은 언어철학자 Gilbert Ryle이 사용하였는데 Geertz(1998: 11-47)는 문화인류학에 적용하여 문화 해석작업이 중층기술에 해당한다고 주장하였다.

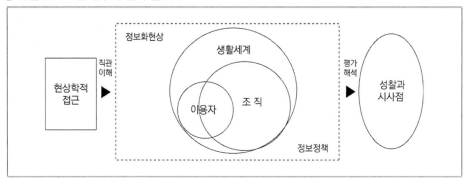

▌그림 5-1 본 연구의 분석 틀

정보화현상

생활세계

현상학적
접근

직관
이해

▶

이용자   조직

정보정책

평가
해석

▶

성찰과
시사점

제3절 정보화경험의 현상학적 분석과 시사점

정보통신은 인간 삶 속에서 소통을 증진시키는 매체로 인식된다(Feibleman, 1966: 318-328). 정보시대에서 정보이용과 접근은 인간의 사회적 행위와 연관되기에 일상생활에서 성찰적으로 조명, 해석될 필요가 있다. 그렇지 않으면 정보화 성취과정에서 득세한 도구적 합리성이 생활세계 영역을 침식, 그 정합성을 파괴하여 자칫 정보사회의 위기라는 역리현상을 초래할 수 있기 때문이다.

1. 정보화경험의 세 가지 단면

정보화 촉진의 근본이유는 지속적인 정보수집, 저장 및 통제를 전제로 하되(Giddens, 1985: 178), 삶의 질과 국가사회의 경쟁력 제고에 맞추어져 있다. 하지만 정보화실상은 기대와 격차를 드러냈는데 이하에서는 분석 틀에서 제시했듯 개인-조직-공동체의 생활세계에 영향을 미친 체험적 사건과 경험적 사례[12]를

---

12) 정보화현상을 둘러싸고 표출된 의식과 단상들은 정보화에 의해 구체화된 인간의 정신활동이며 심리적 양태다. 이처럼 순수한 정보이용자 의식의 흔적과 기억들이야말로 정보화의 실재다. 이 글에서는 정보이용자, 정책담당자, 사업자 등과의 면접과 사이버공간의 참여관찰을

중심으로 살펴보기로 한다.

1) 정보서비스 이용자의 피해

오늘날 IT서비스는 선택이 아니라 식료품처럼 '필수품'이다. 한국의 휴대폰 및 초고속 인터넷 사용이 일반화하면서 가구당 정보기술(IT) 관련 지출규모로서 2005년 기준, 가계 중 차지하는 통신비용으로서 IT엥겔계수가 전체 소비지출의 11.4%로 나타났다. 소비자 10명 중 9명은 IT지출에 부담을 느끼는 것으로 드러났다(서울경제신문 2005년 5월 6일자). 정보통신서비스 요금설정의 궁극적 목표는 이용자의 후생극대화에 있다. 이용자는 자신이 지불하고자 하는 요금과 실제로 지불한 요금의 차이로 잉여를 갖는다. 그러나 실상은 왜곡된 요금으로 인해 사회후생의 저하는 물론 이용자불만과 불신이 고조되면서 개인적 수준을 넘어 사회적 차원의 문제 상황으로 인식됐다[13]. 통신서비스의 경우, 국민 대다수가 사용하는 보편적 서비스로 성장했지만 이용자들의 불만과 피해도 적지 않았다. 한국소비자원에 접수된 민원 중에서 1위와 2위가 모두 통신서비스와 관련된 불만이고, 방통위에도 연간 4만여 건의 민원이 접수되었다. 정보서비스이용과 관련한 사회성원들의 정보소외는 부당요금, 의사소통 및 서비스왜곡 등으로 드러나면서 피해가 급증하였다. 통신서비스내용의 복잡성과 전문성은 소비자 선택을 제한하는 결과를 가져오는 것으로 밝혀졌다(한국산업조직학회, 2010). 실제로 명의도용, 해지 시 위약금, 통신품질, 해지지연, 부당요금, 가입 시 피해 등으로 피해유형이 다양하게 나타났으며 심지어 피해사실 자체를 모르거나 피해구제가 어려운 상황이 발생하였다. 이를테면 과당요금부과라든지 심지어 걸지도 않은 전화요금이 부과되거나 고객 모르게 부가서비스에 가입시키는 방법 등 왜곡현상

바탕으로 정보공간에서 표출된 네티즌의견과 주장을 원용하였다. 아울러 개인적 경험이 투영된 사회현상을 다룬 TV프로그램, 일간지, 잡지 및 정책기관(소비자보호원, 통신위원회 등)의 사실적 자료를 활용했다.

13) 이동전화 요금인하를 요구해 온 시민단체(YMCA, 소비자시민모임, 참여연대 등)와 소비자들은 사업자편에서 요금인하 폭을 최소화하려는 정책기관(정보통신부, 방송통신위원회) 행태에 대해 규탄집회와 온라인시위를 잇달아 개최하였다. YMCA의 시민중계실 S실장은 "지금의 이동통신가격구조는 소비자 용인의 한계를 지나쳤다."며 "우선 눈에 띄는 부당요금, 거품요금, 불필요한 요금을 즉시 줄이거나 없애야 한다."고 말했다(2007년 5월 15일 '이동통신요금 4대 괴물 몰아내기 소비자행동' 기자회견).

이 다양했다. 가입신청서 허위작성이나 기존 가입자를 부가서비스에 임의 가입시켜 놓고 해지요청이 없으면 요금을 부과하였다. 또한 부가서비스를 한 달 동안 무료로 이용해 보라고 한 뒤 특별한 의사표시가 없으면 익월부터 계속 요금을 부과하는데 통신서비스에 물정이 어두운 노인이나 어린이가 주요 대상이기 십상이다[14]. 그럼에도 피해자들은 부가서비스 요금이 1000원 안팎으로 소액인데다 대부분 요금납부는 자동이체, 청구서는 이메일로 받아보기 때문에 미처 알아채지 못했다는 약점을 활용했다. 사업자들은 부가서비스에 소비자를 가입시킬 경우, 리베이트를 지급하는 등 적극적인 장려책을 펴고 있기 때문에 대리점이나 위탁사업자들이 부가서비스 유치실적을 높이기 위해 가입자 의사를 제대로 확인하지 않거나 아예 과정을 생략하고 임의 가입시키는 위법행위는 계속되었다. 통신위가 위법행위를 적발, 수차례 시정명령과 함께 과징금 처분을 내렸지만 위법행위가 적발될 경우 내야할 과징금이 얻는 이익의 일부분에 불과하기 때문에 피해가 속출했다. 문제는 통신업체 잘못으로 부당하게 부담한 요금을 돌려받기 위한 절차가 복잡하고 까다롭다는 사실이다. 가령 부당요금징수로 인한 피해사례[15]를 겪은 이용자는 업체에 의해 돈을 돌려받았지만 사업자의 경직된 태도가 불신을 고조시켰다(MBC TV, 2007-10-12 21: 30).[16] 요금을 돌려받기 위해 피해자가 개별적으로 이의신청을 해야 하지만 약관상 이의신청기간이 지난 후에는 별다른 방법이 없는 실정이다. 더구나 일방적 직권해지나 약관변경 및 운영 등

---

14) "이용자 L씨는 70대 아버지의 휴대전화 요금명세서를 살펴봤더니 '데이터프리' 서비스요금이 청구돼 있었다. 2004년 7월부터 가입된 것으로 나왔는데 확인해보니 아버지께서 가입한 적이 없는 서비스란다. 이동통신사에 항의하자 처음엔 고객이 가입했다고 큰소리치더니 나중에는 직원실수로 잘못됐다고 한다(Ohmy News, 2005. 5. 23일자 중 "통신업체 '가입사기' 당신은 무사합니까?"를 인용하였다)."

15) 52살의 사업가 B씨는 2007년 9월 우연히 전화고지서 뒷면을 보고 깜짝 놀랐다. 자신의 서명이나 동의 없이 맞춤형 정액요금제에 가입돼 있었기 때문이다. K사 요금내역서에 따르면 5월의 경우, 전화기 5대로 사용한 실제요금은 6,500원인데 B씨는 무려 77,000원을 납부했다. KT가 무단으로 가입시켜 놓은 정액요금 서비스 때문이다. 5년에 걸쳐 무려 340만 원을 추가로 납부한 셈이다.

16) 주부인 J씨(서울 봉천동)는 "왜 사과를 안 해요. KT면 큰 회사잖아요. 난 미안하다고 사과 받고 싶은데. 그래서 고발한다고 했어요. 그랬더니 알아서 하시라고 하더라고요." 이에 대해 KT측은 여전히 대수롭지 않다는 반응을 보이고 있습니다. 이에 대해 KT 관계자는 "잘못은 생기면 시정하고 바로잡아주면 되잖아요. 잘못했다는 거 자체를 가지고 얘기하시면 안 된다고 봐요. 지금 기자님도 100% 일을 완벽하게 하고 계신가요?"라고 답했다.

에서 정보공급자와 정보이용자간 불균등한 관계양상을 여실히 보여준다. 즉, 단말기분실에도 불구하고, 의무가입기간에 묶여 미사용 요금을 냈거나 새 약관에는 폐지됐지만, 가입당시 약관에 따라 요금을 내야 한다는 업체 측 주장 때문이었다. 반면에 통신사는 휴대전화 미사용 시 할인요금 적용은, 새 약관에 따라 기간을 1년에서 3개월로 단축하였다. 이처럼 대부분 이용자들이 약관을 이해할 수 없을 뿐만 아니라 업체노력도 미흡한 것으로 드러났다. 최근에는 결합상품 가입이 빈번해지면서, 인터넷도 집 전화와 같이 자동 해지된다고 으레 생각한 이용자들이 많아 동일한 피해사례가 잦았다. 이 때문에 사업자들이 고객유치에만 관심이 있고, 서비스는 소홀한 것 아니냐는 비판이 제기되었다[17]. 더구나 해지와 관련하여 소비자들은 '가입은 쉬워도 해지는 하늘의 별따기'라며 사업자들의 상도덕에 강한 불만을 드러냈다. 이러한 바탕에는 이동전화사업자들이 해지를 막기 위해 가입자에게 다양한 혜택을 주고 있음이 드러났다. 심지어 대리점의 사기진작을 위한 장려금이 오히려 소비자들을 따돌리는 촉매제로 악용되며, 일부 대리점은 장려금을 받기 위해 고객들을 교묘히 속이며 심지어 고객개인정보를 DB마케팅으로 이용하는 것으로 밝혀졌다. 최근 스마트폰은 새로운 기능과 디자인으로 이슈가 됐지만 웬만한 가전제품보다 고가인데다 제조사 및 이동통신사들의 횡포 때문에 피해사례가 늘고 있다. 구매 후 생기는 문제를 모두 소비자 탓으로 돌리는 업체들의 횡포(KBS1TV 소비자고발, 2010년 6월 4일자)는 정보화가 심화되는 삶의 공간에서 이용자를 무시한 서비스공급자중심의 편향적 관계가 시정되지 않는 것으로 미뤄 보건대 이용자의 권리보호 보다는 공급자 이익이 우선시 되었음을 보여준다. 심지어 2010년 1월부터 11월까지 직권에 의한 해지자를 대상으로 이용정지 후 직권해지까지 소요기간을 조사한 결과, SKT와 KT의 경우 일관성 있는 기준을 적용하지 않아 편차가 크게 나타났다. 심지어 직권정지 이후에도 기본료가 부과된 것으로 나타났다[18](방송통신위원회, 2011. 5. 18일자 보도자

---

17) 이용자 K씨는 S사의 초고속인터넷과 집 전화를 쓰다 2009년 11월 K회사(030200) 결합상품 (초고속인터넷+인터넷전화+인터넷TV)으로 바꿨는데, 해지된 줄 알았던 이전 통신사의 초고속인터넷 요금이 계속 청구돼 3달 동안 자동으로 이체되고 있었다(미디어제주, 2010. 3. 26일자).

18) SKT는 이용정지 후 직권해지 이전까지 기본료(월 3,850원)가 계속 부과되었으며, KT는 임의

료). 이처럼 정책이 자율과 자유에 대한 억압의 정도를 줄이고 경직성을 감소시키는 바람직한 방향(Habermas, 1973)과 동떨어진 괴리현상에 대해 이용자보호정책은 IT후진국으로 비판되기도 하였다.19) 그렇다고 정부노력이 없는 것은 아니었다. 그동안 정부는 방송통신시장 환경변화에 따라 복잡·다양화 되는 서비스에 대한 정보제공과 교육을 통해 이용자역량을 강화하고, 시장모니터링과 피해사례 분석 등을 통한 방송통신 이용자보호정책을 체계적으로 지원하기 위해 방송통신이용자보호센터를 설립했다(방송통신위원회, 2010. 3. 4). 하지만 한국정보통신산업협회(KAIT) 내에 설치하여 과연 사업자조직에서 이용자보호가 확보될 것인지 의구심을 낳았다.

2) 정보통신 행정조직간 갈등

원래 행정은 국민을 위해 존재하며 정책을 통해 가치를 창출, 배분한다. 국민을 위해 이음새 없이 조화로운 정책이 기대되면서 전자정부가 등장하였다. 횡적연계성이 중시되는 정보정책의 경우 부처 간 협력과 연계가 한층 강조된다. 하지만 세계적 수준의 전자정부를 구축하였음에도 불구하고 정보정책을 둘러싸고 부처 간 소통단절이나 상호작용의 어그러짐(slippage) 현상이 드러났다. 어그러짐은 여러 층의 정책과정을 거치면서 원래의 정책의도에서 연속적, 누적적으로 벗어난 현상으로(Freudenburg and Gramling, 1994), 일시적 현상이 아닌 구조적 갈등문제로서 정보화촉진기본법 등을 비롯한 법률제정과정에서 심하게 드러났다. 법률 명칭이나 조문의 자구를 조직의 이해에 따라 해석하는 행태뿐만 아니라 정책조정과정에서 빈번하게 야기되었다. 관료들은 소속부처의 이익으로서 조직 확장, 예산확보, 재량권 증대 등을 유지하거나 침해방지를 위해 조직자원과 세력을 동원하면서 부처중심의 논리에서 벗어나지 못한 나타났다. 이를테면 당시 법제정 취지에 대한 부처 간 입장을 보면, 상공자원부는 정보통신산업도 산업의 한 분야인 만큼 상공자원부가 적극 관여해야 한다는 것이며, 체신부는 국

적으로 이용정지 후 9개월간 수신을 유지하면서 직권해지도 일률적으로 유보하고, 기본료(월 3,850원)를 부과(9개월, 34,650원)하고 있는 것으로 확인하였다.

19) 국회 문화체육관광방송통신위원회 소속 김을동 미래희망연대 의원은 15일 방송통신위원회 업무보고에서 소비자보호를 위해 연간 500억 원대로 예상되는 스마트폰 데이터요금을 이월해 사용할 수 있도록 하는 제도 마련이 시급하다는 주장을 제기했다.

가의 핵심전략으로서 국가정보화 촉진 및 정보통신산업 육성에 제정목적을 두어야 함을 주장했다. 반면 경제기획원은 거시경제정책을 수립, 총괄하는 조정부서이지 특정 산업분야의 정책집행부서가 아니라고 발뺌했다. 이는 전기통신기본법, 전산망법 등에 의해 정보통신정책을 펼쳐온 체신부논리를 뒷받침했다. 부처간 정책갈등은 정책결정뿐만 아니라 집행과정에서도 나타났다. 그 까닭은 정책수단과 피규제자의 동기부여가 부족한 경우, 정책실패가 야기될 수 있기 때문이다. 그러나 문제는 그 피해가 고스란히 산업계 및 민간부문으로 돌아갔다는 사실이다.[20] 결국, 관료지배적 기술기반 및 관료와 시민 간 불균형의 정치·행정적 상황이 정보화 제도형성의 매개변수가 되었으며, 이 과정에서 정보이용자 및 기업요구는 오히려 종속변수의 위치에 머물렀다. 실례로 1993년 당시 정보화촉진기본법안이 국무회의에 상정되었지만, 당시 정재석 신임경제기획원장관은 "정보산업기반조성에 관한 법률(안)"의 내용이 부실하다고 지적, 체신부 등 관계부처와 협의하여 내실있는 법안이 되도록 보류할 것을 지시하였다. 이는 체신부의 완강한 반대로「정보화촉진기금」및「정보화촉진정책심의회」등 핵심적 알맹이가 빠진 상태에서는 법률로서의 실효성이 의문시되자 체신부의 양보를 받아내려는 경제기획원의 의도가 깔려있었던 것으로 해석된다. 그런데 기금출연과 업무수행조직 등을 둘러싸고 관계부처가 대립할 수밖에 없었다. 이는 쟁점사항의 주도권을 장악한 부처가 장차 정보화를 주도할 수 있다는 계산에서 비롯된다. 이 같은 상황은 정보를 관리, 통제할 수 있는 기술관료들이 독자영역을 구축하고 권력을 지속적으로 확장하려는 의도를 보여주는 단면이다. 이 과정에서 배제된 산업계나 민간부문 등 사회성원은 수동적이며 순응적 성향을 유지하였다. 이렇듯 정보화과정에서 부처 간 소통단절과 함께 정책지향이 어그러지면서 정책대상 집단과 정책공동체에 부정적 인식을 심화시켜왔다. 이러한 문제는 시간이 흘러도 개선되지 못한 것으로 나타났다. 가령 정보통신 진흥기금 배분, 무선인터

---

20) 이를테면 정보산업계의 최대관심사였던 정보화촉진 법안이 법제정과정에서 명칭이 바뀌고 그 의미와 취지까지 퇴색되었는데 집행수단 관련 핵심조항이 빠진 것은 단순히 상징적 의미로서 법률존재의 명분만 세운 격이다. 이는 결국 관련부처 간 마찰을 빚어왔던 조항들이 삭제 또는 축소되는 것으로 나타나 업계 및 국민을 위한 실리가 철저하게 외면당했음을 보여준다.

넷 부문에서 지경부, 방통위, 문화부 등이 자기 부처의 기득권을 앞세워 갈등을 연출하고 있다. IT 부처 간 경쟁은 이처럼 '선의의 경쟁' 수준을 넘어서 이미 위험수위에 근접했다(디지털타임즈 2010년 4월 19일자). 사실 한국은 전 부처가 네트워크화되어 최고수준의 전자정부의 모습을 갖추었지만 파편화된 정부기능의 난맥상이 여전한 것은 정보화와 관료조직 간의 괴리의 단상을 보여준다. 또한 과거에 개발된 많은 정보시스템들이 저활용(underutilization)된 점은 개발과정이 고객만족보다는 공급자편의성 중심으로 추진되었음을 드러낸 것이다(송희준, 2008). IT산업진흥 담당부처의 경우, 지경부·방통위·행안부·문광부 등 4개에 이르며 타 산업과의 융·복합을 고려할 때 거의 모든 부처들이 IT산업과 관련된다. 하지만 정통부해체 이후 IT기업들은 관련 부처들을 일일이 상대하고 각각 인허가를 받아야 하는 처지다[21]. IT산업발전을 지원해야 할 정부조직이 오히려 걸림돌이 되는 형국이다. 조직간 상호작용의 어그러짐은 정책기관뿐만 아니라 사업자간에도 나타났다. 선의의 경쟁을 통한 소비자후생 증대보다는 '고객 뺏기' 경쟁이 심각한 수준이다. 실제로 K사가 경쟁사의 가입자정보를 몰래 빼내려다가 들통나 형사고발까지 당하는 사례가 발생했다(머니투데이, 2010년 5월 25일자). 심지어 통신사업자대표와 방송통신위원장과의 간담회에서 마케팅비를 유선과 무선을 구분해 매출액 대비 20% 수준으로 제한하기로 합의했다. 이처럼 정부가 기업담합을 유도하는 카르텔을 조장하는 것은 후진적 행태로써 시장경쟁 침해는 물론 궁극적으로 소비자피해가 우려되기도 하였다(김상호, 2010).

3) 정보화된 생활세계의 불만

정보공간의 확장에 따라 생활세계와 사회·정치적 소통방식이 정보네트워크 중심으로 변화되고 있다. 정보생활공간에서 활동하는 네티즌도 1999년 59만 명에서 2001년 3월말 500만, 2009년 11월 현재 16,316천 명으로 급증하였다. 하지만 양적 성장에 비해 소통과 신뢰가 중시되는 온라인공간에서 네티즌의 불만사항이 수그러들지 않고 있다. 2001년 당시 초고속인터넷서비스 이용자 10명 중

---

21) 과거보다 더 심각한 수준의 부처 간 업무충돌이 빚어지고 있고, 관련 정보통신업체들도 과거보다 더 많은 정부 부처를 상대해야 한다고 불만을 토해내고 있다(디지털타임즈, 2008년 10월 16일자).

3명은 서비스해지를 원하는 것으로 나타났다(조선일보, 2001년 1월 18일자). 하지만 시간이 지나도 불만사항은 개선되지 않는 것으로 드러났다. 가령 2008년 4월부터 1년 기간(2008. 4. 1~2009. 3. 31)에 접수된 초고속 인터넷관련 소비자피해구제 사건(375건)의 피해유형[22]의 경우, 계약해지 관련 피해가 153건(40.8%)으로 가장 많았고,[23] 개인정보유출 70건(18.7%), 약정불이행 53건(14.1%) 등의 순이었다. 특히, 초고속인터넷과 IPTV와 인터넷전화를 포함한 결합상품의 가입이 점증하고 있으지만 해지 시 위약금관련 기준이 마련되지 않아 피해가 급증하고 있다. 실례로 인터넷 서비스 비제공지역 이사에 따른 중도해지 시, 약정기간 임의연장 후, 일부 서비스 하자로 인터넷 결합상품 해지 시 위약금을 부과하여 정보공동체 구성원에 피해를 야기하였다. 생활세계에서 정보접속이 일상화되고 인터넷기반산업이 급성장했지만, 공급자위주의 관련법규나 불공정한 소비자약관 등이 시정되지 않고 있다는 반증이다. 온라인공간에서 "초저속낀터넷", "초저속 A/S" 등 속도 및 서비스에 대한 불만과 불신에 뿌리를 둔 질타와 개선요구에서 엿볼 수 있다. 즉, 가입자 수 확장에 목적에 둘 뿐, 가입자들을 위한 안내 및 A/S의 부실, 계약위반 등 신고사례들이 표출되면서 왜곡된 정보생활세계의 편린을 드러냈다. 세계 최고의 초고속인터넷 인프라를 갖추었지만 사업자별 가입자 수와 업·다운로드 속도 등 전반적으로 실제 속도가 통신사가 광고하는 속도의 10분의 1수준에 머물고 있는 수준으로 상당한 격차를 드러냈다. 즉, 100Mbps 상품에 가입했어도 통신사에 따라 실제 4~28Mbps 속도를 제공받고 있다(방송통신위원회, 2010)[24]. 이러한 원인에 대해 업계에서는 통신사와 포털사업자 간의 책임불분명에 따른 투자 미루기에서 기인한 것으로 보여진다. 정보생활세계의 현상에 투영된 네티즌들의 부정적 인식은 사용자 권익보호에 대한 우려를 넘어 서비스지연과

---

22) 한국소비자원(2009. 5. 14)의 발표자료를 활용하였다.
23) 정모씨(부산, 남, 40대)는 2009. 2. 11. 인터넷 및 인터넷전화 결합상품에 3년 약정으로 가입했는데 인터넷전화의 통화품질 하자로 수차례 A/s를 받았으나 개선되지 않아 피신청인에 대한 신뢰 상실로 결합상품 전체에 대한 해지를 요구하자 인터넷에 대해서도 해지위약금을 부과하였다.
24) 방통위의 L이용자보호과장은 "100메가급 초고속인터넷 최저보장속도가 다운로드 10Mbps이므로 주요 통신 3사의 품질에는 문제가 없지만 (이 속도는) 실제 소비자들의 인식과는 동떨어져 있다."고 말했다.

관련한 사업자 대응조치에 대한 체념 섞인 불만[25]에서 아무런 보장 장치 없이 수동적 입장을 취할 수밖에 없던 이용자들의 심정을 엿볼 수 있다. 이처럼 법적 규제가 미비한 현실의 개선을 위해 네티즌가운데 사용자 권익보호를 위해 최저 속도 보장제가 주장되기도 하였다.

정보생활공간에서 표출된 내용으로 미루어 볼 때 초고속인터넷의 사용에 불신과 불만이 지속되어오고 있음을 짐작할 수 있다. 물론 속도에 만족하는 소수의 이용자도 있었지만, 이들의 만족속도 역시 광고나 기타 신문보도와 괴리를 드러내면서 서비스 불만사항을 각 기업 사이트에 신고하여 해결하려는 참여지향적 행태도 드러났다. 이에 대해 각 기업들은 자체방안을 발표, 실행하였지만 서비스 향상 및 해결방안 등에 대한 불신 및 항의움직임이 인터넷으로 확산되었다. 함께 만들어 가야할 정보생활공동체로서 네티즌의 공세적인 입장변화로 이해할 수 있다. 이러한 이용자를 의식한 듯 통신위원회는 4시간 이상 서비스 장애 시 시간당 평균이용요금의 3배를 배상하도록 규정한 약관을 위반한 초고속인터넷서비스업체에 대해 시정명령과 함께 배상금을 부과하였다. 이와 함께 문제 발생 시 이용자들의 피해보상을 위해 서면계약서 보관 등 별도의 대응책이 제시되기도 하였다. 보다 전향적으로 지난 2011년 5월부터 방송통신위원회는 방송통신서비스 가입, 이용, 해지 과정에서 발생하는 이용자의 불만 해결을 위해 8개 방송통신서비스 사업자 이용자보호 업무수준을 평가하고 있다(방송통신위원회 보도자료, 2011년 5월 4일자).[26] 또한 사업자 입장에서도 소비자불만의 개선노력이 전개되었다. 그 일환으로 KT는 이용자가 직접 네트워크 품질개선에 참여할 수 있는 애플리케이션을 개발, 제시하였다(전자신문, 2010년 6월 10일자). 한편, 인터넷이 사회, 경제적 발전과 정치적 소통을 촉진시키고 트위터, 페이스북 등 소셜네트워크가 확산되는 과정에서 정보편식, 해킹, 개인정보 도용과 유출, 불법콘텐츠

---

25) 동 사실은 "… 가입할 때부터 기대를 안했지요 … 2주가 103일이 될 줄이야 … 그래서 D라인 게시판에서 1달 넘게 활동했지요 … 속도 떨어지면 게시판에 또 들릴거니 … 그러니 게시판글쓰기와 상담원과 전화하는 걸 많이 해야 합니다 … 하다보면 좋은 결과가 있겠지요." 라고 반응한 가입자 xxx의 'REVERSAL'을 통해 확인할 수 있다.

26) 주요 평가항목으로 이용자보호와 관련된 조직운영, 사내교육 등 관리체계, 이용자 불만 예방을 위한 정보제공 및 정부가이드라인 자율 준수 등 예방활동, 불만대응 현황, 이용자 만족도 등 총 4개 분야 65개 항목이다

및 허위정보유통, 명예훼손, 온라인사기 등 부작용이 정보공동체를 위협하면서 미래를 어둡게 할 것이라는 점에 사회적 공감대가 형성되었다(Schenk, 1997). 인터넷 부작용이 생활세계에 해독을 끼치면서 더 이상 자유로운 공간으로서 의미를 상실하고 있다. 심지어 한국은 세계에서 가장 심각한 디지털 초위험사회로 인식되었다(Beck, 1992). 그 이유는 인터넷의 광범위한 보급으로 잠재적 피해대상이 많기 때문이다. 그 원은 확산일변도의 정보화에서 비롯된 것으로 이처럼 정보화역기능이 커지면서 검열과 규제대상에서 벗어나야 한다는 신념도 힘을 잃어가는 상황이다.

2. 현상학적 분석과 평가[27)]

현실에서 대안은 자동적으로 제공되기 보다는 삶을 통해 재발견되는 것이다. 대안탐색은 문제가 해결책을 찾을 뿐 아니라 해결책 역시도 문제를 찾는 조직화된 맥락에서 일어나기 때문이다(남지원, 2009). 더구나 정책은 본질적으로 다원적 가치와 폭넓은 공중의견 수렴을 필요로 한다(Dizard, 1982: 134). 하지만 수렴은커녕 정보화성취의 상징인 이동통신서비스나 초고속인터넷영역이 소비자불만 최고의 불명예를 차지했다[28)]. 그렇지만 당초 정보서비스 및 정책과정에서 인간—조직—공동체간 상호작용은 정보화된 세계에서 인간존재의 가치를 구현시키는 행위다. 정보접속과 연결에 의한 인간—세계의 관계에서 공공영역도 확장 추세다. 이른바 비은폐의 개방성 확장을 위해 정보서비스이용, 조직간 관계, 정보공동체에서 소외, 대립, 왜곡이 없어야 한다. 하지만 실제 세계에서 불균형, 갈등, 불안으로 인한 좌절, 실패, 난파(難破)를 경험하였다.

첫째, 이동통신서비스의 경우, 공급자와 소비자간 권력불균형성, 정보비대

---

27) 본 연구의 실제적 근거인 이용자의 감정 상태와 행태가 혼돈스러운 의식흐름이나 무능한 개인의 단자론적(單子論的) 조건의 고통들을 뒤섞어놓는 사고, 비뚤어진 불평 등으로 비쳐질 수 있다. 하지만 정보화 본질은 물리적 대상만이 아니라 가상이 아닌 리얼리티로서 해석될 필요가 있는 확연한 대상이다.

28) 지난 2006년 10월 10일부터 2009년 8월말까지 홈페이지, 전화, FAX, 이메일 등을 통해 접수된 소비자피해제보 가운데 초고속인터넷과 이동통신서비스를 합한 통신서비스(2355건)가 3년 연속 1위를 차지하였다(소비자가 만드는 신문, 2009년 9월 22일자).

칭성이 컸다. 규모가 큰 기업들과 이용자 개인 간 불균형, 비대칭으로 인해 이용자들은 다양한 피해를 경험했다. 또한 정보과잉 속에서 개인의 정보주체성 유지, 회복은 사유와 판단에 의해 가능하다. 만일 정보수용자의 자기주체성이 확립되지 못하면 소외될 수 있다. 비록 소외는 가능적 실존에서 의사소통을 기다리는 의식이며, 소통 역시 실존의 근본적 요소로서 진리의 가능인자로 인식된다. 그러나 실제 정보서비스현상에서는 공급자 독단성이나 주관−객관의 분열에 의해 무력감을 느낄 정도로 소통이 원활하지 못했다. 실존적 공동체를 성립요건으로서 소통은 안이한 타협이나 복종을 의미하지 않는다. 자신뿐만 아니라 타인존재를 위해 공개하고 의문이 없어야 함에도 아직도 이동통신서비스현장에서 이해할 수 없는 상황이 발생하였다.

둘째, 정책은 가치창조활동이자 이상과 현실을 조화시키는 행동이다. 또한 인간의 존재가치, 욕구, 잠재능력을 신장하고 이용자 삶의 세계를 창조적으로 심화시키면서 공동체 구현을 도모해야 한다. 하지만 정보화 정책공간에서 투영된 현실은 정책대안 및 이슈별로 상이한 관점, 가치가 대립되었다. 정책이 지향하는 가치로서 공공성은 인간대면의 현장이자 인간관계의 출현공간이며, 공공영역은 인간관계의 그물이다. 정책기관은 공공성 확장과 공공영역 회복을 실천해야 한다. 만일 관료나 부처 간 이해관계가 상충하는 경우, 솔직하고 편견 없이 논의해야 상호주관성이 확보될 수 있다. 동시에 끊임없는 정책 환류와 재검토의 바탕에서 관점과 시각, 시점과 상황 등을 전체적, 본질적으로 다져야 정책난파성이 극복가능하다. 그러나 정책현상에서는 정부조직 간 관계뿐만 아니라 국민 간 관계에서 공공성을 담보하지 못했다.

셋째, 인터넷기반 생활세계에서 익명성, 불확실성으로 인한 사회적 비용과 위험성이 커지고 있다. 인터넷공간은 정치적·사회적 이슈관련 의견개진이 활발하여 여론형성 및 정치적 선택에 영향력도 막강하다. 게다가 직접적 대면의 필요가 없이 상호 무지상태의 관계도 점증하고 있다. 따라서 인간관계에서 자아를 드러낼 필요도 없고 타인을 위한 배려도 줄어들고 있다. 이러한 현상이 강화되는 경우, 자칫 정도와 양상의 차이가 있지만 인간존재와 가치를 위협하는 한계상황에 직면하면서 유한성을 의식하고 좌절을 겪을 수 있다. 비록 좌절이 무력감을 자각케 하고 절망으로 이끌기도 하지만 사유를 통해 한층 높은 삶을 경험할 수 있다. 한국의 정보화된 생활세계에서 아쉬운 것은 객관적으로 지각할 수 없지만 좌절극복과 실존적 진리를 해석가능하게 하는 성실한 고뇌가 공동체성원 모두에게 부족하다는 사실이다.

앞서 경험적 현상에서 드러났듯 한국의 정보화는 공급자 중심이었으며 많은 이용자들의 끊임없는 체험의 흐름에서 하나의 통일체를 이루는 사실은 이용자존재와 소통, 공동체의식이라는 지향성이 간과되었다는 점이다. 그 까닭은 정보화의 중추인 정보산업 육성과 정보기반구조 구축과정에서 정치·경제적 의미와 국가발전전략의 맥락에서 정부가 주도적 역할을 담당했기 때문이다(Schenck, 1988: 13-14). 자연히 국가-기업간 인터페이스에서 관료주도적 정책산출 양상을 드러냈다(한세억, 2001). 여기서 형성된 폐쇄적 담론체계에서 산업계 요구가 우선시되었고, 탈규제와 사유화가 필수조건으로 강조되는 통신사업구조조정과정에서 대기업중심의 지배구조가 마련되었다. 이는 자본에 의존하는 정책관료들이 자본축적을 가능케 하는 상황의 지원에 기본적 관심을 드러낸다는 주장(Offe and Ronge, 1975)과 일맥상통한다. 이를테면 통신서비스와 초고속인터넷의 경우, 규제기관과 피규제산업간 우호적 관계에서 공급자이익 극대화를 위한 목적을 근저에 깔고 이를 관철시키는 방향으로 전개되어 왔다. 그래서 경쟁적 정보통신환경에서 최종이용자(소비자)의 이익을 확보해야 하는 규제기관 본연의 기능이 발휘되지 못했다.[29] 실제로 통신사업은 정부의 3강체제의 기조 하에 SKT, KT, LGT 3개 사업자에 의한 독과점체제가 유지되면서 정부의 친산업적 경향이 유지되었다. 이렇듯 정부정책에서 통신진흥이 통신규제를 침식하면서 이용자주권이나 권익침해 상황을 야기했다.[30] 아울러 기술관료의 국지적 합리성과 부처이기

---

29) 한국방송통신이용자보호원이 전국 7개 대학 700명을 대상으로 "방송통신이용자를 위한 민관 차원의 이익환원 지원정책에 대한 실태조사"결과, 응답자 다수가 이용자권익 지원정책에 만족하지 않는 것으로 나타났다(프라임경제, 2010년 6월 11일자).
30) 정부와 사업자들이 소비자 권익은 무시한 채 행정편의와 사업자 이익만 지나치게 앞세우는 사례가 잇따라 반발을 사고 있다(한겨레신문, 2001년 4월 13일자). 통신사들은 무선인터넷에 비싼 요금을 부과하거나 출시된 휴대폰에서 와이파이를 빼거나. 심지어 아이폰의 국내출시를 막았다. 그런데 아이폰이 들어오자 무선랜을 장착한 휴대폰을 내놓았다. 이러한 사업자행태는 한마디로 소비자를 '봉'으로 인식한 결과이다.

주의가 강화된 채 전개된 정보화의 외적·양적 확장이 이용자의 자율성을 담보하지 않은 상태에서 그대로 생활세계에 투영된 것으로 생각된다.[31]

비록 1990년대 중반이후 사회환경 변화와 함께 이용자위주의 정책으로 전환을 시도했지만, 여전히 소극적 수준에 머물러 정부·기업의 정보화 '유도'에 이용자가 순응해 왔다고 볼 수 있다. 사실 IT기술은 사용자위주의 인터페이스를 강조해야 이용자에 어필할 수 있는 제품과 서비스혁신이 가능하다. 더구나 시장포화 상태에 이른 초고속인터넷통신서비스나 이동통신서비스의 경우 서비스혁신보다는 과당경쟁, 부당거래 등으로 통신서비스 피해사례를 증가시켰다(소비자가 만드는 신문, 2010년 6월 7일자). 이에 따른 온라인소비자고발에서 드러난 이용자감정 상태는 "사기, 횡포, 수작, 우롱, 골탕, 농락, 울화통, 저질, 기만, 만행, 착복, 무책임" 등으로 표출되면서 단순한 불만을 넘어 위험수위를 나타냈다. 다른 한편, 그동안 변함없는 공급자중심의 정책이나 서비스실상에 대한 경종으로 이해할 수 있다. 하지만 최근 이용자보호를 위한 정책적 조력과 함께 사업자의 적극적인 대응노력은 그동안 불균형적인 정책 및 사업에 대한 올바른 방향잡기로 평가할 수 있다.

3. 한계 및 정책적 시사점

방법론의 측면에서 현상학적 언명은 개인적 삶의 체험에 의존하기에 일반화 가능성의 문제를 지닌다. 게다가 시간 초월적 서술을 추구하기에 시·공간적 타당성의 한계를 지닌다. 또한 해석적 패러다임의 한 범주로 인식되면서(Burrell and Morgan, 1979) 비판이 제기되었다(Ricoeur, 1981). 심지어 전제 없는 철학으로서 현상학적 접근은 보다 분명한 기초 위에 수립되기까지 무엇이 진실인가에 대한 모든 판단이 중지되어야 한다고 역설되었다(Cresswell, 2005: 77).[32] 더구나 정

---

31) 정보통신전문가인 카이스트의 K교수는 "우리나라 정보화에서 개선되어야 할 문제점은 공급자위주 통신환경이다."라고 지적하고 있다(오마이뉴스, 2010년 3월 23일자).

32) 현상학에 대한 해석학적 비판은 Heidegger에 의해 실천되었으며, Gadamer에 의한 반성으로 해석현상학 또는 주관적 해석학으로 변하였다(Bleicher, 1980: 95-140). 여기에 Ricoeur는 관념론에 의한 주체의 직접적 자기정립을 부정하면서 객관성 확보와 반성에 의한 직접성의

보화현상이나 경험에 대한 현상학적 분석이나 접근에도 제약이 따른다. 인터넷과 같은 가상공간에서의 주체들과 인식과 실제는 일치하지 않을 수 있다는 점에서 본질파악이 어렵다. 더구나 의식적이고 관찰가능 한 관계뿐만 아니라 무의식적이고 잠재적인 사회구성원 간 관계도 발생하고 있는 유비쿼터스 상황에 대한 이해, 설명에 한계가 예상된다. 정보화로 인한 개인, 조직, 공동체에서의 접속, 인터페이스역시 다양해지고 이른바 정보화된 세계의 증강된 현실(augmented reality)과 실제간 현상의 차이가 현상학적 접근의 한계이다.

정보화현상은 광범하고 기술성이 강하게 드러나고 그 경험주체에 따라 의식이나 인식, 체험 역시 가치판단이 개입되기에 일반화의 한계를 지닌다. 이러한 한계에도 불구하고 정보화된 생활세계는 사회성원 각자의 세계이해와 상대방 행위에 부여된 의미에 대한 음미나 해석이 중요하다. 더구나 사회성원들이 처한 상황이나 반응은 획일적이지 않기에 해석학적 시각에서 다양한 의미가 부여될 수 있다. 인간행위를 지배하는 일정한 규칙이 없이 상호작용을 해석과정으로 파악하고 있기에 생활세계를 이해할 수 있는 해석적 기술에 근거한 절충적 논의로서 생활세계적 해석이 가능하다. 이런 맥락이 남겨주는 정책적 시사점은 첫째, 객관적 해석을 주관적 해석에 내재된 생활세계적 지향성에 부합시킨 것으로 단순히 주관적 해석에 종속시킨 자의적 해석이나 객관적 지식을 특정 사회집단의 주관적 해석에 종속시킨 당파적 관점과 구별해야 한다(김홍우, 2007). 둘째, 정보통신은 순수 정보과학기술이나 소박한 사회담론이 아닌 생활세계 내의 삶을 견지하는 성찰적 정보화로서 인식해야 한다. 따라서 행정은 정보기술이나 정보정책 틀 안으로 시민들을 끌어넣기보다는 생활세계 욕구나 자연발생적으로 생성된 정책적 지향성 안으로 파고 들어가야 한다. 생활세계적 지향성이 잘 살아나도록 생활세계 관점에서 부단히 기술과 정책을 조정하고 조율해야 한다. 즉, 관료입장이나 행정편의에 의한 선택적 참여가 아니다. 마치 사람이 필요한 경제활동에 참여하듯이 누구든지 필요하면 자신의 이해관계를 파악해서 정책과정에의 참여가 보장되어야 한다(Pavlik, 1994). 셋째, 생활세계의 정보통신현상에서 문제가 제기될 경우 객관적 해석보다는 당사자 의사, 즉 주관적 해석(description of)

매개를 요구하며, 간주관적 객관성을 언급했다.

이 중시되어야 한다. 이처럼 생활세계에 대한 기술과 과학세계적인 설명의 객관적인 해석과 주관적인 해석을 생활세계로 종합하기 위해 초월론적 주관성, 시차적 관점, 상황론적 관점 등 다양한 시각이 견지되어야 한다(오수길 외, 2009).

앞서 보았듯이 정보서비스, 정부조직, 정보생활세계는 그 자체 속에 실패요인을 내포한다. 당사자 간 이해득실, 다양한 욕구가 개재되어 갈등상황이 초래된다. 다양한 인간―조직―세계관계에서 보듯 자아, 타인과 사회조직 및 사회전체 간 관계에서 드러난 불만, 불신, 갈등, 불안에 의해 야기된다. 이로 인해 인간이 직면하는 한계상황에서 경험하는 좌절의식에 대한 극복의 계기, 즉 정보사회의 난파성 자각과 극복을 위해 이용자, 정책관료, 공동체 구성원의 혜안성이 요구된다. 바로 자기의 실존을 세계―내―존재로서의 가능성을 해석하는 통찰력이다. 공급자든 수요자든, 정부부처든 시민사회든 자기 자신의 정당성만 고집할 게 아니라 타인, 상대방 생활의 원동력을 촉진하는 방향에서 책임 있는 선택과 결단을 고뇌하고 실천해야 한다.

현상학의 개념과 분석 틀을 정보화현상에 의식적으로 실천(praxis)한 결과, 정보화 성취가 사회성원의 인식과 생활세계에 긍정적이면서 부정적 영향을 미쳤음이 드러났다. 외견상 정보화는 당위성과 절박성의 논리에서 국가경쟁력 강화와 국민 삶의 질 향상이라는 목표달성을 위해 정부주도형으로 추진, 양적 성과를 거두었다. 이러한 인식은 가입자 수, 보급률, 정보화투입자원 등 객관적 수치로 구체화되었으며 역대정부에서 정보화업적으로 홍보되었다. 하지만 실상은 공급자입장과 논리가 강요되고, 정보화조직간 정책갈등과 망 구축 일변도의 확장으로 인해 지불해야 했던 사회성원의 피해나 사회적 비용도 적지 않았다. 소통도구의 발달로 정보소통 량이 증가하고 정보공동체 생활세계가 확장되었지만 소통의 질이나 공동체 신뢰는 낮은 듯하다. 특히, 내면에서 표출된 정보이용자 의식흐름, 조직지향, 정보생활세계는 단순히 이용자소외, 조직간 불통, 정보공동체 불만이라는 문제를 넘어 이제는 다종다양의 복합적 위험에 무방비상태로 노출되어 있다. 자칫 산업·기술적인 양적 성취를 이룩했지만 사회·문화적 실패에 따른 질적 불균형의 정보화가 우려되기에 정보화가치와 방향에 대한 성찰이 요구된다. 정보기술의 특성인 소통, 쌍방향성, 연대가 이용자의식과 생활세계에 왜곡 없이 발현되어야 성숙한 정보화다.

향후 정보통신기기 및 서비스간의 융합이 확대되고 다양한 방식 간 결합기반의 정보활동이 증가하면서 복합적, 중층적으로 구성된 피해경험들이 나타날 것으로 예상된다. 더구나 유비쿼터스가 확산되면 개인이 지닌 속성적인 정보뿐만 아니라 자신의 위치정보, 관계정보 그리고 기호에 대한 정보까지 자신의지와 무관하게 상품으로 유통될 가능성이 높다는 점에서 참여, 관계영역의 중요성이 커지고 복합영역 속에서 다양한 종류의 피해사례가 출현할 것으로 전망된다. 따라서 이용자보호를 위한 기존 문제점과 제도를 재검토하여 능동적으로 대응해야 한다.

또한 스마트흐름은 과학기술을 넘어 사회적 현상이기에 올바른 방향을 위해서 첫째, 소외된 이용자욕구, 의사, 요구를 존중하여 정부 및 기업과 이용자 간 왜곡된 관계가 시정되어야 한다. 나아가 사회·문화적 상황을 고려한 이용자 중심의 정보화로의 방향전환을 위해 이용자 권리보호 및 확장을 위한 구체적인 정책과 사업이 실천되어야 한다. 둘째, 부처 간 상호작용과 협력이 요구된다. 정책관료는 독선이나 부처이기주의에서 벗어나 시민사회·공동체이익을 지향하면서 정보의 주체적 행위자인 국민 삶의 질과 이용자 후생에 정책지향을 맞추어야 한다. 셋째, 정보생활공동체의 균형발전과 질적 성숙이 절실하다. 정보생활세계의 기술·경제적 측면과 함께 사회·문화적 요소가 균형을 이루어야 한다. 정보생활 공동체의 구현은 구성원의 자율성과 자주성 그리고 공감대에 기초해야 하며, 정보생활세계의 확장에 따른 혜택과 편익의 격차나 차별이 없이 공유되어야 한다. 그래야만 비로소 인간중심적이며, 인간 삶의 질을 향상시키는 성숙된 정보화의 성취로서 스마트가 가능하다.

CHAPTER 06

정보화법제와 정보정책

정보화법제와 정보정책

"언제든 얻을 수 있는 정보들이 널려 있기 때문에 배울 필요가 없다고 생각하는
사람들이 많다. 그러나 단순히 정보를 가진 것이 지식의 요체는 아니다.
정보를 빨리 움직이게 하는 것이 지혜이다."
– 도교 –

문제의식과 초점

정보화는 사회구조와 생활양식의 근본적 변화를 야기하고 있다. 그래서 산업사회에 기반
을 둔 기존 법제와 이론에 대한 변화를 요구한다. 이른바 디지털, 정보, 지식, 네트워크 등
정보시대의 핵심적 징표에 의한 사회적 적용과 확산에 따라 기존의 법제와 이론으로 설명
하기 어려운 새로운 현상을 초래하면서 국가적 수준에서의 대응을 필요로 한다. 본 장에서
는 정보화법제를 둘러싼 환경변화를 뒤돌아보고 현행 정보화법제 실태와 문제점, 그리고
이슈를 진단하고 제4차 산업혁명시대에 부응한 정보화법제의 방향에 대해 고찰하고자 한
다. 창조성 중심의 사회변화 및 창조패러다임 전환과정에서 부상하고 있는 제4차 산업혁
명의 구현 및 경제 재도약의 기틀 마련을 위한 입법적 대응으로서 바람직한 정보화법제 정
비를 위한 입법역량 강화방안을 도출하고자 한다.

제1절 정보화와 법률

1. 정보시대와 법제정비의 필요성

정보화는 사회구조와 생활양식의 근본적 변화를 야기하고 있다. 그래서 산업사회에 기반을 둔 기존 법제와 이론에 대한 변화를 요구한다. 이른바 디지털, 정보, 지식, 네트워크 등 정보시대의 핵심적 징표에 의한 사회적 적용과 확산에 따라 기존의 법제와 이론으로 설명하기 어려운 새로운 현상을 초래하면서 국가적 수준에서의 대응을 필요로 한다. 이러한 상황에 부응하여 1990년대 후반부터 정보화에 대응한 법제 정비노력이 전개되었다(정찬모 외, 2001). 한국사회와 산업발전에 큰 기여를 한 정보화 촉진 및 정보통신사업 진흥을 위한 법령이 제·개정되어 오면서 법령의 내용이나 체계에도 많은 변화가 있었다. 하지만 그동안 정보화법제는 특별한 이론적 분석이나 철학적 배경 등을 가지지 못한 채 부처신설과 폐지에 따른 기능이관 관점에서 다루어지면서 적지 않은 문제점이 도출될 수밖에 없었다(권헌영, 2008). 또한 법제정비과정에서 정부주도적인 양상을 보여주었는데 법제정 목적과 필요성 및 방향 등 총론적 부분에 대해서는 부처 및 정치권을 막론하고 공감대가 형성되었다. 그러나 구체적 각론에 들어가서는 엇갈린이해와 인식의 차이로 인해 법제정이 우여곡절을 겪었다. 특히, 정보화촉진기본법(현 국가정보화기본법)제정을 둘러싸고 정책현상에서 노정된 부처들의 정책영토의 확장추구노력으로 인해 법제정이 지루한 형국을 보이면서 각계각층의 비판과 우려를 자아냈음에도 불구하고 입법부의 대응은 무기력했다. 정보화법률은 다수 정책기관의 활동이 정책결정 순환과정에서 나타난 누적(累積)적 정책변동 결과의 산물이다. 이제는 입법부의 입법역량 제고를 통한 정보화법제정비가 시급하다. 이러한 인식하에 본 연구는 〈그림 6-1〉에서 보듯이 프로세스관점에서 정보화법제를 둘러싼 환경변화를 살펴보고 현행 정보화법제 실태와 문제점, 그리고 이슈를 진단하고 창조경제시대에 부응한 정보화법제의 방향에 대해 고찰하고자 한다. 창조성 중심의 사회변화 및 창조패러다임 전환과정에서 부상하고

▶ 그림 6-1 본 장의 기본관점

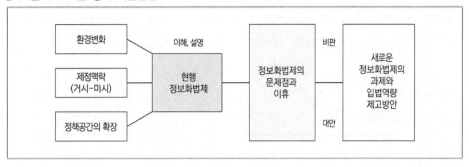

있는 창조경제 구현 및 경제 재도약의 기틀 마련을 위한 입법적 대응으로서 바람직한 정보화법제 정비를 위한 입법역량 강화방안을 도출하고자 한다.

본 장에서는 정보화법제를 전체적 시상(時相)에서 조감하고 향후 입법역량 확충을 위한 시사점을 제공하였다. 정보화관련법은 어떠한 진화과정을 겪게 될 것이며 누구에 의해 정비되어야 할 것인가? 실제로 정보화촉진기본을 비롯하여 정보화법령의 진화는 종전의 경쟁적 환경이 상호 관계적 환경으로 변화할 것이다. 즉, 부처 간 경쟁보다는 상호작용적 협력이, 집중보다는 분산, 계층보다는 통합이 요구되고 있다. 특히, 정보화법제가 다수부처와 기관이 관련되어 있으며 횡적 연계성이 강하다는 점에서 범국가적 입법네트워크가 요구된다. 비록 본 연구에서 모색된 입법역량 강화를 위한 방안이 아직은 덜 성숙되었지만 시간이 지날수록 정보화관련 법제정비과정에서 이론적 설명가능성뿐만 아니라 실천적이며 규범적 차원에서 적지 않은 의미를 시사해 줄 것으로 기대된다.

2. 정보화 관련법의 의의와 특성

정보화법령은 그 대상과 범위가 확립되거나 정립된 분야가 아니다. 하지만 지난 20여 년간 이론적 논의는 물론 실정법과 사례가 축적되어 왔다. 한국의 정보화법제는 미국의 영향을 많이 받았다. 정보정책 추진과정에서 미국의 정보정책[1]을 참고하였는데 특히, 2000년 초까지 정보기술을 관장하는 개별 입법의 구체성이 뛰어난 미국은 한국의 정보기술법제에 많은 영향을 끼쳤다. 특히, 법학분야에서 정보법학이라는 영역이 형성되고 다양한 논의가 전개되었다. 대표적으로는 대상기술을 중심으로 하는 컴퓨터법(computer law), 매체를 중심으로 이해하는 정보통신법(tele-communication law), 인터넷 법(Internet law), 공간적 특성을 중심으로 이해하는 사이버 법(cyber law), 궁극적 규율대상인 정보를 중심으로 보는 정보법(information law) 등이 그것이다. 정보기술에 대한 다양한 접근 방법에 따라 정보기술법의 연구대상과 범위가 달라지고, 구체적 규율범위가 달라질 수밖에 없을 것이다.

현재까지의 논의 구조에서는 내용상의 차이를 많이 드러내지 않는다. 대체로 공통분모는 인터넷에서 벌어지고 있는 행위에 대한 규율을 대상으로 한다. 저작권, 명예훼손과 표현의 자유, 개인정보보호, 사이버범죄 등을 다룬다. 그러나 각 명칭마다 강조하는 분야가 상이하고 다양하다. 정보기술법령에 대한 시각은 정보기술(IT: information technology) 또는 정보통신기술(ICT: information communication technology), 인터넷(Internet) 또는 사이버스페이스(cyberspace), 정보(information) 그 자체의 세 가지 관점에서 볼 수 있다(최경진, 2013). 이 중 가장 넓은 분야를 규율대상으로 삼게 되는 관점이 바로 정보에 관한 규율을 시도하는 입장이다. 이것은 정보통신법이 궁극적으로 규율하고자 하는 내용이 바로 정보라는 점을 간파하는 것이다. 그리고 정보기술에 대한 열린 견해로서 향후 기술개발에 대한 정책적 의미를 투영할 수도 있고, 이에 대한 규제적 관점도 얼마든지 의미를 가질 수 있다. 정보기술과 정보산업적 측면에서의 국가 정책적 관심을 높여 국민후생을 높여야 한다는 명제에 이르러서는 이런 관점의 유용성은 담보될 수 있다. 이른바 정보기술법의 미래지향적 특성이다.

---

1) 1990년대 초반 미국의 클린턴 행정부가 역점을 두고 추진하였던 NII(national information infrastructure)는 1996년 우리나라가 정보화촉진기본법에 의하여 수립한 정보화촉진기본계획의 모형이 되었다.

제2절   정보화와 법률의 상호작용과 특성

1. 정보화법률의 제정맥락과 특징

국가정보화기본법을 비롯한 정보화법령은 '정보화를 촉진하고 정보통신산업의 기반을 조성하며 정보통신기반의 고도화를 실현함으로써 국민생활의 질을 향상하고 국민경제의 발전에 이바지함을 목적'으로 한다. 이처럼 국가사회정보화 전반의 측면을 다루고 있음으로 인해 다소 추상적이며, 포괄적 내용을 지니면서 상징성이 강했다. 아울러 장기간에 걸쳐 상이한 맥락이 작용하고 있기에 그 설명방식과 관점도 다양하다.

가. 정보화법령의 특성

정보화 진전에 부응하는 입법적 대응으로서 정보화법은 세 가지 관점에서 이해될 수 있다. 첫째, 정보화사업을 지원·육성하는 것으로 컴퓨터 등 정보통신기기의 생산자와 소프트웨어 등 각종 프로그램의 개발 및 이용자를 보호하기 위함이다. 둘째, 정보통신의 활용을 행정을 비롯한 공공분야는 물론 사회, 경제, 교육, 문화 등 사회제반분야에의 확산을 통하여 국가사회의 생산성, 효율성 제고를 통한 경쟁력 확보에 있다. 셋째, 정보통신의 보급과 이용의 보편적 확대에 따라 수반되는 부작용과 역기능을 예방하고 최소화하기 위함이다. 이 같은 내용이 정보화법령의 기조를 이룬다. 그리고 정보화 법제정은 다음과 같이 몇 가지 특성을 지닌다. 첫째, 최고통치권자 및 정부의 정보화입국을 향한 정책의지가 담겨있다. 이러한 의지는 정보화가 사회, 경제 어느 한 분야에 국한된 것이 아니라 상호 밀접하게 연결되며 모든 부분이 균형 있게 적용되어야 국가발전의 기반구조가 될 수 있다는 인식의 표출로 보여진다. 둘째, 정보화 촉진 및 정보산업을 종합적이고 체계적으로 육성할 수 있는 법률체계의 필요성에 부합된다. 기존의 공업발전법, S/W개발촉진법, 전산망법 등 분산된 관련 법률만으로 불충분하기 때문이다. 셋째, 부처 간 중복업무의 조정과 소관업무의 기능을 강화하여 정책결정 및 집행의 일관성을 확보하려는 것이다. 이는 정보화 목표달성을 위해서 국내자원의 효율적 배분과 활용이 요청되었기 때문이다. 넷째, 정부의 정보화 촉진활동, 정보산업육성 등 정보통신진흥을 위한 정보정책 및 사업의 법적 근거가 된다.

나. 정보화 법제의 제정맥락

정책은 법률과 예산으로 구체화된다. 정보화법제는 정보정책을 구성하는데 제정맥락은 크게 거시−미시의 두 가지 맥락에서 살펴볼 수 있다.

1) 거시맥락

정보화 법률제정을 둘러싼 환경을 크게 네 가지 측면에서 파악할 수 있다. 첫째, 정치적으로 정치인과 관료 및 이해집단 간 상호작용에 의한 산물이다. 특히, 정보통신이 주요한 자원으로 인식되면서 이를 둘러싼 행정기관 간 경쟁이 심화되고 이러한 과정에서 기존 부처간 권력관계가 변화되었다. 둘째, 경제적 측면에서 정보통신이 새로운 자원으로 인식되고 산업의 중심영역으로 자리잡아가고 있다. 또한 정보통신에 의해 기존산업이 정보화되면서 정보경제의 영역이 확대되고 있으며, 산업구조도 재편되고 있다. 정보화촉진기본법은 그 목적에 명시되었듯이 정보산업기반을 조성하고 국민경제발전에 이바지하는 것에 있다고 할 때 공급자로서 정보통신서비스 및 기기제조업자의 요구와 기대수준이 강하게 작용한 것으로 이해된다. 셋째, 사회적 측면에서 정보화촉진기본법은 정보화 진전에 따라 사회성원의 삶의 질을 개선하는 데 있다. 정보통신이 삶의 필수적 수단이 되고 사회생활에서 다양하게 활용되고 있다. 이에 따라 법제정과정에서 국민의 정보통신에 대한 수요와 요구수준이 작용하였다. 넷째, 행정적 측면에서 정보화촉진기본법은 기존의 행정지도와 정책지세의 변화에 의한 산물로 볼 수 있다. 정책은 사회현상과 문제 상황을 대상으로 한다. 정보화 진전에 따라 정보정책에 대한 수요가 양적, 질적으로 확대, 심화되고 있으며, 정책적 해결을 요하는 문제도 야기되고 있다. 따라서 국가정책에서 정보화가 우선순위로 인식되고 정보정책의 기능과 역할이 강화되면서 드러난 이러한 일련의 변화흐름이 정보화 법률제정의 큰 줄기를 형성하게 된 것이다.

2) 미시맥락

법률이나 정책은 정치인(의원)이나 정책관료에 의해 형성되고 일선관료에 의해 집행된다. 정보화법제정에서 주요행위자는 정치인이며 고위관료였다. 구체적으로 정보화촉진기본법이 누구에 의해 실현되었으며 그 제정과정에 어떠한 요인이 작용하는가? 이를 미시적 행위자 관점에서 살펴볼 수 있다. 첫째, 부처 및 집행관료 간 힘(power)을 둘러싼 협상과 갈등이다. 정책은 가치의 권위적 배분이라는 측면에서 볼 때 정치경제적 속성을 지닌다. 이에 따라 정부부처는 고유의 정책영역을 확장하기 위해 부단히 노력한다. 이는 정책을 통해 권력을 강화하려는 속성의 외연으로 보여진다. 둘째, 부처 및 집행관료의 국지적 합리성이다. 각 부처는 정책개발, 결정, 집행, 평가 등 일련의 정책과정에서 최선의 정책산출을 위해 합리성을 지향한다. 여기서 합리성은 전체수준이라기보다는 부처수준에 뿌리를 둔 일종의 편향된 국지적 합리성으로 비쳐진다. 이로 인해 한 부처에서 다른 부처를 볼 때 비합리적으로 보기 십상이다. 만일 부처수준의 합리성이 상위 차원에서 조화를 이루지 못한다면 부처 간 갈등이 해소되기 어렵다. 셋째, 부처 및 집행관료 간 공유의식이 결정에 영향을 미친다. 부처 간 정책협조가 미흡한 것은 상호공유나 교류가 원활하지 못하기 때문이다. 이는 관료제의 병리현상 중 하나인 비밀주의에서 비롯된 것이기도 하다. 이상과 같이 정보화촉진기본법 제정을 둘러싼 거시-미시 맥락을 〈그림 6-2〉와 같이 나타낼 수 있다.

▶ 그림 6-2 정보화법제의 거시-미시맥락

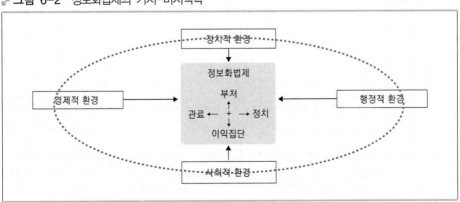

2. 정보기술과 정책입법, 정책 공간

정보기술에 관한 정책적 관심은 정보기술의 개발과 활용을 통한 국민경제의 발전으로 이해되었다. 초기에는 규율대상으로서 정보기술보다는 조성행정의 대상으로서 정보기술이 중시되었다. 시간이 흐르면서 법의 태도가 과거행위에 대한 규제적 관점에서 정부행위에 대한 미래관점에서 행위형성의 의무를 지우는 방향으로 변모하였다. 규율의 구체성에 있어서도 과도한 정책재량을 인정했던 과거에 비해 발전하고 있다. 정보기술에 관한 정책적 관심은 어떻게 하면 정보사회를 신속하게 구현할 것인가에 초점을 두고 정보기술의 긍정적 측면에 집중하였다. 수평적 관리에서 수직적 관리로 변화된 정보기술법제는 사회 전 분야에 걸쳐 영향을 미치고 있다. 모든 사회분야가 온라인화 되었다는 의미는 정보기술법제의 연구범위가 그만큼 확대되었다는 것을 의미한다.

정보기술 변화와 적용, 확산의 입법화과정에서 정책공간이 확장되었다. 거시적 접근에 의한 정책영역은 미시적인 접근에 의한 정책과 관련될 뿐만 아니라 외부환경 요인과의 관계에서 나타나는 정책분야를 포함하여 실질적으로 인식하는 것을 말한다. 이에 따라 정보정책공간을 〈표 6-1〉에서와 같이 정리할 수 있다.[2] 수평적 측면에서 국내와 국제맥락으로 구분되며 국내는 산업경제를 비롯하여 사회, 지역, 기술, 문화 등에 걸쳐 정보화활동이 확산되고 있다. 수직적 측면에서는 정책행위 또는 수혜대상과 관련하여 개인 부처, 국가 그리고 범 세계수준으로 구분된다.

---

2) 여기서 정보정책공간은 정책실무자의 정책경험과 정책관련기관의 실제업무영역을 중심으로 설정(mapping)된 것이다. 다만 〈표 6-1〉의 점선은 개별수준과 맥락에서 이루어진 정책이 명확하게 구분되는 것이라기보다는 밀접한 연관성하에 다면적 또는 다차원적 성격을 지니는 것으로 이해할 수 있다.

표 6-1 정보정책의 공간

구분	국내									국제
	산업/경제	사회	지역	기술	문화	교육	행정	법/제도	네트워크	해외
개인수준	정보생산·소비/정보구매능력제고	정보사회의 삶의 질/정보윤리/정보이용자 보호	지역주민 정보능력 함양	기술훈련	정보문화 확산/인식제고	정보화인 재육성	정보능력	제도적 적용	인터넷 이용	
부처수준	정보통신 사업진흥/정보산업 육성시책/요금/산업 정보화와 정보의 산업화촉진	복지통신/의료서비스 고도화(원격진료 등)/환경관리 정보화	지역정보화 시책(지역정보센터)	기술개발 정책(HW·SW·DB 등)/국산화/정보보안	홍보계몽/문화 정보화	학술단체 지원/교육정보 보화/정보통신 대학원/학술 정보이용 환경조성	행정정보화 (부처별 정보화)	분야별 정보제도 정비/추진체제 정비	통신망 확충/부처별 네트워크이용방안/시범사업/인터넷활용시책/부처별 정보화 촉진방안	
국가수준	산업구조 고도화/사업구조 조정/종합 발전계획/규제완화	국가사회 정보화 기반조성/통일관련정보화 사업	정보격차 해소	정보기술 혁신과 융합/종합계획/R&D 지원/국책사업(G7)/시스템개발/가학기술인프라확충	정보화이벤트(정보문화의 달/정보능력제고 행사)	인력양성 계획/인력양성 환경정비/공동연구 활성화	전자정부/공공 정보화	기금운용/법·제도정비(전자거래 등)/공정경쟁환경 조성	초고속정보 보통신망 구축사업	정보인프라의 세계화
세계수준	해외시장 진출/시장개방/통상협상	정보화 삶지표 개선	지역간 협력/교류	국제협력 (개도국지원)	지적재산권 및 표준화				APII운영/GII/AII	국제적 조화와 협력

자료: 정보통신부/통상산업부/과기처/공보처/기타 정부부처업무 참조.

이 같은 각각의 맥락과 측면은 일종의 matrix의 형태를 보이면서 정책공간에 나타나고 있다. 그 주요내용을 몇 가지로 예거하여 살펴보면 ① 정보정책은 그 범위가 국민경제 및 사회전반에 걸쳐있다. 그렇지만 그 사업내용이 국가기반구조 시설에 관련되어 있으므로 국가의 경제개발정책과 밀접한 관계를 지닌다. 그러므로 정책결정에 있어서 관련되는 타부문의 경제정책 내용까지 실질적인 정보정책으로 간주하여 고려함으로써 현실에 적합한 정책집행이 가능하게 된다. ② 정보정책은 타 부문정책과 달리 경제정책 성격은 물론 과학기술정책, 산업정책, 문화정책, 복지정책, 교육정책 및 국제적 성격이 강하다. 게다가 정책분야 간 연관성이 요구되며 실제로 복합적으로 작용하고 있기에 관련 정책결정주체 및 집행자들 간 이해상충과 갈등이 불가피하다. 이런 까닭에 정보정책을 효율적으로 집행하기 위해서는 거시적 안목에서 실질적인 광의의 정책영역을 구체적으로 인식하는 것이 필요하다.

제3절 정보화 법제정비 현황과 과제

한국의 정보화는 압축 성장의 역사다. 정보화 전개과정의 구분에 대한 논의는 다양하다. 체신부(1988)는 통신주권, 통신경영, 산업기술 및 이용 성격을 고려하여 초창기(1885–1910), 수난정체기(1910–1945), 복구재건기(1945–1961), 개발성장기(1961–1980), 도약발전기(1980 이후)기로 구분하였다. 1990년대 후반에 정보통신 추진과정 및 시기에 대한 논의들이(김동욱·이원희, 1998; 행정자치부, 1998; 한국전산원, 2003) 활발하게 이루어졌으며 정보통신 정책변화의 이해에 시사점을 제공한다. 하지만 기존 연구는 컴퓨터와 전산화, 추진체제, 정보유통 등 특정 국면에 초점을 맞춘 미시적 연구이기에 정보통신의 역동적 과정과 변화의 전체적 수준을 파악하기 어렵다.

1. 정보화법제 정비현황

한국이 세계에 IT 강국으로서 위상을 높일 수 있었던 것은 경쟁정책의 일환으로서 법제도적 기반을 구축하면서 국가 및 사회의 종합적 전략적 과제로서 정보정책을 추진하였기 때문이다. 즉, 국가사회 정보화 추진, 정보통신산업의 육성 등을 위하여 정부가 적극적으로 개입할 수 있는 법적 근거를 마련하여 정보사회의 발전을 선도하였다. 또한 정보화 진전에 따라 발생되는 각종 역기능문제를 해결하고, 정보화가 사회문화 전반에 걸쳐 확산됨에 따라 필요한 적절한 규제환경을 마련하기 위하여 정보화 법제도 정비를 위한 노력을 경주하여 왔다. 그러나 이러한 정보화법제에 대한 정비 움직임에도 불구하고 최근 통신네트워크의 급속한 발전, 단말의 고기능화, 콘텐츠의 다양성 등 네트워크화, 지능화, 내재화라는 IT 본연의 특성을 활용한 서비스 창출, 지능화된 디지털 라이프스타일 구현, 모발일 활성화에 따른 지식과 정보의 유통구조의 변화, 융합을 통한 새로운 가치와 시장 창출 등 정보화환경이 급속하게 변화하고 있다.

지금까지 추진되어 온 정보화관련 주요 법·제도 개선현황을 개괄적으로 살펴보면, 〈그림 6-3〉과 같이 정보화촉진 및 정보산업 육성을 위해『정보화촉진기본법』, 『전자정부구현을위한행정업무등의전자화촉진에관한법률』, 『전자서명법』, 『지식정보자원관리법』, 『정보시스템의효율적도입및운영등에관한법률』 등의 법령을 제·개정하였다. 아울러 『정보통신망이용촉진및정보보호등에관한법률』, 『정보

그림 6-3 정보화촉진기본법과 정보통신분야 관련 법령의 관계

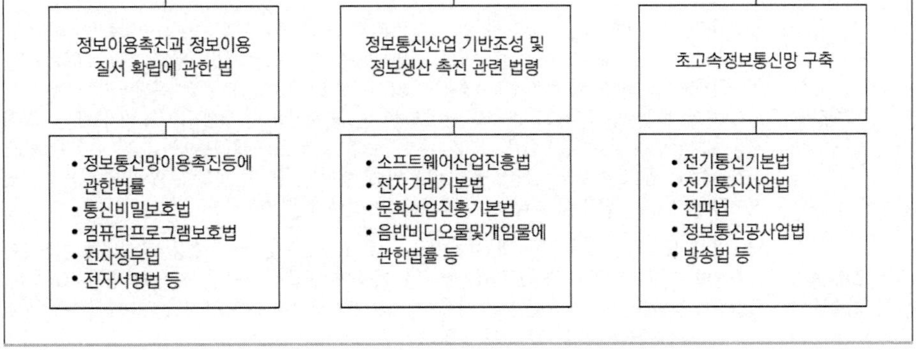

통신기반보호법』,『전기통신사업법』등의 법령을 제·개정하였다. 이처럼 정보화 진전에 따른 입법적 대응은 지원 및 육성, 보호와 이용확산 그리고 부작용 및 역기능 예방 등으로 나타났다.

정보화에의 적응적 변화는 기존 법률의 폐지 및 개정이 해당된다. 가령, 정보통신연구개발에 관한 법률, 전산망보급확장및이용촉진에 관한 법률의 폐지 및 컴퓨터프로그램보호법, 저작권법, 음비법, 형법 등의 개정을 들 수 있다. 반면 유도적 변화의 일환으로 정보화촉진기본법(95), 개인정보보호법(95), 정보공개법(98) 등을 들 수 있다. 지금까지 정보통신법제는 전기통신기본법 및 사업법(83) → 전산망보급확장 및 이용촉진에 관한 법률(86) → 정보화촉진기본법(95) → 국가정보화기본법(2007)이 대강을 이루며, 분야별로 정보통신 법률체계가 재구성되어 왔다. 한편, 정보통신산업 육성을 위해 2010년 3월 방송통신발전기본법이 제정되고, 정보사회 역기능 방지를 위해 2011년 3월에는 개인정보보호법이 제정, 공포되는 등 2010~2011년 상반기까지 126건의 정보화관련 법령이 제·개정되었다(대한민국 정부, 2007/2012).

▶ 표 6-2 1995~2012년 정보화추진 관련 제·개정 법령

관련부처	법령명
국회	국회회의록의 발간 및 보존 등에 관한 규정, 국회에서의 중계방송 등에 관한 규칙, 국회법, 국정감사 및 조사에 관한 법률, 정당법
대법원	원격영상재판에 관한 특례법, 등기특별회계법
중앙선거관리위원회	공직선거 및 선거부정방지법
기획재정부	증권거래법 및 시행규칙, 외국환거래법, 국세기본법, 관세법 및 시행규칙, 신용정보의이용및보호에관한법률시행령, 조세감면규제법시행령, 법인세법시행령, 예산회계법시행령, 회계보고등에관한예산회계법시행특례규정, 법인세법시행규칙, OCR지로용지표준안, 조세제한특례법 및 시행령, 전화세법, 국세기본법, 국가를당사자로하는계약에관한법률시행령 및 시행규칙, 소비자보호법, 특정금융정보의보고및이용에관한법률, 재정경제부와소속기관직제, 신용정보의이용및보호에관한법률, 금융지주회사법 및 시행령, 금융실명거래및비밀보장에관한법률 및 시행령, 여신전문금융업법 및 시행령·시행규칙, 전자금융거래법, 사회간접자본시설에대한민간투자법
교육과학기술부	교육법, 교육기본법, 교육공무원법, 초·중등교육법, 고등교육법, 학점인정등에관한법률, 한국교육방송원법, 평생교육법, 교과용도서에관한규정, 기술대학설립·운영규정, 지방교육행정기관의기구와정원기준등에관한규정, 교원자격검정령시행규칙, 교원연수에관한규정, 교원연수에관한규정시행규칙, 교육공무원승진규정, 과학교육진흥법

과학기술부	과학기술기본법, 한국과학재단법
외교통상부	외무공무원법, 외무공무원임용령
법무부	어음법, 수표법, 형법, 상법, 부동산등기법, 호적법, 검찰청사무기구에관한규정, 검사정원법, 통신비밀보호법 및 시행령·시행규칙, 민사소송법
행정안전부	정보화촉진기본법 및 시행령·시행규칙, 행정절차법, 공공기관의정보공개에관한법률, 주민등록법, 민원사무처리에관한법률 및 시행령·시행규칙, 인감증명법, 행정정보공동이용에관한규정, 사무관리규정, 지방세법시행령, 재난관리법시행령, 부처직제 및 시행규칙, 공무원임용시험령, 공공기관의기록물관리에관한법률 및 시행령·시행규칙, 국무회의 규정, 차관회의규정, 경찰청과소속기관등직제 및 시행규칙, 전자정부구현을위한행정업무등의전자화촉진에관한법률, 지적법, 비상대비자원관리법시행령, 전자인사관리시스템의구축·운영등에관한규정, 관보규정 및 시행규칙
문화관광부	음반·비디오물 및 게임물에 관한 법률, 종합유선방송법, 방송법, 저작권법, 음악산업진흥에 관한 법률, 게임산업진흥에 관한 법률, 영화 및 비디오물의 진흥에 관한 법률
농림부	산림기본법, 농업·농촌기본법, 수목원조성및진흥에관한법률
지식경제부	방문판매등에관한법률, 전자거래기본법 및 시행령·시행규칙, 대외무역법, 산업기술기반조성에관한법률, 부품·소재전문기업등의육성등에관한특별조치법, 반도체직접회로의배치설계에관한법률시행규칙, 무역거래기반조성에관한법률시행령, 이러닝(전자학습)산업발전법, 전자무역 촉진에 관한 법률
방송통신위원회	전산망보급확장과이용촉진에관한법률, 전기통신기본법, 소프트웨어개발촉진법, 전기통신사업법, 정보통신공사업법, 컴퓨터프로그램보호법, 정보통신망이용촉진등에관한법률, 전자서명법 및 시행규칙, 우편대체법시행규칙 및 시행령 소프트웨어개발촉진법, 유선방송관리법, 지식정보자원관리법 및 시행령, 소프트웨어산업진흥법, 전파법, 컴퓨터2000년문제해결에관한촉진법, 정보통신기반보호법, 정보통신망이용촉진및정보보호등에관한법률 및 시행령·시행규칙, 한국전기통신공사업법폐지법률, 정보격차해소에관한법률 및 시행령, 우정사업운영에관한특례법, 온라인디지털콘텐츠산업발전법 및 시행령·시행규칙, 인터넷주소자원에관한법률, 위치정보의이용및보호등에관한법률, 정보시스템의 효율적 도입 및 운영 등에 관한 법률
보건복지부	의료법, 의료보험법시행규칙, 국민건강보험법시행규칙, 국민연금법시행규칙,생명윤리및안전에관한법률 및 시행령·시행규칙
환경부	폐기물관리법, 대기환경보전법, 폐기물관리법시행규칙, 수질환경보전법시행규칙
고용노동부	근로자직업훈련촉진법, 직업교육훈련촉진법, 기능대학법시행령, 직업안정법시행규칙
국토건설해양부	교통체계효율화법, 건축법, 측량법시행령, 건축법시행령, 도시교통정비촉진법시행령, 도로법시행령, NGIS구축및활용에관한법률, NGIS구축및활용에관한법률및시행령, 도시계획법시행령, 측량법, 산업입지및개발에관한법률, 산업입지및개발에관한법률및시행령, 건설기술관리법, 국토기본법
법제처	법제업무운영규정
공정거래위원회	표시·광고의공정화에관한법률시행령, 통신판매표시·광고에관한공정거래지침, 전자거래소비자보호지침, 약관의규제에관한법률, 전자상거래등에서의소비자보호에관한법률 및 시행령·시행규칙, 부처직제
국세청	부처직제 및 시행규칙
특허청	특허법, 실용신안법, 상표법, 의장법, 부정경쟁방지및영업비밀보호에관한법률, 특허법시행규칙, 특허법시행령, 발명진흥법, 특허등록령시행규칙, 상표등록령시행규칙

조달청	조달사업에관한법률시행령
중소기업청	중소기업창업및진흥기금운용요강, 지방자치단체정보화관련사업요령, 소기업지원을위한특별조치법, 중소기업기술혁신촉진법, 벤처기업 육성에 관한 특별조치법
기상청	기상업무법

※ 상기 법령 중 일부는 2회 이상 개정됨.

이처럼 우리나라 정보화법제는 정책입법의 특수성을 갖고 정보통신을 규율하여 왔다. 정보통신산업 육성은 시장기능에 맡기고 문제점만을 규율대상으로 삼아 온 미국을 비롯한 선진국과 상이하다. 오히려 정보기술의 잠재성을 뒤늦게 깨달은 후발주자로서 단시일 내에 정보화 촉진과 정보산업을 육성하기 위해 정부가 적극적으로 관여하여 정보산업기반을 조성하고 정보화를 촉진하는 역할을 주도적으로 수행하였다.

2. 정보화 법제정비의 문제점과 이슈

법률은 정책과 함께 정책지식의 산물이다. 정보화법제는 정보화분야의 지식생태의 산물이다. 지식생태란 지식을 창출, 통합하고 공유, 활용하며 이를 적절한 지렛대로 삼기위한 방법론 및 인적 관계를 지속적으로 개선해 나가는 데 초점을 맞춘 지식과 실천의 장이다. 지식의 창출, 활용, 유통 및 확산과정에 참여하는 사람, 집단 및 이들 간의 상호작용 총체로 정의된다(삼성경제연구소, 2006). 국회는 정책지식의 생산－유통－소비메카니즘에서 다양한 행위자들과 포괄적인 관계를 형성한다. 하지만 개별 생태계로서 한계가 정보화법제 정비과정에서도 드러난다. 정보화에 대한 장기적 비전이 확립되지 못하였으며, 전문화 및 분권화가 저조하며, 토론문화가 성숙되지 못하였다. 또한 정보화분야에서 타 주체와 생성적 관계형성이 미흡한 상황이다. 그동안 정부주도로 정보화촉진과 정보산업 육성을 위한 법제 정비가 이루어져 왔다. 이 과정에서 부처 간 영역다툼이나 정책적 오류로 인해 산업 및 기업 활동의 걸림돌로 작용하였다.

현행 정보화법제의 문제점으로는 우선, 정보화법제의 운영에 있어서 이념적 구심점이 약하다. 물론 정보화촉진기본법이 있지만 급격한 사회변화에 적응적이지 못하며 정화촉진기본법 및 여타 관련 법률들과 논리적인 관계 속에서 이루어지지 않았다. 이러한 이유로 사회적 문제로 대두되는 내용이 제·개정되는 법률에 우선적으로 규정되는 등 각 법률간 명확한 역할분담이 이루어지지 못하고 있다. 또한 기술발전에 경도된 법제 형성이다. 물론 기술변화에의 대응이 정보화의 촉진과정에서 필연적이지만 정보화가 사회전반에 스며들고 있다는 점에서 기술발전·산업 활성화 등 정책추진을 위한 규정과 국민들의 생활과 관련된 규정을 분리해 나갈 필요성이 있다(오태원, 2008).

과거 정보화법제의 변화과정을 통해 살펴보면 여러 차례 법제개편의 노력이 있었지만, 실제 입법이나 법률운용과정에서 각 법률 사이의 융·복합 및 조화는 원만하게 이루어지지 못했다. 또한 신산업의 창출, 융·복합의 활성화, 기존 ICT의 고도화, 수평적 규제체계로의 전환이라는 중요한 이상(理想)도 실현하지 못했다. 이러한 목표들은 현재까지도 당면과제로 남겨져 있다. 현행 정보화법령은 법제중복이나 법체계 사이의 정합성도 미흡한 양상을 드러낸다. 나아가 융·복합 산업 등 새로운 산업의 출현에 따른 시장변화에 유연하게 대응하지 못하는 법령상의 경직성도 존재한다. 이러한 문제점들을 해결하고 바람직한 정보화법제 체계 구축을 위해 체계적 정합성 제고, 글로벌 관점의 접근, 탈규제 측면의 미래 한국 사회의 지속가능발전을 위한 정보화법제의 구현 등이 필요하다. 정보통신기술 혁신 및 재도약을 위한 플랫폼(Platform)형 기본법 제정이 요구된다(최경진, 2013). 불필요한 중복 제거 및 조정기능을 강화하면서도 개별 영역의 자율성과 전문성을 보장하는 법제가 요구된다. 단순히 법령 및 조문차원의 제·개정은 아니더라도 거시적 관점에서 창조패러다임에 부응하는 정보화법제체계의 모색이 필요하다.

사실 그동안 입법부는 정보환경의 변화추세에 민첩한 대응력과 민간의 창의력 발휘를 고양하는 유연성 있는 입법능력을 갖추지 못했다. 즉, 정보기술에 의한 사회변화에 따라 새롭게 요구되는 법제도적 정비과제를 사전에 검토하여 사회변화에 따른 충격을 완화하고 이를 주도적으로 제어할 수 있는 정책방향을 제시하지 못했다(한국전산원, 2002). 특히, 사이버공간에서 개인의 법익침해와 사회혼란을 가중시키는 범죄적 현상이 증가하면서 새로운 입법동기를 유발하고 있다. 현존 법률은 디지털기술과 사이버범죄의 특성상 더 이상 효율적으로 작동하기 어려운 한계에 직면해 있다. 아직까지 정보통신범죄에 관한 일반 법률이 없는데다 처벌규정도 미비하다. 그나마 처벌조항도 개별법규로 산재해 있어 법망을 교묘하게 피해가는 지능적 범죄가 끊이질 않는다. 사이버역기능 법제정비는 시급한 현안임에도 불구하고 국회정쟁과 반대여론의 벽에 부딪혀 좌절되었다. 또한 정보기술의 사회적 도입, 적용 및 확산에 의한 가치와 안정성을 보장하기 위한 제도화노력이 미흡했다. 만일 정보화법령이 시대변화를 제대로 수용하지 못하거나 아날로그식 사고의 틀을 유지한다면, 산업은 물론 사회 전 분야에 걸쳐 체계적이고 효율적인 발전을 기대하기 어려울 것이다. 그러므로 정보화 진전, 성숙에 따른 법철학의 개발과 헌법, 민사법, 형사법, 상사법 등 기존 법에 대한 재해석과 함께 관련법의 진화 또는 개정을 위한 지침과 방향이 마련되어야 한다.

가령 박근혜정부시절 창조경제시대로의 이행과정에서 야기된 정보화상황은 갖가지 문제점을 노정시키고 있다. "창조경제, 정부 3.0, 프라이버시침해, 관리국가, 정보공해, 문화적 지체, 정보집중, 지역·세대·계층 간 정보격차, 사이버범죄, 실업문제, PC 및 스마트폰(인터넷)중독, 정보불평등, 해킹, 컴퓨터바이러스, 음란정보, 정보의존, 정보과잉 및 폭주, 정보왜곡, 정보문맹, 정보스트레스, 정보단절, 사이버독재, 사이버테러문제 등 … "

이러한 각각의 문제들은 사회성원으로 하여금 해결욕구를 유발하는 불만족스러운 상태 또는 조건으로 제기된 것이다. 여기서 각양의 문제에 대한 처리결과가 낳는 영향력이 많은 사람과 집단에 이르면서 공공문제가 되며 그 중 쟁점사항은 이슈(issue)로 부각된다. 원래 이슈란 지위나 자원의 배분에 관한 절차적 또는 실체적 문제에 대해 둘 이상의 집단 간 갈등을 의미한다(Cobb and Elder, 1983: 82). 비록 사적이며 국지적인 문제일지라도 상징이용이나 매스컴 등을 통해 사회적으로 확산, 파급되면 공적인 문제로 전개되며 이는 다시 이슈로 전환된다. 그리고 시간이 지나면서 개인적 차원을 초월하여 조직 및 국가적 수준에서 고려되고 있다. 그러면 정보화 진전과정에서 드러난 문제들은 어떠한 양상으로 나타나고 있는가? 이러한 문제를 살펴보는 것은 정책현장은 물론 이론연구에 시사점을 제공한다. 왜냐하면 정책은 사회문제의 해결에 유용해야하는 도구적 성격을 담고 있기 때문이다. 법과 정책은 사회상황과 유리된 채 진공상태(眞空狀態)로 있는 것이 아니다. 사회문제의 해결에 실용적이어야 한다. 물론 사회문제에 관한 해결기능을 강조하는 것이 곧 모든 분야에 걸쳐 무조건적 개입을 의미하지는 않는다. 법과 정책이 사회문제에 분별력(分別力)을 가지고 대응해야 한다. 이를 위해서는 무엇보다도 정책문제나 상황에 대한 정확한 진단과 올바른 인식이 필요하다.

정책문제란 그 내용을 규정하는 행위, 활동 또는 과정을 의미하다. 즉, 정책문제의 구성요소, 원인, 결과 등의 내용을 규정하여 문제를 밝히는 것으로 몇 가지 이유에서 그 중요성이 인정된다. 첫째, 정책목표, 정책수단 등 정책내용의 테두리를 일차적으로 결정하기 때문에 중요하다. 둘째, 정치적 갈등이나 타협의 대상이 되고 셋째, 정책문제의 인지 자체의 주관적 성격으로 인해 현실의 정책문제 정의는 매우 다양하고 정책담당자 개인에 따라 상이하다(정정길, 1993: 355-398). 이처럼 정책문제를 정확하게 파악하는 것은 바람직한 정책결정이나 법률제정을 위해 필수적이면서 정책의 효율적 집행에 직접적으로 관련되기에 정책과정에서 핵심요소가 된다. 즉, 바람직한 정책목표를 결정하고 방침이나 수단을 강구하기 위해서 정책문제 분석이나 정책상황의 올바른 파악은 반드시 선결되어야 한다. 왜냐하면 문제의 정확한 분석과 파악이 기술과 공예로서의 정책분석에 기여하는 중요한 부분이기 때문이다(Wildavsky, 1979: 1-3).

정보화 진전에 따라 야기되는 이슈와 문제들은 사안에 따라 정의될 수 있으며 문제에 따라 정책의제과정이나 정도도 상이하다. 물론 개인, 조직, 국가 및 세계적 수준에서 볼 때 맥락을 달리하기도 한다. 뿐만 아니라 동일한 수준이라도 보는 관점에 따라 대응시각이 달라진다.3) 더구나 문제 상황에 대한 인식에서 상반되는 입장이 양립하는 경우 그 해결이 더욱 어려워진다. 단적인 예로 정책

---

3) 가령 Moore는 정보사회의 이슈를 ① 법·규제적 이슈, ② 거시경제적 이슈, ③ 조직상 이슈, ④ 사회적 이슈 등 광범하게 분류하고 있다. 보다 세부내용은 다음의 문헌을 참고할 수 있다. N. Moore and J. Steele, Information-intensive Britain, *A Critical analysis of policy issue* (London: Policy Studies Institute), 1991.

문제에 대한 가치관의 차이를 들 수 있다. 정보기술에 의한 사회변동에 따라 가치관이 변동하고 있으며 이들 가치 간에 갈등이 노정되고 있다.[4] 게다가 단시간에 급속히 확대되고 있는 정보네트워크는 한 사회의 경제, 사회, 문화적 변화와 권력의 이동까지도 결정할 수 있을 정도로 그 중요성이 커가고 있다. 이러한 상황에서 법률이나 정책은 객관적이며 가치중립적 차원에 머무를 수 없다. 오히려 가치창출적이며 체제 규정적 의미를 함축할 필요가 있다. 왜냐하면 가치 간 갈등에 대한 정책관점은 장차 정보화 추진과정에서 심각하게 고려해야 할 의미와 시사점을 제공해 줄 수 있기 때문이다. 그래서 오늘날 사회 전 분야에 걸쳐 다양하게 형성되어 활발하게 추진되는 정보정책에는 가치갈등이 반드시 고려되어야 한다. 입법 및 정책창구를 둘러싸고 제기되고 있는 법적, 사회적, 경제적, 문화적, 기술적, 정치·행정적, 국제적 측면의 문제점과 논의들은 긍정 또는 부정이라는 양면적 가능성을 동시에 갖는다. 물론 이 중 어느 입장을 취하든 반론의 여지가 남는다.

정보화관련 정책이슈로 제기되고 있는 것으로 ① 고도통신망의 구축 및 재원마련방안 ② 경쟁과 규제의 균형, ③ 통신망 소유 및 운영금지정책의 재검토, ④ 정보통신기술 및 산업의 표준화 ⑤ 지방정부 및 외국정부와의 협력, ⑥ 지적재산권, ⑦ 문화적 정보 상품 및 서비스 진흥, ⑧ 정보에 대한 통제, ⑨ 개인프라이버시 및 정보보호, ⑩ 정보기반구조에서 공익과 사익의 조화, ⑪ 정보기술의 연구개발, ⑫ 정보에의 보편적 접근 등을 들 수 있다. 또한 지난 이명박 정부에서는 〈표 6-3〉에서 보듯 국가선진화를 위한 법제도적 쟁점과 과제들이 제시되었다(김현곤, 2010).

---

4) 이러한 가치갈등은 정보화가 초래할 수 있는 현상의 양면적 가능성을 짐작하는 것이지만 만일 이에 걸맞는 의식의 변화, 가치의 조정, 규범의 정립과 그리고 법·제도의 변화가 따르지 못한다면 그에 따른 사회적, 윤리적, 문화적 충격은 적지 않을 것이다.

표 6-3 IT기반의 국가사회 선진화를 위한 법제도 쟁점과 과제

구분	주요 과제
지식기반 인프라 구축	첨단 디지털 융합 인프라 고도화
	신지식기반 응용 SOC 고도화
	국가 정보자원·지식자원의 체계적 관리·활용 기반조성
	저작권 관리체계 선진화
IT 기반 신 성장동력 창출	IT 산업 기반 강화
	IT 신기술·서비스 활성화 기반 마련
	IT 융합 촉진
소통·안전·신뢰기반 강화	IT 기반 공공서비스 강화
	국민생활의 질 제고
	사이버 안전제고를 위한 정보보안 기반 조성
	성숙된 정보이용문화 조성
	정보프라이버시 보호와 인격권 보장
IT 법제의 글로벌화	IT 법제의 국제적 정합성 확보
	통일한국의 IT 법제 마련

한편, 박근혜 정부에서는 창조경제가 주창되면서 정보사회 규범 재정립의 이슈가 제기되었다. ① 인터넷 표현의 자유 확대와 사회적 책임성 강화 ② 프라이버시 및 친화적인 데이터 생태계 구축을 위한 거버넌스 형성 노력 ③ 지속 가능한 사회통합을 위한 ICT 역할 제고 ④ 정보공개 기반의 오픈 정부 플랫폼 구축 4가지로 분류하고 이와 관련하여 정책방향과 과제 등이 제시되었다(김동욱, 2013). 또한 창조경제에서 인터넷산업이 어떠한 지위를 차지하고 있는지 확인하고, 활성화에 장애가 되는 요소들을 짚어보는 과정에서 올바른 규제방향의 정립이 요구된다. 특히, 창조경제를 실현하고 청년실업을 해소하기 위해서는 인터넷산업 진흥을 정책의 핵심 축으로 삼기 위한 법적 문제와 함께 창조경제의 활성화를 위한 규제체계의 개선과 자율규제정착방안 등이 모색될 필요가 있다.[5] 아울러 〈표 6-4〉에서 보듯 창조경제 구현을 위한 7대 전략이 제시되었다.

---

5) 지난 6월 27일 국회의원회관 2층 제1소회의실에서 남경필 의원실(미래창조과학방송통신위원회)과 김희정 의원실(교육문화체육관광위원회)은 한국인터넷포럼(의장: 안문석)과 공동으로 '창조경제와 인터넷정책, 어떻게 할 것인가'라는 주제로 토론회를 개최하였다.

▌표 6-4 창조경제 구현을 위한 7대 전략

7대 전략	주요 과제
국민행복기술을 전 산업에 적용하여 새로운 시장, 새로운 일자리 창출	정보통신기술을 활용하는 스마트 뉴딜 정책
	스마트워크의 범국가적 추진
소프트웨어 산업을 우리 경제의 새로운 성장 동력으로 육성	응용소프트웨어 활성화
	건전하고 경쟁력 있는 생태계 구축
	브레인웨어(brainware) 시대 개막
개방과 공유를 통한 창조정부 구축	민간부문의 창의와 활력을 이용한 새로운 가치창출 기반 조성
	미래전략 시스템 구축
창업국가 코리아 구현	청년창업가 및 융합인재 양성
	실버창업보육센터 운영
	단계별 창업지원시스템을 구축
	컨텐츠창업 적극 지원
창조경제에 부합하는 스펙초월 채용시스템	스펙초월 청년취업센터 설립
대한민국 청년이 세계를 움직이는 K-move 조성	글로벌 벤처
	해외취업 장려금제도 도입
	글로벌 스펙초월시스템 마련
미래창조과학부 신설	• 창의적 융합인재 육성 • 미래를 선도할 연구를 지원 • 지식생태계 구축 및 보호를 위한 법제도적 지원 등 담당

3. 정보화 법제정비의 과제와 실천

지금까지 정보화촉진기본법을 비롯하여 정보화법제는 정부주도로 정비되었다. 입법부에 기대되었던 역할이 컸음에도 불구하고 실제 현상에서 충분한 수준에 이르지 못하였다. 그 까닭은 입법부의 정보화입법역량의 미흡에 기인한 것으로 보이는데 장차 지식정보사회의 진전에 대응한 정보화법제를 위해 입법역량의 확충이 요구된다.

가. 입법적 대응의 유형

규제개혁 실패의 가장 큰 책임이 있는 곳, 규제개선에 가장 소극적인 곳으로 국회가 1위(38.%)로 지적된다(중앙일보, 2016년 4월 11일자).[6] 이러한 상황인식과 책임의 바탕에서 국회를 중심으로 전향적 방향에서 세 가지 차원[7]의 입법적 대응이 필요하다.

1) 문제해결기반 입법적 대응

문제해결기반 대응은 기존 법제의 한계와 부적응에 대한 개선노력이다. 기존 법률이나 제도가 혁신환경에 적응하지 못해 야기되는 문제의 조속한 해결이 필요하다. 가령 Fintech의 경우, IT기업들이 금융서비스에 진출하면서 은행을 위협하고 있다. 하지만 한국의 기업(카카오/KT/SK플래닛 등)은 규제에 묶여 역할이 제한된 상태다. 전자금융거래법에서 은행과 카드사를 통해서만 금융서비스를 할 수 있도록 규제하고 있다. 동 법은 2006년4월 제정 당시 개념조차 없었던 새로운 형태의 지급수단과 사업자, 기술의 등장에 대응하지 못하고 있다. 여기에 기득권을 유지하려는 금융권 탓에 IT기업의 독자적 금융서비스가 어렵다. 또한 여신전문금융업법에서는 신용카드정보의 저장을 위해 신용카드사업자 허가가 필요하고 결제사업을 위해 전자결제대행업(PG) 허가를 반드시 받도록 규제하고 있다(한국경제, 2014년 4월 21일자).[8] 뿐만 아니라 개인정보를 감추는 게 고객에게 유리하다는 인식과 신용인프라 회사업무제한 때문에 빅데이터 사업도 제약받고 있다.[9] 또한 원격진료의 경우도 규제 장벽에 막혀 있다. 환자가 의사와 멀리 떨어져 있더라도 IPTV 영상 등을 통해 진료가 가능한 원격진료시스템은 시간낭비를 줄일 뿐만 아니라 비용도 획기적으로 절약할 수 있어 선진국에선 앞 다퉈 개

---

6) 대한상공회의소와 함께 지난달 2016년 3월 31일부터 4일까지 한국리서치에 의뢰해 300개 기업을 대상으로 설문조사한 결과다.

7) 여기서 세 가지 차원은 문제현상에 단선적으로 관련되는 것이 아니며 복합적 양상을 드러낸다. 특히, Co-creation대응은 문제해결 및 가치창출기반 대응에 적용될 수 있다.

8) 이와 관련하여 한국은행 금융결제국 L조사역은 "모바일 지급결제서비스에 대한 과도한 규제가 서비스의 활성화를 가로막고 있다."고 말했다.

9) 기존의 개인정보보호관련법률(개인정보보호법, 정보통신망법, 신용정보의 이용 및 보급에 관한 법률)의 유기적 연계와 함께 예외(통계처리, 익명화제공 등) 인정이 필요하다.

발에 나서고 있다. 그러나 국내에서는 2014년부터 원격의료 허용을 담은 의료법 개정안을 처리하자는 목소리가 크지만 기득권과 정치적 이해가 맞물려 국회에서 통과되지 않고 있다.

앞서 보았듯이 국내에서 Uber, Airbnb 같은 공유서비스는 법적근거 부재10) 등 제도적 기반이 미비하여 실질적으로 이용 빈도가 높더라도 공유서비스 활성화가 어렵다. 정부는 기존 문제점 개선과 시장육성을 위해 공유숙박업 규정을 신설해 숙박공유를 제도권 영역으로 끌어왔다. 다만, 기존 숙박업 종사자들과 현행 민박업과의 형평성을 위해 영업가능 일수는 연간 120일로 제한하였다. 차량공유도 전용주차 공간 확보를 지원하고 주차장법 시행령과 시행규칙을 개정해 제도적 기반을 마련하였다. 공유업체에 경찰청면허정보를 제공해 운전부적격자를 걸러낼 수 있도록 면허정보 자동검증시스템도 구축하였다. 공유경제 활성화를 위해 공유경제 생태계와 기존 이해당사자간 이익충돌11)의 해소를 위한 정치적 지혜가 절실하다. 또한 자율주행시대에 부합하는 법·제도 정비작업이 시급하다.12) 정부는 2020년까지 자율주행차를 상용화하겠다고 밝혔지만 규제정비 등 난관이 많다. 현행 도로교통법 상 운전자가 일반도로에서 완전히 손을 놓은 채 운전하는 것이 불가능하다. 자율주행자동차 개발·연구를 위한 시험운행구간 설정, 시범특구에 필요한 시험운행 허가요건, 자율조향장치 장착이 가능한 특례 등을 마련하기로 결정했지만 미국 등 선진국에 비해 상당히 낙후되어 있다. 그리고 3D 프린터 보급을 막는 것은 불가능하므로 특허를 침해하지 않은 범위 내에서 제품을 인쇄할 수 있는 규정을 만들 필요가 있다. 3D 설계도에도 저작권 범위를 명확히 하면서 공유방안도 마련되어야 한다.13)

---

10) 기존 법률(여객운수사업, 숙박업법 등)의 개정과 함께 신규서비스(공유민박업, 차량공유서비스 등) 촉진을 위한 개별법의 제정을 검토할 수 있다.

11) 2014년 파리에서는 Uber택시를 반대하는 괴한의 공격이 발생했다. 국내에서도 택시 업계의 강한 반발에 부딪혀 2015년에 Uber X서비스가 중단되는 사태가 발생하였다.

12) 기존 법률(개인정보보호법, 위치정보의 보호 및 이용 등에 관한 법률, 자동차관리법, 자동차배상법, 제조물책임법 등)의 개정과정에서 국제기준 및 자동차도로운행규약을 위한 비엔나 및 제네바협약을 참고할 필요가 있다.

13) 기존 법률(특허법, 디자인보호법, 저작권법 등)의 개정을 위해 3D도면자료의 저작권 성립의 명확화, 디자이너의 자유로운 창작 등이 보장되어야 한다.

2) 가치창출기반 입법적 대응

가치창출기반 대응은 미래의 불확실성, 불안정성을 해소하면서 유의미한 가치를 창출하는 창조적 입법 활동이다. 주지하듯 한국은 IT 및 네트워크 인프라를 확보하고 있지만 종합적인 정책이나 계획이 미흡하다. 우수한 ICT인프라나 제조역량을 효율적으로 활용하여 세계시장을 선도할 수 있도록 법제적 뒷받침이 필요하다(미래창조과학부, 2014). 빅데이터 기반 산업은 엄격한 개인정보 규제에 막혀 자료로 쓸 만한 데이터를 입수하지 못하고 있다. 합리적 범위에서 개인정보 규제완화가 필요하다. 인터넷전문은행에 빅데이터 공급이 필요하지만 개인정보보호법 등 27개 법률에서 빅데이터 유통이 금지되어 있다. 정부가 비식별화를 전제로 한 빅데이터유통 허용방침을 내놓았지만 기술적으로 어렵다는 점에서 개인정보보호법의 취지를 살리면서 빅데이터를 활성화 방안이 요구된다(한국경제연구원, 2016).[14]

사물인터넷 기술기반서비스와 관련하여 현재 위치정보법은 사물인터넷 서비스 활성화에 장애가 될 수 있다. 이에 따라 위치정보법상 개인 또는 이동성 있는 물건의 위치정보수집에서 동의를 완화해야 한다. 가령 개인정보수집 및 동의에 있어 포괄적 동의에 대한 법률적 근거가 필요하다. 웨어러블기기 중 구글글래스의 사진촬영기능은 도촬과 같은 부정적 용도로 사용될 위험성이 있고, 헬스케어를 위한 밴드처럼 긍정적으로 사용될 수 있다. 사실 규제완화 또는 규제강화 대상에 대한 획일적 판단이 곤란하다. 다만, 부정적 기능이 우려되더라도 사용 자체의 위축은 경계해야 한다. 나아가 ICT융합의 측면에서 총체적이며 통합적 접근이 필요하다.[15]

드론을 비롯해 미래형 자동차, 지능형 로봇 등 ICT 융합 제조 분야는 제도를 현재 기술에 맞게끔 정비하고 서로 다른 인증 기준을 통폐합해야 한다. SW산업은 다양한 신기술의 개발, 타산업과의 융합 강화, 새로운 비즈니스의 출현 등 이전까지 경험하지 못했던 혁신적 변화를 경험하고 있다. 국가적 차원에서 SW

---

14) 기존 법률(개인정보보호법 등)과 연계한 데이터유통촉진법의 제정이 요구된다.
15) 장기적 산업발전을 위해 기존 ICT특별법이나 정보통신망 이용촉진 및 정보보호 등에 관한 법률, 위치정보의 보호 및 이용 등에 관한 법률 등 산재해있는 관련 법률의 통합이 요구된다.

산업 트렌드 변화에의 적극 대응과 글로벌 경쟁력의 확보가 중요한 과제다. 지난 2015년 CES에서 SW기반 IoT, 자율주행 자동차, 드론·로봇, 웨어러블 디바이스 등 기기 간 연계 및 융합 신제품들이 등장하였다.[16] 특히, 자율주행자동차의 상용화에 대비하여 자동차보험상품 도입, GPS기반 위치오차 보정기술 및 시험운행 전용노선 확충 등 자율주행지원 인프라 구축을 위한 정책 및 법제도의 제·개정이 필요하다.[17]

　　한편, 보안은 초연결사회(Hyper-connected society) 진입을 위한 핵심이슈다. IoT, 웨어러블 디바이스, 빅데이터 등의 확산과정에서 다양한 보안이슈가 발생할 수 있다. 웨어러블 디바이스의 경우, 디바이스에 대한 해킹, 악성코드 대응, 생체인식 정보유출 방지 및 생체인식 보안 SW적용을 둘러싼 이슈가 예상된다. 또한 빅데이터 활용 확대로 인한 개인 식별 정보 관련 보안 컴플라이언스 강화 문제가 예상된다. 또한 지능화, 피해의 대규모화 추세를 보이는 사이버위협에 대한 선제적 대응능력 강화가 필요하다. 이 과정에서 개인정보 보호는 개인데이터 생성 및 활용범위 확대과정에서 필연적으로 확대될 것이다. 이에 따라 개인의 사생활보호와 관련 산업 육성이라는 상충적 이해관계 속에서 합리적 절충점을 도출하기 위한 사회적 공감대 형성과 지속적인 제도개선 노력이 요구된다.[18]

3) Co-creation기반 입법적 대응

　　혁신기술이나 서비스의 수요자는 시민이다. 또한 제도의 효과성과 실효성은 시민의 지지와 반응에 달렸다. 법제정비과정에서 시민중심 접근방식이 요구되는 이유다. 나아가 시민참여를 통한 입법 활동이 활성화되어야 한다. 오늘날 시민은

---

16) 삼성전자·LG전자·인텔 등은 IoT 지원에 대한 전략과 신제품들을 발표하였으며, 벤츠·아우디·BMW 등 자동차 제조사들은 자율주행자동차와 관련된 기술을 공개하는데 주력하였다. 또한 DJI·에어독인터내셔널·패럿 등은 초소형 및 블루투스로 스마트 폰과 연결되는 다양한 드론 제품들을 선보였으며, 웨어러블 디바이스는 기기의 소형화·슬림화를 넘어 모든 신체 부문으로 착용 영역이 확대되는 특징을 보였다.

17) 자율주행자동차의 경우, 국토교통부장관이 지정하는 도로를 제외하고 도로교통법 상 운행할 수 없기 때문에 자율주행자동차의 상용화를 위해 도로교통법 상 자율주행자동차가 일반도로를 운행할 수 있도록 도로교통법에 근거를 마련해야 한다.

18) 가령 제도변화에 따른 상충적 이해의 조정과 통합을 위해 국가공론위원회, 행정절차법(민관 협치 및 국민참여 제도화), 갈등관리법 등 제도마련이 요구된다(정정화 외. 2013).

혁신기술의 단순 사용자를 넘어 혁신정책결정뿐만 아니라 과학기술 사용현장에서 축적한 경험과 지식을 바탕으로 기술혁신 과정까지 참여하고 있다. 이로 인해 사용자주도형 혁신, 혁신거버넌스, 수요기반 혁신정책에 대한 논의들이 전개되고 있다(Smits et al, 2010). 이러한 연장선상에서 Co-creation기반 입법은 시민의 자발적 참여와 주도에 의한 입법 활동을 의미한다. 이를 위해 정부, 의회와 기업, 시민 등 이해관계자간 변화지향의 협력체계를 구축해야 한다. 이해관계자의 자발적이며 적극적 참여와 문제해결을 위한 가치, 규범의 공유가 필요하다. 즉, 계획수립, 실행 및 평가과정에서 정부-민간(시민)간 협력체계가 확보되어야 한다(OECD 2008; Vigoda, 2002). 더구나 공공문제 해결과 가치창출을 위해 요구되는 협력모형의 정립을 위해 전문가 및 단체는 물론 정책에 관심 있는 시민의 능동적 참여(active participation)가 필요하다. 정책과정에서 정부와 이해관계집단, 시민 간 동반자관계(partnership)에 기반을 두어야 한다. 아울러 새로운 제도 구축 및 운영에 대한 책임은 정부와 국회가 지지만 법제과정에서 참여자인 시민의 동등한 역할도 인정해야 한다. 나아가 공동가치 창출과정에서 투명성, 민주적 참여, 학습을 중시하면서 시민요구에 능동적으로 반응함으로써 국가 및 지역차원의 사회적 협력자로서 리더 역할이 한층 요구된다(한세억, 2013c: 107~133).

나. 정보화법제 정비를 위한 입법역량 강화

정보화법제는 궁극적으로 정보통신이 사회적 통합에 기여하도록 원칙과 방법을 제시해 주어야 한다. 정보화는 사람, 조직, 지역사회, 국가사회, 국제사회 등 각 주체간의 갈등을 해결하는데 유용한 수단이 될 수 있으며, 모든 사회구성원에게 건전한 정보사회 공동체의 형성에 대한 책임을 부여한다. 또한 사회통합의 원리는 앞서 지적한 바와 같이 둘 이상의 이념이 충돌하는 경우 적절한 합의점을 찾는 기준으로 작동할 수 있다. 정보화가 국가사회 전반에 스며들어 있는 현시점에서 이제는 정보화추진의 틀을 넘어서서 지식정보사회의 기본이념을 담아낼 필요가 있다.

(1) 정보화 및 미래지향적 인식 제고

정보화관련 법제분야는 다양한 정치·경제·사회·문화적 변화에의 폭넓은 인식과 심층적 이해가 요구된다. 정보사회의 성숙과 고도화에 따라 제기되는 여러 가지 현안을 해결하기 위해선 정보화현상과 문제 상황에 대한 정확한 진단과 올바른 이해와 인식이 선행되어야 한다. 특히, 의회를 중심으로 법조계, 산업계, 학계, 연구, 행정 등 관계기관의 지속적인 관심과 공감대 형성이 필요하다. 정보화분야의 경우 이미 각종 정보정책 및 사업의 진행이 가속화됨에 따라 다양한 법적·제도적 장애요인이 발생하고 있다. 정보시스템 구축 등 정보화사업의 성과가 가시화되면서 드러난 법·제도적 미비점과 역기능 및 부작용을 개선하기 위한 구체적 입법수요가 크게 증가하고 있다. 이러한 법·제도적 과제를 조기에 발굴하여 정보화법제에 반영하기 위한 체계적 정비노력이 요망된다. 아울러 정보화 성숙, 고도화에 따라 새롭게 등장하는 정보화관련 다양한 용어와 의미와 관련하여 체계적이며 종합적 통일·조정이 필요하다. 나아가 지식사회 진입에 따라 나타날 창조사회패러다임 및 인식체계의 변화에 대한 진단과 이러한 과정에서 고려해야 할 이슈 및 쟁점사항을 심도 있게 분석하기 위해 창조사회 및 창조경제에 대한 실상 및 동향에 인식과 이해가 요구된다.

(2) 정보화 입법체계의 정비

향후 디지털 융합(digital convergence)이 가속화되고 웹2.0을 넘어 웹3.0으로 이행하게 되면 그에 맞는 체계적 일관성을 가지면서도 섬세하게 규율할 수 있는 법체계가 필요하다. 더구나 정보화법제가 정책입법으로서의 의미를 지속적으로 유지하고 정보정책의 근간을 확고히 하려면 새로운 창조경제시대의 환경에 걸맞은 입법체계를 정착시켜야 한다. 현재 정부의 입법체계는 경쟁적으로 전개되는 양상을 보여준다. 이러한 기조가 어느 정도 이어지고 있지만 입법체계에서 국가정보화기본법으로서의 위상을 확실히 하기 위해 개별 기관이나 국민경제의 각 주체들이 각자의 역할을 이 법률에 따라 행할 수 있도록 하여야 한다. 개별 행정기관과 지방자치단체의 정보정책에 관심을 갖게 할 필요가 있다. 입법체계에서 있어서는 국가정보화기본법이 개별 국가기관이나 개별 주체의 정보화를 충실히 지원하는 형태가 되어야 한다. 새 정부의 전체적 정책기조에 맞게 개별 기관은 각 기관 소관의 정보화는 물론 개별 소관 법률의 정비에도 책임과 권한을 확보할 수 있을 것이다. 그러나 무엇보다 중요한 것은 국가정보화 전체로서의 일관된 입법정신과 정책혼선의 방지를 위한 조정 및 필수불가결한 통제가 기본법에서 규율되어야 한다는 점이다. 기본정신과 원칙을 분명히 하고 이런 원칙이 국가 전체적으로 통합 적용될 수 있는 체계의 정립은 기본법의 핵심사명이라는 점을 강조하지 않을 수 없다. 또한 체계적 정합성의 제고는 ICT 관련 법제 사이의 체계정립뿐만 아니라 ICT관련법 과 종래의 법제, 즉 오프라인 법제와의 조화도 포함한다. 장차 바람직한 ICT 법제체계를 구축할 때 고려해야 할 사항으로는 정보화법률간 체계적 정합성 제고, 글로벌 관점에서의 접근, 탈규제 측면의 미래 한국사회의 지속가능발전을 위한 ICT 법제의 구현, 새로운 ICT 거버넌스와의 조화 및 효과 극대화, ICT의 기본정신(개방, 공유, 소통, 참여)을 존중하는 방향으로 정보화 법제를 정비해야 한다.

(3) 정보화관련 작용법의 정비

당장 눈앞에 닥친 일이 수많은 개별법규의 정비이다. 아마도 이 작업은 그간 수평적 관점에서 추진하였던 수많은 정보기술 관련 법제정비 과정과 같은 크기의 노력을 필요로 할 것이다. 조직법에서는 각 부처의 기능을 재편하는 형태로 끝났지만, 대폭적인 기능이관은 물론 조직폐지에 따른 소관법령의 이관작업은 수많은 작용법의 제·개정을 숙제로 남겨두었다. 지난 정부에서 정책입법의 중요한 부분을 이관 받은 행정안전부의 사례를 보면. 행정안전부는 국가정보화 관련 7개 법률을 정보통신부로부터 이관 받았다. 이 중 ITA법, 지식정보자원관리법, 정보격차해소법, 전자서명법은 법률 전체의 소관이 행정안전부로 변경되었지만, 정보화촉진기본법, 정보통신망법, 정보통신기반보호법 등은 일부 조문만 이관되었다. 이와 같이 이관된 법률들은 우리나라의 법제관리의 관행[19]상 별도의 단일법전 형태로 다시 제자리를 잡아갈 것이다. 조직법의 변화에 대응한

---

19) 미국과 같은 code system으로 법제관리를 하는 경우 개별 조문에 따라 각 부처가 영향을 받겠지만, 우리의 경우 단일한 법률 명칭으로 독립적으로 완성된 법제를 운용하기 때문에 유사한 법률의 양산과 법규 상충의 문제 등도 더욱 빈번한 단점이 있다.

작용법의 개편을 위하여 이명박 정부에서도 발 벗고 나섰다. 당시 대통령 소속으로 설치된 국가경쟁력강화위원회에 법제도 선진화팀을 두어 '조직개편 후속 법률정비'를 추진하였다. 동 위원회에서 마련하여 제시한 정비대상 법률만도 96개 법률인데 이를 44개로 통합하도록 하였다. 이런 지침에 따라 당시 행정안전부는 소관 9개 정보기술 관련법제의 숫자를 대폭 감축하였다. 그리고 이러한 작업의 결과가 국회의 입법심사를 앞두고 분주하게 각 부처 간 논의를 촉발하였다. 정보화관련 작용법의 정비에서 우선 추진하여야 할 사항은 발등에 떨어진 불과 같이 이관 받은 법률을 재구성하는 작업일 수밖에 없었다. 그러나 중요한 작업은 그 이후였다. 작용법에서 정보기술에 관한 사항을 규명하고 관리해 나가야 한다는 점이다. 더구나 정보정책이라고 하는 것이 정보기술의 보편적 적용을 기반으로 이루어진다고 할 때 그 상호운용성이나 연계 및 통합을 위한 리더십을 담당할 기능은 필수적으로 요청된다.

(4) 지식정보의 창조적 활용 및 질적 수준제고

정보화법제는 본격적인 제4차 산업혁명에 관심을 가져야 할 때다. 그간 정보정책을 물량위주로 추진하여 오면서 정보기술법제도 주로 사업자금을 투입하고 대형 국책사업을 추진하는 데 많은 기여를 해 왔다. 박근혜정부에서는 물량위주의 정보정책은 상당부분 감소될 것으로 예상되지만, 아직 정책입법으로서의 정보화법제가 할 일은 많이 남아 있다. 한국이 정보강국을 넘어 창조강국이 되기 위한 충분조건이 구비되지 않았음을 의미한다. 현재 통신망이나 정보기술의 활용 기회가 확충되었으므로 나머지는 사회와 시장이 담당하는 것이 필요하다. 정보기술이 성숙단계로 이행하면서 정치·경제·사회 각 분야별로 정보기술에 대한 접근이나 활용에 있어서 격차를 넘어 창조적 활용이 요구된다. 그동안 정보기술에 대한 사회·문화적 관심은 매우 소극적이었으며 정보기술의 역기능에 관한 관심이 주류를 이루었다. 음란물이나 명예훼손 등 내용규제제도, 정보격차해소, 각종 사이버범죄, 개인정보침해 대응 등이 주로 정보기술법제가 사회문화적으로 대응한 것의 대표적이다. 그렇지만 창조경제패러다임에 부응하여 정보기술을 통한 민주주의와 법치주의의 강화, 사회 전체의 소통강화, 정보사회에 적합한 민주시민의 양성, 창조적 정보문화의 창달 등의 노력이 필요하다. 이제는 정보기술이 갖고 있는 특성을 객관적으로 살펴서 창조사회가 어떤 모습으로 구현되고 발전되어 가는지에 대한 본격적 관심을 가져야 한다. 창조사회에서는 모든 국민이 지식정보의 창조적으로 활용하는 사회를 의미한다. 창조사회의 본질적 정책이 어디를 향해야 하는지를 분명히 인식할 시점이다.

(5) 입법부의 입법역량과 정책네트워크

정보기술의 패러다임 하에서 기술개발 및 혁신과 융합이 가속화되면서 하나의 조직이나 분야만으로는 모든 기술적 가능성을 탐색하거나 활용하는데 한계를 지닌다. 이에 따라 조직은 다른 조직과의 협력 또는 상호작용을 통해 불확실성에 대한 위험을 공유하고 새로운 정보와 지식을 창출하는 규모 또는 범위경제 및 연결경제의 필요성을 요구받게 되면서 네트워크가 형성하게 된 것이다.

입법은 국가기관이 법을 제정하는 행위 또는 법제정행위의 결과로서 넓게는 행정입법 및 자치입법을 포함한다. 입법은 국가기능의 출발점으로 국가권력의 행사와 국가의사의 결정은 궁극적으로 입법의 형태로 나타난다(오호택, 2005). 현행법은 2006년 3월 현재 1,151개 법률, 대통령령 1,515개, 총리/부령 1,368개로 이루어져 있다. 이 가운데 정보화관련법령은 전체의 10% 수준이며, 기존 법령의 개정과 함께 지속적인 증가추세에 있다. 기존의 정보화법률은 주로 행정부의 주도하에 제·개정작업이 이루어져 왔다. 정보기술의 발달과 행정의 전문화와 복잡화에 따른 행정국가화 경향의 심화로 인해 입법에서 행정역할의 증대와 행정입법의 증가에 따른 불가피한 현상으로 이해된다. 특히 법률안 제출권이 의회에 전속되어 있는 미국과 달리 한국은 정부가 법률안제출권을 공유하고 있기에 입법에서 행정의 역할이 크다. 실제로 정부제출안의 입법현황을 보면 〈표 6-5〉에서 보듯이 의원발의 건수가 크게 증가하고 있는데 18대 국회의 경우 정부제출안 보다 아홉 배가 넘는다.[20] 하지만 의원입법의 상당수는 행정부의 초안을 기

---

20) 의원입법의 증가원인으로 ① 입법부 본연의 역할과 의원입법의 중요성에 대한 국회의원의 인식 변화, ② 언론·시민단체 등에서 의정활동 평가 초기에 의원 입법 발의 건수를 의정활동 평가의 주요항목으로 설정, ③ 의원입법 활동 지원기구인 국회사무처 법제실 설치·확대, ④ 법안 발의 정족수 하향조정(20명 → 10명)과 정당의 정책위원회 등의 조정 없이 법안을 발의하는 경향 등이 지적된다(법제처, 2007).

표 6-5 제안 국회별 의원발의 법률안과 정부 제출법안 현황　　　　　　　　( ) 안은 %

구분	15대 1996~2000		16대 2000~2004		17대 2004~2008		18대 2008~2012	
처리	접수	가결	접수	가결	접수	가결	접수	가결
의원발의	1,144 (59)	461 (41)	1,912 (76)	514 (54)	6,387 (85.2)	823 (86.2)	12,220 (82.7)	1,663 (70.7)
정부제출	807 (41)	659 (59)	595 (24)	431 (46)	1,102 (14.8)	131 (13.7)	1,693 (11.3)	690 (29.3)
총계	1,951 (100)	1,120 (100)	2,507 (100)	945 (100)	7,489 (100)	954 (100)	14,761 (100)	2,353 (100)

자료출처: 국회홈페이지(http://search.assembly.go.kr/bill/).

초로 하고 있다. 정보통신관련법령의 경우 실제로 정부안이지만 의원입법의 형식을 빌어서 입법이 추진되는 경우가 많다. 정보화촉진기본법의 경우도 마찬가지였다. 이런 입법의 경우는 행정부처간 합의가 어렵거나 사회적 찬반논란이 많은 경우에 두드러진다. 또한 정부입장에서는 정부입법보다 의원입법이 시간과 절차를 줄이고 정치적 부담도 완화시킬 수 있기 때문이다(오호택, 2005: 9-11). 우리나라의 경우, 행정부가 국회와 함께 법률안제출권을 공유해 왔고 행정국가의 전개 등 역사적 이유에서 행정부는 입법부에 비해 입법전문성 면에서 상대적 우월성을 지니는 상황이 지속되어 왔다(김난영·홍준형, 2006).

　　더구나 법제정을 비롯한 정책결정과정이 복잡하고 역동적이다. 이러한 복잡성은 정부의 크기, 참여자의 수, 정부부처와 의회 그리고 복잡다기한 이슈 등의 요인에서 비롯된다. 사실 법제정을 비롯하여 정책의 창은 정책과정의 세 줄기인 정치문제, 정치, 정책 중에서 정치줄기의 변화에 의해 열리는 경우가 많다. 가령 정권교체, 이념적 경향의 변동, 국민여론의 변화가 관료나 의사결정과정에 가까운 사람으로 하여금 새로운 문제에 주의를 기울이게 만듦으로써 새로운 정책의 창이 열리게 된다. 물론 정책줄기가 문제줄기, 정치줄기와 함께 적절히 합류되었을 때에 정책의 창이 열린다(Kingdon, 1984). 정보화촉진기본법의 경우 10여 년 동안 정책줄기 부근을 맴돌다가 정치줄기로서 김영삼정부의 선거공약, 통치이념으로서 정보화의 부각, 국민정서의 변화 등에 의해 정책의 창이 열리면서 정부의제로 부상할 수 있었다. 하지만 당시 입법부는 정보기술의 변화에의 대응이나 정책네트워크 그리고 정보화분야에 대한 전문성, 정보기술, 능력 등 입법역량[21] 이 결여되었기에 법제정작업을 주도하지 못하였다. 비록 국회 정보통신분야의 분과위원회와 전문위원이 존재하였지만 급변하는 정보기술과 정보화환경에의 대응능력을 갖추지 못하였다. 게다가 의회는 행정부처와 달리 학계, 연구 및 산업계 전문인력과 조직과의 공식적 및 비공식적 정보교류나 공유체제가 미비한데 이는 정책네트워크의 부재에서 비롯된 것으로 볼 수 있다.

6) 조사분석 및 평가기능의 강화

현재 정보화관련법령은 정보화기반조성, 정보통신산업육성, 정보통망고도화, 정보화역기능방지, 전자거래활성화, 부문별 정보화촉진, 행정정보화추진 등 분야별로 100여개의 법률이 정비되어 있다. 이처럼 정보화법제분야는 역동적이며 복잡성이 증대하고 있다. 그래서 새로운 정보기술의 도입과 확산에 따른 정보화 입법수요는 지속적인 증가추세에 있다. 여기서 정보화관련법 제·개정은 정보시대에 걸맞게 기술발전과 산업의 변화를 수용할 수 있는 미래지향적이어야 한다. 가령 정보기반 유비쿼터스기술은 기존 정보화촉진기본법상의 정보화 촉진이라든가 기반구축과 같은 소극적 측면이 아닌 능동적으로 실시간으로 정보활용이 가능한 환경을 제공해주는 시스템이므로 종래의 정보화촉진기본법으로 포괄하기 어렵다. 따라서 정보기술 분야에 대한 개념정립과 제도적 규율범위에 대한 광범한 조사분석을 바탕으로 법적 근거와 토대를 마련해야 한다(한국전산원, 2004). 그리고 입법부의 정보화 전문지식, 입법기술에 기반한 입법역량을 확충함으로써 정보시대에 걸맞은 입법부의 위상을 정립해야 한다. 이를 위해서 국회의원과 정당기능의 전문화가 필수적이며, 입법활동의 전문성과 효율성을 향상시키는 질적 측면도 한층 강조되어야 한다(홍준형 외, 2005). 나아가 정보기술의 급속한 발달과 시장 및 사업 환경의 변화과정에서 야기되는 문제점 및 쟁점사항에 대한 체계적인 조사분석과 입법활동 및 정책에 대한 모니터링과 평가기능의 강화를 통하여 입법기능의 내실화를 도모해야 할 것이다.

---

21) 역량에 대한 접근은 다양하게 나타나고 있는데 우리나라는 개인행태를 중심으로 접근하는데 비해 대부분의 OECD국가들은 전문성, 지식, 능력으로 정의하고 있다(Hood & Lodge, 2004).

(7) 정책정보공동체의 활성화

정보화촉진기본법을 비롯한 정보화관련법령의 제정과정에서 구 체신부 (2008년 폐지된 정보통신부)는 정보통신 관련이익집단, 지식산업기관인 대학 및 산하연구기관으로 구성된 '정책공동체(policy communities)'를 형성, 이를 토대로 정책네트워크를 구축하였으며 긴밀한 상호협력·교류관계와 연대활동을 통해 전략적으로 대응해 왔음을 알 수 있다(Mayor & Greenwood, 1981: 31-32). 행정부처럼 입법부의 경우도 지식정보시대의 법률수요와 환경변화에 부응하여 정보화입법 역량을 강화해야 한다. 이를 위해 전문지식 및 정보기반의 정책공동체네트워크를 구축, 운영해야 한다. 여기서 전문가, 기업 및 수요자들의 의견을 수렴하여 제·개정 법률에 최대한 반영해야 한다. 왜냐하면 기존 법령의 체계적인 정비나 법제정에 있어 전문가 및 현장의 의견을 수렴하지 않으면 법집행의 실효나 그 성과를 극대화하기 어렵기 때문이다. 뿐만 아니라 관련부처와 사회단체 및 업계의 의견수렴을 위한 협의가 요구된다. 특히 정부주도의 법제정비과정에서 부처 이기주의로 인한 정책혼선이나 중복 과잉투자 등의 문제점이나 자칫 추진주체의 분기로 인해 제·개정 법률 간 상충이 야기되지 않도록 노력해야 한다. 뿐만 아니라 입법부에 의한 정보화법제 정비작업이 전개되는 경우, 부처나 관련단체에 따라 자의적인 해석이나 관리에 벗어나 국가적·거시적·통합적 시각에서 정보화추진의 효율성과 사회 및 산업발전, 그리고 국민권익과 기업이익이 신장이 우선시되어야 한다.

CHAPTER 07

정보화의 정책영역과
과제: 가정

정보화의 정책영역과 과제: 가정

CHAPTER
07

"정보는 현재와 미래를 구별하는 것이다."
– Mike Murdock(1946~) –

문제의식과 초점

한국은 명실상부하게 정보화기반 및 이용분야에서 정보화강국으로 인식된다. 하지만 그 내면의 질적 수준에서는 공허한 양상을 드러낸다. 이제부터 그동안의 거시적이며 총론적 정보화에서 미시적이며 각론적 수준의 정보화가 요구된다. 다분히 거칠고 투박한 정보화에서 세련되고 정교한 정보화가 필요하다. 정보화의 급속한 성숙에 따라 미래지향적 정책영역의 개발이 요구된다. 본 장은 정보화 성숙기에 부합하는 새로운 정책패러다임을 모색하는데 목적이 있다. 그래서 새로운 정보정책영역으로서 가정정보화를 설정, 가정에서의 정보화현상을 기술하고 실천적 맥락에서 지능적 가정을 위한 가정정보화 촉진방안을 모색하고자 한다. 이를 위해 정보화의 역동성에 따라 전개되는 정보통신기술의 가정 내 보급양상과 확산과정을 살펴보기로 한다. 아울러 가정정보화의 이슈와 의미 그리고 그 효과를 통해 가정정보화의 정체성을 탐색하기로 한다. 그리고 가정정보화 확산을 촉진하고 정보능력 신장을 통하여 지능적 가정으로 나아가기 위한 실천과제를 살펴보고자 한다.

제1절   정보화의 역동적 진화와 변이

1. 정보환경의 변화와 지향

개인이나 조직의 활동 대부분이 전자적 수단으로 연결, 밀접해지고 있으며 조직이나 시장 등의 경계선이 애매해지면서 연결(connection)의 중요성이 증대하고 있다(Davis and Meyer, 1998). 이른바 네트워크의 가치는 참여자의 제곱에 비례한다는 법칙이[1] 현실로 투영되면서 정보통신기반의 가치와 안정성이 확산되고 있다. 이런 현상은 전자·IT업계를 중심으로 Digital·Convergence 추세가 강화되면서 네트워킹이 가능한 정보기기의 경우 콘텐츠 및 네트워크 서비스회사 간 결합을 통해 새로운 비즈니스모델이 창출 가능성을 고조시키고 있다. 이른바 디지털컨버전스화와 네트워크 간 결합은 외부에서 이뤄지던 엔터테인먼트를 가정 내에서 해결하며 가전기기의 제어를 외부에서 가능하게 하고 그 영역이 점차 확대되면서 마침내 인간생활을 Digitaltopia, Convergence–topia로 인도하는 듯하다.

그동안 정보화가 경쟁력과 삶의 질의 척도로 인식되고 그 활용이 사회성원의 거주공간으로 급속하게 확산되면서 Home Shopping, Home Banking, Home Health 그리고 Home Security 등에서 보듯 가정에 정보화가 구체적으로 투영되면서 전자주택(Electronic cottage)[2]과 같이 정보통신기술을 활용한 가옥이 증가하고 있다. 이로 미뤄 정보통신기술은 발명과 도입의 단계를 지나 확산, 적용 및 생활화단계로 전이되는 듯하다. 즉, 정보화의 적용분야가 산업 및 공공영역으로부터 사회·지역·생활분야로 확산되고 마침내 가정에 이르게 되었다. 이를테면

---

[1] Ethernet의 개발자인 Metcalfe에 의하면 "네트워크의 가치는 그 사용자수의 2승에 비례하여 증가한다."라고 한다. 즉, 네트워크의 규모(사용자 증가)에 따라 그 이용가치가 폭발적으로 커지는 것으로 인터넷의 위력이 이를 증명한다.

[2] 정보화된 가정을 수식하는 표현으로 Virtual Home, Digital Famaily, Multimedia Home, Smart House, Intelligent Home, Home Automation, Computer Home 등 다양하게 표출되고 있다. 전자주택은 전자기기를 갖춘 소주택으로 기존 사무실 중심으로 한 곳에 집중된 일터의 기능이 가정에서 수행될 수 있도록 고안된 장소를 의미하며 Toffler가 제3의 물결에서 제시하였다.

가정에서의 정보통신 채택과 이용은 학습, 교육을 비롯하여 가족기능, 여가활동, 재택근무, 일상생활 등 다양하게 나타나고 있다(Dutton et al, 1987). 이렇듯 정보통신기술을 근간으로 형성되는 정보환경은 사회성원의 생활을 이루면서 삶의 질에 주된 영향을 미치는 요인으로 작용하기에 이르렀다(水野博介외, 1997). 실제로 가정생활을 중심으로 전개되는 정보환경에의 적응은 개인이 정보기술을 어떻게 수용, 활용하느냐에 달려있는데 이에 관한 연구는 이미 미국을 중심으로 활발하게 이루어졌다(Louis Harris & Associates, 1983; Hardy, 1984; Dickerson & Gentry, 1983).

정보통신기반의 일상화가 심화되면서 정보환경이 생활세계의 주요 부분을 이룬다. 사실 한국의 정보화는 세계 최고수준으로 평가된다. 이 같은 현상은 새로운 과제를 안겨주면서 몇 가지 의문이 제기한다. 즉, 정보화의 선단에서 새롭게 지향해야 할 정책영역과 궁극적 지향은 무엇인가? 또한 새로운 지향과정에서 발생하는 비용을 누가 부담할 것인가? 첫째 물음은 정보화의 진화와 새로운 정책영역의 정체성 탐색에 관한 이슈이며 둘째 의문은 누구를 위해 소용될 것인가? 로 치환될 수 있다. 지금까지 정보화 추진과정에서 형성된 정책, 계획, 사업들은 한 결 같이 사회성원 삶의 질을 강조하였다. 그렇지만 정작 집행성과를 돌이켜보건대 적지 않은 괴리감을 자아낸다. 정보화가 전개되면서 국가자원 투입과 기관·제도가 형성되어왔지만 국가경쟁력과 사회성원 삶의 수준은 뒷걸음 친 형국을 보여주었으며 오히려 악화되지 않았는지 우려를 떨쳐버릴 수 없다. 이런 상황은 정보화의 양-질 간 괴리를 드러내는 것으로 정보인프라 및 이용지표와 종합지표간 엇갈린 평가에서 극명하게 드러난다(황주성·김성우, 2003). 이런 문제상황을 인식하여 미래지향적 정책영역에 대한 설정과 함께 정책지향이 새롭게 모색되어야 한다. 또한 차세대 정보화 추진을 어떠한 제도 구성을 통해 누가 부담할 것인가? 의 질문은 정보화 정책 또는 사업실행의 성패를 결정하는 관건이 된다. 더구나 부담주체에 따라 정책 또는 사업지향이 달라질 수 있기에 새로운 역할설정과 제도구성이 요구된다.

2. 정보화의 흐름과 단계: 패러다임의 전이

정보화 확산은 범사회적 현상으로서 그 전달이 빠르게 진행되어 왔다. 이러한 과정에서 정보화는 사회적 수준은 물론 가정적 차원에서 의미와 가치, 그리고 안정성을 획득해 가는 것처럼 인식된다. 이제 정보화가 사회적 영역 특히, 가정으로 옮겨가는 듯하다. 다른 부문과 달리 가정을 비롯한 사회생활분야는 복잡성과 광범위성으로 인해 그 파악이 쉽지 않으며 다양한 접근이 요구된다. 그렇지만 가정정보화의 수준과 정도를 측정하는 것이 쉽지 않으며 그 범주 및 개념정의 조차도 이루어지지 못한 실정이다.

정보화가 심화되면서 그 흐름과 속도가 가속화되고 있다. 그래서 개인이나 조직은 물론 국가도 상황전개와 방향을 파악하기 어려울 정도이다. 그동안 우리나라의 정보화는 1980년대 초기의 준비기에서 급속한 발전을 거듭하여 1996년에는 정보화 확장기에 접어들었으며 IMF이후 정보화가 국가사회개혁의 수단으로 인식, 적용되면서 심화기로 이행하는 듯하다. 〈그림 7-1〉에서 보듯이 정보화를 준비기에서 형성, 도약하여 확장, 심화하는 단계로 구분할 수 있다.

여기서 1980년대는 정보통신의 비약적 발전을 이룬 시기로 평가된다(체신부, 1988: 4). 이처럼 정보통신의 발전 동인은 컴퓨터와 통신의 혁신과 응용에 기인하면서 정보화의 흐름과 줄기를 바꾸어놓고 있다. 한국의 정보화는 확장기를 지

▶ 그림 7-1 정보화의 단계

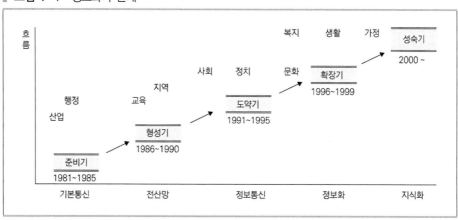

나 성숙기에 진입하는 듯하다. 웹기반 정보가전기술을 바탕으로 구체화되고 있는 Digital Home은 더 이상은 낯설지 않다. 가정을 둘러싼 정보화환경이 성숙, 고도화되고 있다. 이른바 정보기술이 생활 속에 스며들면서 IT가 체화된 디지털 생활양식, 즉 e라이프가 성숙된 정보화양상을 드러내고 있다.

　　정보화의 지세는 〈그림 7-2〉와 같이 정리할 수 있다. 공공부문을 시초로 생성된 정보화는 산업분야를 너머 사회분야로 급속히 확산되면서 가정으로 확장되고 있다. 정보화가 가정으로 확장된다는 것은 정보화가 정교화 또는 구체화되고 있음을 의미이다. 이처럼 정보화가 확장, 성숙기로 진전되면서 컴퓨터·통신·정보가 통합된 네트워크가 어느 곳이나 산재하게 되었다. 이에 정보 및 응용 서비스는 보다 저렴해지면서 고도화될 것이고 모든 Client Server는 분산되면서 정보통신기기의 기능이 정교해질 것이다. 이를테면 가정에서 컴퓨터가 서버기능을 수행하면서 Home Network가 확산되고 있다(한세억, 1998).[3]

▎그림 7-2　정보화의 형성과 조류

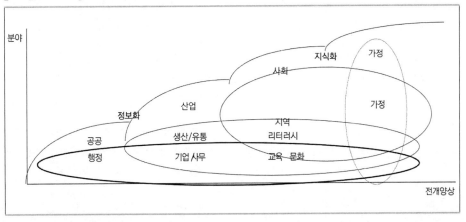

3) 유·무선 연계 및 통합시스템, 생활의 지능화 및 개인맞춤형에서 비롯된 홈네트워킹(home networking)의 필요성은 수요 및 공급측면에서 제기된다. 공급(기업) 측면에서 기업정보화의 포화상태로 새로운 시장창출이 요구되고 기존 개별화된 제품으로 소비자 욕구충족이 어려워지면서 정보 및 가전제품 간 연계가 요구된다. 정보기술혁신에 힘입어 가전기기간 상호 통신 및 외부로부터의 원격조정이 요구되면서 PDA, 모바일PC, 유·무선 및 이동전화와 가전제품들 간 결합이 가속화되고 있다. 수요 측면에서는 초고속망의 보급 및 유·무선기술의 발전에 따라 가정 내 네트워킹이 필요하게 되었다. 또한 개인의 정보화 능력 향상이 새로운 시장창출에 기여하였다.

여기서 Home Network의 핵심요소가 될 PC의 경우 〈그림 7-3〉에서 보듯이 그 기능과 역할이 크게 변화하고 있다. 즉, 멀티미디어 PC에서 소통 및 오락용PC를 거쳐 창조성을 추구하고 있다. 특히, 가정에서 텔레비전이 지녔던 지위를 이어받아 오락과 정보의 핵심적인 매체로 등장하리라는 예측(Steinfield et al. 1989: 66; Bowes, 1980: 54)이 현실화되고 있다.가정정보화와 개념과 관련하여 Home Networking은 중요 부분을 구성하는데 가정 내 접속장비의 범위와 관련 세 가지로 정의된다. 첫째, 홈네트워킹을 PC와 주변기기 또는 PC와 PC간 연결로 정의할 수 있다(홍동표 외, 1999). 이러한 연결을 통해 프린트, 저장매체, 파일, 스캐너 등 정보자원의 효율적 이용을 가능하게 한다. 둘째, 가전과 정보기기 간 연결을 의미하는데 TV, 비디오, 오디오 등의 가전과 PC 및 주변기기간의 연결을 포함한다. 셋째, 가전과 정보기기 간 연결뿐만 아니라 홈오토메이션의 개념까지 포함하는 것으로 전화, PC, 또는 TV를 이용한 가정 내 전기, 가스 및 보안시스템의 작동 등을 들 수 있다. 홈네트워킹과 유사한 개념으로 게이트웨이와 가정자동화(HA)를 들 수 있다. 게이트웨이는 광의의 의미로 2개 이상의 다른 종류 또는 같은 종류의 통신망을 상호 접속해 통신망과 정보를 주고받을 수 있게 하는 기능단위 혹은 장치를 말한다.

정보통신기반의 구축과 인터넷의 급속한 보급, 통신과 방송간 융합 등 정보환경의 고도화에 따라 정보화의 최종 수요기반인 가정의 정보화 및 주택의 멀티미디어기반에 대한 필요성이 대두되고 있다. 대용량·멀티미디어 환경을 수용할 수 있는 다양한 정보기술의 등장과 보완 및 대체관계에 있는 정보통신수단의 실

그림 7-3 PC의 진화전망

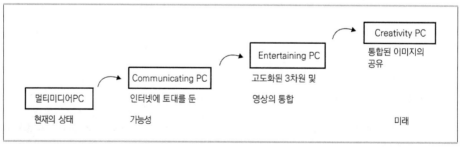

용화로 가정 내 정보통신배선과 시스템이 복잡한 양상을 보여준다. 뿐만 아니라 지금까지 기술적 제약 등이 걸림돌이 되었던 재택근무, 재택학습, 재택의료 등을 가능하게 하는 정보통신기술이나 주택기술 등의 급속한 발달로 생활인의 입장에서 정보화를 수용하는 가정정보화기반(HII: Home Information Infrastructure)의 정비에 대한 기대가 높아지고 있다(하원규외, 1998).

가정정보화 단계에서는 일반가정의 컴퓨터, 주변기기, 휴대폰, 가전제품 등을 단일 프로토콜로 제어한다는 개념이 포함되며 이는 홈네트워킹 기술발전의 산물이 가정 내에 흡수, 생활화되는 것을 의미한다. 홈네트워킹기술은 컴퓨터, 가전, 통신부문을 선도할 첨단기술로 부상하고 있다. 비록 프로토콜을 기반으로 한 Home Networking 기술이 휴대통신 및 PCS 등의 부문에서 초보적으로 활용되고 있지만 장차 무선전화를 비롯하여 팩스, 가정용기기 등에서도 음성을 통한 제어기능을 지원하게 되고 PC파일, 전화, 프린터 등을 공유, 전화기에 송신되는 데이터를 인공지능으로 선별해 팩스 또는 프린터에 직접 출력시키는 기능으로 확대되면서 무선을 통해 기기제어가 가능한 Home Networking 기술이 개발되고 있다.

3. 정보화의 단말지(端末地): 가정의 변화와 의미

인간이라면 누구나 자신이 머무르는 공간 속에서 보다 나은 삶의 기회와 가치, 그리고 향상된 삶의 질을 향유할 권리를 갖는다. 이처럼 인간욕구는 정보기술의 활용에 의해 실질적 삶의 영역인 가정생활에서 큰 변화를 낳고 있다. 그러면 정보화의 성숙에 따라 가정이 어떻게 변화될 것인가? 「… 뤽은 프라이팬의 바퀴가 삐걱거리는 소리 때문에 몽상에서 깨어났다. 프라이팬은 관절이 있는 팔을 움직여 계란 하나를 집더니 그것을 깨서 기름에 던졌다. 프라이팬 뒤에서는 커피머신이 잔에 따뜻한 커피를 따르고 있었다. "자아 맛있는 콜롬비아 커피를 대령했습니다!" 커피 잔이 하는 소리였다. 잔에서는 김이 모락모락 나고 안데스 지방의 팬파이프 선율까지 흘러나왔다 …」.[4]

---

4) 소설가 베르나르 베르베르가 쓴 단편집 「나무」의 내용 중 일부를 재인용하였다.

이야기에서 보듯 인간은 진공청소기가 알아서 집안을 청소하고 세탁기가 정해진 시각에 옷을 빨며 주방기기가 사람처럼 말을 걸어오는 이른바 인간을 흉내 내는 물건들이 갖춰진 아파트에 살고 있다. 이를테면 Ubiquitous Apartment는 인터넷과 가전이 융합돼 TV로 전자상거래를 하고 인터넷으로 가스 밸브를 잠그는 신 개념 주거환경이다. 가전기기 등 주변 사물이 스스로 주관을 갖고 움직이는 게 아니라 철저히 집주인의 의지를 반영해 맞춤형 환경을 구성할 것이다. 아직까지 정보기술의 발달이 가족관계나 생활에 어떠한 변화를 가져오게 될 변화와 전망을 일의적으로 단언하기 어렵지만 커다란 영향을 주고 있음은 부인할 수 없으며 다른 분야와 마찬가지로 희망과 실망이 엇갈린다. 이를테면 가사노동의 단축이나 성별분업의 변화를 야기하거나, 가정과 일터간의 구분이 없어지면서 그 경계가 모호해지고 있으며(Haddon and Silverstone, 1995), 가사노동의 개념과 형태도 바뀌고 있다(공성진·강선미, 1996: 121−124).

또한 선택중심의 능동적 행동이 강해지지만 정보기기에의 과도한 의존현상이 드러나고 네트워크 의존으로 상호작용이 유지되면서 가족유대는 약화될 것으로 인식된다(宮田加久子, 한국정보문화센터역, 1994: 146−151). 이에 가족구조뿐만 아니라 가족관계나 친밀함 그리고 가족의 기능변화가 예상된다(조은, 1998: 213). 특히, 어린이와 컴퓨터에 대한 연구들에서 어린이들이 컴퓨터에 대한 관심이 높은 것으로 나타났다(Steven Pulos & Sarah Fisher, 1993).[5] 이 같은 연구에서는 컴퓨터가 어린이들과 청소년들에게 순간적이면서도 지속적인 피드백을 제공할 수 있고 비디오게임과 같은 경우에 어린이들이 컴퓨터에서 경험을 얻기에 컴퓨터에 관심을 가지고 있다고 분석한다. 즉, 홈컴퓨터를 비롯한 다양한 정보통신기술이 어린이들의 마음을 끄는 특정한 속성을 지녔다고 본다. 이러한 연구결과는 어린이나 청소년의 자녀가 있는 가정에서 자녀들의 요구에 의해 홈컴퓨터를 구매하고 PC통신이나 인터넷을 많이 이용할 것이라는 주장을 뒷받침한다.

---

5) Murdock 등이 영국 중부지방의 각기 상이한 특성을 지닌 4개 지역에서 약 1천 가구 이상을 추출하여 실시한 연구에 따르면, 어린이들과 청소년이 있는 가정이 마이크로PC를 많이 소유하고 있었다(G. Murdock, P. Hartmann, P. Gray, 1992). 자녀가 없는 가정은 5%, 독신가정은 6%만이 홈PC를 소유하였지만 자녀들이 있는 경우는 1/3이 넘는(35%) 가정이 1대의 컴퓨터를 보유하고 있었다.

또한 가정에 재택근무자(teleworker)의 존재 유무가 가정의 정보통신 확산에 영향을 미친다. 재택근무자가 있을 경우 업무의 효율화를 위해 가정에 보다 많은 정보통신기술을 도입할 것이고, 이는 가정의 정보화 확산을 촉진하는 요인이 될 것이다. 재택근무자가 업무를 위해 정보기기를 가정에 도입하고 이용하는 것은 재택근무자를 제외한 가족 구성원들에게 그것을 이용하도록 만들어 정보통신기술에 대한 수요 창출에 기여할 것이다.[6] Kenichi Ishii(1996)는 사무실에서 Fax, 컴퓨터 등의 사용경험이 가정에서 해당 미디어의 채택을 이끈다고 보았다. 즉, 정보통신기기의 사무실 이용과 가정에서의 채택과 이용 간에 양(positive)의 상관관계가 있음을 의미한다. 이러한 결과는 대부분의 재택근무자들이 업무를 가정뿐만 아니라 사무실에서도 수행하며 사무실에서의 전일근무(full-time working) 경험을 고려하면 재택근무자는 가정의 정보화 확산에 영향을 미치게 된다. 이로써 풍요로운 삶의 공간으로서 가정정보화는 지역수준은 물론 국가차원의 정책이 추구해야 할 궁극적 가치가 될 수 있다.

한편, 가정정보화의 범주와 관련하여 먼저 물리적 대상영역은 앞서 제시된 가정정보화 이슈와 함께 가정정보화의 위상 및 목적과 관련된 중요 이슈이다. 즉, 가정을 포함하여 물리적 거리를 어디까지 공감적 범위로 설정할 것인가는 중요한 정책적 고려사항이 될 수 있다. 가정은 지역정보화의 맥락에서 이해할 때 지역정보화의 공간적 범위와 중첩된다. 그렇지만 통신가입지역의 최소단위인 가입구역으로 설정할 수 있으며 가입자와 연결된 전화국까지의 거리로 설정할 수 있다. 이 같은 공간에 대한 인식은 각 국마다 차이를 보이는데 〈표 7-1〉에서 보듯 미국은 100Feet 또는 Mile로, 일본은 전화국과 가입자회선, 우리나라의 경우도 일본과 유사하다. 그렇지만 표현만 달리할 뿐 가정에서 전화국까지의 거리로 이해할 수 있다.

---

6) 물론, 재택근무라는 새로운 업무방식이 가정의 정보화 확산에 미치는 영향에 대해 단선적으로 말하는 것은 적절치 못하다. 가정생활은 각 가정마다 고유의 리듬(rhythms), 일상(routines), 시·공간적인 패턴(temporal & spatial patterns), 가족구성원들간에 공유된 가치관들과 갈등이 있으며, 이러한 모든 것은 재택근무가 가정에 도입되며 수용되는 방식에 영향을 미친다(Haddon & Silverstone, 1995).

표 7-1 가정정보화의 공간적 범주와 영역

구분	미국	일본	한국
표현	The Miles 또는 100Feet	FTTH	가입자망
물리적 거리	30m-1.6km	3km-8km	2.2km-8km

　　비록 물리적으로 설정된 공간적 범주와 영역에 대한 표현은 상이하지만 가정(household)을 중심으로 전개된 다는 점에서 공통점을 지닌다. 이 가운데 FTTH[7]는 집집마다 개별적으로 광케이블을 설치하여 전화·팩스·데이터·텔레비전 영상까지 모두 하나의 광케이블로 전송할 수 있게 하는 것으로 광대역 ISDN(B-ISDN)이 가정까지 보급되는 열쇠를 갖는다. 앞선 논의를 바탕으로 할 때 가정정보화의 개념을 "가정현실의 특성과 거주민의 요구(needs)에 부응하는 가사활동으로서 행정, 산업, 생활, 문화, 교육 등 전 분야의 정보화와 연계된 가정의 정보통신 기반구조 정비, 정보시스템 구축 및 정보화 확산활동"으로 규정할 수 있다. 물론 이 같은 개념에는 정보통신기술의 발달에 따른 컴퓨터와 정보통신 및 가전기기의 결합에 따라 발전하는 뉴미디어와 가전기기의 가정 내 보급과 확산 및 활용의 생활화를 함축한다. 다시 말하면 가정정보화는 기존의 개별적으로 존재하던 의사소통 매체와 가전기기들이 컴퓨터를 매개로 하나의 통합된 정보통신기술의 가정 내 보급 및 확산과 활용이라고 할 수 있다.

---

7) 당시 FTTH가 광·전기교환회로를 포함하여 회선종단장치(광DSU)가 별도로 필요하기 때문에 경제성 문제가 발생하므로 이런 문제를 해결하기 위한 대안으로 광케이블을 몇 개의 가정이 공동 이용하는 FTTC(Fiber To The Curb)가 제안되었다.

제2절 가정정보화의 이슈, 해외동향과 전망

1. 가정정보화의 이슈

정보기술이 가정으로 도입되면서 야기될 효과를 둘러싼 사회문화적 측면의 논의와 쟁점들은 아직 충분히 다루어지지 못한 듯하다. 예컨대 가정에 보급되는 홈컴퓨터, 위성TV, PC통신 등 정보통신기기와 서비스 현황에 대한 면밀한 파악과 각 가정의 사회경제적 수준에 따른 정보통신기술의 보급 차이, 가족성원의 정보능력과 이용행태 등에 관한 연구가 미흡한 실정이다. 이러한 가운데 정보통신기술의 확산이 사회·경제·지위(SES)와 가정 내·외의 사회적 상호작용과 같은 사회문화적 환경, 기술적 특성과 이용자 인터페이스에 따라 차이가 발생하며 자칫 정보 불평등이라는 심각한 사회문제로 발전할 것이라는 논의(Dutton et al, 1987)들은 실천적 노력의 필요성을 시사한다.

새로운 기술이 가정에 들어오는 것은 단순히 기술적 사건에 그치는 것이 아니라 사회문화적 사건이 된다. 그래서 새로운 기술은 재정의 되거나 혹은 새 주변장치나 서비스의 확장을 필요로 하게 된다. 정보화의 경우도 정보기술을 근간으로 하면서 다양한 분야에서 근본적으로 상호 연관되기에 이러한 본질적 변화는 기존 가정생활의 규범이나 형태에 대한 새로운 형태의 도전으로서 적지 않은 영향을 준다. 더구나 가정은 경제적 및 사회적 행동의 규범이 정의하는 현실을 추상적 법칙이 아닌 사적, 개인적 가치의 특성화를 통해 제공한다(Roger Silverstone & Leslie Haddon, 1996). 그래서 정보기술의 가정에의 도입과정에서 제기되는 이슈는 다양하고 구체적이다. 가령 기술적 구현방식이나 집행과정에서의 추진체계 및 제도추진방안을 둘러싸고 다양한 논의의 전개가 가능하다.

한국의 경우, 1999년부터 보급이 본격화된 ADSL이나 케이블모뎀 등 초고속 인터넷과 달리 디지털케이블TV망과 VDSL은 양방향 광대역 네트워크로 최대 52Mbps를 제공, 초고속데이터통신은 물론이고 멀티미디어형 AV서비스, 원격검침 등 자동화서비스, 인터넷 정보가전 등 모든 홈네트워킹 기술 구현이 가능하다. Home Network시대에 맞춰 사용자의 편의성과 휴대성의 극대화에 초점을 둔 정보단말기는 인간의 오감을 통한 의사소통과 다양하고 현실감 있는 정보교류를 가능케 하는 오감기반의 입출력장치를 갖는 착용형 정보단말기로 발전하고 있다. 또한 전력선통신(PLC: Power Line Communication)은 기존 모든 가구에 전력선이 보급돼 있어 현존하는 인프라 중 가장 광범위한 네트워크를 구성하고 있다. 따라서 기존 네트워크의 사각지대에 인터넷 서비스를 제공할 수 있는 last-mile 솔루션으로 기대를 받고 있다. 다시 말해 초고속 인터넷 사업을 통해 국내 아파트 단지를 중심으로 ADSL·케이블모뎀 등이 보편화되었다. 하지만 아직까지 이들 네트워크가 미치지 못하는 구간이 존재하는데 이 구간을 전력선 네트워크를 통해 연결할 수 있다.

또한 정보화 추진과정에서 논란이 되는 하향식(top-down)이나 상향식(bottom-up)이 더 이상 중요하지 않다. 정보화개념이나 범주에 관한 논의도 정보화현상에서 실질적이지 못하다. 중요한 것은 정보화가 가정의 맥락에 구현되는 과정에서 야기되는 문제가 무엇이며 이러한 문제를 어떻게 해결할 것인가에 대해 고민해야 한다. 가령 정보기기와 서비스의 광범한 선택의 폭을 낳기 위한 제도 또는 기술개발에 초점을 두는 것이다. 비록 정보기술이 급속히 발전하지만, 이용자위주의 상호작용적 서비스로서 여전히 한계를 내포할 것이다. 이는 Home Network 비전을 구체화하는 과정에서 드러날 것이다. 그렇기에 정보화 초점이 보다 명확하고 구체화되어야 한다. 이를테면 국가사회, 지역정보화는 가정정보화의 길목에서 겪는 과도적 현상으로 규정되면서 가정정보화가 초점이 되어야 한다. 다만, 가정은 그 속성상 다양한 물리적 환경과 요소로 구성되었기에 그 요구도 이질적이라는 점이 고려되어야 한다.

이처럼 가정정보화로의 진전과정에서 고려되는 이슈로는 ① 학습과 교육, ② 여가활동, ③ 가정의 일상규칙, ④ 가족기능, ⑤ 재택근무, ⑥ 프라이버시·지적재산권 ⑦ 표준화 등이 제시될 수 있다. 이와 함께 ① 개인/가정중심의 네트워크 고도화, ② 통신방송의 융합화에 대비한 제도·환경·기술적 정비, ③ 새로운 비즈니스 창출을 위한 테스트베드 정비, ④ 네트워크 및 사용자 요구의 고도화, ⑤ 정보통신 담당주체의 활동 및 다양화 등의 이슈들도 가정정보화를 구현하는 과정에서 제기되며 중요한 정책문제가 된다. 즉, 정보화를 추진하는 과정에서 예상되는 역기능, 개선사항, 관련 이익집단의 요구, 기술적 및 사회적 상황변화 등이 고려대상이 될 수 있다. 이렇듯 정보화가 가정의 차원으로 구체화되는 과정에서 인식되는 현상은 궁극적으로 컴퓨터를 비롯한 정보통신기기를 지역적 제한을 받지 않는 "any where in computer"를 의미한다. 이미 잘 알려져 있듯이 광대한 미국지역의 전 가정의 컴퓨터를 네트워킹을 통해 연결하려는 정보기반구조(NII)계획은 "NII for Home"이라든가 일본의 FTTH(Fiber to The Home) 등에서 나타나듯 가정에 초점이 맞추어져 있다. 그리고 동 역할을 실질적으로 집행하는 것은 자유경쟁원리에 근거하여 활동하는 민간 기업들의 몫으로 인식되면서 정부는 단지 방향설정과 자극의 역할에 만족하고 있다. 이는 한국의 상황에서 정부와 기업의 역할설정이라는 이슈를 제기하는 것이기도 하다.

2. 가정정보화의 의미와 맥락 그리고 효과

컴퓨터와 통신의 융합에 의한 정보화는 정주공간을 지능화하면서 삶의 양식을 새롭게 한다. 이를테면 자동화를 통한 무인경보시스템, 조명관리시스템과 전력, 수도, 온수, 열량, 가스 관리의 원격조정 등 그리고 PC통신, 인터넷 등 네트워크를 활용하여 요리, 법률 등과 같은 각종 생활정보화 홈뱅킹, 홈쇼핑 등 다양한 멀티미디어서비스를 가정 내에서 제공받을 수 있게 된다. 뿐만 아니라 주문형 비디오를 비롯한 오락기능의 강화는 가정을 안락하고 즐거운 곳으로 만들어가고 있다. 이제 정보화는 더 이상 신드롬이 아니라 생활 속의 현실로 구체화되고 있다. 이처럼 실생활에 구현되고 있는 가정정보화가 갖는 의미는 다양하다.

지난 20년 간 고속성장을 거듭해 온 국내 IT업계로서도 디지털코리아, 디지털홈이 갖는 의미는 크다. 그동안의 침체를 벗고 질적 도약의 새로운 전기를 마련할 수 있으며 나아가 세계적으로 디지털홈 시장을 선점해 차세대 핵심전략산업으로서 가능성을 지닌다. 더구나 가정정보화는 Home Networking의 가치사슬을 통해 다양한 의미를 함축한다. 〈그림 7-4〉에서 보듯 가입자망에서 Home Network서비스에 이르기까지 다섯 단계로 구분될 수 있다(박용우, 2001).

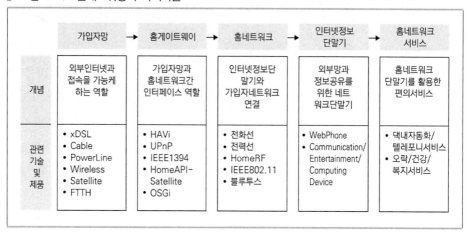

▶ 그림 7-4 홈네트워킹의 가치사슬

가입자망	홈게이트웨이	홈네트워크	인터넷정보단말기	홈네트워크서비스
개념 외부인터넷과 접속을 가능케 하는 역할	가입자망과 홈네트워크간 인터페이스 역할	인터넷정보단말기와 가입자네트워크 연결	외부망과 정보공유를 위한 네트워크단말기	홈네트워크 단말기를 활용한 편의서비스

**관련
기술
및
제품**
 	
• xDSL
• Cable
• PowerLine
• Wireless
• Satellite
• FTTH
	• HAVi
	• UPnP
	• IEEE1394
	• HomeAPI-
	  Satellite
	• OSGi
		• 전화선
		• 전력선
		• HomeRF
		• IEEE802.11
		• 블루투스
			• WebPhone
			• Communication/
			  Entertainment/
			  Computing
			  Device
				• 댁내자동화/
				  텔레포니서비스
				• 오락/건강/
				  복지서비스

　　이러한 가치사슬은 일련의 부가가치창출활동을 통해 홈네트워킹에 관련된 이해관계자들의 효율성을 높여줄 것으로 기대된다. 가령 인터넷TV를 통해 양방향서비스를 받으면서 홈쇼핑을 하는 경우 최소한 가전업체·홈쇼핑업체·서비스업체 등 3개 업체가 참여하는 다양하고 복합적 경제활동이 이뤄진다. 뿐만 아니라 정보기기제조업체의 경우 홈네트워킹을 위한 다양하고 복합적인 제품을 만들어내는 과정에서 고부가가치 확보기회를 얻게 되며 서비스업체는 새로운 서비스 기회를 창출할 수 있다. 이에 디지털 컨버전스로 인한 홈네트워킹은 다양한 정보가전기기·소프트웨어는 물론 정보기기와 서비스 간 결합을 촉진시킨다.

　　또한 가정정보화는 가정 내 일상생활뿐만 아니라 산업 및 사회전반에 걸쳐 영향을 미친다. 가정정보화는 행정, 산업, 사회, 지역정보화와 상호 밀접하게 연계되면서 다양한 맥락을 구성한다. 달리 말해 가정을 정보화된 생활세계의 접속점으로 기능하도록 하는 것이다. 그래서 국가사회정보화의 성패여부는 가정정보화의 수준에 달려있다고 해도 지나치지 않다. 즉, 가정정보화는 국가사회정보화의 근간이 된다. 아무리 행정정보화나 산업정보화가 잘 이루어져도 그것을 활용하는 최종이용자인 가정정보화 수준이 낮으면 다른 부문의 정보화의 효용은 반감될 수밖에 없다. 마찬가지로 홈뱅킹이나 홈쇼핑과 같은 정보통신서비스를 가정에서 이용할 수 있는 기반이 없다면 무용지물에 불과하며 이에 정보화투자의 효용이 저하될 것이다. 이는 사회가 네트워크형 조직으로 편성되고 사회기반구조도 정보·통신계로 옮겨가면서 정보시스템이 사회메카니즘을 형성하고 있음을 반증하는 것이다(今井賢一, 1994: 202-205). 이처럼 가정정보화는 국가사회 분야별로 전개되고 있는 정보화의 구성요소가 되면서 〈그림 7-5〉에서 보듯 가정정보화 진전에 따라 다음과 같이 다양한 분야와 연결의 가능성을 함축한다. ① 가정 내 미디어의 다양화에 따른 가정 내 배선시스템의 복잡화 방지 및 간단화로 효율적인 배선 및 공간의 실현, ② 가정 내 모든 정보통신기기와 가전기기간 네트워크화로 일괄관리·제어의 실현으로 전략소비량의 절감 등 효율적 에너지 지향, ③ 가정 내 정보배선시스템 및 관련 단말수요 등 새로운 주택정보화 시장의 창출, ④ 수용자입장에서 원격근무, 재택학습, 전자쇼핑, 홈뱅킹, 원스톱행정서비스 등 고도 정보화 수용기반의 조기정비, ⑤ 인터넷 등을 활용한 재택근무에 의하여 새로운 주택입지 및 산업유치 가능성 등이 있다.

　　가정의 정보화를 통해 다음과 같은 효과를 기대할 수 있다. 첫째, 정보기기를 개발하고 확산시키는 인적 자원을 제공해준다. 특히, 가정 내 정보기기의 활용을 일상화함으로써 어린이를 비롯한 새로운 사회성원들로 하여금 정보사회에 대한 적응능력을 향상시켜 정보화를 촉진할 수 있다. 둘째, 정보기기의 가정 내

▶ 그림 7-5　가정정보화의 의미와 맥락

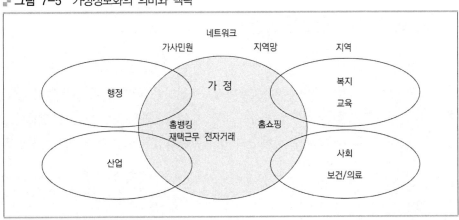

보급과 확산은 정보산업의 수요를 촉진시켜 정보산업의 발달을 가속화할 수 있다. 산업의 발달은 수요와 공급이 균형을 이룰 때 추진력을 얻고 더욱 발전할 수 있기 때문에 가정 정보화의 촉진은 산업발달의 측면에서도 매우 중요한 의미를 갖는다[8]. 셋째, 급변하는 사회적 환경에 대한 사회성원들의 적응능력을 향상시킬 수 있다. 작금의 교육체계는 정규교육과정을 마치면 새로운 지식이나 기술변화에 대한 재교육을 받기가 어렵게 되어있다. 이런 상황에서 사회활동에 대한 참여가 상대적으로 적은 여성이나 노인들은 시대적 변화에 적응하기가 어려워진다. 이에 가정정보화는 사회적 환경변화에 뒤쳐질 수 있는 여성 및 노인 등 사회구성원의 사회적응능력을 향상시키는데 중요한 기능을 수행할 수 있다. 넷째, 정보사회의 달성은 기본적인 시설을 갖추고, 이를 응용할 수 있는 각종 기기를 보급하며, 이러한 시설과 기기의 활용능력 증대를 통한 실생활에의 활용이 극대화 될 때 달성된다. 여기서 가정 정보화는 국가사회의 정보화를 위한 기초여건 조성작업이 된다. 다섯째, 가정정보화는 사회전반의 네트워크 실현을 통한 새로운 공동체의 형성을 가능케 하여 기존 산업사회의 많은 문제점을 갖고 있던 공동체의 문제를 해결하며 새로운 공동체 형성하여 인간 삶의 환경을 개선할 수 있다. 결국, 가정정보화는 개인, 집단, 조직 그리고 국가사회의 정보화를 균형 있게 추진하는 매개점으로서 궁극적으로 추진하는 사회발전과 시민 삶의 질 향상을 통한 복지정보사회의 건설을 위한 핵심적인 요체라고 할 수 있다.

3. 외국의 가정정보화 동향

1990년대 이후 범세계적으로 정보화 진전이 가속되고 있다. 통신위성과 광케이블을 기반으로 한 이음새 없는 세계정보통신망은 국가와 기업은 물론 개인활동에서 필수불가결한 핵심적 하부구조가 되었다. 최근에는 가정이 정보기기 및 서비스의 최대시장으로 부상하면서 정보통신기업들이 가정의 정보화시장을

---

8) 이러한 상황을 반영하여 전 세계적으로 유수한 기업들은 새로운 정보가전산업의 발전을 추구하고 있다. 이 중 하나가 홈네트워킹 기술개발이다. 이는 가전의 한계를 극복하려는 가전업계, 인터넷의 폭을 확장하려는 인터넷업계, 새로운 시장을 찾으려는 컴퓨터업계, 일반인을 상대로 시장 확대를 도모하는 네트워크장비업계들이 공동추구 전략으로 이해할 수 있다.

선점하기 위해 부심하고 있다.

1) 미국

1998년경부터 시작된 홈네트워킹시장은 1999년부터 그 가능성이 커지면서 이의 구현을 위한 다양한 기술과 표준들이 정보기기, 통신기기, 서비스시장은 물론 가전시장 전반에 걸쳐 대두되고 있다. 미국의 PC보유 가구 중 30.5%가 자신의 PC와 프린터, TV 등을 연결해 데이터를 공유하거나 집중적으로 관리하기를 원한 것으로 조사되면서 홈네트워킹시장의 성장잠재력이 큰 것으로 드러났다(유선실, 1999. 2).

미국의 홈네트워킹 구축은 2002년의 경우 2001년보다 60%이상 증가한 670만 가구를 기록했으며, 2007년까지 3,230만 가구로 확대될 것으로 예상된다.[9] 이처럼 급속한 성장배경은 홈네트워킹 구축을 위한 기본적인 인프라구축비율의 향상, 장비가격 특히, 무선관련제품의 하락에 따른 소비자 유인효과, 광대역서비스와 홈네트워킹서비스의 번들서비스 확대, 정보통신선도업체의 홈네트워킹 시장진입에 따른 소비자관심 제고, 기존 가전제품에의 연결기능 확대에 따른 구축용이 등으로 지적된다(박용우, 2003). 특히, IBM·HP·모토로라·선마이크로시스템스, 마이크로소프트(MS) 등 미 전자·컴퓨터·소프트웨어 업체들이 회원으로 있는 홈네트워킹 연합체(Internet Home Alliance)가 구성되어 부엌·거실·안방 등에서 사용하는 가정의 모든 전자제품을 인터넷이나 무선랜과 같은 IT와 연결하는 홈네트워킹 실험을 수행하고 있다. 아울러 2003년 3월에 일부 가전·컴퓨터업체들과 공동으로 부엌에서 인터넷 시스템을 설치, 사용하는 실험 프로젝트에 나서기도 했다.

현재 세계에서 가정정보화수준이 가장 앞선 국가는 미국이다. 미국가정의 PC보급율은 45%에 이르며 향후 1년 6개월 이내에 60%까지 육박할 것으로 전망된다(IDC보고서). 미국 내에서 정보이용자들의 요구사항은 정부의 정책지원과 실

---

9) 미국의 Yankee Group은 1985년 이후 미국지역의 TAF(Technologicaly Advanced Family) Survey를 통해 통신, 생산성, 오락범주별로 제품과 서비스에 대한 흥미. 사용여부 등에 대한 조사를 실시하고 있는데 이 가운데 홈네트워킹 성장전망과 가구특성을 살펴보고 이에 따른 장비업계 및 서비스업계의 대응전략을 제시하고 있다.

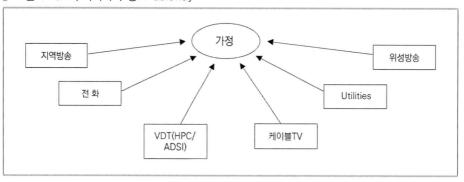

제적 측면에서 기업의 노력에 의해 구체적으로 실현되고 있다. 이러한 형태는 보다 구체적으로 〈그림 7-6〉에서 보듯 국민들의 주거지역의 정보접근을 위한 Gateway의 구현을 통해 나타났다. 그리고 정보접근을 위해 다양한 네트워크가 고려되고 있다. 특히, 인터넷을 둘러싸고 무선, 위성 등 새로운 기술이 개발되고 있으며 다양한 공급자가 등장하면서 인터넷을 변화시키기 때문이다. 즉, 인터넷 은 수요견인자(Demand Driver)로서의 역할, 기반구조의 모델(Infrastructure Model) 로서의 지위, 그리고 광대역망으로의 경로(Path to Broadband)로서 새로운 역할 등이 고려되고 있다.

　　전통적으로 미국은 자유 시장 및 경쟁을 견지하면서 정부역할은 최소한에 머물렀으며 단지 시장보호자로서의 소극적 기능을 수행해 왔다. 이러한 역할은 정보고속도로의 구축이 강조되면서 전환이 이루어지게 되었다. 가령 클린턴행정 부에서 국가경쟁력의 강화를 위해 역점을 두고 추진된 국가정보기반구축사업에 서 정부역할은 미래방향을 설정하며 사업여건을 조성하고 기업활동을 적극 지 원하는데 초점이 맞추었다. 이런 흐름에서 사업자 및 공급자의 현실적 입장을 반영하면서 정책기조가 전환되었다. 즉, 상향식 접근과 방식이 강조되고 있다. 이 는 수요자 및 이용자에 초점을 둔 프로그램의 강조하는 것으로서 정보통신정책 과 기술 및 사업화방향의 전환을 의미한다. 뿐만 아니라 가정(이용자)의 실질적 이용기회 확대를 위한 기술개발노력 및 경영혁신이 가속화되고 있다(한세억, 1996; 69-70). 이는 이용자들의 요구사항에 대한 만족능력의 증대와 정보통신이용자의 요구변화에의 대응으로 이해된다. 이 같은 요구변화에 따라 기업들의 기술 및 상품개발노력이 활발하게 이루어지고 있다. 기업의 정보기기와 서비스의 보급이 이용자의 요구수준에 초점을 두어 개발되고 있다. 이를테면 ①정보통신의 생활에의 편의성 증진, ② 정보기기의 사용의 용이성, 간편성, 고기능화, ③ 정보기기 및 서비스의 기능 및 이용 상 단순성, ④ 사생활보호, ⑤ 다양한 이해와 가치의 조정과 고객지향화, ⑥ 정보기기 및 서비스의 품질과 안전에 대한 신뢰성 등이다. 물론 이러한 기업의 노력은 정부정책과 양립하면서 이용자들의 욕구를 충족시키고 있다.

2) 유럽

1990년대 중반에 유럽을 중심으로 홈 네트워크를 위한 미들웨어 표준인 CEBUS/CAL을 제정하였으나 단말에 대한 solution이 지원되지 않아 침체를 보였던 유럽의 경우 가정정보화는 미국보다 낮은 수준이지만 선진국 수준을 유지하고 있다. 먼저 유럽은 2000년 이후 주요 인터넷기반시설에 많은 투자가 이루어졌다. 북유럽과 서유럽의 경우 ISDN, DSL 등 초고속인터넷접속이 유럽에서 가장 빠르게 성장하고 있다. 유럽에서 2001년 홈네트워킹 액세스시장의 경우 PC인터넷 액세스가 가장 많은 보급률을 기록하였지만 2006년에 이르게 되면 인터랙티브 셋탑박스가 거의 70%에 달하는 보급률을 기록하며 PC 인터넷 액세스를 앞지를 것으로 전망되었다(Gartner, 2001). 유럽국가 가운데 영국, 프랑스, 독일 등은 〈표 7-2〉에서 보듯이 전화회선, 방송분야는 미국과 대등한 수준이지만 PC나 인터넷 등 정보통신분야는 미국에 비해 낙후된 수준이다. 특히, 영국과 독일

표 7-2 유럽 3개국의 정보화수준

구분	전화 (100명당회선)	PC(백명당)	인터넷호스트수 (천명당)	케이블TV (만가구)	위성방송 (만가구)	재택근무자 (만명)
영국	68.4	23.2	17.0	268	500	624
프랑스	66.9	15.1	5.5	224	130	22
독일	58.7	23.0	13.3	1,670	-	30

자료: ISPO(Information Society Project Office).

의 경우 업무용보다는 가정용PC가 큰 비중을 차지하고 있으며 가정에서 근무하는 재택근무자들의 수가 큰 비중을 차지한다. 한편, 유럽은 장치 제조업체를 중심으로 참여하는 EHS(ESPRIT Home System Project)는 에너지 관리, 보안방범, 자동 검침 등 응용서비스 제공의 실용화를 목표로 연구 중이다(김선환, 2000).

3) 아시아

아시아지역의 경우 일본과 싱가포르는 PC나 휴대폰 등 정보기기의 보급율이나 인터넷 등 온라인서비스 이용율이 선진국 수준을 보이고 있다. 일본의 경우 고도정보통신사회를 구축하기 위해 네트워크와 이용측면의 균형 있는 정비라는 관점에서 가정에서의 정보이용환경 정비를 주요 과제로 설정하고 있다[10]. 일본가정의 브로드밴드보급율의 경우 2000년 6.9%, 2001년 14.9%, 2001년 29.6%로 증가하였다. 이용자의 경우도 2001년 5,593만 명에서 2002년 6,942만 명으로 증가하였다(總務省, 2003). 일본의 경우 1980년대 처음으로 전력선통신을 이용한 HBO(Home Bus System)을 도입한 이후 인터넷 보급 확산으로 그 응용범위가 멀티미디어 등의 분야로 확대되고 실생활에서의 접근, 관련콘텐츠의 강화 등까지 폭넓게 접근하고 있다. 일본은 기존 〈e-Japan 전략〉의 수정판인 〈e-Japan 전략 II〉를 통해 건강하고 안전하며 감동적인 편리한 사회 건설을 추구하고 있다. 특히, IT 기반의 확충 단계에서 이제는 실생활에서의 적용으로 방향을 선회하면 유비쿼터스 전략을 추진하고 있다. 한편, 세계 최초로 DSL서비스 사업을 시작한 싱가포르는 아시아 최초의 인터넷 접속국가이며 2001년 초까지 아시아지역에서 가장 높은 인터넷보급률을 기록했다. 전국 가정의 약 60%가 시내전화요금으로 인터넷 접속이 가능하며 공공인터넷 접속서비스가 학교, 커뮤니티센터, 사이버카페에서 이용 가능하다. 싱가포르는 〈IT 2000 Master Plan〉을 통해 전 국민의 삶의 질을 높이기 위해 정보기술(IT)이 최대한 이용된 지능 섬(Intelligent Island)을 추구하고 있다. 싱가포르의 PC 보급 대수는 2001년 약 210만 대로 인구 100명 당 50대가 넘는 보급률을 보였고 인터넷 이용자 수는 150만

---

10) 일본의 경우 이미 1983년에 우정성의 「가정정보화에 관한 조사연구회」가 발단이 되어 통산성, 건설성의 공동지원으로 1988년에 주택정보화추진협의회가 발족되었다. 여기서 주택정보화배선, 정보통신 인프라, 텔리워크 구현 등 다양한 활동을 시도하였다.

명으로 인구 100명 당 약 36명이 이용하고 있다. 특히, 싱가포르 가정의 컴퓨터 보급율은 1990년 19%에서 1996년 35.8%, 2000년에는 60%수준으로 증가하고 있으며 가정에서의 평균이용시간은 6.5시간으로 나타났다. 싱가포르는 이미 1997년 6월 Singapore ONE이라는 네트워크 및 서비스를 실시하여 가정을 비롯하여 정부, 교육, 비즈니스 등 4개 분야에 걸쳐 초고속정보통신서비스를 제공하고 있으며 근자에 이르러 IDA가 추진하는 〈Connected the Home〉이라는 국책사업을 추진하였다.

제3절 가정정보화 촉진을 위한 정책방향과 전략

1. 가정정보화의 정향(Orientation)과 지향

그동안의 정보화 촉진노력에 의해 집안까지 초고속망이 깔리고 1인당 1대의 휴대폰을 보유한 시대를 맞이하였다. 하지만 이 같은 성과는 양적인 것일 뿐 질적인 측면에서 미흡한 실정이다. 이에 정부는 편리한·즐거운·안전한·윤택한 삶을 가능하게 하는 〈디지털라이프 실현을 위한 디지털 홈 구축계획〉을 발표했다. 장차 디지털 융합(컨버전스)기술의 가속화에 적극적으로 대비, 언제 어디서나 기기에 구애받지 않고 다양한 서비스를 누릴 수 있는 유비쿼터스 환경을 구현하며 디지털홈 사업을 통해 세계 최고의 디지털홈 환경을 실현하고 이를 통해 유비쿼터스 환경을 조성하면서 유비쿼터스 네트워킹 관련산업으로 세계시장을 선도한다는 계획이다. 아울러 IT 신성장동력으로 홈네트워크분야가 설정되어 2004년까지 FTTH(Fiber To The Home) 홈서버를 개발·보급하기로 하였다. 여기서 정보화촉진기금의 중점 지원방향을 홈네트워크 임베디드S/W 등 디지털 라이프(Digital Life) 실현을 위한 9가지 전략품목을 집중 지원키로 했다(전자신문, 2003년 10월 16일). 이러한 노력들은 가정정보화 촉진을 위한 정책이 구체화되고 있음을 드러냈는데 이 과정에서 방향과 전략의 설정이 요구된다.

정보화를 가정차원에 적용하는 과정에서 요구되는 정향(Orientation)으로 첫째, 정보화사업의 집행 및 평가에 초점을 두어야 한다. 아무리 좋은 계획이라도 실행되지 않는다면 의미가 없다. 정책이나 계획의 중요성을 간과할 수 없지만 정작 필요한 것은 집행에 있다. 이를테면 정보기반구축정책과 가정정보화는 밀접히 연관되는데 인터넷과 함께 정보기반구축사업은 가정정보화의 맥락을 구성한다. 특히, 가정정보화는 정보통신기반서비스를 비롯한 각 부문별 정보정책의 집행이라는 공통기반을 이룬다. 여기서 가정정보화정책이 성숙된 정보사회를 구현하는 정책으로서 독자성을 확보하기 위해서 산업·경제적 측면과 함께 사회·문화적 정향이 강화되어야 한다. 단순히 상징적 수준에서 벗어나 정책과정에서 구체적이며 실천적인 내용으로 발현되고 가시적 성과가 나타나야 하며 성과들은 반드시 이용자에 의한 평가과정을 통해 환류가 이루어지도록 해야 한다. 여기서 물론 정책가치와 기준은 최종이용자인 가정 내 이용자의 삶의 질 향상에 맞추어져야 한다. 둘째, 구체적이며 실질적인 정보화 대상으로서 가정에 대한 인식이 바뀌어야 한다. 가령 정보 및 지식센터의 기능과 역할에 상응하여 가정정보센터로서 기능전환이 요구된다. 여기서 PC를 중심으로 기존의 가정도구들이 다양한 정보액세스네트워크의 연결을 위해 재구성되어야 한다. 셋째, 어떤 경우이던 간에 가정정보화는 '사회성원 삶의 질 향상'을 추구해야 한다. 즉, 정보화가 실질적으로 이용자인 주민의 '정보의 자유도'를 높이는데 기여해야 한다. 여기서 정보의 자유도란 컴퓨터를 비롯한 정보통신산업에서의 급속한 기술발달과 혁신에 의해 미래에 대한 불확실성이 고조되고 정보홍수와 범람의 소용돌이적 상황에서 이용자들은 어떠한 상품을 구입하고 무슨 내용의 서비스를 활용할 것인지에 대한 막연한 불안감과 혼동을 느끼는 상태로부터 자유롭게 하는 정도를 의미한다. 이런 점에서 가정정보화정책이나 사업은 국민들이 정보환경으로부터 느끼는 불안과 불확실성으로부터 벗어나 '자유로움'느끼게 해야 한다. 장차 성숙된 정보사회를 살아가는 인간의 삶의 질이 정보의 자유도에 의해 커다란 영향을 받는다고 할 때 우리나라의 정보화정책과 기업의 활동과정에서 중요한 고려요인이 되어야 한다(한세억, 1996).

정보화가 사회성원 삶의 질을 전적으로 향상시키는 유일한 변수는 될 수 없지만 가장 효과적인 수단이라는 점에서 기대와 가능성이 높아지고 있으며 이러한 인식이 선진국을 중심으로 점차 확산되고 있다. 그렇다고 외국에서 성공적으로 추진되었다거나 활발하게 전개되고 있다는 이유만으로 우리의 가정정보화 방향에도 그대로 적용해야 한다는 주장을 합리화될 수 없다. 이런 점에서 우리의 실정에 맞는 한국적 가정정보화 모델이 가꾸어져야 한다. 한국적 가정정보화란? 한국적 특성을 잘 나타내는 가정정보화를 의미한다. 달리 말하면 한국적 현실과 여건을 잘 반영하는 것을 의미한다. 나아가 한국적 상황이 처한 문제의 해결에 유용해야 함을 포함한다. 가정이 삶의 근간이면서 토대가 된다고 할 때 성숙된 정보사회 삶의 양상과 고도화를 위한 가정보화 모형은 한국지역의 가정으로부터 비롯되어야 한다.

정보기술의 혁신과 융합에 의한 진화는 최종 이용자인 가정에 직접 연결되는 'Last One Mile'에서의 변화를 의미한다. 이러한 변화과정은 망사업자뿐만 아니라 이용자 모두 새로운 방식으로 가치를 창조하고 사회 전체의 효율을 높여주는 계기가 되어야 한다. 이러한 점을 인식, 그간 전자정부 구축과 기업정보화 추진에 역점을 뒀던 정보화 정책에서 가정정보화가 주요 의제가운데 하나로 채택된 것은 상황대응적 정책전환으로 이해된다. 장차 디지털 홈이 구축되면 가정내의 모든 정보가전기기가 유무선 통신망으로 연결돼 원격제어는 물론 양방향 홈쇼핑, 원격교육 등 실질적인 디지털라이프 시대가 도래, 가정생활의 디지털화가 촉진될 것으로 보인다. 그런데 중요한 점은 이용자 중심으로 홈네트워킹시스템이 개발, 보급되고 관련 법·제도도 현실에 맞게 개선되어야 한다.

가정정보화 기술은 급속하게 발전하고 있으며 이의 실생활에의 적용은 엄청난 생활양식의 변화를 초래할 것으로 예상된다. 이런 사실은 가정정보화가 얼마나 중요하며 어떻게 우리의 생활을 변화시키고 어떠한 방향으로 발전해 나갈 것인가를 알려준다. 그러므로 가정정보화의 촉진을 위한 전제조건으로서 다음의 두 가지 측면이 고려되어야 한다. 하나는 객관적 기술 및 기기의 발달정도이고 다른 하나는 이의 사회적 적용과 활용의 여건조성이다. 여기서 기술 및 기기의 발달정도는 가정정보화에 필요한 컴퓨터 및 통신기기의 하드웨어 측면을 의미하며 사회적 적용과 활용조건은 가정정보화를 위한 정보통신기기의 활용을 위한 소프트웨어 그리고 통신 케이블, 통신요금 등의 실제 활용 가능한 여건을 의미한다. 나아가 가정정보화에 대한 국가적 관심과 노력이 도시와 농촌을 가릴 것 없이 모든 가정에 구체적으로 실현되어야 실질적 효과를 얻을 수 있어야 한다. 이는 모든 가정이 다른 부문과 마찬가지로 지능적이어야 함을 의미한다. 이른바 속빈 강정의 정보화를 벗어나 내실 있는 정보화를 실현하고 seamless한 정보사회의 성숙에서 나아가 지식사회의 구현을 위해 그려지는 지능적 가정은 지식기업과 지식정부와 함께 지식사회의 거버넌스를 구성해야 한다. 여기서 지능적 가정은 가정정보화의 기반을 바탕으로 유의미한 정보로서 지식을 창출, 가공, 활용하여 삶의 문제해결과 가치창출에 적용할 줄 아는 창조적 능력을 갖춘 가정을 의미한다.

덧붙여, 국가정보기반인 광대역 망을 어떠한 형태로 구현할 것인지 불투명하며 기술 및 사업경계 간 Switch 설정 등 문제 상황에서 최종이용자의 Gateway까지의 물리적 거리로서 Last Mile은 공공성(Public)을 띠어야 한다는 주장이 조심스럽게 제기된 바 있다[11]. 아직 논란의 여지가 있지만 그 주장의 근거로 예시된 ① 다양한 민간부문의 투자 가능, ② 경쟁적 수준 유지, ③ 정부간여 감소, ④ 형평성 있는 접근 확대, ⑤ 낭비적 중복투자 회피와 능률성 증대 등은 가정정보화를 지향하는 과정에서 남겨주는 시사점이 크다.

2. 가정정보화 촉진을 위한 제도 구성 및 역할설정

정보화의 성숙, 고도화과정에서 장차 우리사회는 정보화의 중요성을 보다 빨리 인식하고 이에 대해 적극적으로 대처하는 가정과 그렇지 못한 가정간 격차가 심화될 수 있다. 이로 인해 야기되는 가정정보화 격차는 사회문제로 제기될 수 있다. 특히, 현재까지 한 개인이 사회경제적 측면에서 어떤 위치에 있는 가정에서 태어나고 성장하였는가가 개인의 삶을 규정하는데 중요한 요인으로 작용

---

11) 다만, 미국 내에서 주장되고 있는 Public Sector는 우리나라에서 이해되는 것과는 커다란 차이를 보이는 것이며 공공의 역할보다는 시장의 역할이 더욱 강조되어야 한다는 것으로 보아야 할 것이다.

하여 왔다. 그러므로 가정 내 정보화가 현재의 사회적 격차로 인해 다르게 진행될 경우 산업사회보다 심각한 사회적 문제가 될 수 있기에 이러한 문제를 사전에 최소화 할 수 있도록 현황에 대한 종합적인 파악과 이를 통한 정책방향과 전략의 끊임없는 모색이 요구된다.

가정정보화의 수준은 정보통신기술의 발달정도, 정보통신기기의 생산과 보급정도 그리고 통신망과 설비의 구축 그리고 이를 실질적으로 활용하는 정도 등을 포괄한다. 앞서 언급했듯이 국가사회의 정보화는 가정 내 정보통신기술의 보급과 활용능력의 촉진을 바탕으로 가속화될 수 있기에 가정정보화는 국가사회 정보화를 위해 필수적이다. 다른 한편 가정 내에서 정보통신기기를 생활화시키는 것은 정보사회의 비전을 사회구성원들의 현실적 생활과정으로 실천하는 것을 의미한다. 달리 말해 사회적으로 발전하는 정보통신기술이 가정 내 도입되어 일상생활의 과정으로 정착될 때 비로소 성숙된 정보사회의 실현과 향유가 가능하다. 이런 점에서 가정정보화는 정보사회의 이상을 현실로 실현시키기 위한 가장 기본적이고 본질적인 과정이며 그렇기에 가정정보화 촉진을 위한 제도구성이 중요한 의미를 지닌다. 이러한 제도구성에는 다양한 구성요소로서 가정정보화에의 참여자들 간 지도력, 프로그램, 내부구조, 자원 등이 반영되어야 한다.

현재 가정정보화와 관련한 정부계획이나 사업자들의 노력에서는 이용자인 가정의 비중과 역할의 중요성에 비해 소홀히 다루어지거나 간과되고 있다[12]. 하지만 가정의 정보화활동은 경제주체인 기업, 공공기관과 시민사회 등 다양한 구성요소들과의 상호작용에서 이루어져야 한다. 여기서 가정은 모든 분야의 경제활동에서 주요한 인자가 되며 새로운 정보기반의 활용증가에도 영향을 미칠 것이다. 더구나 가정은 가정정보화의 수요와 직결되는 주체로서 가정정보화의 비용부담주체이기도 하다. 그래서 가정은 집행자인 기업과 마찬가지로 정보통신네트워크기반에서 접점(knot)으로 인식되어야 한다. 가정이 상품, 서비스, 재정기관, 연구개발자 등과 함께 정보통신네트워크로의 통합되면서 전통적 가정의 경

---

12) 실례로 현재 건설업체와 가전업체, ISP업체들간 협력 하에 고급아파트를 중심으로 홈 디지털서비스 사업을 전개하고 있지만 일부 원격제어 수준에 그치고 공급자 위주로 이뤄지고 있어 보급확대는 물론 디지털라이프 도입확산을 어렵게 할 수 있다.

그림 7-7 가정정보화의 제도구성 역할 Map

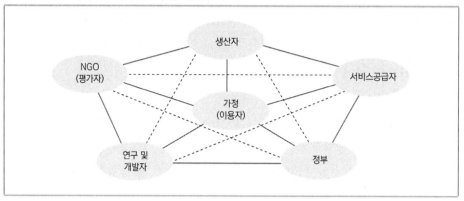

계가 침식될 수 있다[13]. 아울러 새로운 협력적 거래관계의 형태가 가능할 것인데 〈그림 7-7〉에서 보듯 가정을 둘러싼 협력구성원들간 상호작용의 틀이 마련되어야 할 것이다(Lehmer, 1994). 이런 맥락에서 가정정보화 추진을 위해 가정(이용자)의 주체적이며 능동적 참여의 바탕에서 기업, 연구개발자, 기기제조업자, 서비스제공기관, 재정기관, 정부 등과 상호작용과 협력을 위한 제도적 장치가 마련되어야 한다.

3. 가정정보화의 실천전략[14)]

가정정보화는 산업경제적 파급효과로 인해 국가정책은 물론 기업 활동의 핵심이 된다. 게다가 성숙된 정보사회의 구성원 삶의 질과 수준을 결정한다는 점에

---

13) 정보통신에 의해 가정은 '소규모공장'이라는 기능을 통하여 희소자원의 재분배라는 새로운 차원의 가능성을 유지할 것이다. ① 새로운 정보통신기술이 전자쇼핑, 원격검침, 원격통제와 같은 일의 외부화에 의해 전통적 분업의 극복을 가능하게 할 것이다. ② 가족성원들에 전자도서관, 전자메일 등을 통한 범세계적 데이터뱅크 및 정보에의 접근이 가능해져 가정에서의 경험(노하우)의 결여를 도와줄 수 있다. ③ 신정보통신기술은 가사노동의 일부 대체와 가사생산의 부담의 완화를 가능하게 한다.

14) 이 글에서 제시된 가정정보화 실천전략은 정보기기의 연결과 통합 등 다소 기술적 측면에서 접근, 고찰하였다는 점에서 아쉬움을 갖는다. 실제로 우리나라 가정에서 정보화가 어떻게 진행, 활용되고 있는지 그리고 '가정'에 초점을 두어 그 의미와 성격상 변화양상 및 전망에 관한 논의가 지속되어야 할 것이다.

서 개인적 관심사가 된다. 이런 점을 반영하듯 미국을 비롯한 선진국에서는 정보통신기반정책의 비전을 구체화시키는 과정에서 최종이용자(가정/지역사회)에 초점을 둔 산업·경제적 이슈와 접근이 강조되면서 이른바 Last-mile Economics가 중요한 이슈로 부각되었다(Computer Science and Telecommunications Board · National Research Council, 1994: 36-38). 가령 정보통신기반의 경제적 혜택을 국민과 지역생활에 어떻게 구현할 것인가? 정부, 기업, 이해관계자의 역할과 책임은 무엇인가? 가정내 네트워크활용은 어떻게 할 것인가? 기술개발 및 사업간 Switch를 어떻게 설정할 것인가? 등 정보기반구조상에서 경제적 이슈가 정책창구에서 활발하게 논의되고 있다. 이와 대조적으로 우리의 정보통신기반현상에서 논의와 실천적 노력은 충분하다고 보기 어렵다. 아직도 중앙부처의 계획중심 풍토와 정책기관 주도적 운영에서 크게 벗어나지 못한 듯하다. 가령 정보통신기반의 가정과 지역경제적 고려, 가정이용자의 인터페이스를 고려한 홈콘트롤 맵, 이기종 네트워크 간 상호 접속기반구조, 가전기기와 정보통신시스템 간 호환성, 원격제어 네트워크, 가정자동화시스템의 무결성과 보안성 등 가정정보화에 관한 다양한 이슈가 정책과정에서 구체적으로 의제화되지 못하였다. 앞서 지적했듯이 정보화의 궁극적 대상은 가정이며 가정을 통해 지역 또는 사회로 확산될 수 있다. 역으로 가정이 귀결점이 될 수도 있다. 이는 접근방식의 차이에서 비롯되기도 하지만 가정정보화의 방향은 가정성원의 삶의 질을 향상시키고 삶의 기회를 증대시키는 발전과정이어야 한다. 여기서 삶의 질은 육체적·물질적 향상과 정신적 내면생활의 여유를 포함하며 삶의 기회는 향상된 삶의 질을 사회구성원 모두가 골고루 누릴 수 있도록 하는 정보배분구조에 참여할 수 있는 자유를 의미한다. 보다 구체적으로 가정정보화는 다음의 과제를 중심으로 실천되어야 한다.

1) 물리적 정보환경조성

가정정보화의 기술적 토대는 디지털기술의 가정 내 진입을 통해 마련된다. 특히 아날로그에서 디지털시스템으로서의 변형과 함께 최종적으로 융합이 실현될 때 기존의 서비스 및 미디어 사용방식이 근본적으로 변화될 수 있다.[15] 이에

---

15) 일례로 MIT의 미디어 연구소의 학자들과 니그로폰테는 매스미디어에서 보다 개인화된 미디어서비스로의 이동을 점치고 있다(Brand 1987; Negroponte 1995). 나아가 1960년대의

가정용 기기들의 개발과 함께 도입과 활용을 촉진하는 것은 이러한 기기들을 융합하여 하나의 관리, 통제시스템 하에 종합적으로 운영, 활용할 수 있는 기술발전의 맥락에서 이해되어야 한다. 오늘날 대표적인 기술로 자리매김하고 있는 멀티미디어와 인터넷은 과거에 서로 분리되어 있었던 기술들과 산업들 및 각종 기기들을 융합하여 하나의 종합적인 운영과 통제시스템으로 변화를 가능하게 한다(Dutton, Kubicek, Williams eds, 1997). 더구나 가정을 둘러싼 외부의 다양한 정보네트워크와 가정 내 모든 정보통신기기를 융합하여 정보 및 통신미디어를 통합적으로 취급할 수 있는 가정정보시스템 환경으로서 멀티미디어 홈링크(MHL) 환경이 필요하다. 즉, 가정 내 기기들의 종합적 운영과 통합 시스템 기술의 대표적인 것은 홈네트워킹(Home Networking)과 홈플러그앤플레이(Hpnp)이다. 이는 회사단위의 LAN에서 서버와 PC 등을 상호연결하여 사용하는 것처럼 가정 내에 전용 홈버스(Home Bus)를 깔고 여기에 각종 전기, 전자제품을 연결하여 통합적으로 제어하는 것을 의미한다. 이를테면 미국에서 제정된 IEEE-1394 방식의 디지털 인터페이스의 경우 디지털 방식의 모든 가전제품을 단 한 개의 케이블로 연결해 영상, 음성 등 멀티미디어 데이터를 초고속(100M~400Mbps)으로 전송할 수 있게 하는 것으로 이는 이미 1980년대에 미국전자산업협회(EIA)가 제안한 CE 버스(EIA600)가 모태가 되었다. 그렇지만 이의 실현을 위해서는 서로 다른 제조업체가 생산하는 각기 상이한 가정용 전기, 전자제품이 서로 호환성을 유지하면서 통합적인 제어를 할 수 있도록 표준화가 선행되어야 한다.[16] 달리 말해 디지

'wired nation'은 라디오, 텔리비젼, 텔리커뮤니케이션, 전자우편이 각 가정과 회사에 단일 동축케이블을 통해 전달될 것이라고 생각했다(Dutton et al 1987). 따라서, 디지탈 기술이 융합에 있어 본질적인 것은 아니다. 사실상 아날로그든지 디지탈이던지 융합은 다양한 신호들을 하나의 수송관 안에 담는다는 기술적인 문제 이상의 것이다. 그것은 기술적 재구조화뿐만 아닐 산업적인 구조조정을 수반하므로 기술적인 이슈로만 생각해서는 안된다(Garnham, 1996).

16) 이 같은 작업은 미국의 경우 CIC(Cebus Industry Council)에서 추진하고 있다. 이와 관련하여 Eli Noam교수는 광범한 개방형 표준이 새로운 기술의 등장을 지연시킬 수 있다고 전제하고 새로운 규격을 만들 때마다 협의를 거치는 과정은 번거로울 뿐만 아니라 본질과 상관없이 세력싸움화하는 등 부작용을 야기할 것이라고 주장하면서 이에 대한 신중한 접근을 강조한다. 그렇지만 가정정보화와 관련하여 각 제조업체에서 생산되는 기기의 활용을 위한 기준이 다를 경우 국가사회의 정보화는 물론 가정정보화의 촉진을 제약한다는 점에서 각 제품간 호환성 유지와 통합적 제어를 위한 표준화는 필수적이다.

털기술을 응용한 컴퓨터와 가정용기기의 융합이 필수적이며 이를 위해 상호호환성을 갖는 표준화된 기기의 보급과 함께 종합통신망의 구축 및 가정 내 전용통신망의 확보가 필수적이다. 종합통신망 구축은 가정 내 전용통신망 확보와 함께 가정정보화의 기본적 토대가 되는 HII(Home Information Infrastructure)를 의미하는데 이는 통신배선의 디지털화로서 현재 메탈로 되어있는 통신배선의 광화이버화(Fiber To The Home)가 요망된다. 그래야만 외부 정보네트워크와 가정 내 정보통신시스템간 연결을 통합적이고 효율적으로 처리해주는 보편적 정보배전시스템과 가정 내 모든 정보 및 가전단말간 상호운용성을 확보하여 하나의 콘센트삽입으로 모든 가전, 정보통신, 방송 그리고 멀티미디어가 이용가능한 콘센트환경(Universal Outlet)이 실현될 수 있다. 이렇듯 가정정보화의 물리적 기반정비를 위해 몇 가지조건이 갖추어져야 한다. ① 전화, 인터넷, PC통신, FAX 등 다양한 정보통신미디어가 가정에 배선되고 있는 상황의 적극적 수용, ② 위성, 케이블, 방송의 디지털화에 따른 수백채널의 방송관련 영상신호수용 환경대비, ③ 정보통신미디어와 방송미디어 그리고 전력시스템간의 통합적 연계관리가 가능한 제어시스템의 도입, ④ 재택근무 및 재택학습, 원스톱행정서비스 등이 수용가능한 쌍방향 정보시스템의 도입, ⑤ 고령자가 안방에서 사회적 활동을 하기 쉬운 정보통신시스템이나 헬스케어 등을 위한 재택의료 및 간호시스템의 도입환경 촉진 등이다. 또한 각종 제품 간 고속데이터 전송을 위한 공통 접속규격과 원하는 장소에 설치할 수 있도록 이동의 간편성, 통신선로 신규구축의 곤란으로 기존 전화선이나 전력선 등의 적극 활용, 그리고 새로 건설되는 주택에 대한 표준 홈네트워크가 설정되어야 한다. 뿐만 아니라 홈네트워크에 연결하는 각종 장비는 복잡한 설정과정 없이 연결과 동시에 사용할 수 있도록 쉬워야 하며 기간망과 연결되는 가입자망으로부터 분리돼 독립적으로 동작해야만 개인보안을 유지할 수 있는 게이트웨이가 필요하다. 여기에 방송·통신 간 결합, 멀티미디어서비스 제공, 유·무선 결합 등 통신기술 변화에 유연하게 대처할 수 있어야 한다.

2) 소프트웨어의 발전과 응용

가정정보화를 촉진하는 요인으로서 물리적 기반이나 하드웨어(H/W) 못지않게 다양한 가정용 소프트웨어(S/W)의 개발과 공급이 중요하다. 비록 디지털기술을 응용한 새로운 가전기기와 뉴미디어가 개발되고 병행하여 광대역종합통신망이 구축되었다 할지라도 가정 내에서 이를 활용할 수 있는 소프트웨어가 연계, 발전되지 않는다면 진정한 가정정보화는 실현되기 어렵다. 즉, 새로운 가정용 기기와 뉴미디어들의 보급과 이를 활용할 수 있는 소프트웨어가 보급되어야 한다. 이를테면 압축·스위칭·저장매체 같은 어플리케이션들의 기술적 발전이 병행하여 이루어질 때 화상전화, 화상회의는 물론 상호작용적 텔레비젼, VOD, 비디오텍스, 오디오텍스, 전자우편 그리고 가상현실의 세계 속에서 사회구성원의 사회적 행위가 활성화될 수 있다(Brand, 1987; Garnham, 1996; Netgroponte, 1995). 특히, 정보통신기기가 친숙한 생활도구로서 가정 내 보급, 일상화되기 위해서는 많은 응용 어플리케이션들이 배우기 쉽고, 조작하기가 용이해야 한다. 뿐만 아니라 PC통신 및 인터넷 등 새롭고 다양한 정보통신서비스가 가정에 도입되기 위해서 가족구성원들의 특정한 정보욕구를 충족시킬 수 있는 다양한 정보 및 컨텐트가 개발, 공급되어야 한다. 따라서 엔터테인먼트나 지능형서비스를 전제로 한 지능형단말기의 보급을 통해 이용자에게 보다 다양한 가치증진을 위한 기회를 제공하는 것이 국내시장 확대를 위한 선결과제로 인식된다(박용우, 2003). 이를테면 통신망 구축과 홈네트워킹 등 하드웨어적인 측면 외에도 소프트웨어에 해당하는 관련 서비스와 콘텐츠가 다양해야만 명실상부한 사이버홈이나 아파트가 구현될 수 있다. 이 외에도 정부 및 통신서비스업계는 홈시어터, 인터넷 TV, VOD 등 각종 사이버아파트와 관련된 서비스의 질을 높이기 위해 정보기기와 함께 다양한 콘텐츠 개발에도 주력해야 할 것이다.

3) 사회적 환경여건 조성

가정의 정보화 확산은 물리적 및 기술적 요인만으로 국한된 것이 아니다. 기술적 토대는 가정 내 정보통신기술의 보급과 확산을 위한 기본적 환경조성일 뿐 실질적 도입과 활용은 사회적 행위의 주체인 가정성원의 능동적 활동에 의해 이루어진다. 그러므로 가정 내 정보통신기술의 확산, 보급 및 활용에 미치는 사회적 요인으로서 가족구성원의 범위와 내용 등을 포괄하는 가정의 특성, 가정의 사회경제적 상황을 나타내주는 물질적 여건, 가족성원간 관계를 포함하는 가정의 커뮤니케이션 환경 등이 고려되어야 한다. 이와 함께 가정용 정보기기와 서비스의 경쟁적 우월성과 가족성원들의 새로운 기기나 미디어에 대한 인식도 가정 내 정보통신기술의 확산 및 활용에 영향을 미친다. 가정생활에 필요한 각종 기기나 시설 및 장비는 대부분이 기능적 대안(functional alternatives)이 존재한다. 이에 새로운 정보통신기술의 도입 및 확산은 가정 내에서 활용되던 기존 기기나 미디어에 비해 경쟁적 우월성이 높으며 사회성원의 인식이 강할 때 보급과 활용이 추진력을 발휘할 수 있다.

또한 가정의 가족특성과 이용 가능한 물질적 자원(resouces), 예컨대 가처분소득이나 컴퓨터관련 가전품들은 가정의 정보화환경과 이용능력을 규정짓는 중요 요인이다. 그러나 가정구성원들이 정보통신매체를 구입하고 설치된 정보통신 장비들의 이용양태를 설명하기 위해서는 가족성원들의 사회적 관계망인 커뮤니케이션 환경을 고찰할 필요가 있다. 이와 관련 확산이론에 따르면 새로운 관행의 확산과 유지에 사회적 네트워크가 강력한 역할을 하는 것으로 인식된다 (Rogers, 1997). 즉, 정보통신기술의 채택과 이용은 그것에 대해 조언, 격려, 실제적 도움을 주는 주변 사람들과의 관계로부터 영향을 받는다는 것이다. 이에 정보통신과 관련하여 외부 사람들과 관계를 유지하는 가정은 그렇지 않은 가정보다 새로운 정보통신기술을 보다 빨리 받아들이며 새로운 기기와 서비스의 이용능력도 높다는 것이다. 반면 사회적 네트워크로부터 고립되어 있거나 주변에 위치한 사람들은 정보이용능력을 익히기가 힘들며 시간이 흐르면서 관심이 점점 없어진다는 것이다. 게다가 사회적 관계망의 중요성을 강조하는 커뮤니케이션의 2단계(two-step flow) 이론을 원용할 때 정보기술을 빨리 채택한 사람들과 관계를 유지하는 가정이 다른 가정보다 정보화 확산이 빨리 진행되며 이용능력이 높다고 설명될 수 있다. 뿐만 아니라 가정을 둘러싼 사회적 관계망의 중요성은 모방이론(modelling theroy)을 통해 설명될 수 있다. 즉, 사람들은 어떤 특정 모델을 지켜보고 흉내냄으로써 그들과 행동하는 바가 같아진다. 즉, 정보통신기술이 보급되지 않은 가정의 구성원들은 그들의 친척이나 이웃이 정보통신을 이용하는 것을 지켜보고 그들이 행하는 컴퓨터통신이나 홈쇼핑 등을 해보게 된다. 이런 모방행위가 어떤 식으로 보강되면 그 행위는 지속된다. 그러므로 주변에 모방을 할 사람들이 없는 가정은 상대적으로 정보통신기기와 서비스의 채택이 지연될 수 있다.

지금까지 정보통신기술의 확산에 관한 대부분의 연구들은 사회경제적 능력이 정보통신기술의 채택과 이용에 영향을 미친다고 지적하였다. 이를테면 홈컴퓨터의 확산에 관한 경험적(empirical) 연구들을 다룬 메타연구(meta-research)[17]에서는 홈컴퓨터를 초기에 채택한 가정의주목되는 특성 중 하나는 사회경제적 능력이 높다는 것이다(Dutton et al, 1987). 이를테면 사회경제적 능력은 주로 공식적인 교육기간, 수입, 직업과 밀접한 관련을 지니며 초기 채택가정의 가족성원들은 비교적 대학이상의 교육을 받았고 경제적으로 중상류에 속하며 전문직을 가진 엘리트들이 많았다고 한다. 대부분의 확산연구에서 지적되듯 공식적 교육은 가정에서의 정보통신기술의 채택과 이용과 관련하여 가장 연관성(consistency)이 높은 개별변인으로 설명된다. 그 이유는 키보드타이핑이나 컴퓨터프로그래밍과 같은 정보이용능력이 고등교육 커리큘럼의 중요한 부분이기 때문이다. 특히 개발도상국에서 정보통신기술이 교육조직에서 먼저 확산되는 경향을 보여주므로 가족구성원의 공식적 교육기간은 가정의 정보통신기술의 보급과 이용에 영향을 미칠 수 있다(Bayaarma Bazar and Gregg Boalch, 1997).

이 외에도 새로운 정보매체에 대한 교육을 받은 고등교육자들이 전문직, 과학 및 경영관련 직종 등에 많이 진출하고 있기 때문에 전문직에 종사하는 가족성원들이 많을수록 가정에서의 정보기술의 채택은 빨라진다. 그리고 가정의 수입은 새로운 정보통신기기와 서비스 이용의 주요한 독립변인이다. 왜냐하면 홈

---

17) Dutton 등은 메타연구방법에 대해 다음과 같이 설명한다. 메타연구는 특정 연구문제에 대해 처음 연구한 결과들을 체계적으로 검토하고 종합적으로 분석하는 연구방법이다. 메타연구에는 메타분석(meta-analysis)과 가설목록(propositional inventories)의 두 유형이 있으며, 메타분석은 초기 연구들의 요약결과에 대한 계량적이고 통계적 분석을 수반하며, 가설목록 방법은 가설목록의 형태에 일단의 언어적 결론들을 제공하고 연구결과의 종합에 대해 좀 더 계량적인 접근법을 이용한다.

컴퓨터, PC통신, 인터넷 등 각종 정보기술의 가격은 아직 보편적으로 이용되기에는 높기 때문이다. 물론 다양한 정보매체가 가정에 도입되기 위해 기존 가정이 현재 소유하고 있는 정보기기들도 영향을 미친다. 즉, 기술혁신은 한정된 자원(basis)으로 이용 가능할 때 빠른 속도로 확산된다.[18] 이런 점에서 수입이 많은 가정일수록 관련된 정보기기들이 많이 보급되어 있으므로 수입과 정보화 확산은 깊은 관계가 있다.[19] 그러므로 가정정보화 촉진을 위한 정책 및 사업추진에 사회적 환경여건이 고려되어야 한다.

4) 정보의식 확산 및 이용능력 제고

정보통신은 그 자체의 기술적 특성도 중요하지만 가정용 정보기기와 정보서비스의 특성에 대한 가족성원들의 선입견이나 기호 등 인식의 측면도 중요하다. 새로운 형태의 정보통신기기와 서비스들이 가정으로 유입되고 있음에도 불구하고 아직까지는 TV나 VCR과 같이 이미 가정 내에 존재하여 영향력을 발휘하는 기존 매체들을 대체하기는 어렵다. 특히, 신기술이 이전보다 발달되었고 많은 이점을 지녔음에도 불구하고 가족성원들에게 그렇게 인식되지 않는다면 성공적 확산이 곤란하다. 이는 수많은 전자메일 시스템이 일본기업에 소개되었을 때 컴퓨터에 의한 커뮤니케이션에 거부감을 느끼는 심리적 장벽 때문에 종업원들 사이에서 성공적으로 확산되지 못했던 일본의 경험을 통해 확인된다(Kenichi Ishii, 1996).

또한 정보통신기술 혁신에 대한 사람들의 인식을 상대적 이점, 양립성,[20] 복잡성,[21] 시범적 이용가능성, 가시성[22] 등 5개 속성으로 설명할 수 있다(Rogers,

---

18) Rogers(1995)는 이를 시범적 이용가능성(trialability)으로 개념화하였다.

19) 이에 대해, Dutton 등은 홈컴퓨터를 비롯한 뉴미디어의 가격이 계속 하락함에 따라 사회경제적 지위와 채택간의 관계 또한 감소할 것이므로 뉴미디어의 채택과 이용에 미치는 사회경제적 지위의 영향은 일시적(transient)일 수 있다고 주장한다. 그러나 정보통신기술은 그 속성상 항상 새로운 기기와 서비스들을 생산하기 때문에 사회경제적 특성의 영향력이 줄어들 것이라는 가정은 오류가 있다.

20) 양립성은 개혁과 잠재적 채택자(potential adopters)의 현재가치(existing values), 과거경험(past experiences), 니즈(needs)와의 일치정도이다.

21) 복잡성은 개혁의 이해와 이용의 용이함에 대한 인식수준이다.

22) 가시성은 개혁채택의 결과가 다른 사람들에게 보이는 정도이다. 즉, 개혁의 채택으로 인해 얻게 될 산출의 예측가능성 정도이다.

1995). 이를 가정의 정보화 확산에 적용할 수 있는데 가령 각 가정이 정보화를 채택하였을 경우 ① 경제적 이익과 사회적 위신을 비롯하여 다양한 편익이 제공될 것이라는 인식, ② 가정마다 가족 성원들 간 공유된 고유의 가치관과 개인욕구 등이 있으므로 각자의 현재가치, 과거경험, 니즈와의 일치여부, ③ 홈컴퓨터와 같은 정보기기의 이해와 이용이 편리하다는 인식, ④ 가정에 정보화를 채택하기 위해서 기존에 존재하고 있는 한정된 자원을 이용할 수 있다는 인식, ⑤ 정보화의 채택결과가 다른 사람들에게 구체적으로 나타날 것이라는 인식 등이 가정의 정보화 확산에 중요한 요인이 된다. 이처럼 가족성원의 정보통신기술에 대한 인식은 매스미디어가 영향을 미친다. 이를테면 컴퓨터를 이용하는 가정이 행복하고 안락한 곳이라는 이미지로 묘사된다면 컴퓨터 이용에 대해 긍정적 인식을 가질 것이다. 게다가 그러한 묘사가 매스미디어에 지속적으로 노출된다면 그 가정은 빠른 시일에 컴퓨터를 구입, 이용할 것이다. 이같이 가족구성원들이 읽거나 보게 되는 매스미디어에서 정보기술에 대한 묘사방식은 인식에 영향을 미치면서 궁극적으로 가정의 정보화 확산에 영향을 줄 것이다. 따라서 가정정보화 촉진을 위해 가정성원에 대한 건전한 정보의식 확산 및 올바른 정보이용행태 그리고 정보의 활용능력 제고를 위한 프로그램이 개발, 시행되어야 한다.

CHAPTER 08

정보화의 정책영역과
과제: 지역

정보화의 정책영역과 과제: 지역

CHAPTER
08

"신은 자연을 만들고, 인간은 도시를 만들었다."
- William Cooper(1731~1800) -

문제의식과 초점

정보화가 경쟁력과 삶의 질의 척도로 인식되고, 그 활용이 사회성원의 거주공간으로 급속하게 확산되면서 정보화가 가정에 구체적으로 투영되고 있다. 이에 새로운 패러다임으로서 생활정보화를 설정, 지역정보화현상을 기술하고, 실천적 맥락에서 이용자지향적인 정보화 촉진방안을 모색하고자 한다. 탐색결과, 지역정보화의 기반은 네트워크접속·정보기기·정보화 배선 및 설비를 포함한 하드웨어기반(주택정보화)과 개인 및 가정생활을 정보기기 및 네트워크상에서 애플리케이션으로 구현하는 소프트웨어기반(일상정보화) 그리고 정보화를 수용, 확산시키는 사회적 환경으로서 정보문화기반으로 구성되어야 한다. 아울러 지금까지 한국의 정보화는 추진영역에서 공급자지향의 정부주도였다. 그렇지만 정보화가 지역 및 가정생활영역으로 심화될수록 정부역할과 개입의 명분은 약해진다. 그렇다고 사회변동과 설계적 노력과 활동에 정부노력이 소홀하게 여겨질 수 없다는 점에서 새로운 제도구성과 운영이 요구된다.

제1절 지역정보화의 의의와 필요성

1. 지역정보화의 의미와 개념

인간은 누구나가 자신이 정주하는 생활공간 속에서 보다 나은 삶의 기회와 가치, 자유 그리고 향상된 삶의 질을 향유할 권리를 갖는다. 이로써 풍요로운 삶의 공간으로서 장소의 완성은 지역정책이 추구하는 궁극적 가치가 될 것이다. 그동안 한국사회는 1960년대 이후 급격한 산업화와 함께 경이적인 고도 경제성장을 이룩하였다. 여기서 산업화는 도시화와 공업화를 의미하였으며 그 표상은 국토공간속에서 여기저기 공장이 세워지고 고층빌딩이 올라가는 것으로 나타났다. 이러한 과정 속에서 모든 것의 지향점은 국가발전이었으며 그것은 곧 총량적 경제성장으로 대변되었다. 그러나 경제성장의 편익이 모든 국민에게 공평하게, 그리고 전 국토에 균형있게 배분되지 못하였으니 국토의 이용은 서울을 비롯한 수도권에 압도적으로 편중되었고 여타지역은 상대적으로 낙후되어 왔다. 이러한 지역 간 불균형 발전은 정책결정과정의 참여 및 영향력의 측면에서 정치적 격차, 지역생산 및 소득수준 측면에서의 경제적 격차, 국민생활환경 및 문화수준 측면에서의 사회적, 문화적 격차를 야기하였다. 특히, 도시와 농촌간의 불균형, 수도권으로의 인구와 산업·경제활동의 집중 등 오늘날 한국사회가 직면하고 있는 지역문제는 더 이상 방치할 수 없는 계제에 이르렀다.

그런데 산업화의 부산물인 지역불균형문제가 해결되기도 전에 우리사회는 정보기술에 의해 또 다른 사회변화의 소용돌이를 맞이하고 있다. 정보통신의 발달과 보급 확산에 의해 정보의 가치가 급격히 신장되어 정보가 산업사회에서의 물질이나 에너지와 같이 중요한 자원 또는 상품으로 등장하고 있다. 그러나 정보화를 향한 가능성에 대한 기대에도 불구하고 정보축적량이 큰 중앙에서 정보에 대한 흡인력을 갖게 되어 정보의 집중 및 불균형현상이 초래되고 있다. 그 결과 정보의 소유여부에 따라 계층 간, 지역 간 격차현상이 나타나고 있으며 이는 산업사회의 경제적 빈부격차를 심화시킬 수 있다. 이로 인해 지역간 정보격차

발생의 위험성을 내포하는 새로운 경험을 겪고 있다. 물론 이러한 경험은 비관적 우려에서 제기되는 것이지만 문제는 잠재적 우려가 현실로 투영되고 있다는 점에서 국가발전의 위협요인이 된다. 반면 문제 상황을 어떻게 대응하느냐에 따라 낙관적 상황으로 전환할 수 있다는 점은 새로운 기회로 작용하는 것이기도 하다.

지역정보화(Regional Informatization)는 지역 간 정보 불균형 현상이 발생하지 않도록 하기 위한 예방적 노력이다. 동시에 지금까지 노정된 산업사회의 문제점과 한계를 극복하기 위한 치유의 움직임으로 이해할 수 있다. 즉, 정보화가 수평적으로 사회 전반에 걸쳐 폭넓게 응용되면서 그 범주가 농어업정보화, 지역중소기업 및 산업정보화, 과학기술정보유통체제구축, 교육정보화, 문화예술정보화, 보건복지정보화, 사회간접자본의 정보화, 지방자치단체의 행정정보화 등으로 확산되고 있다. 수직적으로도 정보화의 수준이 국가차원에서 지방수준 및 개별조직과 개인으로 구체화되고 있다. 이처럼 정보화의 수평적 확대와 수직적 심화의 결국(結局)은 지역정보화로 모아지면서 시간이 지날수록 지역정보화에 대한 관심과 국가정보정책에서 차지하는 비중이 높아지고 있다[1].

지역정보화는 정책결정과 사업집행이 지속적으로 순환되어 오는 과정에서 중앙부처뿐만 아니라 지방정부차원 그리고 민간수준에서도 활발하게 전개되고 있다. 이에 따라 지역정보화사업에 대한 인적·물적 자원의 투입과 노력이 한층 증대되고 있다. 그러나 지금까지 집행된 지역정보화정책에 대한 체계적이고 객관적인 평가가 이루어졌는지 놓고 볼 때 그 환경과 여건이 미흡한 것으로 여겨진다. 일천하나마 정보정책 및 사업에 대한 평가 작업에서 이론적 논의와 실무적 노력들이 없었던 것은 아니지만[2] 지역정보화사업을 대상으로 한 평가노력은

---

[1] 1997년 5월 제2차 정보화추진확대보고회의에서 당시 김영삼대통령은 1997년을 '지역정보화 본격추진의 해'로 선언하면서 지방자치단체의 정보화추진체계가 정비되기 시작하였다.

[2] 정보화사업에 대한 평가적 연구로는 한국전산원(1996)의 「정보화촉진 추진실적 평가모형 개발」최흥석(1999), "공공부문 정보화사업 평가사례 및 개선방안"이 있으며, 실무적 평가노력으로는 한국전산원(1997)의 「국가기간전산망사업에 대한 추진실적 평가」가 대표적임. 이후 정보통신부·한국전산원(1997)의 「정보화사업평가지침」, 정보화사업평가위원회(1997/98)의 「97/'98 정보화사업 평가보고서」, 정보화추진위원회(1999)의 「'99 공공정보화사업 평가시행계획」 및 한국전산원(1999)의 「국가정보화평가기본계획」 등이 마련되었다.

거의 전무한 실정이다.[3)]

원래 정책이나 사업평가는 새로운 지침을 제공하여, 발전을 위한 환류장치로서 필요하다. 동일한 맥락에서 정보화사업에 대한 평가는 정보화사업의 추진에 실질적으로 기여할 수 있도록 내실 있는 평가를 추진하고, 그 결과를 시행계획 및 예산편성과 연계하는데 있다. 현재 정보화사업에 대한 평가는 정보화사업의 효과, 정보시스템의 효율성 등을 중심으로 실시하는 것으로 되어 있다(정보통신부, 1997). 이와 마찬가지로 지역정보화사업에 대한 평가도 같은 맥락에서 시행되는 것이 바람직하다. 하지만 현실적으로 객관적 기준의 결여와 진행과정중인 사업에 대한 평가적 논의가 불러일으킬 우려로 인해 체계적이며 종합적으로 평가가 이루어지지 못하였다. 기껏해야 법규정을 만족시키기 위해 의례적으로 시행되는 경향이 강했으며, 평가결과의 환류를 통한 학습으로 연결되지 못한 실정이다(최홍석, 1998: 478). 아울러 기존 사업에 대한 설문조사를 토대로 사업방향에 대한 평가적 논의가 주류를 이루었다. 이러한 논의는 사업방향의 설정과 새로운 모색을 위한 유용한 준거가 될 수 있으나 평가범주의 제약이나 내용상 불충분으로 인해 여전히 한계를 내포한다.

본 장의 목적은 지역정보화정책 및 사업에 대한 성찰적 문제제기와 함께 기존의 평가적 논의를 중심으로 평가기준과 틀을 새롭게 모색하는데 있다. 아울러 평가기준을 현실의 지역정보화정책현상에 적용하고자 한다. 이를 위해 지역정보 수요 진작의 차원에서 정보화마인드 제고 및 정보이용능력 향상을 위해 결정, 집행된 농어촌컴퓨터교실 운영사업을 대상사례로 선정, 분석하며 그 한계를 지적하고자 한다. 나아가 바람직한 지역주민정보화정책의 평가방향을 제언하고자 한다.

지역정보화에 관한 개념과 정의에서는 다양한 논의가 전개되어 왔다. 지역정보화에 관한 정의를 살펴보면 〈표 8-1〉에서와 같이 살펴볼 수 있다. 우선 정책적 개념으로 지역정보화를 '고도정보화의 선행적 시책으로 지역 간 균등한 정

---

3) 지역정보화는 정보화사업의 구성요소인 정보화촉진 10대 과제사업으로 선정, 추진되었음에도 불구하고 1997년부터 1998년간 정보화사업 중점평가대상에서 제외되었으며, 1999년에 비로소 '지역정보화 1차 시범사업'을 대상으로 평가되었지만 지역정보화사업의 특성이 고려되지 못하였다.

보접근성의 보장, 지역특성에 맞는 정보시스템의 구축과 뉴미디어의 보급 촉진을 통하여 지방경제의 활성화, 지방주민의 생활의 질 고양, 지방문화의 육성 등을 도모함으로써 지역주민의 정주성을 제고하고 지역 간 활발한 정보교류를 촉진하기 위한 활동'으로 이해할 수 있다(체신부, 1988: 476-478). 그리고 정보화를 통하여 지역의 산업, 행정, 생활, 문화 등 제반분야에서의 발전을 도모하고 궁극적으로 중앙과 지방의 정보격차를 해소하는 것으로서 공간적 차원의 정보화, 낙후지역의 정보화, 지역단위의 종합적 정보화, 지역별 특색 있는 정보화의 의미를 내포한 것으로 정의할 수도 있다(이수성·황주성, 1991: 78-84). 이 외에도 1990년대 초기에 국내에서 이루어진 지역정보화에 관한 연구와 논의들을 중심으로 이루어져 왔다.한편, 일본에서는 지역정보화가 ① 지역산업의 정보화, ② 지역생활의 정보화, ③ 지역문화의 정보화, ④ 행정사무 및 서비스의 정보화를 포괄하는개념으로서, "정보통신기술을 지역의 활성화를 위한 기본 골격으로 인식하고, 이를 바탕으로 구체적인 사업을 전개하는 것"(小林紘, 1989: 19)으로 이미 일본에서는 이와 관련한 다양한 구상과 계획을 추진하고 있다.

지역정보화라고 할 때 지역의 범위에 관해서 기존의 논의와 연구에서는 명확하게 제시되어 있지 못한 실정이다. 막연하게 행정구역을 단위로 하는 것인지 또는 동일한 지역이라고 해도 잘사는 지역과 못사는 지역 간 차이 등의 특징적 요소가 있는데 그동안의 개념에서는 이러한 요소들이 분명하게 제시되어 있지 못하는 한계를 지니고 있다. 뿐만 아니라 지역정보화에서 '지역의 정보화'에 초점이 맞추어져 있어 정작 강조되어야 할 '정보의 지역화'의 관점이 미약한 실정이다. 본 장에서는 지역정보화정책을 "지역현실의 특성과 지역주민의 요구(needs)에 부응하는 지역행정, 산업, 생활, 문화, 교육 등 전 지역사회 분야의 정보화 촉진을 위한 노력으로서 정보통신 기반구조 정비, 정보시스템 구축 및 정보문화 확산을 위한 촉진적 및 규제적 활동"으로 이해하고자 한다.

2. 지역정보화의 성격

그동안 한국에서 정보화 촉진을 위해 무수한 정책들이 각 분야별로 분산적

표 8-1 지역정보화의 개념정의

구분	개념 정의
A.Toffler(1980) 「The Third Wave」	정보사회에서의 지역개발은 산업사회의 획일주의가 사라짐에 따라 탈규격화, 탈대량화, 탈집중화 현상이 두드러지는 지방시대가 될 것이므로 지역간 정보평등이 이루어져야 하며 이러한 동등한 지역사회가 상호의존적인 하부경제를 이룰 때 지역균형발전이 이루어질 것임.
EC(1986) 「STAR Plan」	저개발지역에 고도 정보통신서비스를 제공함으로써 경제적 기반을 강화하고 고용창출에 공헌하여 기술수준을 제고하며 나아가 경제발전을 촉진하기 위한 것임
Fuji Techno System (1988) 「地域開發と情報化辭典」	지역사회의 구성요원인 기업, 산업단체, 지방자치단체, 가정, 개인 등이 정보기술을 활용하는 등 지역주체가 관련되는 정보활동의 총체 또는 지역이라는 필터를 통한 정보활동의 총체를 의미하여, 구체적으로는 지역산업을 활성화하여 고용 및 소득을 증대시키기 위한 지역에서의 '산업의 정보화' 및 '정보의 산업화'와 살기좋고 편리한 사회환경을 조성하기 위한 지역에서의 '사회생활의 정보화'를 의미함
체신부(1988) 「한국의 통신」	고도 정보화의 선행적 시책으로 지역특성에 맞는 뉴미디어의 보급을 촉진함으로써 전국토의 균형발전과 정보, 통신, 복지의 전국 균등화를 꾀하는 것임
방석현(1989) 「행정정보체계론」	중앙과 지방의 정보이용기술, 즉 소프트웨어의 공급(생산)력 격차를 시정하는 것으로 지역의 내부나 지역간에 있어서 그리고 중앙과 지방과의 사이에 있어서 정보의 흐름을 원활하고 대응하게 하고, 지역주민의 개인데이타가 악용되는 것을 방지하고, 또한 시스템화나 네트워크화, 뉴미디어의 도입 등을 합리적, 계획적으로 추진하는 것
송인성(1991) "광주전남지역정보화사회 촉진을 위한 전기통신 중·장기계획"	정보접근성의 지역간 격차를 해소함으로써 전국 어느 지역에서도 공간의 장애를 극복하고 모든 활동을 원활히 할 수 있으며, 이에따라 지역간의 균등한 발전, 지방경제의 활성화, 지방주민의 생활의 질 향상, 지방문화의 육성, 그리고 지역간 활발한 교류를 이루도록 하는 것으로서 지역산업의 정보화, 지역생활의 정보화, 지역문화의 정보화, 지방행정 및 행정서비스의 정보화를 정보화를 포괄함
이수성·황주성(1991) 「지역정보화를 위한 종합대책」	정보화를 통하여 그 지역의 산업, 행정, 생활, 문화 등 제 분야에서의 발전을 도모하고 궁극적으로 중앙과 지방의 정보격차를 해소하는 것으로서 공간적 정보화, 지방 혹은 낙후지역의 정보화, 지역단위의 종합적 정보화, 지역별로 특성있는 정보화를 포함함
한국정보문화센터역(1991) 「일본가나가와현의 지역정보화계획」	가정, 생활, 교육, 문화, 산업경제 등 모든 분야에서 정보를 유용하고 익숙하게 사용하는 사회적인 메카니즘을 구축하여 시민이 주체적으로 사용하는 네트워크가 기본이 되는 지역사회를 형성하는 것
안문석(1993) 「정보체계론」	국가내 단위지역의 특성과 요구에 맞는 정보화활동의 총체로 지방자치단체와 지역주민, 지역기업, 지역주민 등을 주체로 하여 지역의 특성과 지역주민의 개성을 살려 지역내 정보통신 하부구조의 구현과 정보통신서비스의 보급 및 정보문화의 정립을 통한 지역발전전략으로서 지역 및 지방간 또는 중앙과 지방간 격차해소로 균형발전을 이루고 더나아가 징과 외국간 격차도 해소함으로써 궁극적으로 국가사회전반의 균형적 발전을 이룩할 목적으로 하는 총체적 활동

으로 추진되어 왔다. 지금까지도 몇 가지 이슈에 대해서는 정보통신 관련부처 간 갈등국면이 계속되고 있으며 그동안 노정되었던 갈등이슈와 영역은 법, 제도

뿐만 아니라 관련 산업에 이르기까지 매우 넓게 분산되어 왔다. 지역정보화정책도 이러한 맥락에서 크게 벗어나지 못하고 있다. 특히, 지역정보화정책은 사업내용, 추진체제, 환경의 복잡성 등으로 인해 혼돈(chaotic)의 양상을 보여주고 있다. 비록 1994년12월 정보통신부의 출범과 1995년 정보화촉진기본법의 제정 등으로 법·제도상으로는 정비되었지만 구체적인 각론에 들어가서는 미흡한 것으로 생각된다.

한국의 지역정보화정책이 어떠한 양상을 띠었는지를 살펴보기 위해 지금까지의 지역정보화정책결정에 내재하는 두 가지 갈등하는 측면에서 살펴볼 수 있다. 하나는 변화와 혁신을 저해하는 제도 및 규제에 대한 비판적 입장이다. 즉, 기존의 제도 및 규제가 지역정보화 촉진을 저해하며, 사회·경제적 편익을 감소시켰고, 정보기술변화에 따르는 수요를 낙후시켰다는 점이다.[4] 이러한 점들은 건전한 경제원리를 인식하지 못하는 규제의 무능에서 기인한다. 이 같은 논의의 중요한 의미는 지역정보화 정책환경의 불규칙하며 소용돌이적 변화에 따른 제도개선 요구가 단적인 증거가 된다. 반면에 이와 대칭적 입장으로서 정책이 비록 불균등하고 일관되지 못하였지만 지역정보화 정책 환경의 불확실성하에서 지속적으로 진보되어 왔다는 점에서 그 성과를 긍정할 수 있다.

한국의 지역정보화정책은 분절적이고 점증적인 변화양상을 띠어오다가 통합과 분화추세로 나아가고 있다. 즉, 정책결정이 다수의 기관과 영역에서 이루어졌다는 점에서 분절된 것이다. 또한 점증적이라는 것은 정책이 범주 상 종합적이며 포괄적인 것이라기보다는 협소하게 초점이 맞추어져 처방적이며 반복적이었다는 점에서 기인한다. 이러한 맥락에서 지금까지의 지역정보화정책이 혼돈과 소용돌이의 특성을 지녀온 것으로 설명할 수 있다.

그동안 우리나라 지역정보화정책의 추진과정에서 나타난 특성을 살펴보면 다음과 같다. 첫째, 정책 및 사업관련 의사결정이 획일적이며, 집권적 특성을 보여주었다. 정보화추진전략이 집권적 의사결정구조의 바탕에서 국가기간전산망사업이나 초고속정보통신망 기반구축사업의 추진방식에서 나타났듯 인력이나

---

4) 가령 지역정보화의 추진주체가 되어야 하는 지방자치단체의 임무와 기능에 있어서 각종 조례, 규칙 및 예산제도 등에서 지역정보화의촉진을 자극하기 어려운 실정이다.

자원의 배분과정에서 중앙집중식으로 나타났다. 사실 우리나라 지역정보화추진 세력과 정보화를 경험한 조직이나 개인들은 전문기술자 및 학자와 기술관료를 중심으로 한 소수 엘리트층이다. 이들에 의해 이루어진 지역정보화추진에 관한 논의에서는 효율성이 무엇보다도 강조되었다. 이는 짧은 기간 동안에 급속하게 변화하는 정보화에 대응하는 적절한 기제의 마련에 치중했던 것으로 볼 수 있다.

둘째, 정책 및 사업에서 일관성과 종합성이 미약하다. 지역정보화정책은 다수부처가 관련되어 있으며 다양한 기관의 참여에 의해 분산적으로 진행되어 왔다. 이에 따라 의사결정점이 분산되면서 정책결정이 지연되었으며 정책집행도 효율적으로 이루어지지 못했다. 지역정보화정책과 사업목표는 설정되어 있지만 집행단계에서 추진력이 미약했던 것으로 평가된다.

셋째, 지역정보화정책은 다수부처의 공동행위에 의한 협동적 정책이다. 지역정보화정책과 관련이 있는 부처는 자신의 자율성을 지니며 관련조직과 어떠한 형식으로든 협력해야 한다. 일반적으로 정보정책과 관련한 공동사업으로 기능상 협조 또는 사업상 협조 방식이 있다. 공동사업은 단순히 자원의 구입이나 교환과는 달리 장기간에 걸쳐서 조직간 상호의존성을 제도화한 형태에 속한다 (Aiken and Hage, 1968: 912-931). 이처럼 횡적연계성이 강하게 요구되는 정보정책은 특정 부처의 차원을 넘어서 여러 부처에 걸쳐 이루어지고 있다. 또한 지역정보화정책분야는 기존의 다른 정책에 비해 복잡성과 중복성 그리고 가변성을 강하게 띠고 있다. 이에 따라 전통적으로 기능과 목적을 기준으로 한 부처편성의 원리 및 관할영역의 시각에서 이해하기 어려운 정보정책과 정책조직 및 구조 간 정연성(整然性)이 미약하여 정책이 표류하기도 하였다.

제2절 지역정보화정책의 현상분석과 인식

지역정보화정책은 국가정보화정책의 한 줄기로서 정보화 진전에 따라 그 영역이 확대되고 있다. 정보화의 공간적 확산과 내용의 분화로 지역정보화 범주와 내용이 심화되면서 동태적 진화양상을 보여준다. 이에 아직까지 지역정보화의 영역, 대상분야, 사업범위 및 경계 등에 관하여 통일적 공감대가 확보되지 못한 듯하다. 그런데 일반적으로 정책평가는 정책내용, 집행 및 그 영향 등을 추정하거나 사정 또는 평정하기 위하여 연구방법들을 응용하는 것이기에(Anderson, 1979: 151-153), 지역정보화정책평가를 위해 정책내용 및 현상에 대한 인식이 선행되어야 한다.

1. 지역정보화정책의 현상분석

지역정보화정책의 집행과정에서 제기되었거나 될 수 있는 이슈와 문제들은 수다(數多)하다(한세억·조찬형, 1997: 60-66).5) 이를테면 지역정보화의 독자성, 추진방식, 재원분담방안, 추진주체와 역할, 국가계획과의 연계 등 각각의 이슈와 문제들은 지역정보화 정책내용을 구성하면서 그 해결이 요구된다. 지금까지 드러난 지역정보화정책현상은 영역과 범주의 다양성을 지니며 지속적으로 확산되고 있다.

1) 지역정보화정책의 스펙트럼

지역정보화정책은 1980년대 말부터 정보통신부(구 체신부), 행정자치부(구 내무부), 산업자원부(구 통상산업부), 과학기술부(구 과학기술처), 농림부(구 농림수산부) 등 중앙 부처는 물론 지방자치단체와 민간부문에서 개별적으로 분산, 추진되고 있다. 그래서 〈그림 8-1〉에서 보듯 정책현상에 투영된 지역정보화 범주와 영역은 공급과 수요측면에 걸쳐 각양각색의 다양한 지세를 드러낸다.

여기서 정보통신망 구축, 지역정보시스템, 지역정보화촉진협의회 등 공급측면의 지역정보화사업이 활발하게 전개되고 있다. 아울러 지역정보화계획수립의 경우 1996년에 모든 광역자치단체와 일부 기초자치단체에서 지역정보화사업계획을 수립하기 시작하였다. 2000년 6월 현재 광역지자체는 물론 기초자치단체수준에서 지역정보화촉진조례 및 추진체제가 정비되고 있다. 동시에 지역정보웹사

---

5) 지역정보화정책을 둘러싼 이슈의 다양성은 지역정보화정책의 개념 및 범주설정을 어렵게 하는 요인이 되는 것이다.

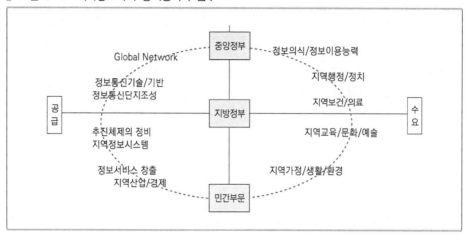

▶ 그림 8-1 지역정보화의 정책영역과 범주

이트 구축 등 인터넷 지역정보화사업을 전개하기에 이르렀다. 나아가 공공부문 중심의 정보화사업이 민간으로 확대되면서 지역생활 전 분야에 걸쳐 전개되고 있다. 하지만 지역정보화현상을 보면 공급에 비해 수요측면이 취약하다. 각 부문별로 지역정보화기반이 확충되고 있지만 지역농어민을 비롯하여 지역거주자들이 지역정보화의 실질적인 주체로서 한계를 드러냈다. 게다가 지역 간 디지털화 지수의 표준편차가 더욱 심화되는 양상을 보여준다(전자신문, 2000년 6월 27일자).

2) 지역정보화 정책변화와 확산

지역정보화정책은 국가사회 정보화촉진시책의 일환으로 파악된다. 그동안 전개되어 온 지역정보화 정책변화를 〈그림 8-2〉와 같이 나타낼 수 있다. 즉, 1980년대 말 지역주민에 대한 계몽교육(농어촌컴퓨터교실)에 초점을 둔 지역정보화사업은 1990년대 초반 지역정보시스템 구축과 운영지원, 지역정보화 연구지원, 정보화추진협의회 운영, 정보서비스, 정보통신단말기 보급 등으로 다양화되었으며, 1997년부터 중고PC 재이용, 자원봉사단활용 정보화교육, 학교정보화 등으로 확대되었고, 1999년에는 국민정보화교육의 일환으로 농어촌주민 삶의 질 향상을 위한 정보화교육이 전개되고 있다.

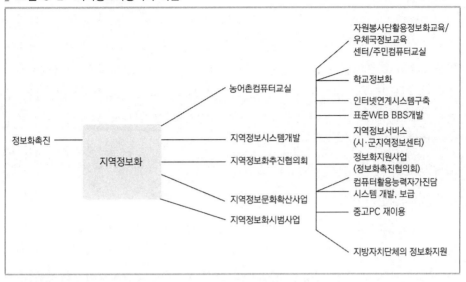

2. 지역정보화정책추진에 관한 인식과 시각

지역정보화정책은 정보화정책의 각론으로서 정보화가 사회성원의 생활 속으로 구현되는 단계이다. 그렇지만 지역정보화가 매우 포괄적이며 다양한 의미를 지니고 있기에 아직까지도 그 정체성을 확인하기 어렵다. 이에 지역정보화정책의 대상(locus)과 초점(focus)을 명확히 설정할 필요가 있다. 지금까지 지역정보화정책 추진을 둘러싼 논의를 긍정적 입장과 비판적 시각의 두 가지 수준에서 구분할 수 있다.[6]

1) 비관론

지역정보화정책에 대한 비판적 인식은 사업자체의 성공과 실패에 대한 논의보다는 추진방식과 체제를 둘러싼 논의가 주류를 이룬다. 즉, 부처 간 지역정보화계획의 개별적 추진에 따른 사업 간 중복 및 지역과 기능 간 연계성 미약,

---

6) 지금까지의 평가는 지역정보화정책 및 사업의 옳고 그름에 대한 논의보다는 사업추진과정에서 제기된 문제점을 중심으로 논의가 이루어졌다.

지방자치단체의 정보화추진능력 미흡 등이 지역정보화노력을 제약하고 있는 것으로 이해한다. 뿐만 아니라 지역 간 정보격차와 불균형이 심하게 나타난다거나 지역의 정보화기반 취약 등의 문제점으로 인해 기존 지역정보화정책 및 사업의 방향전환이 요구되었다(한국전산원, 1995: 124-125). 한편, 정보화가 지역단위에서 추진되는 것이 지역정보화라는 점에서 지역정보화 자체가 필요하지 않다는 주장도 제기되었다. 즉, 우리나라와 같이 공간적으로 협소한 국가에서 국가정보화가 지역정보화로 환원될 필요가 있는지 지역정보화의 독자성 자체를 회의하는 입장이다.

2) 긍정론

지역정보화정책에 대한 긍정적 인식은 정책형성 및 사업추진 자체의 당위성 또는 필요성에 근거를 둔다. 그리고 정책형성에 따라 집행되는 사업의 성공과 파급효과는 긍정적 입장을 강화시켜 주었다. 가령 지역정보화시범사업은 지역단위의 정보화를 정부가 전국적 규모로 실시한 최초의 사업으로서 지역의 특정정보를 지역대학, 공공기관, 민간단체 등이 협력하여 개발하였다는 점에서 지역산업, 지역사회의 정보화는 물론 지역정보의 산업화를 주도할 수 있다는 가능성을 인식시켜 주었다. 이에 지역에서 개발한 DB의 초기구축에 머무르지 않고 계속적으로 확대, 개발하는 운영주체로서 지역정보센터의 설립을 뒷받침하였다. 이 외에도 지역주민의 정보마인드 향상 및 이용능력 배양을 위한 농어촌컴퓨터교실을 비롯한 지역정보화프로그램의 다양한 효과는 지역정보화정책의 유지 및 확대의 명분을 제공한다.

3) 연구자 시각

지역정보화정책을 둘러싼 대칭적인 두 가지 인식은 지역정보화정책의 독자성에 관한 논의와 관련된다. 본질적으로 사회문제의 해결에 정부개입이 당연시되고, 그러한 것이 자연스럽게 수용되는 우리나라 특유의 정책풍토와 무관하지 않다. 총량적 경제성장이 선으로 여겨졌던 산업사회의 역기능으로서 제기된 지역불균형문제가 사회문제화 되면서 정책과정으로 투입되었다. 그러나 산업사회 성숙에 따라 그 노정이 심화된 문제가 해결되지 못한 채 한계로 인식되고, 정보사회로의 진전과정에서 더욱 악화될 수 있다는 우려섞인 문제제기에 대한 정책적 대응으로 지역정보화정책이 생성하게 된 것이다. 이러한 맥락에서 한반도 전 지역의 정보화추진을 위해 특정 지역단위를 대상으로 하는 지역정보화 정책추진자체를 회의하는 비관론의 입장은 싱가포르와 같이 계획적인 도시국가수준에서는 가능한 현실로 받아들여질 수 있다. 또한 미국과 같은 지역의 자율성과 자발적 노력이 충만하여 국가 전체적 차원에서 다양성의 조화로운 통합과 연계의 필요성이 요청되는 상황에서라면 비관론이 현실적 논의로서 나름의 설득력을 지닐 수 있다. 하지만 우리나라와 같이 다차원적 맥락이 요구되는 상황에서는 이상적 논의가 되기 십상이다. 반면, 긍정적인 입장에서 적극적으로 지역주민의 삶의 질을 향상시키고, 소극적으로는 지역격차를 해소하기 위해 각 부처별 또는 부문별 유효한 정책수단을 통해 지역차원의 정책을 추진한다고 할 때 정책환경에 따라 정책추진방식과 접근이 변화되어야 할 뿐, 독자적인 정책분야로서 지역정보화정책의 추진은 긍정될 수 있으며, 우리의 상황에도 부합하는 것으로 수긍된다.

제3절   지역정보화정책의 정책영역과 내용

1. 지역정보화 정책영역

지역정보화가 추진되는 다양한 배경에도 불구하고 그 의미를 함축적으로 정리하면 '산업시대의 지역사회에서 정보시대의 지역사회로의 이행'으로 말할 수 있다. 이는 보다 구체적으로 "정보의 지역화"와 "지역의 정보화"라는 두 가지 방향으로 전개되어 왔다. 지역정보화라는 용어를 구성하는 지역과 정보는 매우 복잡하며 다기한 양상을 띠고 있으므로 전개방향을 단언하는 것은 거의 불가능하다. 지역이라는 것 자체가 공간적 및 사회적 특성으로 인해 복잡다변하며 정보의 경우도 기술발달과 응용의 다양성으로 인해 일의적으로 규정하기 어렵기 때문이다.

지역정보화도 정보화의 한 줄기로서 지역에서 정보를 추구하고 이용하는 과정의 효율화의 맥락에서 이해할 때 지역정보화의 방향은 지역정보화과정에서 그 영역과 대상이 어떻게 설정되느냐에 따라 큰 영향을 받을 것으로 생각된다. 그렇지만 지역정보화의 영역과 대상에 대해서는 아직까지 명확하게 규정된 것이 없다. 아직 지역정보화에 대한 통일된 개념 정의 없이 논자에 따라 다양하게 사용되고 있다. 이는 지역정보화의 다양성과 복잡성을 드러내는 것이다. 지역정보화의 영역의 경우도 대상지역을 어디까지 할 것인가? 대상영역과 분야를 어느 수준에 국한할 것인가? 그 사업영역과 경계는 무엇인가? 등 영역을 둘러싸고 수많은 의문이 제기될 수 있다. 그렇지만 이러한 질문에 대한 해제를 찾지 못하고 있는 실정이다. 그러나 모든 논의에서 지역정보화가 지역발전을 위한 가장 효율적인 전략이라는 점은 공통적으로 강조된다.

본 절에서는 지역정보화를 "지역의 특성과 지역주민의 요구(needs)에 상합하는 지역 행정, 산업, 생활분야의 정보화 촉진을 위해서 정보통신 기반구조 정비, 정보시스템 구축 및 정보문화를 확산하는 정보화 활동"으로 이해하고자 한다. 이러한 개념을 토대로 지역정보화의 영역(domain)은 〈그림 8-3〉에서와 같이 설정할 수 있다. 여기서 지역정보화영역은 지역정보화정책의 대상과 범주를 구성하며 지역정보화정책의 주요 과제가 된다. 이러한 점에서 지역정보화영역을 설정하는 것은 중요하다. 이는 두 가지의 축으로 설정할 수 있다. 하나는 공간적 측면에서 그 영역을 설정할 수 있다. 다른 하나는 지역정보의 수요-공급측면에서 접근할 수 있다. 그렇지만 공간적 측면에서 지역정보화의 영역을 어떻게 구분할 것인가는 아직까지 논의과정에 있으므로 일의적으로 규정하기 어렵다.

그리고 지역정보화의 공간적 확산에 따라 그 범위가 확대되고 있다. 이는 국가정보화와의 범주설정을 어렵게 하는 요인으로 작용할 것이다. 뿐만 아니라 행정구역과 실생활간의 불일치로 인하여 고식적인 틀로 한정하기는 곤란하다. 다만 지역주민의 정주공간이 제도적으로 행정구역단위로 설정되어 있다는 점을 고려할 때 현재의 읍·면, 시·군, 시·도광역이라는 제도적 맥락에서 파악하는 것이 무리가 적을 것이다. 또한 지역정보화의 내용적 측면에서 볼 때 수요분야와 공급분야로 구분할 수 있다. 공급분야는 지역정보화의 원인적(seeds) 측면으

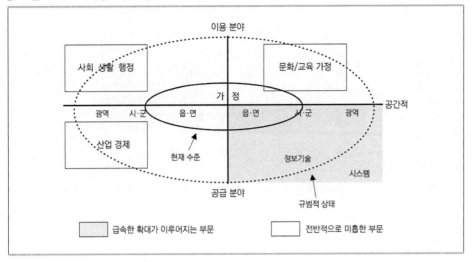

그림 8-3 지역정보화의 영역

로서 정보산업 및 경제적 요인과 정보기술 및 기반구조 요인이 주요 내용을 이룬다.

반면에 수요측면은 개인, 가정 및 사회생활분야에서 이루어지는 필요적(needs) 측면이다. 다만 이러한 요인들은 개별적으로 분리되는 것이 아니라 상호 밀접한 연관관계를 지니고 있다. 그리고 정보화가 진전할수록 그 범주와 내용이 확대, 심화될 것으로 예상된다.

지역정보화는 정보화 확산과정의 맥락에서 나타난 산물이다. 즉, 정보사회로의 진전과정의 일 단계로서 지금까지 중앙에서 추진되어 온 정보화를 지방으로 확산시켜가는 것으로 이해할 수 있다. 게다가 지방화시대의 진전에 따라 불가피한 현상으로서 지역정보화는 지역의 전통산업의 쇠퇴나 산업구조의 변화에 유효하게 대처함으로써 지역진흥을 도모할 수 있다. 뿐만 아니라 지역사회생활에 커다란 영향을 주어 지역활성화가 기대된다. 아울러 적지 않은 문제점에 직면할 수 도 있다. 이러한 과정에서 지역정보화는 지역의 개성이나 독자성 즉, 지역의 아이덴티티(identity)를 새롭게 형성하는데 기여할 것이다.

반면, 지역정보화가 함축하고 있는 내용(content)도 시간이 흐르면서 다양하

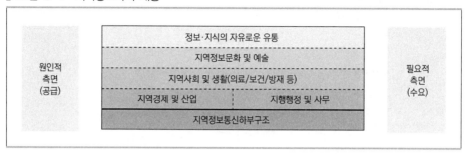

원인적 측면 (공급)	정보·지식의 자유로운 유통	필요적 측면 (수요)
	지역정보문화 및 예술	
	지역사회 및 생활(의료/보건/방재 등)	
	지역경제 및 산업 / 지행행정 및 사무	
	지역정보통신하부구조	

게 변화되고 있다. 지역정보화는 지역사회의 총체적 정보화를 의미하므로 그 내용을 일률적으로 정의하기는 어렵지만 다음과 같이 몇 가지를 포함하는 것으로 이해할 수 있다: ① 정보시스템을 활용하여 지역정보의 공급과정을 형성하거나 처리하는 정보통신기술의 도입, ② 지역정보공급과 관련하여 정보흐름과 정보관계를 조직화하거나 재정비하는 것, ③ 지역사회의 각 분야에 정보통신기술의 전문성을 도입하는 것, ④ 지역사회의 발전을 위한 일 분야로서 정보정책을 개발하는 것, ⑤ 정보통신기술이 도입되는 지역에 있어서 지역사회구조의 변화 또는 조정 등으로 이해할 수 있다. 이를 통해 지역정보화가 담아야 할 내용은 다음과 같이 분류할 수 있다(東京大學新聞研究所『地域情報』研究班, 1988: 2): ① 지역산업의 정보화, ② 지역생활의 정보화, ③ 지역문화·예술의 정보화, ④ 지역사무 및 행정서비스의 정보화, ⑤ 정보·지식의 자유로운 유통, ⑥ 지역정보통신하부구조 등을 포괄하는 것으로 이해할 수 있으며〈그림 8-4〉와 같이 구분할 수 있다. 물론 여기에서 각각의 내용은 지역정보화의 공급과 수요간 조화와 균형이 전제되어야 한다.

2. 지역정보화 정책현황과 실태

정보기술의 급속한 발달과 적용확산에 의해 정보사회가 급진전하고 있다. 이러한 과정에서 지역정보화정책은 양적으로 확대되고 질적으로 심화되고 있다. 그동안 지속적인 지역정보화추진에 의해 일부 가시적인 정책성과를 얻었지만

아직도 지역정보화현상에서 해결되어야 할 많은 문제점이 노정되고 있다.[7]

　　"지역 간, 도·농간 격차의 심화, 지역 간 정보 불균형 심화, 정보공동생산 및 활용의 부족, 지역정보화사업에 대한 평가 및 환류 부족, 지방자치단체의 정보화조직 및 인력의 취약, 지역주민의 정보화 인식 저조, 지역정보화사업의 중복 투자 …"

　　정보화의 편익을 공유하기 위해서 모든 국민이 언제, 어디서든, 필요한 정보를 얻을 수 있도록 정보환경, 정보이용능력 그리고 정보의식을 갖추어야 한다. 여기에서 모든 국민이 골고루 정보를 이용할 수 있도록 환경을 조성하는 일이 필요하다. 우리나라의 지역정보화정책은 사회정보화의 맥락에서 형성된 것이다. 달리 말하면 거시맥락으로 정보정책이라는 큰 줄기와 흐름의 하나로서 이루어진 것으로 이해할 수 있다.

　　정보화 진전과정에서 지역정보화의 현실과 상황은 중요한 정책문제가 된다. 이러한 문제에 대한 처리결과가 낳는 영향력이 많은 사람과 집단에 이르면서 공공문제가 된다. 그 중 쟁점이 되는 것이 이슈다. 지역정보화와 관련하여 제기된 정책이슈를 예를 들면 다음과 같다.[8] ① 지역정보통신망의 구축속도 및 재원마련방안, ② 경쟁과 규제의 균형, ③ 정보통신망 소유 및 운영, ④ 지역정보통신산업의 표준 및 표준절차, ⑤ 정부간(중앙과 지방정부, 지방정부와 외국정부간) 협력, ⑥ 지역정보화사업자의 유인책, ⑦ 문화적 정보내용 상품 및 서비스 진흥, ⑧ 정보에 대한 관리 및 통제, ⑨ 정보고속도로를 통한 공익과 사익 간 조화, ⑩ 개인 프라이버시 및 정보보안, ⑪ 정 보기술의 연구개발과 기회활용, ⑫ 지방중소기업 경쟁력강화를 위한 정보고속도로 활용방안, ⑬ 지역주민을 위한 필수서비스의 보편적 접근 확보, ⑭ 정보기반의 효과적 활용을 위한 지역주민계몽교육, ⑮ 정보기반구조를 통한 정부기능의 향상 기회 등을 들 수 있다.

---

7) 이러한 표현들은 일간지를 비롯하여 정책보고서 및 정보통신 관련연구기관의 보고서에서 지역정보화현상을 다룬 메타포어들이다. 이는 지역정보화추진과정에서 나타났거나 제기되는 문제들을 대변하고 있다.

8) 여기에서 제시된 이슈는 정보화정책과 관련한 정책이슈로서 오늘날 대부분의 국가가 당면하고 있는 정책이슈이기도 하다. 이같이 정보통신을 둘러싼 이슈의 다양성은 지역정보화정책의 개념 및 범주설정을 어렵게 하는 요인이다.

이처럼 수많은 문제와 이슈에 대한 해결책의 우선순위를 정하는데 있어서나 그 결과에 대한 선호를 둘러싸고 날카로운 이해대립을 보이는 경우가 대부분이다. 지역정보화 정책문제는 수많은 정보통신 관련문제 중에서 정부의 정책적 고려대상이 된다. 보다 구체적으로 정책의제화되는데 정책의제는 수많은 요구 중에서 정부의 관심을 받는 점에서 정치적 요구와 구별된다(Anderson, 1979: 55). 달리 말하면 정책의제는 해결해야 할 것으로서 정부 스스로가 인식한 문제 또는 정부에 의해 해결되어야 할 것으로 체제구성원에 의해 명백히 표명된 것이다. 이처럼 정보정책창구에서 끊임없이 출몰하는 정책이슈와 문제로 인해 정보정책은 동태적 성격을 지닌다. 지역정보화정책을 결정하고 사업을 집행하는 과정에서 제기될 수 있는 문제로는 몇 가지가 제기된다. 이러한 문제는 지역정보화정책을 둘러싼 이슈로 작용하는 것이기도 하다.

한편, 지역정보화정책의 추진과정에서 예상되는 문제로 다음과 같은 것이 있다. 첫째, 각 지방자치단체가 지역정보화에 관한 정보와 지식을 충분히 입수할 수 없다는 점이다. 이같은 정보부족은 정책담당자에게 매우 중요한 문제로서 정책의 성패를 좌우한다. 더구나 정보통신분야는 변화가 빠르므로 정책담당자는 시간적 제약 등으로 인해 단편적, 산발적으로 대응할 수 밖에 없다. 여기에서 종합적 시야나 장기적 전망에서 정책을 추진하기가 어렵다. 뿐만 아니라 정책내용도 전문적인 지식을 필요로 하기 때문에 정보통신분야에 관한 전문기술과 지식을 갖춘 인력이 부족한 지방자치단체의 정보정책 추진에 제약요인으로 작용할 것이다.

둘째, 지역정보화추진에 소요되는 비용부담의 문제이다. 장차 정보통신기기의 구입이나 정보기반의 구축, 운용, 정비에 많은 비용이 소요될 것으로 예상된다. 기존의 농어촌컴퓨터교실, 지역정보센터지원 등 지역정보화사업을 공공의 이익추구라는 맥락에서 추진되어 왔다. 이러한 사업들은 지역정보화 초기단계에서 Seeds창출 효과를 지녔으며 그동안의 성과를 통해 나름의 의의를 부여할 수 있다. 그러나 정보화의 진전과 성숙에 따라 공공성 차원에서 이루어진 기존의 초기단계사업은 한계에 직면하게 된다. 즉, 지역정보화가 본격적으로 집행되는 단계에서는 기업의 역할이 강조되며 기업활동이 활성화되기 위해서는 사업수익성 확보가 무엇보다 요구된다. 만일 민간자본의 효율적 투자가 이루어진다면 비용부담의 문제는 해소될 수 있다. 그러나 민간참여가 저조하다면 비용부담의 문제가 지역정보화를 제약하는 문제로 작용할 것이다.

셋째, 지역주민들의 관심과 의식이 저조한 상태에 있다는 점이다. 지금까지 지역정보화정책은 중앙집권적 구도에서 이루어졌으며 이러한 상황에서 정책은 위에서 결정되어 추진되는 것으로 인식되었다. 여기에서 지역주민의 정보화에 대한 자발적 참여가 이루어지고 있지 못하다. 이는 정보화에 관한 관심과 이해의 부족에서 비롯되는 것이다. 이에따라 지역정보화를 추진함에 있어서 지역주민의 공감대와 적극적인 참여를 유도하는 것이 중요한 문제가 된다.

넷째, 지역정보화의 진전에 따라 예상되는 역기능이 지역정보화이슈로 등장할 것으로 예상된다. 가령 지역주민의 개인적 정보와 자료가 악용되는 프라이버시 침해문제가 발생할 수 있으며, 사고나 재해 또는 범죄나 오용에 의한 정보시스템 정지 등의 문제가 야기될 수 있다. 비록 이러한 역기능은 아직 현실화되지는 않지만 정보화진전에 따라 발생할 가능성 높다는 점에서 중요한 정책적 이슈가 된다.

또한 지역정보화정책과 관련하여 제기된 이슈가운데 정책적 관심사항으로 부각되고 있는 정책과제를 〈표 8-2〉와 같이 정리할 수 있다. 가령 지역정보화정책의 목표와 방향,국가차원의 계획과 지역정보화정책 간 연계, 지역정보화정책 및 사업의 활성화방안, 지방자치단체의 정보화계획 수립방향과 원칙, 지역정보화추진체계 정립, 지역정보화추진기관간 역할정립방안 등 지역정보화정책 및 사업추진과정에서 제기된 문제점으로 중요한 사안을 중심으로 제기되고 있다. 이러한 사항들은 지역정보화의 성공적 추진을 위한 과제인 동시에 현재 드러난 문제점이기도 하다. 그리고 각각의 이슈와 과제들은 상호 밀접하게 연관되어 있다.

앞서 지적되었듯이 지금까지 우리나라의 정보화계획은 지역적 차원을 충분히 고려하지 않는 경향이 있어왔다. 뿐만 아니라 지역발전 및 개발계획에서도 정보화의 의미를 소홀히 다루어 왔다. 그렇지만 이러한 것은 정보화의 진전과 더불어 지역요소가 강조되고 있으며 그 비중도 확대되면서 더 이상 지역정보화

■ 표 8-2 지역정보화 정책분야별 이슈

지역정보화 정책분야별 이슈
• 지역정보화정책의 목표 및 방향정립
• 국가차원의 계획과 지역정보화정책의 연계방안   - 국가정보화계획 및 국토개발계획과 지역정보화계획간 연계
• 지역정보화정책 및 사업의 활성화 방향   - 지방우정공사 및 우체국의 역할을 중심으로
• 지방자치단체의 정보화계획 수립방향과 원칙
• 지방정부의 정보화추진계획 현황 및 추진방안   - 광역자치단체를 중심으로
• 지역정보화정책 및 사업의 원칙과 전략   - 지역주민(이용자)의 삶의 질 향상을 중심으로
• 지역정보응용시스템 개발방향 및 내용
• 중앙정부 및 지방자치단체의 지역정보화정책 및 사업방향
• 정보통신부의 지역정보화 정책방향
• 지역정보화의 대상범주 및 사업영역   - 지역정보화의 이론적 및 정책적 개념/지역정보화의 구성요소/지역정보화의 범주
• 지역정보화정책 및 사업추진체계의 정립
• 지역정보화추진기관간 역할정립방안   - 기존 지역정보화추진관련기관 및 단체의 효율적 활용방안

추진에 장애요인으로 작용하지 않을 것이다. 다만 우리나라 지역정보화의 추진 과정에서 드러난 문제점에서 지적하였듯이 정보마인드, 정보인력, 정보화예산 등이 지역정보화의 성공적 추진에 걸림돌이 될 수 있다. 그런데 또 다른 측면에 서 제기될 수 있는 문제점이 있다. 비록 이러한 점들에 대해서는 보다 깊은 연구 가 구체적으로 진행되어야 한다. 왜냐하면 이는 본 연구를 진행하는 과정에서의 문제나 상황에 대해 생겨난 연구자의 신념에 불과하기 때문이다. 지역정보화정 책과 사업을 추진하는데 있어서 몇 가지 한계가 작용하는 요인이 될 것으로 예 상된다.

3. 한국적 지역정보화의 추진방향

한국에서 추진되는 지역정보화는 국가차원의 정보화와는 달리 정보화추진 주체나 목적, 범위 등에서 지역특성과 필요에 따라 정보화를 추진하는 내발(內發)적 정보화로서의 지역차원의 정보화와 국가정보화과정에서 누락되거나 지체되어 상대적으로 불이익을 받지않도록 의도적으로 지역정보화를 추진하는 외생적 정보화인 낙후지역 정보화로 구분될 수 있다. 어떤 경우이든 지역정보화가 추구해야 할 것은 지역주민의 삶의 질이다. 즉, 정보가 실질적으로 지역주민의 정보의 자유도를 높여야 한다. 여기서 물론 지역정보화가 지역주민의 삶의 질을 전적으로 향상시키는 유일한 변수는 될 수 없다. 그러나 가장 효과적이며 실효를 얻을 수 있는 수단이라는 점에서 기대와 가능성이 높아지고 있다.

지역정보화가 궁극적으로 지향하는 정보사회를 살아가는 삶의 주체는 지역주민이 되어야 한다고 할 때 지역의 전통과 고유의 습성이 간과되어서는 곤란하다. 이는 외국에서 성공적으로 추진되었다고 그리고 활발하게 전개되고 있다는 이유만으로 우리의 지역정보화방향에도 그대로 적용해야 한다는 주장을 합리화시키지 못한다는 점을 의미한다. 이런 점에서 지역정보화를 우리의 실정에 맞도록 하는 한국적 지역정보화모델을 가꾸어야 한다.

한국적 지역정보화란? 한국적 특성을 잘 나타내는 지역정보화를 의미하는 것이다. 달리말하면 한국적 현실과 여건을 잘 반영하는 것을 말한다. 나아가 한국적 상황이 처한 문제의 해결에 유용해야 함을 포함한다. 이는 〈그림 8-5〉에서와 같이 간단하게 나타낼 수 있다. 즉, 지역정보화정책이나 사업개발 시 우리나라 및 해당지역의 상황과 여건, 특성 등이 고려되어야 한다. 현재 우리사회에서 제기되고 있는 지역문제는 지역적 차원을 떠난 국가적인 해결과제이다. 그렇지만 문제해결의 주체는 지역수준에서 규정되어야 한다. 그러므로 어느 한 시각이나 유행하는 이론에 의해 다룰 수 없다. 그러나 지금까지의 논의나 정책을 보면 바람직한 방향과 적지않은 괴리에 있는 듯하다.

지역정보화의 궁극적인 목적은 앞에서 지적했듯이 정보화의 혜택을 지역주민이 실질적으로 느끼며, 정보의 이기를 통해 풍요로운 삶의 질을 보장하는 것

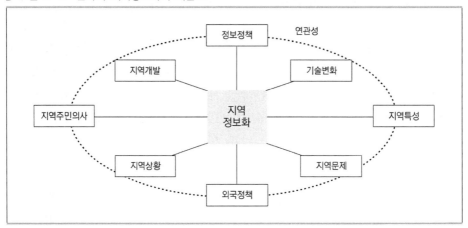

▶ 그림 8-5 한국적 지역정보화의 개념도

이다. 그리고 불확실하게 변화하는 정보환경에서 안정적이고 자유로운 생활을 영위하게 하는 것을 의미한다. 사실 우리나라에서 1970년대부터 1990년대 기간 동안에 민간과 공공부문에 걸쳐서 정보화분야에서 이루어진 투자가 갈수록 증대되고 있다. 그렇지만 지역의 조직과 개인들은 실제로 그동안의 노력과 투자로부터 과연 기대된 또는 전망 있는 결과를 얻었는지에 관해 심각한 반향을 보여주고 있는 것처럼 보인다.

이러한 상황에서 지역정보화가 정책우선순위에서 얼마나 중요성을 부여받을 것인지 단언하기 어렵다. 실제로 공공·민간부문에서 관리자들은 물론 일반인들의 관심이 정보화 투자에 의해 야기된 변화에 대해 주의와 관심을 집중하고 있다. 이러한 관심은 지역정보화정책도 예외가 되어서는 안 된다. 그렇지만 안타깝게도 지역정보화의 중요성을 강조하는 많은 메타포어와 상징어들의 범람에 비할 때, 보다 정교한 이론적 분석틀에서 객관적인 평가를 통해 정책 및 사업영역에 실용성을 남겨주고 있는가에 관한 현실적 문제에 대한 해제의 탐색에 있어서는 아직까지 그 노력과 성과가 성숙되어 있지 못한 실정이므로 이에 대해서는 지역정보화 정책 및 사업에 몸담고 있는 이들에게 주어진 몫으로 담보할 수밖에 없다.

이제 지역정보화정책목표를 보다 구체화해야 한다. 이를테면 실질적이고 정교화를 위한 노력이 요구된다. 이를 바탕으로 한국적 상황에 맞는 정책전략과 논리 그리고 기법을 발굴해야 한다. 이같은 모형은 합목적성의 견지에서 그리고 현실적합성의 맥락에서 충족시키는 것이어야 한다. 지방화와 정보화의 소용돌이 장에서 지역정보화는 더 이상 미루거나 회피할 수 없는 당면과제이다. 그리고 이러한 과제를 한국적 상황을 고려하여 해결해야 된다고 할 때 여기서 제기될 수 있는 이슈와 시사점이 남겨진다. 오늘의 지역발전문제를 해결할 수 있는 가장 효율적인 수단의 하나가 바로 '정보통신을 이용한 지역사회에서의 정보화'라는 점은 이미 살펴보았다. 정보화를 통한 지역발전과제로서 효율적이고 자주적인 정보관리시스템의 구축, 운영이 무엇보다도 강조된다.

정보화가 자치행정의 투명성과 효율성을 제고할 수 있으며, 급변하는 환경변화에 능동적으로 대응하고 정확하고 신속한 민원처리 및 정책개발을 가능하게 해 준다고 할 때 지역정보화는 지역의 문제해결에 긍정적으로 기여할 것으로 예상된다. 그러나 이러한 중요성에도 불구하고, 지역사회에서의 정보화수준은 미미하다. 또한 그동안 지역정보화를 주도해 온 중앙정부에서 조차도 부처별로 서로 다른 목표 하에 추진되고 있어 정책의 효율성 저하와 중복투자가 우려되고 있으므로 이를 어떻게 불식할 수 있을 것인가가 남겨진 과제이다.

지역정보화는 국가정보화의 근간이다. 많은 논의에서 지역정보화는 상향식으로 추진되어야 한다고 주장되고 있지만 그동안 현실적으로 상향식으로 추진할 수 있는 여건이 갖추어지지 못하고 있다. 가령 지역주민이 수요자이면서 공급자라는 인식을 가져야 하지만 인식이 저조하며 실제로 공급할 능력은 물론 사용할 의도 역시 취약한 실정이다. 보다 능동적으로 지역주민이 정보의 제공자이면서 이용자라는 인식을 가져야 한다. 뿐만 아니라 각 지역에 소재하고 있는 기관들이 정보를 제공해 주어야 하며 지금까지의 중앙집권적이고 폐쇄적이며 권위적인 풍토에서 벗어나 보유정보를 공개하는 것이 바람직하다.

아울러 지역정보화사업의 추진방식에서도 종래의 양적 성장전략과 하드웨어에 편향된 공급지향의 확산전략을 탈피해야 한다. 즉, 지금까지 추진방식에 대한 비판적 평가에서 지적되었듯이 획일성과 통제위주의 중앙집권적 방식은 효율성과 능률성 위주로 개선되어야 한다. 특히, 중앙집권적인 측면에서 서울을 비롯한 수도권에 있는 정보를 지역에 분산하는 문제와 지역자체의 정보를 해당지역에서 생성, 축적, 분배하는 문제를 함께 고려하여 지역의 독자성을 확립하는 것이 필요하다. 여기서 정보 분산을 위해 중앙정부 역할이 요구된다. 이와 함께 지방자치단체와 지역주민이 주체가 되어 삶의 질과 기회를 향상시키려는 노력이 필요하다. 다만 여기서 추진방식의 전환이 정책결정과 사업관리 및 사업집행에 획일적으로의 적용을 의미하는 것이 아니다. 하나의 방식만을 고집하는 것보다는 양 방식이 보완되는 방향으로 추진되어야 한다. 지역상황에 부합하는 방식을 택해야 한다.

　　본래 지역정보화의 궁극적 대상은 도시의 뿌리가 되는 농어촌지역이다. 지역사회의 성원들의 삶의 질을 향상시키고 삶의 기회를 증대시키는 사회구조적인 발전과정이라고 볼 수 있겠다. 물론 여기서 삶의 질은 육체적·물질적인 향상과 정신적 내면생활의 여유를 포함하며 삶의 기회는 향상되는 삶의 질을 사회구성원 모두가 골고루 누릴 수 있도록 하는 배분구조에 참여할 수 있는 자유를 의미한다. 따라서 지역발전은 정치적인 면에서 정책결정과정에서 지역주민의 참여 및 영향력의 증대, 경제적인 면에서는 산업화와 자원개발, 산업기술을 통한 지역경제 활성화, 사회면에서 교육시설의 개선 및 증설, 의료시설의 확대, 교통편의의 증대, 환경문제의 해결 등이 포함된다. 따라서 지역정보화를 통해 내실 있는 지역발전을 이루어나가기 위해서 다차원적 맥락에서 접근해야 한다. 뿐만 아니라 지방자치단체와 지역주민에게 주체적 의식과 자세가 요구된다. 물론 국가차원에서 중앙정부의 지원적 노력이 동시에 요구된다.

정보통신서비스정책:
산출모형 탐색과 적용

정보통신서비스정책:
산출모형 탐색과 적용

CHAPTER
09

"정보는 이용자가 응당한 대가를 치루기를 바란다."
– Michael Bruce Sterling(1954~) –

문제의식과 초점

오늘날 스마트 폰은 생활필수품이다. 스마트 폰을 기반으로 제공되는 이동통신서비스가 핵심 산업으로 자리매김하고 있다. 그동안 국내 정보통신서비스산업은 경쟁체제 도입을 위한 일련의 개혁조치로 기존 독점적 통신시장에 경쟁체제가 마련되었다. 이 과정에서 경제적 규제를 통해 자원배분을 담당하던 정부역할이 축소되고 시장이 새로운 지배기구로서 역할을 부여받으면서 정부와 기업 그리고 이용자 간 상호작용의 틀에 변화를 드러내고 있다. 이러한 변화과정에서 나타난 역동성을 포착, 정부-기업-이용자 간 상호작용적 관계에 따른 정책 산출을 이해, 설명하는데 목적이 있다. 이를 위해 정보통신서비스정책의 전개과정과 특성을 기술적(記述的)으로 고찰하면서 정책기관, 기업 그리고 이용자 간 상호작용에서 드러난 정책 산출이 어떠한 양상을 보였는지를 상호작용적 설명모형을 통하여 이해하고자 한다. 아울러 정보통신서비스정책의 방향은 정부-기업-이용자 간 상호작용적 관계의 재설정을 통해 바람직한 정책지향을 모색하기로 한다.

제1절　정보통신서비스정책의 의의와 전개

1. 정보통신서비스정책의 의미

전기통신산업은 공공적 특성으로 인해 다른 산업과 달리 국가개입이 원칙이었고 시장원리와 기능에 맡기는 것은 예외로 인식되었다. 여기서 시장은 기업 간 경쟁을 통한 독점보다는 국가가 제도적으로 진입장벽을 설정하고 특정기업에 배타적 운영을 보장해 주는 규제된 독점이었다(최병일, 1992: 31). 하지만 독점적 상황은 통신기술 발전과 통신시장 경쟁이 심화되면서 소비자 보호와 경쟁촉진을 위한 합리적 규제의 필요성이 고조되었다. 이에 규제기관 및 제도의 효율적 운영을 위해 혁신적 변화가 불가피하다. 그래야 정보통신의 발전에 대비한 수평적 규제 도입과 신규 서비스 촉진을 통한 투자활성화, 이용자 후생증진이 가능하다.

1980년대 초반부터 근자에 이르기까지 정보통신분야에서 개혁프로그램이 지속적으로 추진되어 왔다. 그 중 수차례에 걸친 통신사업자 구조조정은 중요한 조치로 평가된다. 동조치는 산업경쟁력을 강화시키려는 정부노력으로 거시경제적 조치와 함께 특정부문을 장려하고 규제하는 방안으로 채택되었다(Chandler and Trebilcock, 1986: 86). 특히, 통신사업의 경쟁체제 도입을 위한 전기통신기본법 개정(1991, 1995) 등 일련의 개혁조치로 인해 기존 독점적 통신시장에 경쟁체제가 마련되었으며 이러한 혁신과정에서 역동성을 드러냈다. 여기서 정책혁신은 정책내용뿐만 아니라 정책과정의 변화를 내포한다. 이를테면 경제적 규제를 통해 자원배분을 담당하던 정부역할이 축소되고 시장이 새로운 지배기구로서 역할을 부여받으면서 정부와 기업 그리고 국민 간 상호작용의 틀에 변화를 야기하기에 이르렀다. 물론 기술혁신과 융합에 의한 새로운 서비스의 생성은 기존 규제제도의 변화를 요구하였다. 즉, 정부역할이 공급중심의 규제위주에서 수요중심의 경쟁촉진으로 변화하고 경쟁체제로의 전환과정에서 시장실패를 보완하기 위한 규제 틀과 근거에 대한 재검토 등이 고려되었다(Blackman, 1998). 하지만 그

결과는 마땅히 서비스이용자인 국민의 삶의 질을 높여주면서 정보소비자로서의 주권강화로 나타나야 한다. 그러면 정작 정보통신서비스정책현상에서는 어떠한 양상을 드러냈는가? 정책혁신과정에서 행위자들 간 상호작용 또는 역할변화는 어떻게 나타났으며 정책혁신의 산물은 누구를 지향하였는가? 등 수많은 의문을 제기할 수 있다.

그동안의 정책혁신노력에도 불구하고 정책대상 집단인 기업은 물론 이용자들의 불만은 수그러질 줄 모른다. 물론 기업과 국민 간 관계에서도 기업은 국민을 만족시키지 못하고 있다(전자신문, 1998년 9월 28일자; 한세억, 2001).[1] 이를테면 통신사업구조조정과정에서 정부－기업, 기업－국민, 정부－국민간 상호작용에 변화를 보여주었지만 정책혁신의 산물은 여실하게 투영되지 못한 듯하다. 이러한 문제 상황의 인식을 바탕으로 본 장에서는 정보통신서비스의 정책과정에서 나타난 역동성을 포착, 정부－기업－국민 간 상호작용적 정책산출을 이해, 설명하는데 목적이 있다. 이와 관련하여 이론적 분석 틀로 제시된 정책산출 모형을 통해 정책과정과 산출이 어떻게 전개되었는지 기술, 분석하는데 논의의 초점을 두고자 한다. 즉, 정보통신서비스정책의 경험적 현상에 대한 적용 및 분석을 통해 산출모형의 기술 및 설명가능성을 높이고 궁극적으로 바람직한 정책지향의 설정에 시사점을 제공하도록 한다. 이를 위해 첫째, 정보통신서비스정책과정을 고찰하고 둘째, 정부, 기업 그리고 국민 간 상호작용에서 드러난 정책산출이 어떠한 양상을 보였는지 설명하고자 한다. 셋째, 정보통신서비스분야의 경쟁도입은 단순히 정부역할을 줄이기보다는 상호작용적 관계의 재설정을 통해 바람직한 정책지향과 시사점을 모색하고자 한다.

2. 기술혁신과 정보통신서비스정책

기술혁신은 정책변화를 자극, 촉진한다. 정보통신기술의 혁신과 융합은 기

---

1) 이러한 비판적 견해는 정보통신부로부터 국내 통신산업 고도화를 위한 정책방향 컨설팅을 의뢰받은 「부즈－앨런」의 최종보고서에서 지적된 것이다. 하지만 요금인하와 품질향상 등 기업을 중심으로 긍정적 입장이 견지되고 있다(SK Telecom 경영경제연구소, 2002).

존 정보통신산업구조에 수직적 및 수평적 관계변화의 압력으로 작용하였다. 여기서 정보기술혁신이 정보통신서비스산업 및 정책에서 지니는 의미는 수요와 공급의 변동을 촉진하는 동시에 정책혁신의 추동인자가 된다는 점이다. 첫째, 정보통신서비스 공급에서 근본적 변화를 야기한다. 정보기술의 혁신에 의한 새로운 서비스의 등장으로 시장구조와 사업자지배형태의 변화를 야기하면서 공급자 간 상호의존과 협력을 촉진하여 서비스경계의 재정의가 요구된다. 둘째, 정보통신서비스의 수요에 변화를 야기한다. 특히, 정보통신서비스 자체가 경제체제의 생산과정에서 중간적 투입요소로서 기능하고, 그 적용 및 활용영역도 확대되고 있다. 이 같은 변화는 정보통신서비스사업의 주요 맥락을 이루는 정보기반구조의 변화를 통해 알 수 있다. 정보기반구조의 효과적 활용을 위해 새로운 정보가 지속적으로 획득되어야 한다. 그러나 효과적 접근, 이용 및 편익은 물리적 전송능력의 확대 이상을 요구한다. 즉, 정보통신 행태에서의 변화까지 요구한다. 이를테면 정보수요, 이용자의 준비와 각오, 여유, 이용기술(skill) 및 우선순위 등의 이슈는 정보기반구조는 물론 정책분석 및 자원배분 결정에 영향을 미치는 근본적 요인이다. 기술혁신에 의한 변화와 발전에 따른 수요와 공급요소와 응용 그리고 요소들 간 상호관계와 영향은 규제제도 변화나 정책혁신을 자극하면서 경쟁촉진과 불확실성을 고조시킨다.

그동안 통신사업 규제완화과정에서 독점적 성격의 시내전화서비스시장에까지 경쟁도입은 단순히 정치적·정책적 고려를 넘어 정보통신기술의 비약적 발전을 배경으로 한다. 아울러 정책지향으로 ① 경쟁도입 및 촉진, ② 민간투자 증대, ③ 유연한 규제정책, ④ 보편적 서비스, ⑤ 자유로운 망 접속 등이 설정되었다. 이를 위해 새로운 정책아이디어 및 서비스 실용화가 모색되면서 정책내용상 커다란 변화를 겪게 되었다. 이를테면 통신사업자의 효율화와 이용자 편익의 극대화라는 정책목표를 달성하기 위해 다양한 정책수단이 활용되었다. 먼저 통신사업자의 효율화를 위한 정책수단으로 인센티브규제의 도입, 보편적 서비스제도의 법제화, 한국통신에 의한 타사업자의 규제완화, 기간통신사업자의 상호지분 보유를 통한 전략적 제휴 활성화 등을 들 수 있다. 또한 이용자 편익 제고를 위해 제한된 경쟁에서 실질적 경쟁으로 전환하면서 정책적으로 사업자수를 제한

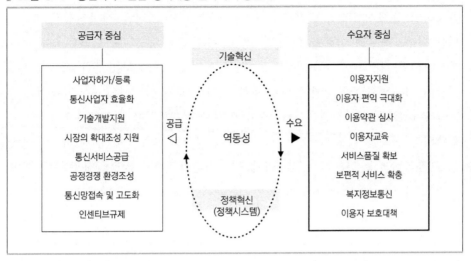

하는 진입장벽의 완화와 M&A 활성화라든가 기업도산 시 이용자보호대책이 마련되면서 퇴출장벽도 완화되었다.

　　정보통신서비스산업정책의 내용변화는 〈그림 9-1〉에서 보듯 기술혁신과 정책변화를 바탕으로 한 역동성에 의해 기존 공급자중심에서 벗어나 이용자중심의 정책과 조화 및 균형을 의미한다. 이러한 사실은 통신위원회의 기능강화, 품질보장제도의 시행, 이용자선택권 강화 등 일련의 조치들을 통해 확인할 수 있다(한세억, 2004b).

3. 정보통신사업 규제정책의 변천

　　정보통신사업에서 규제완화는 1970년대 이후 선진국을 비롯하여 대부분 국가에서 진행되어온 큰 흐름이다. 정보통신시장에서 규제완화가 지속된 까닭은 과도한 정부규제로 인한 규제비용 증가, 규제대상의 복잡화, 다원화에 따라 규제효율 약화 등에 대응하기 위함이다. 물론 냉전체제 붕괴이후 경쟁을 중시한 신자유주의 분위기 역시 규제완화를 가속화시킨 원인이다. 이러한 맥락을 반영하여 한국에서도 1980년대 초반부터 정보통신규제개혁이 추진되었다. 이 가운데 대표적인 규제개혁프로그램으로서 통신사업자 구조조정은 산업경쟁력 강화를 위한 정부노력으로 이해할 수 있다. 특히, 통신사업 경쟁체제 도입을 위한 전기통신기본법 개정(1991, 1995, 2007, 2010) 등 일련의 개혁조치를 통해 독점적 통신시장이 경쟁체제로의 전환하였다. 또한 이러한 과정에서 사업자간 각축적 교환(contested exchange) 작용을 드러냈다. 여기서 정책혁신은 정책내용뿐만 아니라 정책과정 변화를 내포한다. 즉, 정부역할이 공급중심의 규제위주에서 수요중심의 경쟁촉진으로 변화하고 경쟁체제로의 전환과정에서 시장실패 보완을 위한 규제 틀과 근거에 대한 재검토 등이 고려되었다(Blackman, 1998).

또한 1996년의 미국 통신법 개정,[2] 1997년 세계무역기구(WTO) 기본통신협상 타결, 1998년 유럽 통합시장 출현 등 세 가지 사건은 정보통신시장의 개방과 혁신의 계기가 되었다. 그 결과, 정보통신서비스시장은 소수사업자가 독점하던 국내 산업에서 실질적인 글로벌 산업으로 전환되었다. 아울러 시장개방에 따른 경쟁 및 인수합병의 확대에의 적극적인 대응을 위해 독립규제기관 설립, 요금규제제도 개편, 상호접속, 보편적 서비스 제도개선 등을 통해 시장구조 개편에 박차를 가하였다(정보통신부, 2001). 보다 구체적으로 〈표 9-1〉에서 보듯 정보통신서비스정책의 제도적 근거인 전기통신기본법이 1961년 제정이후 분리, 개편과정에서 드러난 변천양상에서 규제정책이 경쟁정책으로 전환하였음을 알 수 있다. 즉, 통신서비스시장에서의 경쟁도입 확대, 공정경쟁체제 구축, 통신공기업 민영화가 통신서비스시장에서 정책과제로 제기되었다(최종원, 1995). 이처럼 통신서비스산업정책은 규제완화과정에서 경쟁 확대 및 촉진과 함께 기술, 제도, 정책기관, 이용자 및 이해관계자 요구 등에의 반응적 변화과정에서 시장의 역동성과 불확실성이 증대하였다.

---

2) 1996년 통신법은 스스로 역사상 가장 큰 규제철폐를 목적으로 하는 법이라고 공개적으로 내세웠듯, 미국통신사업에의 경쟁도입을 최우선 목표로 삼았다. 이를 입증하듯이 법안전문에서 통신법은 "미국 소비자들에게 낮은 가격과 양질의 서비스를 보장하고 새로운 통신기술의 빠른 성장을 위해 경쟁을 촉진하고 규제를 완화한다."고 그 목적을 밝히고 있다(May, 2001, p. 408).

▶ 표 9-1 전기통신기본법의 제·개정 추이

구분	주요 내용
1961	• 전기통신법(제정)
1977	• 전기통신법(전면개정): 정보통신분야와 전기통신기기에 대한 기술지도 규정
1983	• 전기통신법을 '전기통신기본법'과 '공중전기통신사업법'으로 분리, 제정
1989	• 한국전기통신공사법(개정): 한국전기통신공사의 민영화
1990. 7	• 통신사업구조조정 및 경쟁도입: 사업자분류(기간통신: 일반·특정사업자/부가통신사업)
1991. 8	• 공중전기통신사업법 → 전기통신사업법: 전문개정(8. 10) *국제전화('91. 12)
1992.12	• 전기통신기본법 개정: *무선호출(10개)/통신위원회 설립
1994. 6	• 통신사업구조조정: 사업자분류(기간통신사업/부가통신사업) 및 통신사업 민영화 *이동전화('94. 7): 신세기통신
1995. 1	• 전기통신기본법(국가통신자원의효율적 활용) 및 전기통신사업법(통신산업의 경쟁활성화) 개정 * 통신사업구조조정: 시외전화('95. 3): 데이콤
1996. 1	• 시외전화경쟁체제도입(1월) 및 개인휴대통신·주파수공용통신 등 신규사업자 선정(6월) • 행정규제 완화(전기통신사업자의 기자재수급계획서 제출의무 폐지, 전기통신설비의 설치승인을 신고제로 변경) 및 자가통신설비 설치허가제의 신고제 완화 • 통신위원회 기능강화(공정경쟁환경 조성, 이용자 권익보호) 및 상임위원(1인)과 사무국 신설 *국제전화(온세통신)
1997. 8	• 전기통신사업법(개정: 8. 28) *한국전기통신공사법 폐지 • 진입규제 완화: 신규사업자분류(기간통신사업/부가통신사업/별정통신사업), 별정통신사업(음성재판매, 국제콜서비스, 인터넷 등)의 신설: 시내전화(하나로)/GMPCS사업 허가(9월) • 기간통신사업에 대한 외국인 지분소요 한도를 WTO양허안과 일치
1998. 9	• WTO기본통신협상 발효(1월) • 전기통신사업법 개정(9월): 동일인 지분한도 폐지/기간통신사업자간 주식소유 허용으로 M&A를 통한 종합통신사업가능/보편적 서비스근거 마련/한국통신의 외국인 지분한도 확대
1999	• 외국인 지분한도 확대(7월 1일): 종전 33% → 49% • 신규사업자 서비스(시내사업[4월]: 하나로통신/시외사업[6월]: 온세통신) • 전기통신기본법 및 사업법 개정추진 중(9월: 이용자 보호, 사업자출조연조항 등 개폐)
2003	• 음란한 정보유통, 해킹·바이러스 유포 등 불법 정보 유통규제 • 통신위원회 기능강화(정통부: 통신정책수립, 법령 제·개정, 사전규제 기능 전담, 통신위원회: 시장감시와 사후규제 기능 전담) 등 *2004년 3월부터 시행
2004	• 초고속인터넷을 기간통신역무로 전환/번호이동성제도의 도입
2005	• 와이브로 사업자 선정
2006	• 전기통신사업법 일부개정(이용자 이익증진 및 관련 산업 발전 지원)
2007. 7	• 전기통신사업법 개정(재판매 의무화 조항 삽입)
2009	• 정보이용료 수익의 공정한 배분을 저해하는 등의 행위를 금지행위로 규정한 「전기통신사업법」 일부개정

	• 미디어 관련법(방송법·신문법·IPTV법·디지털전환법·정보통신망법·언론중재법·전파법)의 제·개정
2010. 9	• 전기통신사업법 전면 개정(기간통신역무의 통합 등)
2011. 7	• 알뜰폰(MVNO) 신규사업자 선정
2013	• 전기통신사업법시행령 개정(통신시장경쟁상황 평가와 이용약관인가대상서비스 및 사업자 등 고시의 연계성 강화)
2014	• 이동통신 단말장치 유통구조 개선법
2018	• 5G 주파수경매

제2절 정보통신서비스산업의 정책과정과 특성

정책은 일종의 제도로 이해된다(森田朗著, 윤정길·이재림·김만배공역, 1996: 29). 그래서 오랜 기간 동안 안정성을 갖고 일정 상태를 유지하다가도 외부환경으로 부터 위기가 발생하면 기존 제도의 균형상태가 상실되고 새로운 제도로 이행된 다(Krasner, 1984: 235). 이 경우 제도적 변화를 야기하는 원인은 기존 제도의 효율 성을 저하시키는 역사적 사건 또는 위기상황의 출현에서 비롯된다. 이로 인해 제도적 구조뿐만 아니라 정책변화를 초래한다(Gowa, 1980: 30). 정보통신서비스 정책도 같은 맥락에서 이해할 수 있다. 오랜 기간 동안 국가독점의 통신산업이 1990년에 들어와 경쟁체제 도입으로 커다란 정책변화를 겪게 된 까닭은 기존 제 도의 비효율성, 통신시장 개방에 따른 경쟁력위기 그리고 기술변화에서 연유된 것으로 이해된다. 이에 수차례의 정책변화와 혁신노력이 통신사업구조개편을 통 해 투영되었으며 그 결과, 경쟁체제로 진전되고 있다.

1. 정보통신서비스정책의 전개과정

작금의 통신환경은 민영화, 경쟁도입, 모바일화, 글로벌화 등으로 압축된다 (ITU, 2002). 이러한 환경변화에 대응하기 위해 정보통신서비스산업에서의 정책 혁신은 기술혁신의 적용과 경쟁력 제고, 서비스 제고 등으로 나타났다. 달리 정보통신산업의 지속적인 성장, 생산성, 경쟁력 향상을 위한 조치로서 정보통신산업 환경여건 변화에의 적응으로 보여진다(Adams and Klein, 1983: 3; Diebold, 1980: 23-28). 이러한 노력은 정보통신서비스 정책의 전개과정에서 점철되어 나타난다.

1) 정보통신기본수요 충족(1981~1989)

1980년대는 기본통신수요의 충족단계, 그리고 정보통신산업의 자유화가 진행되어 새로운 산업질서가 형성되는 단계라고 보여진다. 동 시기에는 산업정책의 기초논리가 독점과 경쟁으로 확연하게 구분된다. 물론 양자간 연결고리는 한국의 정보통신자유화에 대한 본격적인 논의를 불러일으킨 1988년 12월 미국의 정보통신 시장개방 요구로 인식된다(정신량, 1997). 미국은 1988년 종합무역법을 기초로 1989년 2월 자국의 영향력이 크게 미칠 수 있고 정보통신시장잠재력이 큰 한국을 우선협상대상국으로 지정하면서 매우 급격하고 집요한 시장개방을 요구하였다.

2) 정보통신구조변화 모색(1990~1994)

정부는 정보사회의 조기구축을 위하여 이동통신, 위성통신 등 새로운 정보통신매체의 도입을 통해 인터넷, PCS서비스, 위성방송서비스, CATV서비스 등 새로운 정보통신서비스의 도입을 추진해왔다. 이 가운데 한국통신과 데이콤간 사업영역이 크게 변화되었다. 1990년 7월에 발표된 1차 통신사업구조개편으로 한국통신이 독점해 오던 국제전화서비스시장에 1991년 12월부터 데이콤이 사업자로 참여하게 되었으며, 한국통신도 데이콤이 독점하던 정보통신시장에 진입하게 되었다. 게다가 통신사업에 대한 진입자체가 불가능했거나 제한되었던 대기업들이 본격적으로 통신시장에 참여할 수 있는 계기를 마련하였다. 그렇지만 당초 도입키로 했던 시외전화사업의 경쟁방침이 철회되었다. 1994년 6월 30일의 제2차 구조개편은 기존의 경직된 사업분류체계가 기술발전에 따른 서비스의 융합에 대응하고 있지 못하며 통신시장에 대한 엄격한 정부규제가 민간의 창의와 활력을 저해하여 국제경쟁력과 통신시장 개방에 취약하다는 문제인식에서 단행되었다. 이에 따라 한국통신이 개인휴대전화와 같은 무선통신사업에 진출할 수 있게 되었으며, 당시 한국이동통신과 같은 무선통신사업자가 유선통신사업에 그리고 일반기업이 통신사업에 참여할 수 있게 되었다.

3) 정보통신 경쟁체제 도입(1995~1997)

1994년 12월 정부조직개편에 따라 발족한 정보통신부는 초고속정보통신망 구축계획의 집행기반조성의 필요성과 통신사업에 진입하려는 설비제조업체의 요구에 부응하여 경쟁과 민간참여 확대를 모색하였다. 특히, 1995년 7월에 발표된 '통신사업 경쟁력 강화를 위한 기본정책방향'에서 1989년 이후 지속적으로 추진해 온 통신사업 경쟁구도의 최종 모습을 보여주었다. 이는 다음과 같은 몇 가지 기본방향에서 엿보인다. 첫째, 국내업체의 경쟁력 확보 차원에서 고려된 '선 국내경쟁, 후 대외경쟁'의 원칙이다. 둘째, 한국통신이 국내외에서 경쟁력을 갖춘 통신사업자로 발전할 수 있도록 규제완화와 자율성을 제고하는 것이다. 셋째, 주도적 통신사업자와 경쟁사업자간 공정경쟁여건 조성을 위한 제도 및 절차개선이다. 1995년 7월에 통신산업의 전면적인 자유화로 인식되는 제3차 구조개편이 이루어졌다. 즉, 국내 통신산업의 경쟁력 강화를 위해 시내전화를 제외한 모든 정보통신분야에 전면적 경쟁체제가 구축되었다. 1996년 6월에 개인휴대통신(PCS), 주파수공용통신(TRS), 무선데이타통신 등 신규통신사업자가 선정, 1997년부터 서비스가 제공되었다.

4) 정보통신 자유경쟁체제(1998~2000)

1997년 2월 WTO 통신협상이 타결됨으로써 정보통신의 자유화, 개방화 추세가 범세계적으로 확산되고 M&A 또는 기업간 전략적 제휴와 경쟁이 격화되었다. 정부는 정보통신사업의 경쟁력 강화와 공정경쟁체제의 정착을 위해 기존 법률의 개정(1997. 8. 28)과 새로운 통신정책방향을 수립하였다. 그리고 신규통신사업자 선정 및 개인휴대위성통신시스템 허가방침의 결정, 정보통신분야의 규제완화 등을 추진하였다(정보통신부, 1998). 이에 시내전화는 복점체제, 다른 통신사업분야는 3개 이상 사업자허가를 통해 본격적 경쟁체제를 구축하였다. 여기서 새로운 방식에 의한 통신역무를 이용하는 국민의 편익증대와 대형건물 등의 구내통신망 고도화 및 관련기술발전과 산업을 육성하기 위해 음성재판매, 국제콜서비스, 인터넷전화 등 별정통신사업을 신설하였다. 뿐만 아니라 통신사업의 공정경쟁환경 조성 및 전기통신역무 이용자 권익보호에 관한 사항의 심의와 사업자 간 분쟁의 재정을 위해 전기통신법 제37조에 의거 설치된 통신위원회의 기능강화를 위해 상임위원을 임명하였고 위원회 기능의 지원 및 각종 부대업무의 관리를 위해 사무국을 신설하였다. 이 외에도기간통신사업에 대한 외국인 지분소유 한도 정비(제6조 제2호), 전국전화사업자의 소유·경영간 견제와 균형장치 확립(제16조 제1항~4항), 전기통신요금의 완전 신고제 등이 주요내용을 이룬다.

5) 정보통신 경쟁체제 활성화(2001~)

이동전화와 초고속인터넷을 중심으로 한 양적 성장과 함께 전반적인 구조조정이 이슈로 부상하였다. 이동통신의 경우 1997년 이후 1999년을 기점으로 가입자수가 유선전화가입자수를 추월하였으며 2001년 12월 현재 무선시장의 매출액이 유선시장의 3배 규모를 보여주었다(김희수 외, 2002). 또한 IMT2000 사업자 선정(2000. 12)에서 SKIMT와 KT아이콤을 비동기식 사업자로 선정하였으며 탈락했던 LG텔레콤과 하나로통신은 동기식 IMT2000 컨소시엄을 구성해 IMT2000 사업자로 최종 선정(2001. 8)됨으로써 3세대 이동통신을 위한 구조조정이 일단락되었다. 아울러 초고속인터넷시장도 하나로통신의 드림라인 인수 및 두루넷과의 협력관계 구축과정에서 구조조정이 전개되면서 통신시장은 KT-KTF-KT아이콤, SKT-SKIMT, LG텔레콤-하나로통신 등 후발사업자 연합을 중심으로 한 3강 구도의 유효경쟁체제를 지향했지만 그 전개양상은 불확실성을 내포하였다. 또한 2002년8월 KT의 민영화에 따라 통신시장은 완전 민간경쟁 체제로 전환되면서 시장경쟁 활성화 및 과열양상을 드러내면서 정책목표는 이용자 이익제고 및 산업활성화에 맞추어지는 듯하다.

2. 정보통신서비스정책의 특성

앞서 언급했듯 정보통신분야는 짧은 기간에 양적 및 질적 변화를 경험하였다. 특히, 정보통신부문의 합병과 제휴, 방송·통신 간 융합, 멀티미디어 신규서비스에 대한 규제 등은 근본적으로 정보통신서비스산업의 동태적 성격에서 비롯된 것으로 이러한 환경변화에 따른 정책재구성이 요구되었다(이명호·이한영, 1997). 즉, 불확실하며 불안정적인 경쟁적 시장에 부합하는 새로운 규제체계의 정립을 시사한다. 그동안 정책과정의 전개양상은 분절적이고 점증적인 변화양상을 띠다가 통합추세를 드러냈다. 즉, 정책이 다수기관과 영역에서 결정되었다는 점에서 분절적이다. 또한 정책범주가 종합·포괄적이라기보다는 협소하게 초점이 맞추어져 처방·반복적이었다는 점에서 점증적이다. 이런 맥락에서 기존 정보통신서비스정책은 혼돈과 소용돌이적 특성을 지녀왔다. 이를 반영하듯 국내 통신법령은 필요에 따라 수시로 제·개정되어 종합적 체계화가 부족하고 규정이 중복·분산되어 있을 뿐만 아니라 신규서비스 도입과 공정경쟁환경 조성, 이용자 보호를 위한 법적 기반이 미흡하다(염용섭 외, 2002). 더구나 통신사업구조정책은 기본통신, 정보서비스 및 장비산업에서와 같이 정보통신산업 부문 간 상이하고 모순된 관계를 심화시켜 왔는데 이는 정책 및 규제구도가 지속적으로 변화되어야 하는지를 이해하는데 적지 않은 의미를 제공한다(Noam, 1993).

3. 정보통신서비스 정책과정 분석

가. 거시분석: 정보통신서비스정책과정

우리나라 정보통신서비스정책은 1980년대까지 정부와 기업 간 관계가 주류를 이루었다. 이러한 이자관계는 기업이 정부에 의존하는 정부주도의 일방향적 양상을 드러냈다. 정부－기업간 관계가 강한 정부의 對기업 통제력과 對기업 지원정책이 병행되는 상황 하에서 기업은 정부결정에 따르지 않을 수 없는 절대적 정부우위관계의 맥락에서 이해된다(Hasan, 1976). 게다가 전통적으로 전기통신분야는 정부 또는 공공기관에 의해 영위되면서 정부의 광범위한 규제와 통제아래 놓여왔다. 특히, 통신기반구조는 정치경제적 의미와 국가발전전략의 맥락에서 정부가 주도적 역할을 담당하였다(Schenck, 1988: 13-14). 이후 1982년 한국전기통신공사의 설립을 계기로 체신부 직영에서 국영기업체제로 전환되고 이듬해 12월 통신정책국 신설로 정책결정과 집행이라는 통신관리체제가 정비되었다(체신부, 1988: 48-61). 이에 정보통신부 정책은 체신부시절부터 대부분 한국통신에 의해 집행되었다. 즉, 체신부와 한국통신간 정책결정 및 집행자로서의 관계는 체신부로부터 전기통신사업의 분리에서 비롯된다(한겨레신문, 1997년 5월 23일자).

또한 당시 한국데이타통신(1982), 항만전화(1985), 한국이동통신(1984) 등 통신사업자는 KTA의 자회사로서 한국통신과 우호적 관계를 맺으며 통신패밀리를 형성하였다. 정보통신서비스산업정책을 둘러싼 관련부처 및 업계의 관계는 〈그림 9-2〉와 같이 정리된다. 정책기관과 사업자간 관계는 규제기관과 피규제산업으로 이해된다. 실제로 정보통신부 관료들이 한국통신, 데이콤, 이동통신사업자 등으로 고용되었으며 피규제산업이 제공하는 물질적 유인과 보상으로 곤혹을 겪었는데 이는 규제기관과 피규제산업간 우호적 관계를 반영한다. 이러한 관계는 다수의 통신사업자의 등장으로 갈등이 빚어지면서 커다란 변화를 겪었다. 이를테면 한국통신과 데이콤간 관계는 경쟁적 갈등의 양상을 보여주었으나 정보통신부의 중재로 조정되었다. 더러는 정보통신부와 한국통신간의 갈등이 한국통신노조사태(1995년 4월 25일)로 극에 달하였는데 그 본질은 경쟁체제 국면의 심화에서 기인된 갈등양상으로 볼 수 있다. 정부와 국민(이용자)간 관계는 단순히 수동적 입장에 머물렀던 국민의 입장이 민주화와 개방화의 진전으로 능동적인 양상을 띠었다. 즉, 국민의 요구가 정책과정에 상당한 영향을 미쳤으며 정부도 주

▶ 그림 9-2 정보통신서비스산업정책의 행위자 및 반응

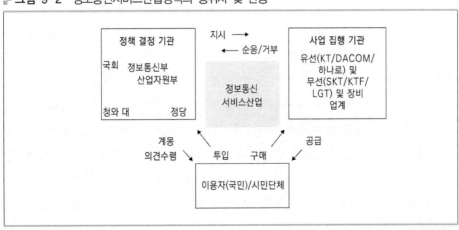

의를 기울이게 되었다.

　이처럼 정부가 여론에 민감한 반응을 보인 까닭은 국민여론이 정부의 정책적 관심과 일치하였기 때문으로 이해된다. 달리 여론이 정치권의 관심을 환기시키고 정책투입으로 작용하면서 정책기관의 주의를 자극하였던 것으로 판단된다. 또한 사업자와 이용자간 관계는 기업생존의 문제와 직접적으로 관련된다. 특히, 시장경쟁원리가 강조되고 진입규제완화에 따라 경쟁기업이 증가하면서 기업은 고객으로서 이용자반응과 요구를 중시하지 않을 수 없게 되었다. 그래서 가입자 확보를 둘러싼 사업자간 치열한 경쟁이 공정경쟁정책의 이슈로 부각되기에 이르렀다.

　정보통신서비스정책은 1990년대 초반까지 정부에 의해 주도되었으며 일정한 규칙이 존재하지 않았다. 이후 1990년대 중반부터 점차 선정기준이 만들어지고 정부−기업간 관계도 일방적 관계가 아닌 상호 대등한 관계로 변화되었다. 이를테면 IMT2000 사업자선정의 경우 정부−기업간 관계가 대등한 전략적 행위자로 기능하였다(최성락·노화준, 2003). 사실 WTO체제가 본격화되면서 그동안 정부가 통신회사들에 국산통신장비 사용을 강제했던 장비국산화 연구과제 선정, 국산화율 개선을 위한 기술지도 등의 규제조항이 삭제되면서 정부가 기업을 직접 지원하거나 규제하기 어려워졌다. 더구나 기술환경의 불확실성으로 정부역할은 한계를 드러낼 수밖에 없었다. 따라서 사업선정시기 및 서비스시기가 민간자율로 결정되었다(정보통신부, 2000). 이처럼 민간자율 및 역할 증대는 시장의 영향력을 증대시켰으며 정책과정에서도 공청회, 협의회 등을 통해 기업 및 국민의 의견을 적극 반영하였다. 이로 인해 비동기식에서 탈락한 LG가 주파수 할당대가 등에서 삭감과 특혜를 요구하는 등 이전과 달리 정부에 압력을 가하는 모습도 보여주었다. 뿐만 아니라 첨예한 이해대립 및 갈등문제 해결과 선정의 정당성, 투명성 확보를 위해 시민단체나 소비자, 중소기업 등의 참여가 두드러졌으며 인터넷 등 다양한 채널을 통해 국민들이 정책과정에 영향력을 미쳤다. 이러한 논의를 통해 우리나라 정보통신서비스정책과정은 공급자 이익편향의 정부−기업 관계에서 기업−국민, 정부−국민 간 상호작용적 관계가 확대되면서 행위자간 상호작용성과 전략성이 증가하고 있음을 알 수 있다.

나. 미시분석: 통신사업자 구조조정 정책산출

앞선 산출모형을 통신사업자 구조조정에 적용하면, 먼저 제1차 구조개편과정에서 정부−기업관계의 정부주도 정책산출 양상을 드러냈다. 1992년 제2이동통신사업자 선정의 경우 주무부처인 체신부가 청와대의 지원을 바탕으로 선정시기와 방식, 기술표준 등 일련의 정책산출을 주도하였다. 비록 선정시기를 두고 경제기획원, 상공부와 갈등을 빚었지만 청와대의 강행으로 단절 없이 추진되었다. 이로써 이동통신서비스시장의 경우 단일 사업자의 독점체제에서 두 사업자에 의한 시장분할에 가까운 형태를 보여주었다(이명호 외, 1999: 130). 비록 부분적 경쟁도입이 서비스 다양화와 시장 확대라는 긍정적 효과를 가져왔지만 정부의 인위적 시장조정 및 과도한 개입으로 독점체제 하의 시장분할이라는 기형체제가 유지되었다. 또한 그동안 통신사업의 진입이 불가능하거나 제한되었던 대기업들에게 시장참여의 계기를 마련하였다. 하지만 추가적 진입과 요금경쟁의 위협에서 보호받는 사업자들이 제도적으로 보장된 초과이윤을 누리면서 경영혁신, 원가절감 등의 유인을 갖지 못하여 경쟁을 통한 사업자경쟁력 강화라는 당초 취지가 퇴색되었다(최선규, 1995: 94).

제2차 구조개편과정은 정부−기업관계에서 제한된 정부주도 또는 기업지향적 정부주도의 정책산출을 드러냈다. 1992년 사업자선정과 달리 정치권의 참여가 미약했지만 통신협상 등을 통해 외국통신업체의 영향력은 증대되었다. 이와 함께 전경련에의 사업자선정 위임에 따른 민간자율 강조로 선정방식과 기준, 심사위원 구성부문에서 정부역할이 축소되었다.[3] 그러나 정부가 사업자 선정주체로서 공식적 지위를 포기하였지만 선정시기, 사업자 수, 기술표준, 지분율 등 세세한 부분까지 개입하였다. 즉, 체신부와 한국이동통신, ETRI 등 관련기관간 협의 하에 민영화, 기술표준정책을 연계시켜 합의를 도출하였다. 결국, 전경련은 2개월에 걸친 자율조정 끝에 단일컨소시엄 구성안을 마련, 1994년2월 체신부에 추

---

3) 당시 체신부는 신규사업자 선정방법을 놓고 국회·학회·연구기관 등으로부터 의견을 수렴하여 민간자율성 존중, 다수기업의 참여보장, 절차의 공정성 및 선정결과에 대한 특혜시비 불식 등을 위해 민간자율에 의한 컨소시엄 구성방식으로 결정, 전국경제인연합회에 의뢰하였다.

천하였고 6월에 최종안이 확정되면서 1994년 말에 정부는 지분제한에 서 통신설비 제조업체에게 일반기업과 대등한 지위를 부여하였다(주호석, 1995). 동 시기의 정책방향은 시내전화를 제외한 전면경쟁이 유도되었으며 한국통신을 주도적 사업자로 육성하여 자율성을 진작시킨다는 것이 골자였다. 이에 일반기업의 통신사업에의 참여기회가 확대되었으며 특히, 삼성 등 4대 재벌기업의 참여기반이 마련되었다. 이는 당시 민간기업의 통신사업 참여에 소극적이었던 정보통신부의 입장변화이며 달리 민간기업의 의도가 관철된 것으로 이해된다.[4]

제3차 구조개편과정에서는 정부−기업관계의 기업중심적 정책산출이 나타났다. 통신사업경쟁력 강화의 명분하에 1990년 이후 통신시장 진입규제 완화를 주장해 온 대기업의 이해가 반영되었다는 점과 기술과 서비스의 불리한 상황에서 선진국의 통신시장개방논리가 수용되었다. 특히, 신규사업자는 1단계로 전기통신사업법 상 자격심사를 거쳐 2단계로 정보통신연구개발출연금 최고액으로 최종 선정하는 방식이 채택되면서 자본력이 풍부한 대기업이 지정되었다. 실제로 1996년 6월 국제전화, 회선임대사업, PCS, TRS 등 신규사업자는 대부분 대기업이었다. 이를 기점으로 정보통신시장은 자본과 기술우위의 다국적기업과 대기업에 의해 지배되었다. 뿐만 아니라 주파수할당대가의 경우에서 보듯 1992년과 1994년에 명확한 법적 및 출연금 산정근거 없이 정부가 일방적으로 확정, 발표했지만 1996년 PCS 사업자선정 이후 법제화과정을 거쳐 명확한 제도화가 이루어졌다. 이를테면 심사위원 수와 구성, 심사기간 등에서 기존의 문제점이 보완되었으며 특히, 1992년에 서류과다의 문제점이 제기되자 제출서류를 줄이는 등 정책산출과정에서 기업요구가 반영되었다.

제4차 구조개편과정에서 정부−기업−국민관계의 기업주도적 정책산출이 드러났다. 1997년 WTO 통신협상 타결에 따른 통신시장의 완전개방에 대비, 기간통신사업분야로 경쟁도입이 확대되었다. 이러한 시장개방 관련이슈로서 외국인지분소유 확대, 통신·방송 교차영역의 시장개방, 국경간 서비스공급제한 폐

---

4) 당시 업체들은 통신설비 제조업체에 대한 기간통신사업 지분을 완화해야 한다는 〈전기통신 관련법령 개정안에 대한 건의서〉를 작성, 청와대를 비롯하여 국무총리실, 경제기획원, 체신부, 상공자원부에 제출하고 언론 및 연구기관을 동원하여 지분완화에 대한 홍보, 로비활동을 전개하였다.

지, Reference Paper 규제원칙(공정경쟁, 상호접속, 보편적서비스, 허가기준 공개, 독립 규제기관, 희소자원 분배·이용 등)의 이행 등은 시장구도 변화에 영향을 준다. 실제로 통신시장 개방으로 정부역할이 축소되고 시장중심적 기제가 강조되었다. 즉, 정부의 직접적 규제보다는 시장기제 도입이 보다 효율적일 것으로 인식되었다. 물론 통신서비스 시장에서 경쟁활성화 및 이용자편익의 증대가 기대되었다(이한영 외, 2001). 그래서 1997년부터 마련된 허가기준에 의해 허가과정이 일반화·정례적으로 공시됨으로써 기간통신사업의 허가신청이 자유로워졌다. 이에 통신부문의 포괄규정에 의한 정책담당자의 행정적 판단에 의존하기보다 다양한 쟁점사항에 대해 모든 규정을 명문화함으로써 비공식적 행정규제의 최소화 및 일관성, 공정성, 투명성 확보가 추구되었다. 특히, 1996년 PCS 등 27개 사업자선정과정에서 드러난 문제점을 시정하여 IMT-2000 사업자선정에서는 기간을 늘려 한 달 정도 심사했다. 뿐만 아니라 사업자분류 개념 및 허가의 성격도 정부가 공급측면의 새로운 기술발전에 의해 결정하기보다 휴대통신의 잠재적 욕구에 정부와 사업자가 대응하는 과정에서 형성되었다. 이에 IMT-2000 사업자선정은 이전과 달리 세계통신시장의 변화, 글로벌서비스라는 기술적 특성, 민간업계의 역량 강화, 국가의 자율성과 능력상의 한계 등 여러 요인에 의해 민간중심, 시장중심적 정책결정방식으로 이루어졌다(성지은, 2003). 또한 사업자간 분쟁의 해결과정에서 투명성, 공정성 등의 확보를 위해 분쟁 또는 문제의 접수, 의견수렴, 공식적 회의 등 절차를 통한 정당성이 요구되었다. 이는 기존의 공급중심적이며 사업자중심으로부터 수요자중심으로의 전환을 시사한다. 이 외에도 '정보통신소비자권익찾기시민행동', '이동통신사용자모임연합회'등 정보통신관련 소비자단체들이 정책의 산출과정에서 투입 또는 환류요인으로 작용하였다.

제5차 구조개편과정에서는 정부-기업-국민관계의 이용자지향적 정책산출이 나타났다. 새로운 통신사업환경이 조성되면서 독과점 시장구도를 피하고 이용자권익보호와 공정경쟁을 위해 이른바 '통신 3강'이 유효경쟁체제의 밑그림으로 인식되었다. 이 과정에서 사업자간 경쟁이 지나쳐 비방전이 전개되면서 불확실한 동태적 양상이 드러나고[5] 정부역할도 이전과 달리 신중하게 나타났다.

그 까닭은 정체된 성숙기 시장에서 정부정책에 따라 사업자의 이해득실이 달라질 수 있다는 판단에서 기인하는데 이런 분위기는 정책모호성에서 잘 드러난다[6]. 실제로 휴대폰보조금 지급 등 유효경쟁정책, 휴대인터넷상용화 시기, 통신역무재구분 등 현안에 대해 정부가 명확한 정책판단을 내리지 못하거나 유보하여 업계의 불만을 야기하였다. 물론 동 시기의 정책산출 과정에서 이용자의 참여장치가 마련되었다. 이를테면 2000년 6월과 7월 IMT-2000 사업자선정 정책방안 수립을 위한 공청회가 개최되었으며 점차 가상공간으로 확대되고 있다.[7] 이어 2003년 9월 미래지향적 통신서비스 및 사업자분류체계 마련을 위해 의견수렴과 토론장이 마련되었다. 이러한 공청회는 정보보호, 사업자원가검증, 단말기보조금, 품질평가기준 등 이용자서비스와 민감한 분야까지 확대되었으며 각종 세미나, 토론회 등 그 형식도 다양하게 전개되었다. 이 외에도 통신위원회기능 강화 등을 통해 이용자편익 보호활동이 활발하게 전개되었다. 이상의 논의를 정리하면 〈표 9-2〉와 같다.

---

5) 동 시기에 통신시장에서의 진행된 일련의 구조조정 과정(하나로통신 외자유치, 두루넷 입찰, 온세통신 매각 등)에서 통신업계(LG, 삼성, SK 등), 정부간 갈등이 증폭되면서 통신시장구조 조정이 혼미양상을 드러냈다.

6) 진대제장관은 KASIT최고텔레콤경영자과정 조찬강연(2003년 6월 12일)에서 "정책은 유효경쟁체제 원칙에서 벗어나지 않지만 현시점에서 무엇을 하고있느냐고 묻는다면 대답하기 어렵다." 휴대인터넷상용화시기, 휴대폰보조금 차등적용 등 정책결정의 기로에서 진장관은 물리학의 '불확정성의 원리(Principle of Uncertainty)'를 빗대어 '정책의 모호성'으로 피력하였다. "기술변화가 급격해 일정시점에서 정책을 명확히 기술할 수 없는 데다 기업의 CEO는 70%만 확신이 있어도 책임있는 결단을 내릴 수 있지만 법의 문제, 공공성의 정신을 고려해야 하는 장관은 마지막 1%의 부작용이나 실패를 고려해야 하기 때문에 정책판단을 내리기 어렵다."며 "민감한 정책현안에 대해 모호성을 내세울 수도 있다."고 말했다.

7) 2001. 7~2003. 12기간 동안 24건의 전자공청회를 개최하였는데 정보통신부 정보화기획실의 Y사무관은 아직 초기단계이지만 향후 구체화된 정책에 대한 국민참여를 활성화하기 위한 노력을 지속할 것으로 드러났다.

표 9-2 구조개편 주요내용

구조개편	정책환경	정책목표와 내용	행위자	정책산출	산출내용 (예)
제1차 ('90. 7~)	통신개방화 및 자유화	• 시장경제원리 도입 및 대외경쟁력 강화 • 대국민 통신편익증진 및 수요창출	정부	정부주도적	규제완화 (법개정 등)
제2차 ('94. 6~)	제한적 경쟁	• 기술발전에 대응하지 못하는 사업분류체계 개선 • 통신시장의 정부규제가 민간창의와 활력 저해	정부-기업	정부주도적	규제완화 (법개정 등)
제3차 ('95.7 ~)	경쟁확대	• 통신사업 세계화 및 경쟁력있는 사업체제 구축 • 세계통신시장개방에의 능동적 대응	정부-기업-국민	기업중심적	규제완화 (법개정 등)
제4차 ('97. ~)	전면경쟁	• 기간통신사업의 허가(사전공고제폐지 및 자유신 청제 도입; 사업자수 제한 폐지) • 공정경쟁질서 확립	정부-기업-국민	기업주도적	탈규제 및 자유화조치
제5차 (2001~)	유효경쟁	• 시장에 의한 자율적 통신사업 구조조정 • 유효경쟁체제의 확립	정부-기업-국민	이용자지향적	법개정 및 제도 (번호이동성 등)

제3절 정보통신서비스 정책의 산출모형

1. 기존 정책모형에 대한 이론적 고찰

일반적으로 정책은 정책이슈, 정책분석, 정책의제설정, 정책기획 및 정책결정, 정책집행, 정책산출, 정책평가, 정책환류(feedback) 등 일련의 과정을 통해 이루어진다. 여기서 정책산출은 정책의도의 실현여부를 나타내며 정책결정과 집행이라는 연속적 정책과정에서 구체적 성과물로 드러나기에 중요부분을 구성한다. 즉, 정책산출은 집행과정에서 정책결정자와 집행참여자간 상호적응 또는 갈등의 정도에 연관되어 나타난다. 그런데 기존의 정책연구는 정책결정과 정책집행모형을 중심으로 분리된 채 이루어졌으며8) 정책산출은 그 중요성에 비해 연구노력

---

8) 가령 정책결정모형의 경우 Allison(1971)은 합리적 행위자모형 또는 고전적 모형의 대안적 모형으로 조직과정모형과 관료정치모형을 제시하였으며 정책집행모형의 경우 Elmore(1978)

이 미흡하다. 그나마 지금까지 정책산출을 위한 집행과정에 초점을 두어 연구되었으며 그 경향은 크게 세 가지로 구분된다(Geoggin, Bowman, and O'Toole, 1990). 첫째, 정책산출을 위한 집행이 단순한 기술적 과정이 아니라 정치적 상호작용과정이라는 것을 보여주고 그 역학관계를 묘사하는 연구이다(Derthick, 1972; Murphy, 1971). 둘째, 산출과정에 대한 개념적 틀과 일반법칙적 방법론에 치중한 연구이다. 이는 다시 접근방법 모색, 모형개발 그리고 집행과정에서의 상호의존적 행위로 유형화될 수 있다. 가령 투입－전환－산출이 고려된 체제모형을 들 수 있다(Easton, 1979). 셋째, 기존 연구의 개념적, 분석적 틀을 기반으로 그 유용성을 검토하기 위해 시도된 경험적 연구이다(Edwards, 1984; Sabatier and Mazmanian, 1980). 하지만 기존 연구들은 정책산출을 위한 효율적 집행에 맞추어졌으며 정책산출과정의 역동성을 이해하는데 설명력이 제약된다. 이에 정책과정을 보다 유연하고 동태적 관점에서 분석하기 위해 네트워크모형이 등장하였다(Rhodes, 1988: 77-78; Marsh, 1998: 13-4). 즉, 정책과정과 정책행위자간 관계를 연구하기 위한 새로운 이론 틀로써 정책네트워크 접근이 부상하였다. 이는 민간부문의 자율성 증대에 따라 국가의 정책입안과 정책수행의 자율적 공간이 축소된 결과로 볼 수 있다. 달리 시민사회의 성장으로 정부와 사회영역 간 상호연계 특성이 강해지면서 국가와 사회를 중개하는 제도적 배열로서 정책네트워크 분석이 증가된 것으로 나타났다(Schneider, 1992: 110-112). 정책네트워크는 국가와 시민사회 간 관계를 분석대상으로 하고 정책네트워크의 존재가 정책과정에 영향을 미치며 네트워크 구성원 간 상호작용에 의해 결정된다(Böezel, 1998: 258). 따라서 정책네트워크는 구성원들 간의 구조적 관계, 상호의존성 그리고 역동성에 초점을 둔다(Hanf and Scharpf, 1977; Katzenstein, 1985). 그러나 이러한 행위자 중심의 네트워크 개념정의는 정책네트워크 구성원들이 왜, 그리고 어떻게 행위를 하는지 대한 분석은 가능하지만 정책네트워크와 정책산출에 대한 설명력이 제약된다(Kenis and Schneider, 1991: 44). 즉, 정책네트워크 접근도 정책산출 과정의 역동적 현상을 기술, 설명하는데 한계를 드러낸다. 특히, 결정, 또는 집행에 초점을 두어

는 조직모형의 관점에 집행현상을 체제관리모형, 관료적 과정모형, 조직발전모형, 갈등과 협상모형 등을 제시하였다.

정책산출을 둘러싼 상호작용적 관계를 이해하는데 제약이 따른다. 이에 본 글에서는 정책네트워크와 정책산출을 연계하는 개념적인 틀을 활용하여 기존의 정보통신서비스정책에 대한 이론적 논의와 실증적 고찰을 효율적으로 결합하고자한다.

2. 정책산출의 유형과 상호작용적 관계모형[9]

정책산출은 행위자들 간 상호작용을 통해 나타난다. 정책산출 과정에서 작용하는 행위자로서 개인 또는 조직은 기관의 맥락에서 관심과 행태적 특성을 갖는다. 상이한 가치, 이익, 신념을 지닌 다양한 참여자는 정책산출 과정에서 자신의 몫을 가지려 노력한다. 이 과정에서 참여자들 간 경쟁, 협상, 타협, 갈등 등의현상이 드러난다. 정책산출은 과정적 측면에서 정책결정 및 정책집행으로 이해된다. 즉, 정책산출 과정에서 정책의제 형성과 형성된 정책의 집행단계를 포함하는데 여기서 전 단계는 정책기관에 의해 주도적으로 산출되며 후자는 서비스를제공하는 사업자를 비롯한 집행기관에 의해 드러난다. 이를테면 정보통신서비스요금정책의 경우 요금기준 및 방침은 정책기관에 의해 설정되지만 그 적용은 집행기관(사업자)에 의해 시행된다. 이처럼 정책참여자간 상호작용의 측면에서 정책산출은 세 가지로 분류된다. 즉, 정책과정에서 행위자간 상호작용적 인터페이스의 편면에 따라 상이하게 나타난다. 첫째, 정부－기업간 관계가 확대되는 경우 정책산출은 이용자(국민) 특히, 소수 국민의 이익 및 관심과 괴리가 발생한다. 이에 정책산출에 의한 편익은 자신의 영향력을 제어할 수 있는 거대집단에 귀착되며 일반국민으로부터의 투입결여로 인한 공급주도적 양상이 지배적이기에 자칫 시장실패가 야기될 수 있다. 이러한 유형의 정책산출을 '관료주도적' 산출로명명할 수 있다. 둘째, 기업－이용자(국민)간 관계가 확산되는 경우 정책산출과서비스는 개선경향을 보여주며 시장에서 구체적인 결과로 나타난다. 왜냐하면기업은 이용자라는 반응적 투입기제를 갖기 때문이다. 그러나 기업－이용자 간

---

9) 본 장에서 제시된 분석모형의 기술적(descriptive) 성격과 정보통신서비스정책의 포괄성으로인해 논의전개가 다소 추상적이라는 한계를 벗어나지 못했다.

관계에서 정부개입이 없다면 시장독점 또는 경쟁자의 가격유지(고정) 경향이 크며 결국, 이용자들은 기대이익을 얻지 못하거나 오히려 손해를 입게된다. 반면에 기업은 이익을 얻을 수 있는데 이 같은 유형의 정책산출을 '기업주도적' 산출로 이해할 수 있다. 셋째 유형은 정책과정에서 정부-이용자 간 관계가 확산될 때 나타난다. 여기서는 기업에 가장 불리한 정책산출이 나타난다. 만일 정부와 이용자간 상호작용에 의해 설정된 조건 하에서 기업이 서비스 및 상품을 공급한다면 정책산출은 정부와 이용자 양자에 도움을 준다. 하지만 이 같은 산출에서 기업을 위한 한계이익은 적어질 수밖에 없다. 왜냐하면 이용자들은 가장 낮은 가격과 최고의 품질을 요구하기 때문이다. 이러한 유형의 정책산출을 이용자주도적 산출로 부를 수 있다. 일반적으로 민간기업이 지배하는 자본주의 사회에서 기업이 바람직한 투자대안을 갖지 못하는 경우 낮은 한계이익의 수준에서 서비스 또는 재화를 공급할 것이다. 그래서 이용자주도적 산출의 경우라 하더라도 한계이익이 매력적이지 않은 경우 기업은 기꺼이 서비스를 공급하지 않을 것이다.

본 장에서 제시된 분석모형은 정부, 기업 그리고 이용자라는 행위자들의 행태적 특성과 상호작용의 분석을 통하여 정보통신서비스정책의 산출결과를 이해하는데 도움을 줄 수 있다. 동 모델에서 정부는 자율적이며 기업 또는 이용자인 국민의 이익은 양립할 수 없다. 〈그림 9-3〉에서 보듯 각 행위자들은 정책과정에서 다른 행위자들과 관계를 갖는다. 여기서 관계Ⅰ은 정부와 기업 간 관계이며, 관계Ⅱ는 기업과 이용자 간 관계이다. 그리고 관계Ⅲ은 정부와 이용자 간 관계이다. 모든 관계는 서로 다른 방향을 흐르는 a, b 두 개의 루프를 갖는다. 이러한 관계는 행위자들 간 상호작용과정을 통해 드러나는데 〈그림 9-3〉의 중앙에서 보듯 삼각형으로 나타난 정책산출에 기여한다.

여기서 정책산출은 정보통신서비스산업분야에서의 제도형성과서비스 등의 제공을 의미한다. 각각의 관계에서 행위자들간 상이한 행태적 특성이 관찰될 수 있다. 첫째, 정부-기업간 관계Ⅰ의 a에서 정부는 경쟁적 규칙을 설정, 관리, 조정하는 역할을 수행한다. 반면에 b는 국가이익을 보호하기 위해 정부에 의해 제정된 규칙에 순응 또는 이용하기 위한 기업의 일관된 시도에 의해 특징지워진다. 둘째, 기업-이용자간 관계Ⅱ에서 a방향의 경우 기업은 소비자로부터 환류

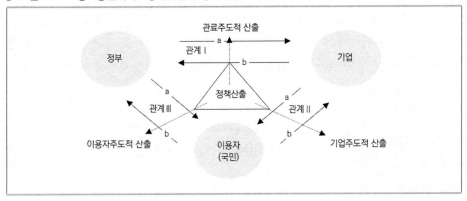

▷ 그림 9-3   정보통신서비스정책산출의 상호작용적 관계모형

(feedback)를 수집하거나 국민홍보와 국민으로부터 지원을 받으며 자신들의 상품과 서비스를 시험 및 판매하는 역할을 수행한다. 한편, b방향에서 이용자인 국민들은 기업에 자신들의 의견이나 지원을 feedback(환류)시킨다. 여기에서 지원은 정치적이거나 상업적일 수 있다. 뿐만 아니라 국민들은 기업의 개선을 위해 제안 및 요구사항을 투입한다. 셋째, 정부-이용자간 관계Ⅲ은 본질적으로 정치적이다. a방향에서 정부는 정책을 국민들에게 설명, 정당화, 방어하면서 전달한다. 또한 정부는 자문, 조사 및 대중매체를 통해 국민들로부터 환류를 얻는다. b에서 국가에 대한 정책반응으로서 국민적 환류는 기존 정책의 조정, 변화 또는 유지를 의미한다. 가령 정보통신부문의 개혁이후 편익에 대한 조사연구 및 특정 이익집단의 지지 또는 거부 등으로 예시될 수 있다.

　동 모형에서 행위자들간 상호작용은 양방향적임을 시사한다. 하지만 실제 정책현상에서 세 당사자가 참여하는 정책산출의 경우는 드물다. 그럼에도 불구하고 만일 삼자간 상호작용이 이루어지는 경우 삼자 모두를 만족시키는 정책이 산출될 수 있다. 그러나 현실적으로 삼자모델에서 나타나는 행위자간 관계구조는 이자(dyadic) 또는 삼자(triadic)관계로 나눌 수 있다(Scharf, 1978: 345-370). 이자관계의 경우 일방적 의존, 상호의존, 상호독립의 세 가지 형태가 나타난다. 일방적 의존관계에서는 조직간 영향력 행사가 비대칭적이기에 정책조정은 강력하지만 일방향적으로 촉진된다. 반면에 상호독립적 관계의 경우 상대적 자율성으로 인해 정책조정이 어렵다. 그리고 상호의존관계의 경우 다양한 전략이 구사될 수 있다. 그렇지만 삼자관계에서는 외부조정과 간접조정의 형태로 나타난다. 외부조정은 이해 당사자간 정책조정을 위해 독립적 기관이 양 조직에 영향력을 행사하며 간접조정은 일방이 독립적 기관을 매개로 이해당사자에 영향력을 행사하는 관계를 가리킨다.

3. 정보통신서비스 정책지향의 변화와 시사점

정보통신서비스정책은 정책과정과 정책산출의 역동성에 따라 그 지향이 변화되었다. 이는 1994년 12월 정보통신부 출범으로 멀티미디어시장의 창출자라는 역할을 부여받으면서 경제마인드를 갖춘 이석채, 강봉균장관을 거치면서 경제부처로서의 위상확립과 과감한 규제완화에 의한 정책혁신 가속화와 궤를 같이한다(전자신문, 1998년 7월 27일자). 특히, 정보통신분야에 시장원리 도입이 정책기조를 형성하였는데 여기에 민간경영인출신인 배순훈장관의 정책철학과 의지가 시장에 투영되었다. 예컨대 「한글과 컴퓨터」 사태처리와 관련 정부의존 업체를 시장에서 가차 없이 퇴출시키겠다는 시장경쟁지향적 입장에서 여실히 드러났다(세계일보, 1998년 6월 22일자). 이후 2001년 3월 양승택장관은 취임초기 통신3강 체제구축과 유효경쟁 환경조성 등을 역설하였으며 2002년 7월 이상철 KT사장이 장관으로 취임하면서 시장경쟁원리에 입각한 통신정책론이 주창되었다. 이러한 기조는 노무현정부의 진대제장관으로 이어지는 듯하다.[10] 시장지향적 정보통신서비스산업정책은 탈규제에 의한 경쟁체제 도입으로 이해할 수 있다. 여기서 탈규제는 기업에 대한 개입과 규제의 축소를 의미하는데 이는 곧 권력재분배와 자본재편을 의미한다(Mosco, 1982). 정보통신사업구조개편도 이런 맥락에서 이해된다. 이 과정에서 정부-기업간 보여졌던 기존의 협력적 공생관계가 느슨해졌으

---

10) 당시 하나로통신사태와 관련 "소비자나 국가경제에 큰 피해가 오지 않는 이상 시장원리에 맡기겠다. 설사 하나로가 지불불능으로 법정관리로 간다 해도 어쩔 수 없다. 이렇게 되면 대주주들도 막대한 손해를 각오해야 할 것이다. 또 경영난을 겪고 있는 일부 통신업체들을 위해 정부가 대폭 지원하는 일은 없을 것이다. 경쟁력 확보를 위해 자신들이 구조조정을 하고 기술개발도 해야 한다."(중앙일보, 2003년 9월 1일자 인터뷰 내용).

며 심지어 정부-기업 및 사업자간 갈등양상을 초래하기에 이르렀다. 이는 종전의 권력의존모형으로부터 시장의존모형으로의 전환에 따른 산물로 판단된다. 여기서 정보통신부는 시장관리자 또는 공정경쟁 조성자의 입장이 강조되었으며 정책과정의 게임적 성격을 드러내는 듯하다.

그동안 정보통신서비스는 정책과정 및 정책산출에서 기업에 영향력을 행사하는 정책수단을 확보하였지만 국민이익과 관심에 대한 고려는 미약했다. 즉, 삼자모형에서 볼 때 관계 I이 지배적이었으며 관계 II, III은 취약하였다. 하지만 점차 이용자(국민) 참여가 정부-기업관계로 스며들면서 정부-이용자, 기업-이용자 간 관계가 확산되고 정부-기업-국민 간 상호작용과 이용자지향의 정책산출을 드러내고 있다.[11] 그 근거로 첫째, 이용자지향적 정책이 중시되고 있다. 가령 이동전화이용자의 불편해소 및 사업자간 경쟁유도를 통한 서비스의 질 제고를 위해 번호이동성제도가 시행(2004. 1. 1)되었는데 이는 이용자요구에 부응한 정책으로 인식된다(머니투데이, 2004. 1. 19일자). 또한 사업자간 경쟁심화로 인한 이용자피해의 최소화 및 피해보상체제의 정비 등 이용자 이익보호활동의 필요성이 강조되면서(정보통신부, 2003), 전자민원시스템 구축, 민원예보제, 민원사례보급 등이 시행되었다(통신위원회, 2003). 둘째, 정보통신서비스의 생활화에 따른 서비스혁신노력이 강화되고 있다. 가령 사업자연합회, 연구기관, 소비자단체 및 정부 등으로 구성(1997)된 품질평가단의 운영결과, 이동통신통화품질의 경우 세계 최고수준으로 밝혀졌다(정보통신서비스품질평가협의회, 2003).

또한 초고속인터넷이용자보호 및 품질개선을 위해 세계 최초로 인터넷품질보장제도(Service Level Agreement)가 시행되었다(2002. 8. 1). 동 제도는 인터넷의 최저속도 보장 및 장애처리기준 강화로 서비스품질 및 이용자 편의를 개선하였다는 점에서 의미를 지닌다. 실제로 제도시행으로 이용자의 품질보상민원 증가[12] 및 사업자의 품질개선 노력 등이 증대되었으며 이 과정에서 이용자요구가

---

11) 이러한 기조는 진대제장관의 신년사중 "~ 통신시장을 위해서는 무엇보다 시장원리가 원활하게 작동하여 기업의 효율성이 최대로 발휘되고 소비자의 편익이 극대화될 수 있도록 유효경쟁체제를 확립해야 합니다. ~"내용 중 일부분을 통해 확인된다(2004. 1. 2).

12) 실제로 민원처리건수는 98년 2,128건, 99년 4,702건, 2000년 5,499건, 2001년 5,928건, 2002년(3/4분기현재) 8,159건으로 지속적 증가추세를 보여주는데 이는 이용자 인식고조의 결과

반영될 수 있었다. 셋째, 이용자의 정보주권의식 강화 및 참여지향적 행태가 정책 및 서비스제공과정에 투영되었다.[13] 이용자 권익보호가 강조되고 정책과정에의 능동적 참여가 보장되면서 이용자중심적 관계가 형성되고 있다. 그래서 미국의 FCC처럼 국민으로부터 불만이나 청원이 제기되는 경우 그리고 통신법 상 이의제기가 가능한 상황에 대해 직권조사 및 정책과정에의 국민참여 확대를 위한 절차의 공식화, 의견수렴과정의 확대 등이 요구되었다(이명호·조신, 1995). 이 외에도 통신3강 체제구축을 위한 정부역할이 선·후발사업자간 공정경쟁 환경조성을 통한 소비자편익 증진으로 설정되었다는 점,[14] 그리고 개인정보유출 및 오·남용 방지, 정보격차 해소 등은 그동안의 정책과정에서 소외된 이용자를 고려한 조치이자 이용자지향적 정책지향의 산물로 보여진다.

앞서 보았듯이 기존 정보통신서비스정책의 핵심논리는 통신사업경쟁력 강화와 서비스 향상이었다. 여기서 이용자인 국민이익의 확보이슈는 그 중요성에 비해 정책과정에서 소홀히 다루어져 왔다. 사실 이용자들은 조직화 정도가 미약하기에 단지 거대기업, 정부 및 거대이익집단만이 정부 또는 사업자와 협상할 수 있는 자원과 힘을 갖추었다. 게다가 자본주의사회에서 기업은 손실 또는 최소한의 한계이익수준에서 서비스를 제공하려하지 않기에 정책과정에서 정부−이용자간 인터페이스가 좀처럼 확산될 수 없다. 그래서 기업에 의해 독점 또는 고정가격이 정해지는 기업주도적 산출에 비교할 때 최소의 악으로 여겨지는 관료주도적 산출을 낳았다. 이는 그동안의 정책과정에서 왜, 정부−기업간 인터페이스가 지배적이었는지를 설명하는 근거가 된다. 그러나 관료주도적 산출은 삼자에게 편익을 제공하지 못한다. 바람직한 정책산출은 모든 상대방에 유익한 상

로 이해된다(통신위원회, 2002).

13) 통신위원회 K상임위원은 "사업자간 치열한 가입자 확보경쟁으로 이용자피해가 급증하는 현실에서 그 어느 때보다 자신의 권리를 적극 주장하여 사업자 주의와 노력을 촉구하는 소비자 주권의식도 고조되고 있다."고 보았다. 또한 P과장은 "소비자들의 민원증가로 오히려 통화품질과 서비스가 좋아지고 나아가 기업과 산업발전으로 이어지는 효과가 있다."며 "통신서비스업체는 이용자의 불만에 귀를 기울여야 한다."고 강조했다. 아울러 C주사는 "통신위원회의 모니터링제도화가 이용자이익보호에 기여한다."고 피력하였다.

14) 동 사실은 제243회 정기국회(과학기술정보통신위원회)시 강재섭의원 질의에 대한 정보통신부장관의 답변(정보통신부, 2003년도 국정감사 서면답변 및 요구자료, 2003년 10월 6일)에서 확인할 수 있다.

호작용적 삼자관계에서 가능하다. 비록 근자에 이르러 이용자(국민) 요구와 이익이 다양한 매체나 경로 등을 통해 표출되고 있지만 정부 또는 기업주도적 정책산출에 영향을 줄만큼 강하지 않다.

이상의 논의를 종합할 때 〈표 9−3〉에서 보듯이 정부와 기업간 관계는 경쟁확대에 따라 일방향적 관계를 벗어나 긴장된 갈등관계를 지나 상호작용적 관계로 변화하고 있다.15) 기업과 이용자간 관계는 일방향적 관계에서 상호작용적으로 변화하고 있으며 이용자와 정부간 관계도 마찬가지이다. 이에 정부, 기업, 이용자 삼자간 관계는 종전의 일방적이며 안정적 관계에서 갈등이 내재된 동태적 상호작용의 양상을 보여주는 듯하다. 그러면 이러한 상호작용적 관계로의 변화가 장차 정보통신정책의 산출과정에 남겨주는 시사점은 무엇인가? 무릇 정보통신서비스정책은 대내·외 환경변화와 과거 정책의 환류에 따른 학습으로 끊임없는 변이와 진화를 보여줄 것으로 예상된다.

표 9-3 시기별 행위자간 관계

구분	기본수요 충족기	구조변화 모색기	경쟁체제 정착기	자유경쟁체제기	경쟁체제활성화
정부 ↔ 기업	일방향적 정부주도	긴밀	긴장	갈등	상호작용적
기업 ↔ 이용자	일방향적 기업주도	기업중심적	긴장	이용자지향적 갈등	상호작용적
이용자 ↔ 정부	일방향적 정부주도	정부중심적	호혜	이용자지향적 협력	상호작용적

실제로 정보통신산업은 유망 성장산업으로 인식되면서 그 영역이 점차 확장되고 있다. 마침내 노무현정부는 신성장동력산업추진 보고대회(2003. 7. 22)에서 차세대이동통신을 비롯한 정보통신 및 관련기술분야 산업을 10대 차세대 성장동력산업으로 확정, 부처별로 추진키로 하였다.16) 특히, 정보통신부는 IT산업분야의 신성장동력으로 지능형로봇 등 9개 품목 및 전담팀(PM)을 확정하였다. 뿐만 아니라 이른바 'IT8-3-9전략'을 추진하면서 가치사슬의 최상위에 있는 8가

---

15) 여기서 평가적 논의는 기존 분석내용과 경험적 인식을 바탕으로 하여 연구자의 해석과 주관적 판단이 작용하였음을 밝혀둔다.
16) 재경부 장관 주재 비공개 관계장관회의(2003. 12. 10)에서 10대 성장동력산업의 추진을 산자부 5개, 정통부 4개, 과기부 1개씩 각각 맡아 관련산업의 지원업무를 총괄토록 했다.

지 신규·기존 서비스를 활성화할 계획이라고 밝혔다.[17] 이 같은 새로운 상황전개를 맞이하여 상호작용적 삼자관계의 정책산출을 위한 노력이 요구된다. 앞선 논의를 바탕으로 장차 정보통신정책의 중핵으로서 신 성장동력 산업정책에 남겨주는 시사점을 제시할 수 있다. 첫째, 시장친화적 및 이용자지향의 정책산출과 IT산업발전을 위해 민간과 정부간 협력모델의 창출이 요구된다. 더구나 신 성장동력 사업의 성공을 위해서 민·관간 파트너십이 중요하다. 이를테면 기업CEO들이 새로운 분야에 도전할 수 있도록 성장동력과제 중 일부를 기업에 개방해야 한다. 즉, 현장에서 시장환경과 기술변화에 민감한 민간기업에 프로젝트를 개방해야 한다. 둘째, 세부 기술개발계획 등의 수립, 추진은 위로부터의 하향식 (Top-down)이 아니라 상향식(Bottom-up)으로 전개되어야 한다. 비록 정보통신부의 경우 PM제도를 통해 전문가가 세부계획을 수립하지만 큰 범주는 정부가 정할 수밖에 없다. 여기서 만일 현장의 수요와 문제상황을 적시에 반영하는 시스템을 갖추지 않으면 자칫 쓸모 없는 기술에 자원이 투여될 수 있음을 간과해서는 안된다.[18] 셋째, 산업동향, 기술추세, 마케팅 속성 등을 이해하면서 산업계나 정부는 공급중심이 아니라 수요(pull)를 촉진하는 방향으로 바뀌어야 한다. 이를테면 정보통신시장이 성숙, 포화돼 새로운 성장엔진의 발굴이 시급한 시점에서 신규서비스나 수요를 창출할 수 있는 방향으로 정책방향이 전환되어야하며 동시에 플랫폼이나 표준설정 수행능력도 제고해야 한다. 넷째, 정부의 정책결정과 집행이 유연해야 한다. 기업요구나 불만, 수요자의 욕구 및 시장상황에 탄력적으로 반응해야 한다. 아울러 정보제공, 조세정책을 통한 인센티브나 기술평가기반 신용융자 등의 확대로 기업하기 좋은 여건을 조성하기 위해 정책대응력을 강화해야 한다.

---

17) 〈IT 8-3-9 전략〉이란 새로운 시장창출이 가능한 8개의 신규서비스와 방송·통신·인터넷 융합시대에 대비한 3개의 첨단인프라, 그리고 생산과 수출을 이끌 9개 차세대 신 성장동력을 육성, 지원하고자 하는 것이다.
18) 지난 16대 국회의 경제분야 대정부 질문(2003년 10월 21일)에서 박상희의원은 "정부가 제대로 된 기술평가나 시장평가 없이 부처 간 타협으로 신성장동력산업을 졸속으로 결정해 주체가 불명확하고 공동 과제의 경우 산업자원부, 정보통신부, 과학기술부 등 부처 간의 조율에도 문제가 많다."고 지적했다

앞선 논의에서 보았듯이 정보통신서비스 정책혁신은 국내·외적 상황변화에의 대응에서 전개되었으며 그 과정은 다양한 행위자들간 상호작용에 의해 역동성을 드러냈다. 더구나 갈수록 시장환경의 불확실성이 높아지고 정책영역과 사업경계가 불투명해지면서 정보통신서비스시장은 불안정한 상황으로 전개되고 있다. 이에 정부도 과거 소수의 한정된 사업자들을 관리·감독하는 기능에서 수많은 사업자들간 경쟁과 게임을 관리해야 하는 역할을 부여받고 있다. 이를테면 정책과정에서 일방적으로 결정, 규제하기 보다 절차적 합리성과 게임규칙을 강조하면서 이용자와 사업자간 및 사업자간 이해관계 조정 및 합의도출을 형성하는 협상자 또는 조정자 역할이 강조된다. 아울러 이용자(국민)이익 지향적 정책으로 전환이 요구된다. 즉, 이용자이익을 향상시키는 방향에서 정부－기업－이용자간 관계도 재설정되어야 한다. 그렇기에 부처와 기업간 영향력이나 정치논리를 벗어나 이용자의 욕구, 의견, 입장이 정책과정 및 산출에 왜곡 없이 투영되어야 한다. 그래서 장차 정보통신서비스 정책과정과 산출은 삼자에 의한 공식적 메카니즘으로 제도화되어야 한다. 즉, 국가, 기업 및 이용자들간 상호작용이 고양되어야 하며 참여자간 상호작용에 의한 정보통신정책 및 서비스산출과정에서 표출된 상이한 이해와 입장이 정치화(精緻化)되어야 한다. 다만, 정책 및 서비스 산출결과에 대한 단순한 계몽뿐만 아니라 투입으로서 전문가 자문 또는 이용자 의견수렴이 요구된다.

덧붙여, 장차 IT산업은 IMT－2000, PCS, 통신산업 등 서비스 분야와 장비개발 및 생산 등 제조분야가 조화되어야 산업발전이 기대된다. 따라서 제조 및 서비스업체, 이용자, 정책기관 등 삼자가 함께 정책방향에 대한 공감대를 형성하여 속도를 조절하여 서비스가 이루어지도록 해야 한다. 먼저 정부는 방향제시나 기술개발지원, 인프라구축 등에서 역할이 필요하다. 성장드라이브에서 벗어나 시장이 제대로 기능하도록 불필요하고 불합리한 각종 규제의 개선과 기업의 경쟁 및 투자환경을 조성해야 한다. 그래서 기업의 신기술 개발 및 상용화 동인을 제공하는 지원자 역할을 담당해야 한다. 기업은 경제성장동력의 원천으로서 비즈니스모델 내지 산업화나 상용화부분을 주도적으로 담당하며 시장논리에 입각한 마인드 전환이 요구된다. 그리고 이용자는 보다 합리적인 선택, 요구 및 투입,

환류기제로 작용해야 한다. 이처럼 정부와 기업, 이용자가 각각의 역할을 인식하면서 역할을 조화시켜 나갈 때 삼자모델의 시너지 효과를 기대할 수 있다.

제4차 산업혁명시대와 정보정책

제4차 산업혁명시대와 정보정책

CHAPTER
10

> "오늘날의 AI는 사람과 컴퓨터를 연결하고, 사람과 지식을 연결하고, 사람과 물리적
> 세계를 연결하고, 사람과 사람을 연결해주는 새로운 방법에 관한 것이다."
> – Patrick Winston –

문제의식과 초점

한국은 IT강국이다. 하지만 제4차 산업혁명시대의 중추영역인 IT기반 공유경제 및 서비스를 비롯한 혁신분야의 수준은 미흡하다. 오히려 해외기업에게 주도권을 넘겨주는 상황이다. 그 이유는 혁신지원제도 미비와 정책부재 등에서 비롯된다. 정부규제, 창업인프라, 벤처캐피털 등 법·제도와 혁신금융 등이 혁신과 성장을 저해하고 있다. 기술혁신이 법·제도적 변화를 가져오고 다시 법제도가 기술발전을 촉진하는 선순환으로서 기술혁신과 법·제도 간 공진화(Co-evolution)가 절실하다. 이러한 인식의 바탕에서 본 장에서는 제4차 산업혁명에 대응하여 한국적 상황과 여건에 맞는 제도화방안 모색하고자 한다. 기존 제도화 모형의 바탕에서 제4차 산업혁명의 가치와 안정성 확보를 위한 방향과 전략을 제시하고자 한다. 특히, 공진화이론의 관점에서 기술혁신에의 조화와 적응을 위해 문제해결기반, 가치창출기반, 그리고 Co-creation기반 제도적 대응을 제시하였다. 아울러 기술혁신과 제도 간 공진화 촉진을 위한 정책방안으로 지식정보화에 대한 인식 제고, 정보기술과 사회 간 상호작용의 제도화, 정책참여자 및 네트워크의 다양성과 상호작용 촉진, 정책지식생태의 창발성 고양이 요구된다.

제1절   제4차 산업혁명의 의의와 양상

1. 제4차 산업혁명의 전개와 부정적 현상들

제4차 산업혁명이 경제와 산업, 교육과 미래 직업전망 분야에서 화두로 등장하고 있다. 제4차 산업혁명의 핵심기술인 IoT, Bigdata, Cloud Computing, FinTech, Drone, AI, 자율주행자동차 등 신기술의 생활화와 경제성장 동력의 활성화를 위한 제도구축이 절실하다. 이대로 방치할 경우, 자칫 사회·경제적 혼란 초래가 우려된다. 이미 제4차 산업의 등장과 함께 On-demand 경제가 부상하면서 산업 및 고용시장의 형태변화의 범위와 속도가 확대, 가속화되고 있다. 이에 대응하여 미국 등 각국의 민간과 시장은 빠르게 전환 중이다. 물론 정부와 정치권의 반향과 반응도 크다. 제4차 산업혁명에 따른 사회변화의 주도권 확보를 위해 국가차원의 혁신정책을 수립·추진 중이다. 특히, 미국은 경제이슈로 부각시키면서 정책적 대응노력을 강조하였다. 하지만 한국의 정치와 정책현장에선 대응노력이 미흡하다. 심지어 Uber와 Airbnb 등 정보기술 혁신의 산물이자 공유경제의 상징들이 주눅 들고 있다. 혁신과 변화를 촉진해야 할 법제가 오히려 걸림돌이다. 제도가 사회문제 해결을 넘어 바람직한 가치를 창출해야 하지만 현실은 기술혁신과 사회변화를 따라가지 못한 채 충돌양상을 보여준다.

제4차 산업혁명에 의한 변화상황에서 한국의 현실은 어떠한가? 단적으로 우리나라의 제4차 산업혁명에의 대응능력(2016년 다보스포럼)은 전 세계 139개국 중 25위에 그쳐있는 수준이다. 4차 산업혁명을 맞아 산업기술의 패러다임이 바뀌고 있지만 정책은 시대흐름에 역행하고 있다는 우려의 목소리도 높다. 특히, 경직된 사회구조와 퇴행적 규제 관행이 4차 산업혁명의 최대 걸림돌로 인식된다(서울경제신문, 2016년 9월 22일자). 제3차 산업혁명으로서 정보화는 괄목할 만한 성장과 혁신을 이루었다. 하지만 정보화경험이 제4차 산업혁명으로 이어질지 회의감이 크다.

Uber와 Airbnb 등 정보기술 혁신의 산물이자 공유경제의 상징들이 한국에서 주눅 들고 있다. 규제와 단속일변도의 법치 때문이다. 혁신과 변화를 촉진해야 할 법제가 걸림돌이다. 법과 제도는 사회문제 해결을 넘어 바람직한 가치를 창출하는 데 있다. 하지만 현실의 법제도는 기술혁신과 사회변화를 따라가지 못한 채 충돌양상을 보여준다. 대표적인 분야가 정보통신인데 신기술과 서비스의 대중화과정에서 기존 법제도에 부딪혀 파열음을 커가고 있다.

주지하듯 한국은 IT강국이다. 기업들은 정보통신산업을 주도하는 혁신기술 제품을 최초로 개발하였다. 하지만 세계시장의 패권을 차지하는 경우는 드물다. 오히려 해외기업에게 주도권을 넘겨주는 일이 빈번하다(조선일보, 2016년 4월 20일자). 그 이유는 혁신지원제도 미비에서 비롯된다. 문재인정부는 대통령직속 4차 산업혁명위원회를 설치하고 대대적인 규제개혁을 추진하겠다고 밝혔다. 인공지능(AI)·빅데이터·드론(무인기)·자율주행차 등 4차 산업혁명 관련 기술과 서비스를 한국의 새로운 성장 동력으로 삼겠다는 목표였다. 하지만 기업들은 규제 개혁성과가 별로 안 보인다고 인식한다(조선일보, 2018년 6월 28일자). 정보통신시장에 대한 규제, 창업인프라, 벤처캐피털 등 법·제도와 혁신금융 등은 평균이다. 기술적 잠재력은 높지만 법·제도 등 사회적 인프라가 취약하여 혁신과 성장을 저해하고 있다.[1] 기술혁신과 법제도 간 괴리와 부적응문제가 시급하게 풀어야 할 당면과제다. 기술혁신과 법·제도적 변화 간 선 순환적 공진화(Co-evolution)가 절실하다.

최근 부상하고 있는 IoT, FinTech, Drone 등 신기술기반경제의 활성화를 위한 제도구축이 절실하다. 가령 Drone의 경우, 태동초기에는 세계 상위권이라 자부했다. 하지만 현재는 후진국으로 전락한 상황이다. 사전규제가 없는 중국과 달리 한국은 처음부터 정부가 개입하는 접근법이다. 드론 택배·택시 등 상용화에 꼭 필요한 비가시권 비행과 야간비행도 금지하다 2017년에 겨우 '당국의 특별 승인을 받을 경우'라는 조건을 걸고 허용했다. 하지만 승인받는 데 최장 90일이 걸리는 데다 절차·기준이 까다로워 사실상 드론을 띄우지 말라는 것이나 다름 없다. 군집(群集)비행이나 수직 이착륙 기술 등 한국이 앞섰던 분야도 규제에 묶

---

1) 한국경제연구원에 따르면 2014년 기준으로 국회에서 발의된 법률안 740건 중 98.5% 가량이 규제 법률인 것으로 나타났다.

여 해외 업체들에 역전을 당했다(조선일보, 2018년 6월 28일자). 이대로 방치할 경우, 신 성장산업으로서 동력상실은 물론 법률적, 도덕적 혼란초래가 우려된다. 세계적으로 온디맨드 경제가 부상하면서 산업 및 고용시장의 형태변화가 가속화되고 있다. 이에 대응하여 선진국을 중심으로 민간과 시장은 빠르게 전환 중이며 정치권의 반향이 크다. 특히, 미국의 경우, 의회주도하에 경제이슈로 부각시키면서 정책적 대응을 강조하고 있다는 점에서 한국의 정치권과 대조적 양상을 보여준다.[2]

본 장에서는 사회와 기술은 분리될 수 없다는 공진화의 관점에서 정보통신기술혁신에의 조화를 위한 입법적 대응을 모색하고자 한다. 기술혁신에 비해 제도가 따라가지 못하는 문제 상황의 인식하에 경험적 현상분석의 바탕에서 혁신과 제도의 공진화방향과 실천과제를 입법부의 역량제고에 초점을 맞추어 제언하고자 한다.

2. 제4차 산업혁명의 진전과 확산

제4차 산업혁명에 대한 정의와 관점은 다양하다. 하지만 공통적 입장은 ICT에 기반을 둔 새로운 산업혁신시대의 도래에 주목한다. 제4차 산업혁명은 정보통신기술중심의 디지털혁명(제3차 산업혁명)에 기반을 둔 물리적 공간, 디지털 공간 및 생물학적 공간의 경계가 희석되는 융합시대를 의미한다(WEF, 2016). 달리 제4차 산업혁명은 「Industry 4.0」으로 표현된다. 다보스포럼에서 4차 산업혁명은 3차 산업혁명보다 확장된 개념으로서 속도(Velocity), 범위(Scope) 그리고 시스템에 미치는 영향(System Impact)이 매우 크다고 발표하였다. 또한 4차 산업혁명의 대표적인 기술로 인공지능, 로봇, IoT, 무인자동차, 3D 프린팅, 나노, 바이오공학 등이 언급되었고 제조기술뿐만 아니라 데이터, 현대사회 전반의 자동화 등을 총칭하는 것으로서 Cyber- Physical System과 IoT, 인터넷 서비스 등의 모든 개념

---

2) 한국의 경우, 반시장적 규제일변도의 정치권대응으로 기술혁신 및 사회변화에의 제도적 대응이 지체양상을 드러낸다(서울경제신문, 2017년 2월 1일자). 특히, 제4차 산업혁명의 진전과정에서 나타나는 혁신현상에 대한 인식, 이해의 바탕에서 제도적 대응노력이 한층 요망된다.

을 포괄한다.

과거 산업혁명을 촉발하였던 혁신적 기술들은 실제 경제, 사회에 적용 및 확산에 적지 않은 시간이 소요되었다. 그러나 4차 혁명의 주요 기술들, 특히 정보통신 관련기술들은 용이한 확장이 가능하면서 그 적용 및 확산도 빠르게 진행될 수 있다. 가령 클라우드로 인해 소프트웨어의 확장성이 가능해지고 소프트웨어 개발 플랫폼도 확대되고 있다. 또한 인공지능 및 로봇을 비롯한 IoT도 클라우드 상에서 소프트웨어 플랫폼화되고 있다. 새로운 정보 및 지식의 창출, 축적 속도가 가속화되면서 인간이 이를 모두 수용, 이해, 활용하는 데 한계에 직면한다. 이에 따라 컴퓨터 활용이 증대할 수밖에 없다. 이는 다시 과학지식의 발견을 더욱 활성화시키는 선순환 관계를 형성할 것이다. 실례로 ICT 기업의 검색서비스는 점진적으로 예측검색, 필요로 하는 지식의 검색으로 진화하면서 과학지식의 활용 측면에서 기여할 것으로 전망된다. 인공지능, 빅데이터 분석기술 등의 발전은 과학자가 데이터로부터 가설을 추출하거나 검증하는데 유용해 과학의 진보, 이의 활용을 통한 산업혁신을 가져올 수 있다. 이렇듯 4차 산업혁명의 기술은 혁신을 혁신하는 기술이 될 수 있다.

또한 제4차 산업혁명은 3차 산업혁명을 기반으로 한 디지털, 물리학, 생물학 등 경계가 없어지고 융합되는 기술혁명을 의미한다. 산업 측면에서 살펴보면 공유경제 및 On-demand 경제를 이용한 산업이 부상할 것으로 전망된다. 즉, 네트워크가 지능적 서비스를 구현하는 환경에서 소비자와 생산자가 항시 연결되면서 작은 수요라도 언제, 어디서나 충족시키는 가능성이 높다. 가령 Uber, Airbnb 등은 적시 수요의 경제적 특성을 구현한 비즈니스 사례이다. 이러한 형태의 비즈니스가 확산될수록 시장 메커니즘이 보다 강화되고 적시에 틈새수요까지 충족시켜주는 경제가 가능하다. 또한 노동시장 측면에서 전문 기술직에 대한 수요는 증가하는 반면 단순직 일자리는 줄어들 전망이다. 4차 산업혁명은 경제 및 산업구조, 노동시장 등 다양한 분야에 많은 영향을 미칠 것으로 예상된다. 4차 산업혁명은 기술융합으로 생산성을 높이고 생산 및 유통비용을 낮춰 소득증가와 삶의 질 향상이라는 긍정적 효과를 기대할 수 있다. 그러나 사회적 불평등, 빈부격차 뿐만 아니라 기계가 사람을 대체하면서 노동시장의 붕괴와 같은 부정적 요소들이 등장할 것으로 우려된다(한세억, 2016).

3. 제4차 산업혁명시대의 기술과 제도: 혁신현상과 제도

가. 제4차 산업혁명시대와 제도적 대응

기술혁신과 융합이 가속화되고 있다. 특히, 4차 산업혁명에서 3D 프린팅, IoT, 바이오공학 등이 부상하고 있다. 이러한 기술들은 기존 기술간 융합을 바탕으로 새로운 분야를 창출할 것이다. 장차 물리적 기술에서는 무인운송수단, 3D 프린팅, 로봇공학 등이, 디지털기술에서는 IoT, 빅데이터 등이, 생물학적 기술에서는 유전공학 등이 부상할 것이다. 특히, 3D 프린팅과 유전공학 간 결합으로 생체조직 프린팅이 발명되고, 물리학적, 디지털, 생물학적 기술이 사이버물리시스템으로 연결되면서 새로운 부가가치 산업과 기술의 창출이 예상된다.

4차 산업혁명 시대에는 혁신적 기술의 활용으로 공공서비스도 알고리즘에 기반하는 플랫폼 서비스로 전환되면서 생산성 증대 및 비용절감이 가능할 것이다.. 공공 데이터의 개방뿐만 아니라 공공부문이 직접 제공하는 서비스도 컴퓨팅 서비스의 활용을 통하여 플랫폼 구축이 가능할 것이다. 교통안전, 벌칙부과 등 생활 속의 다양한 규제도 스마트 인프라를 통해 모니터링이 되고, 공공분야에서 빅데이터를 활용한 마이크로 서비스가 알고리즘을 활용하여 가능할 것이다. 가령 주차위반 자동처리, 의료·복지제도의 수혜자 선별, 집행여부 확인 등 다양한 법제도 구현이 알고리즘을 통하여 가능하여, 장기적으로 공공 서비스도 알고리즘에 기반을 둔 플랫폼 서비스로 진화할 것으로 전망된다(Brett Goldstein, 2013; 한세억, 2016).

제4차 산업혁명의 가속화로 많은 산업이 연결·융합하고 있다. 4차 산업혁명 대응 전략은 기술과 규제라는 양대 축으로 구성된다. 그러나 세계경제포럼(WEF)이 평가한 한국은 국가경쟁력 26위, 기술경쟁력 23위, 제도경쟁력 69위로 나타났다. 즉, 한국은 기술적 편익과 가능성을 제도가 침식하는 상황으로 혁신기술을 개발하더라도 경직된 법과 제도 때문에 사업화가 지연되고 있다(서울경제신문, 2016년 11월 16일자). 앞서 보았듯이 4차 산업혁명이라는 표현 자체의 적절성 여부에 대해 이견이 있을 수 있지만 예견되는 모습은 삶이나 일하는 방식 등을 유의미하게 변화시킬 것이다. 따라서 일부 선도적인 개인이나 기업의 노력에 의존하기보다는 국가차원의 정책적·제도적 대응이 필요하다. 특히 UBS(2016)의 4차 산업혁명 준비수준 평가에서 보듯 세계 25위라는 기대 이하의 결과를 차지한 한국은 더욱 정확한 방향과 전략적인 수단으로 미래변화를 준비해야 한다.

4차 산업혁명이 빠르게 진전되고 있다. 아무도 경험하지 못한 변화를 수용·활용하기 위해서 당면 이슈와 정책과제의 해결과 함께 방법론적 전환도 병행되어야 한다. 이를 위해 민간은 이윤극대화와 효율성중심을 넘어 위험을 감수하면서도 미래에 투자하고 혁신과 도전적 가치를 정당하게 평가하는 기업가정신을 적극 수용·확산해야 한다. 정부는 공개된 기반(open platform)으로 전환해야 한다. 정책과정에 민간이 자유롭게 참여하여 정보를 교환하며, 현실에 맞는 규칙을 만들어야 한다. 그리고 혁신을 달성하기 위해 정부의 경직성을 완화하고 현실 대응력을 높여야 한다(정준화, 2017). 나아가 제4차 산업혁명의 추동인자인 파괴기술(disruptive technology)에 부응하여 기존 관행이나 제도를 넘어서는 제도적 파탈(擺脫)이 요구된다. 즉, 사회에서 기업은 시속 100마일 속도로 혁신을 거듭하지만 정책과 법제도는 30마일도 안 되는 속도로 거북이걸음이다(Toffler and Toffler, 2006). 이러한 속도 차이가 변화와 발전의 흐름을 저해하므로 혁신적 법제도의 마련이 필요함을 시사한다.

나. 기술혁신과 융합

최근 기술혁신에 의해 새로운 변화들이 일어나고 있다. 미국에서는 지난 2014년 영상통화를 이용해 경미한 질병에 조언을 제공하는 앱인 Doctor on Demand와 법률적 조언이 필요한 사람과 변호사를 연결해 주는 Quicklegal이 출시됐다. Medicast의 경우 고객이 의사를 호출하면 200달러의 비용으로 2시간 내에 증상에 적합한 전문의를 방문시키는 서비스를 제공한다.[3] 아마존은 2015년 3

---

3) 닥터 온디맨드는 한번 통화에 40달러를 지불하는데 의사 30달러, 플랫폼 기업 10달러의 수수료를 가져가는 형태이며, 퀵리걸은 49달러로 15분간 변호사의 조언을 구하거나 29달러를

월 청소, 빨래, 가사, 과외, 피아노조율, 오디오와 TV설치, 배관작업, 가구조립 등 단순노동과 일부 전문서비스를 온라인에서 구매 가능한 Amazon Home Service를 시작했다. 자동차회사 포드는 자사 고객들이 앱을 이용해 원하는 차를 교환하는 Car Swap서비스와 앱기반 버스예약 및 환승이 가능한 City Driving on Demand를 운영하고 있다. 이에 따라 고용시장도 변하고 있다. Uber는 기업가치의 성장뿐만 아니라 매월 전 세계에 2만여 개의 일자리를 만들었다. 탄력근무와 시간활용이 가능한 시간제 고용이 빠른 속도로 고용시장에서 확대되면서 일자리 형태와 생활방식에 변화를 낳고 있다. 온디맨드 비즈니스 모델은 진입장벽이 낮고 서비스지역의 인구밀도와 서비스 활용빈도 등에 따라 운영환경이 다를 수밖에 없다는 한계(Randall, 2003)에도 불구하고 새로운 산업으로 자리잡아가고 있다(황지연, 2015).

또한 각국에서 공유경제 및 온 디맨드 서비스를 제공하는 기업 활동이 기존 사회규범, 법률과 충돌하거나 위반 또는 잠재적 갈등을 야기하고 있다. 지금까지 각국에서 부각된 문제 해결을 위해 고발 및 소송이 이어졌고, 국가, 지방 및 도시, 주제 별로 다양한 결과가 나타나면서 사회적 합의가 요구된다. 이에 따라 제도권 차원에서 어떻게 수용할 것인지 고민과 함께 선진국을 중심으로 기업의 혁신활동을 지원, 뒷받침하기 위해 다양한 노력이 시도되고 있다. 하지만 아직까지 기존 제도 및 정책수단들이 급속한 사회변화를 따라가지 못하고 있다. 일례로 웹기반 기술혁신에 의해 인터넷환경이 급변하고 있는데 기존 법제는 물론 정보화관련 법령에도 시의 적절하게 반영하지 못하고 있다.[4]

국가발전의 견인차로서 경제가 활성화되려면 지구적 시장성과 혁신을 지닌 아이디어와 기술, 제품개발과정에서 다양한 형태의 협력, 합병뿐만 아니라 개방적이며 지속적 정책지원이 필요하다. 만일 과도한 규제가 기업의 혁신활동을 옥죄거나 혁신활동을 지원하는 제도가 적기에 마련되지 못하면 경제발전은 허상으로 그칠 수밖에 없다. 신기술·경제 활성화를 위해 혁신기술과 서비스진흥의 입법적 검토가 필요하다. 즉, 국회와 정부를 중심으로 공공부문은 문제해결을 넘

지불하고 이메일로 수요자 상황에 대한 상세한 법률적 조언을 받을 수 있다.
4) 이러한 현상은 급속한 정보기술혁신에 법제도가 따라가지 못한데서 기인한다.

어 바람직한 가치창출을 위해 기업가정신을 자극하는 혁신제도를 만들어야 한다. 이 과정에서 무엇보다도 혁신요구, 상황, 기대에 적절하게 대응하는 제도형성과 변화가 필요하다(Stam & Nooteboom, 2010). 물론 혁신활동은 나라마다 체제 및 문화의 상이성으로 인해 차이를 보여준다. 하지만 공통적인 사실은 혁신국가의 경우, 창의적인 제도가 혁신을 자극하는 독립체로 작용하고 있다.

다. 분야별 대응 동향

1) 공유경제: 한국 법체계에서 출퇴근시간 외 카풀은 불법이다. 이미 Uber와 Airbnb는 퇴출됐다. 실례로 Uber회사를 통해 100여만 원의 요금을 받은 혐의로 기소됐던 아파트경비원은 "운송을 대가로 허가받지 않은 운송사업자와 운수종사 자가 부정한 금품을 주고받아선 안 된다."는 조항을 위반했다며 벌금 150만 원을 선고받았다. 당해 법에 '자가용자동차는 유상으로 운송용에 제공하거나 임대하여서는 안 되며, 고객유치를 목적으로 노선을 정해 운행하여서는 안 된다[5]'고 되어있다. 또한 Uber는 신고 없이 위치정보를 사용해 위치정보의 보호 및 이용 등에 관한 법률위반 혐의로 검찰에 고발됐다. 현행법상 방송통신위원회에 사전 신고의무 위반이다. 이러한 잣대에서 Uber는 무대에서 퇴장하였으며 이에 대한 정부입장은 양면적으로 모호한 태도를 보여주었다.[6] 혁신적 기술과 구제도 사이의 충돌사례로서 Airbnb는 공중위생관리법 앞에서 갈 길을 잃는다. 오피스텔을 여행객에게 빌려주고 하루에 10만원을 받았던 30대는 "숙박업을 하려는 자는 그 시설 및 설비를 갖추고 관할 구청에 신고를 해야 한다."는 조항[7]을 어긴 혐의로 벌금 70만 원이 부과됐다. 이 외에도 중고차 온라인경매 사이트인 헤이딜러는 관련 법[8] 때문에 폐업위기에 처했고, 자동차 함께 타기의 일종인 쏘카도 법 위에서 곡예를 하고 있다(중앙일보, 2016년 2월 27일자).

---

5) 여객자동차운수사업법 제34조.
6) 최성준 방송통신위원장은 기자간담회(2015년 14월 13일)에서 Uber고발이 신기술을 가로막는 과도한 조치이자 외국기업에 대한 역차별이라는 지적에는 현행법 위반이라 불가피했다고 거듭 밝혔다.
7) 현재 관광진흥법과 농어촌정비법이 근거법률이지만 공유경제 취지에 맞도록 개정작업이 필요함. 서울시는 공유촉진조례를 제정, 시행하고 있다.
8) 소비자권익과 신규 사업의 혁신 간 균형의 관점에서 자동차관리법의 개정이 요구된다.

2) 자율주행자동차: 한국의 자율주행자동차는 지난 2016년 운행허가 이후 20만㎞를 달렸다. 미국의 1/56.3수준이다. 시작이 늦은데 제대로 된 육성책도 없다. 자율주행자동차는 센서, 카메라와 같은 장애물 인식장치와 GPS 모듈같은 자동항법장치를 이용해 조향, 변속, 가속, 브레이크를 스스로 제어하며 주행하는 자동차다. 자동차사고의 95%가 운전자 부주의에 의한 것이기에 운전자에게서 운전대를 빼앗아 교통사고를 줄이기 위해 개발되었으며 당초 자동차사고율 0%를 기대하였다. 하지만 시험운행 중 사고가 발생하면서 사고처리문제가 논란이었다. 법원은 교통사고에 형법상 '업무상 과실치사상죄'로 처벌한다. 업무상 과실행위로 사람을 사망 또는 상해에 이르게 함으로써 성립한다. 이때 논란의 요소는 형법 상 행위의 조건이다. 법률상 행위가 되려면 인간의 행태, 외부 및 신체 행태, 의사에 의해 지배 가능한 행태 등 세 가지 조건을 충족시켜야 한다.9) 이에 따라 운전자가 직접 운전하지 않는 무인자동차는 행위에 대해서 법원이 행위로 인정하지 않을 가능성이 높다. 이 경우 형법 상 평가의 전제가 되는 행위성이 인정되지 않아 형사처분이 불가능하다. 이로 인해 일부에서는 무인자동차가 편법 살인기구가 될 수 있음을 경고한다. 또한 프로그램을 해킹해 주행하다가 특정인을 공격할 경우 이를 밝혀내기 쉽지 않을 뿐만 아니라 설령 적발된다고 해도 행위에 대한 적법성 판단 때문에 법률 처분을 피할 수도 있다. 일단 형사처분을 논외로 한다면 손해배상 책임의 경우, 보통 교통사고가 나면 운전자와 운전자, 운전자와 보행자 등 당사자 간 과실비율에 따라 손해배상 책임을 나눈다. 그러나 운전행위가 없는 무인자동차 사고 때는 기존의 기준을 적용할 수 없다. 차량 제조사, 자율주행 시스템 개발업체, 무인주행 경로 관리업체, 운전자 등 제조 과정에 상당히 많은 주체가 참여하기 때문에 책임 소재를 규명하기가 쉽지 않다. 자율주행 자동차와 자가 주행 차 사이에 사고가 발생했다면 보상을 둘러싼 책임은 한층 복잡해진다.10) 자율주행기술 현상과 법제도간 부정합을 드러낸다.

---

9) 형법 제1조 관련조항에 대한 전향적이며 현실 적합한 검토가 필요하다.
10) 무인자동차운행 중 사고발생의 법률책임과 관련하여 제품오류에 대한 제조사책임을 규정한 제조물 책임법(Product Liability)을 근거로 자동차 제조사의 책임이 가장 클 것으로 예상된다. 특히, 소송 입증자료를 법정에서 공개할 수 있도록 하는 디스커버리제도가 필요하다. 그러나 형사책임에 대해서는 충분한 검토가 필요하다.

3) 사물인터넷: 사물인터넷(IoT)은 침대, TV, 냉장고, 의자, 카메라, 보일러, 자동차 등 주변의 모든 사물에 센서와 통신기능을 넣어 데이터를 수집 및 처리하면서 새로운 서비스를 구현하는 것이다. 거의 모든 영역에 적용될 수 있기 때문에 무궁무진한 서비스가 기대된다. 그러나 수집된 정보가 사용자의 위치정보부터 건강정보, 통신정보, 이메일 등 거의 모든 개인정보가 망라돼 있어 데이터 유출 시 혼란이 야기될 수 있다.[11] 예를 들어 건강관리를 위해 IoT 체중계를 이용하는 경우, 회사가 해킹당해 사용자 체중기록이 인터넷에 공개됐다면 사용자들은 회사를 상대로 손해배상소송을 제기할 수 있다. 여기서 법 논란의 핵심은 IoT 체중기록 보관의 안정성에 대한 판단과 정보유출로 인한 배상인정범위 등이다. 현행 정보통신망법에서는 이용자가 정보서비스 제공자의 규정위반으로 손해를 입으면 손해배상을 청구할 수 있고, 고의 또는 과실이 없음을 회사가 증명해야 한다.[12] 개인정보보호법에서 사용자는 회사의 개인정보 처리자에게 손해배상을 청구할 수 있다[13]. 또한 개인정보 취급위탁업체에 의해 이용자가 손해를 입었을 때 손해배상 책임에서 위탁업체 직원을 IoT 체중계 업체 소속직원으로 보고 법률적 책임을 부과하고 있다.[14] 기존 정보통신망법과 개인정보보호법으로는 IoT 이용자보호에 한계가 있을 수밖에 없다. 법 자체가 IoT와 같은 신기술의 등장을 고려하지 않았기 때문이다.[15]

4) 3D 프린팅: 기존 프린팅 기술과 달리 연속 계층의 물질을 뿌려서 3차원의 물체를 만드는 제조기술이다. 아이디어를 바로 인쇄해서 수정작업도 쉬워 신제품 개발비용과 시간을 크게 줄일 수 있다. 하지만 잘못 이용하면 법정 다툼에

11) 실제로 냉장고, TV 등의 시스템을 일부 이용해 스팸메일 수십만 건이 발송된 것으로 알려지면서 IoT 시스템의 보안문제나 법률 상 큰 혼란이 발생할 수 있다.
12) 정보통신망 이용촉진 및 정보보호 등에 관한 법률 및 동법 시행령
13) 가령 IoT 체중계업체가 데이터 수집서비스를 외부 클라우드업체와 서비스했다면 외부업체도 개인정보 보호를 위해 어떤 조치를 취했는지를 소명해야 한다. 이 경우 업체가 개인정보 수집과 활용, 소유권에 관해 미리 약정했는지도 확인해야 한다. 그렇지 않으면 법률처분을 받을 수 있다.
14) 개인정보보호법 제 34조 및 제39조.
15) 개인정보의 분실, 도난, 누출, 변조 또는 훼손과 관련해 기존 정보통신망법보다 구체화된 조항이 필요하다. 특히 RFID나 USN(Ubiquitous Sensor Network) 같은 주요 IoT 기술관련 보안규정의 강화와 함께 필요에 따라 의무화할 필요가 있다.

휘말릴 수 있다. 가령 드라마 사용자가 드라마주인공이 착용한 액세서리를 3D설계프로그램으로 직접 디자인해 3D 프린터로 인쇄했다. 만약 설계도를 드라마 팬카페에서 공유했다면, 지적재산권과 특허권 침해논란이 제기될 수 있다. 특허가 등록된 물건을 3D 프린팅 기술로 인쇄하거나 3D스캐너를 사용해 복제하면 특허침해(특허법 제127조)에 해당한다. 이 경우, 금지청구, 손해배상청구, 신용회복조치청구 등 민사소송과 특허권침해 등 형사소송이 제기될 수 있다. 그러나 3D 프린터가격 하락으로 가정 내 보급률이 높아지면 가정에서 제작된 복제품의 특허침해를 적발하기가 현실적으로 어렵다. 또한 설계도는 저작물이지만 3D 프린터로 인쇄된 물리형태의 물건에 자동으로 저작권이 적용되지 않는다. 따라서 인쇄된 물건이 특허로 등록돼 있다면 특허침해가 성립하지만 저작권침해는 아닌 상황이 벌어질 수 있다. 일종의 법률 상 맹점을 드러낸다. 또한 현재 국내에서는 총포, 도검, 화약류 등 단속법이 시행되고 있다. 총기관련 부품을 제조하려는 사람은 안전행정부령이 정하는 바에 따라 경찰청장 허가를 받아야 한다.[16] 이에 따라 지금처럼 총기소지도 엄격히 제한하고 있는 상황에서 총기류 제작은 어떤 형태로든 불법이다.

3. 외국의 대응과 동향

1) 미국

2011년부터 〈Making in America〉를 기조로 '첨단 제조파트너십'이라는 제조업 혁신정책을 시행하고 있다. 특히, 미국의 AMP(Advanced Manufacturing Partnership) 프로그램은 R&D 투자, 인프라 확충, 제조 산업 플레이어 간의 협력 등을 토대로 제조업 전반의 활성화 및 변화를 도모하고 있다. 정부와 민간이 연계하여 제조업관련 이슈들을 해결하고, 효과적인 제조업 연구기반을 설립하기 위해 NNMI(the National Network for Manufacturing Innovation)을 구축하였다. 그리고 각 연구기관의 네트워크를 구축, 제조업 혁신과 상업화 촉진을 위해 자원 활용, 효과적 협력체계 구축, 공동투자 등의 전략을 활용하고 있다. 또한 NITRD

---

16) 기존 「총포·도검·화약류 등의 안전관리에 관한 법률」의 확대, 적용이 필요하다.

(The Networking and Information Technology Research and Development)는 CPS를 비롯하여 다양한 ICT 기술 분야를 중점적으로 관리하고 있다. NITRD가 선정한 8대 분야 중 특히 「IT와 물리적 세계(Physical World)」는 물리적 정보기술과 인간 상호작용 연구, 물리적 정보기술, 센싱, 물리적 정보기술시스템 구축 등을 위해 SW/HW를 강조하고 있다. 또한 기업이 혁신의 중심에 있고 정부가 적극 지원하는 IIC 사례가 중시되고 있다. IIC(Industry Internet Consortium)는 미국의 민간기업 5개 GE, AT&T, Cisco, IBM, Intel이 중심이 되어 설립했으며 현재 160개 이상의 조직이 참여 중이다. IIC설립의 중심에 있는 GE의 경우, IoT 시대의 도래에 대비하여 제품개발, 제조프로세스 등 산업분야 전반에 IoT가 활용되는 「산업인터넷 (Industrial Internet)」전략을 발표하였다(정보통신기술진흥센터, 2016). 또한 미국정부는 2012년 BigData R&D Initiative' 프로젝트를 추진하고 있다. 개별 기업들이 부담하는 공통비용을 공유플랫폼에서 해결하여 비용부담을 줄여주면 원가경쟁력 강화를 도모하고 있다. 아울러 공유경제(sharing economy)개념을 접목시키면 효율성을 높이기 위해 노력하고 있다.

2) 독일

2006년 정부를 초월한 범국가적 기술혁신을 도모하는 다양한 정책의 지원 및 효율적 추진을 위해 「하이테크 전략」을 추진하였다. 2010년에는 「하이테크 전략 2020」으로 변경하였다. 초기와 달리 미래를 위한 솔루션과 그 실현과 관련한 사회적 요구에 초점을 맞추었다. 2011년 자국 내에 「Industry 4.0(이하 인더스트리 4.0)」개념이 소개되면서 2012년 결정된 하이테크 전략 2020에 인더스트리 4.0이 새롭게 편입되었다. 2014년에는 「The new High-Tech Strategy Innovation for Germany」가 발표하였다. 독일은 미국과 유사하게 제조공정의 유연한 자동화, 제조라인·기계의 원격·자동 제어, 위험·고장예측가능의 실현 등을 인더스트리 4.0의 제조혁신 목표로 수립하였다. 궁극적으로 인더스트리 4.0을 통해 다양한 ICT 기술의 활용 및 융합이 적용되는 스마트공장을 구축하여 제조분야와 관련된 모든 산업에 활용하는 것을 목표로 하였다. 특히, 주목할 점은 산·학간 연계시스템이다. 독일의 대표적인 연구기관인 프라운호퍼(Fraunhofer)을 중심으로 4차 산업혁명 관련 기술연구를 활발하게 수행 중이며 혁신제품 개발과 스마트제품 및 서비스의 적응적 생산(adaptive production) 분야에서 네트워킹의 디지털화, 기초기술 분야의 통합 등을 목표로 추진 중이다. 또한 4차 산업혁명에 따른 기술 변화와 스마트제품 및 서비스제공은 보다 나은 인간 삶을 위한 것으로 변화지향은 인간중심의 사고다. 이러한 과정에서 정부는 보조적 역할을 하고 있다.

3) 일본

IT 인프라의 적극적인 활용을 통해 세계 최고수준의 IT활용 국가로 발돋움하는 것이다. 이를 새로운 경제성장 엔진으로 자리매김하기 위해 정부차원의 〈세계 최첨단 IT국가 창조선언〉전략을 발표하였다. 2013년 6월 최초로 발표된 〈세계 최첨단 IT국가 창조선언〉은 매년 개정하였으며 2015년 6월 2차 개정안을 발표하였다. 또한 일본 정부는 2013년 아베노믹스 전략의 하나로 〈일본재흥전략〉을 발표하였으며, 2015년 개정된 〈일본재흥전략2015〉에서 처음으로 제4차 산업혁명에 대한 언급과 함께 주요 시책이 발표되었다. 동 시책에서 제4차 산업혁명이 비즈니스 및 사회기반을 근본적으로 바꿀 것으로 인식, 새로운 기회이자 위기가 될 것으로 전망하였다. 제4차 산업혁명의 대응전략으로 민간이 적기에 해당 산업분야에 투자할 수 있도록 법·제도 환경을 정비하고, 민관이 함께 공유하는 비전수립 필요성을 제시하였다. 가령 IoT, 빅데이터, 인공지능을 통한 혁명시대에 민간투자와 정책대응을 가속시키기 위해 민관 공동으로 산업·취업구조에 대한 영향, 민관에 요구되는 대응방안 검토 등 세부 시책을 추진 중이다. 일본 정부는 신산업구조부회를 통해 IoT, 빅데이터, 인공지능 등 ICT 주요기술에 대해 제4차 산업혁명의 관점에서 접근하고 있다(정보통신기술진흥센터, 2016).

4) 중국

중국은 2015년 5월 국무원을 통해 정부차원의 국가전략 〈중국제조 2025〉를 발표하였다. 제4차 산업혁명에 대응하는 전략적 결정인 〈중국제조 2025〉는 중국의 13차 5개년 계획(2016~2020년)의 제조업 산업정책에 해당한다. 향후 중국의 제조업 육성전략의 핵심이 될 것으로 예상된다. 실제 중국은 향후 30년까지의 발전방향을 3단계로 구분하고 있다. 2015년 발표된 〈중국제조 2025〉에서 1단계에 해당하는 2015~2025년까지의 계획이 포함된다. 즉, 1차로 2020년 목표는 공업화 기본실현, 제조대국 지위공고화, 제조업 정보화제고이다. 2차로 2025년 목표 제조업 소질·혁신능력 강화, 생산성 제고, 공업화와 정보화 융합이다. 〈중국제조 2025〉는 모든 제조업분야의 ① 혁신역량 제고, ② 품질제고, ③ IT·제조업 융합, ④ 녹색성장 등 총 4개의 공통과제를 언급하였다. 4개 핵심과제의 성공적 달성 여부를 판단하기 위해 〈중국제조 2025〉는 각각의 과제에 정량적 지표와 목표수준을 설정하였다. 특히, 제조업 경쟁력 향상을 위한 5대 중점 프로젝트와 10대 중점 육성산업을 설정하였다. 〈중국제조 2025〉의 5대 중점 프로젝트는 중국 제조업 분야의 기초기술 향상 실현과 해당 분야에서 2025년까지 지적재산권을 확보하고 세계적 기술수준 도달을 목표로 추진 중이다(한국산업연구원, 2015; 현대 경제연구원, 2016). 앞서 살펴보았듯이 각국의 대응은 〈표 10-1〉과 같이 정리할 수 있는데 기본적 대응전략 수립에 있어서 기존 ICT 기술 및 관련 인프라의 활용을 극대화할 수 있는 방향에서 정책을 설계하고 있다. 또한 ICT가 중심이 아닌 ICT를 도구로서 활용하고, 최종적으로 모든 산업분야까지 확대를 고려하고 있다. 즉, ICT기반 산업별 융합과 혁신의 바탕에서 산업경쟁력을 강화하기 위한 범국가적 노력으로 이해된다.

표 10-1 주요국의 산업 경쟁력 강화 전략

국가	주요 내용
미국	• 첨단 제조파트너십(AMP), 첨단제조업 위한 국가 전략 수립 - 첨단 제조 혁신을 통해 국가 경쟁력 강화 및 일자리 창출, 경제 활성화
독일	• 제조업의 주도권을 이어가기 위해 'Industry 4.0'을 발표 - ICT와 제조업의 융합, 국가 간 표준화를 통한 스마트 팩토리 등을 추진
일본	• 일본산업 부흥전략, 산업 경쟁력강화법 - 비교우위산업 발굴, 신 시장 창출, 인재육성 및 확보체계 개혁, 지역혁신
중국	• 혁신형 고부가 산업으로의 재편을 위해 '제조업 2025'를 발표 - 30년 후 제조업 선도국가 지위 확립 목표

제2절 제4차 산업혁명의 제도화: 접근과 쟁점

1. 제4차 산업혁명의 대응: 혁신과 제도 간 공진화모형[17]

시간적 차원에서 볼 때 기술의 발전과정은 기술과 사회적 요인들 간 지속적 상호작용으로 이해된다(Hughes, 1993). 기술과 사회구조는 서로를 조건지우면서 진화하는 관계를 드러낸다(Warschauer, 2003), 즉 특정한 계기에서 기술이 사회변화에 지배적 요인으로 작용한다. 동시에 역사적 맥락에서 사회적 요인은 기술의 확산을 견인한다. 이렇듯 기술과 사회는 상호 영향을 주고받으면서 발전하는 공진화 관계를 보여준다(Moor, 1996). 그동안 혁신연구는 혁신활동을 규율하는 제도를 강조함과 동시에 신기술에는 그와 부합되는 새로운 제도가 필요하다는 기술과 제도의 공진화를 주장하였다(Nelson and Sampat, 2001). 새로운 혁신기술은 새로운 사회, 제도, 시스템을 필요로 한다. 또한 혁신기술을 효과적으로 개발·확산, 활용할 수 있도록 혁신주체들의 조직화, 정책이 수반되어야 한다. 이 경우 기술과 제도의 공진화(co-evolution) 관점에서 제도 구축이 요구된다(성지은·송위진, 2007). 기술과 제도 간 상호작용의 동태적 양상은 일종의 hype현상으로 인식된다(Gartner, 2003). 가령 정보화 상에서 드러난 hype사이클은 정(正)－반(反)－합(合)의 역사적 진화과정처럼 기술에 대한 사회적 가시성(visibility)이 시간 위에서 나타난 학습과정의 산물이다. 여기서 hype의 성공적 관리를 위해 기술에 대한 막연한 기대를 현실수준으로 맞추는 노력과 사회적 수용성을 높이는 노력이 요구된다. 기술의 사회적 가시성이 상승하는 초기에 법제도가 요구된다(김상욱·정재림, 2008).

주지하듯 시장에서 기업은 가장 핵심적인 혁신주체다. 하지만 혁신과정에서 수많은 위험과 불확실성이 제기되므로 이를 보완하기 위한 입법부의 제도적 뒷받침이 중요하다. 원래 혁신과 제도는 정보·지식집약의 활동으로서 상호학습을

---

17) 분석모형은 규범적 성격이 강하여 경험적 현상에의 적용과정에서 설명력이 제약된다. 공급요인으로서 기술혁신은 관찰 가능하지만 제도개혁은 드러나지 않거나 진행 중이라 경험적 관찰이 어렵다. 이러한 현상은 기술혁신과 제도개혁의 부정합을 드러낸다.

통해 변화하고 개선된다. 국가를 지식혁신시스템으로 이해할 때 국가 내 지식창출과 순환, 활용과정에서 혁신과 제도의 상호학습을 통해 국가경쟁력을 높일 수 있다. 즉, 제도로부터 혁신방향으로 기술적 학습이 일어나 기술변화를 가져오고 역으로 혁신 및 기술적 변화인식의 바탕에서 제도적 학습이 제도 구성을 변화시킨다. 이 과정에서 의회는 정책수립을 지원하는 입법기능을 통해 기술혁신정책의 제시나 법적 근거를 마련한다. 기술개발·혁신과 제도형성·개선의 선순환과정을 통해 국가사회의 경쟁력이 향상, 유지될 수 있다. 따라서 혁신과 제도 간 관계는 〈그림 10-1〉에서 보듯 시간흐름에 따라 변화하며 국가와 기업의 노력에 의해 상호 발전한다. 즉, 기술과 제도의 학습을 통해 기술변화와 제도변화를 가져오면서 국가경쟁력을 향상시킨다(정선양, 1996).

　기술혁신이 일어나면 혁신결과물로 인해 새로운 혁신제도에 대한 요구가 생겨난다. 즉, 법제도의 제·개정에 대한 요구가 생겨난다. 이에 정부나 국회가 수용하여 정책에 반영하면서 혁신제도가 마련된다(정선양, 1996). 가령 한국의 정보화촉진과정에서 「전산망보급 확장 및 이용촉진에 관한 법」, 「정보화촉진기본법」, 「전자정부법」 등 정보화법제의 제·개정경험은 좋은 사례다. 이처럼 기술혁신을 통해 새로운 법제를 만들거나 기존 법제를 개정하면서 구축된 혁신제도의 토대에서 새로운 경로가 생성된다. 이 과정에서 정부는 지도이념, 조직, 자원, 리더십을 발휘하면서 동시에 기능적, 확산적, 규범적, 수권적 변수를 통제함으로써

▐ 그림 10-1　기술혁신과 제도의 관계모형

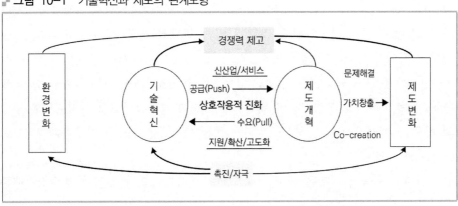

혁신제도의 가치와 안정성을 확보, 유지를 통해 경로의존성을 강화한다. 또한 성공적 혁신은 기업가정신, 잠재적 성장시장 진입, 자본이용가능성, 기술발명, 학문세계와의 접촉 등 다양한 요인들 간 역동적 상호작용의 결합이다. 이처럼 혁신은 고립적 연구행위보다 행위자간 및 제도 간 상호작용을 통해 일어난다(Freeman and Soete, 1997).

2. 주요 이슈와 쟁점: 이슈, 동향 및 평가적 논의

가. 주요 이슈

제4차 산업혁명의 기반은 정보통신기술(ICT)이다. 그렇기에 4차 산업을 중심으로 한 새로운 기술혁신과 비즈니스모델 혁신이 기존의 정보통신기술의 바탕에서 금융, 교육, 의료, 유통 등 전통적인 서비스 산업을 탈바꿈시키는 것은 물론 새로운 융합·신 서비스산업을 태동시키는 방향으로 이루어지고 있다. 가령 자율주행자동차, 공유경제, Fintech, Crowdsourcing, Mobile지급결제, 생체인식기술, BYOD(Bring Your Own Device) 등 새롭고 다양한 정보기술 혁신에 기반을 둔 비즈니스 모델이 창출되고 있다. 하지만 신기술에 조화로운 제도적 대응이나 학습은 미흡한 상황이다. 예시적 수준이지만 〈표 10-2〉에서 보듯 법적 논쟁가능성이 점차 고조되고 있다(이화여대 법학전문대학원 5기생, 2014). 이처럼 서비스시장이 혁명적으로 성장하고 있지만, 한국의 서비스산업은 갈 길이 너무 멀고 발전 속도도 느리다. 법·제도가 변화하는 서비스산업을 못 따라 가고 있다. 즉, 기술혁신과 발달에 비해 법률적 대응은 지체가 심하다. 실제로 한국에서 19대 국회에서 법안 1건을 처리하는 데는 평균 517일이 걸렸다. 심지어 1,000일 넘게 국회에서 잠자고 있는 법안도 3,365개에 달한다(중앙일보, 2016년 4월 18일 기준). 특히 경제관련 입법이 저조한데 경제관련 7개 상임위원회 입법의 경우, 경제법안 9194건 중 33.1%만 국회를 통과했을 정도로 미흡하다(중앙일보, 2016년 4월 19일자).

반면에 외국의 대응은 발 빠르다. 특히, 공유경제와 관련하여 호주정치권은

2015년 10월 6개 원칙을 제시하였다.[18] 첫째, 본인소유여야 한다. Airbnb 등의 경우, 많은 호스트가 자신소유로서 거주하지 않은 집을 Airbnb에 숙박대상목록으로 등록하고 있다. Airbnb관련 법률제정을 둘러싼 이슈 중 하나는 호스트가 거주하는 경우와 거주하지 않을 때의 차이다. 둘째, 새로운 서비스는 좋은 급료와 노동환경을 제공해야 한다. 온디맨드 서비스 기업의 근로자지위와 처우에 대한 비판이 제기되면서 부상한 이슈다. Uber의 경우, 기사들이 처우와 회사의 무책임에 항의하는 상황까지 나타났다. 그러나 Uber기사는 주로 개인사업자이므로 비영리단체를 통해 대응해 왔다. 셋째, 공정한 세금납부이다. Uber나 Airbnb에 서비스와 숙박제공자의 소득에 세금을 부과하려는 움직임은 여러 나라에서 이루어졌다. 특히 기존 소득에 추가소득이 있는 경우 적정 소득세율의 적용문제이다.[19] 지난 2014년 12월에 암스테르담 시는 Airbnb와 합의하면서 호스트들이 5%의 여행세 부과에 동의했다. Airbnb는 이메일을 통해 1년에 2번 호스트들에 규칙과 규정을 고지하였다[20]. 넷째, 공공안전을 위한 적절한 보호조치다. 서비스나 자산에 대한 안정성과 사고발생 시 보험 등의 문제이다. 또한 소비자보호규약이나 법률이행을 준수하며 서비스 제공자나 사용자 양측에 적용되어야 한다.[21] 다섯째, 보편적 접근권의 허용이다. 장애인 등 사회적 약자에 대한 접근을 보장한다는 의미로서 차별금지법이나 소비자권리에 관한 법정신 준수를 의미한다. Uber어시스트 서비스는 장애인이 사용할 수 있는 자동차와 밴을 제공하고 있다.

---

18) https://d3n8a8pro7vhmx.cloudfront.net/australianlaborparty/pages/3116/attachments/origInal/
   144546 3481/National_Sharing_Economy_Principles.pdf
19) 시카고에서는 호스트가 숙소가격의 4.5%를, 오레곤에서는 11.5%의 호텔 세를 내기로 했다.
   샌프란시스코는 29일 이하의 숙박에 대해 숙소가격의 14%의 세금을 낸다.
20) 암스테르담은 1년에 2달까지 숙박제공이 가능하며 최대 4인까지 허용하는 법률을 제정하였
   으며 세금납부 도시와 지역을 회사웹페이지에서 설명하고 있다.
21) 소비자보호에 관한 법률의 개정과 함께 공유경제관련 특별법의 제정이 필요하다.

표 10-2 기술별 현황과 법적 쟁점

기술	주요 개념	현 황	주요 법적 쟁점
무인 자동차	센서, 카메라 GPS모듈장치 등을 이용해 스스로 가속과 감속을 하면서 운전하는 자동차	구글 등 미국업체가 개발을 주도하며 2017년 상용화예정	무인자동차 사고발생시 형사(논란 중) 및 손해배상(제조자) 책임
사물 인터넷	TV, 냉장고, 의자 등 모든 사물에 센서와 통신기능을 넣어 데이터 수집 및 처리	스마트 홈부터 헬스케어까지 다양한 분야에 적용됨	기술특성상 개인정보 노출 및 해킹위험성, 기존 보안 범주 및 책임성 확대 등
3D 프린터	평면의 기존프린터와 달리 연속 계층의 물질을 뿌려 3차원 물체를 만드는 제조기술	항공부품, 보형물 등 가정 및 산업기기에 이르기까지 다양하게 활용	3D설계도와 출력물의 특허권, 저작권, 디자인보호권 등 법정다툼 가능성 높음. 총기제작 등 범죄악용 위험성 큼.

자료: 이화여대 법학전문대학원 5기생(2014).

반면에 Airbnb는 차별을 경험했을 때 신고기능만 제공하고 있다. 여섯째, 규칙준수의무다. 각국은 공유경제기업이 법률을 위반하는 경우, 서비스제공자에게 벌금을 부과하고 있다. 회사가 고의적으로 위반하면 강력한 벌금을 부과하며 위법의 반복이 드러나면 운영폐쇄방안을 제시하고 있다. 예를 들어 뉴욕에서는 Uber나 리프트 서비스의 운전자자격, 회사책임, 가격제한 등 주요 사항에 합의하였다. 공유경제가 활성화과정에서 거대사업자가 등장하고 새로운 사업기회를 찾는 개인들이 많아지면서 권한과 책임, 자격과 안전보장 등 사회와 경제주체로써 기본적으로 갖추어야 할 문제가 드러나고 있다(한상기, 2015).

나. 외국의 동향

1) 공유경제: 각국에서는 공유경제를 새로운 흐름으로 인정하고, 공유경제의 활성화에 적합한 법·제도를 정비하고 있다. 미국의 경우, 뉴욕은 30일 미만의 단기 임대를 금지하고 있으나 샌프란시스코를 비롯하여 여러 주들에서 단기 임대를 허용하는 쪽으로 선회하는 경향이다. 또한 유럽의 경우, 스페인을 제외한 다른 국가들에서도 점차적으로 단기임대를 허용하고 있는 추세다. 가령 Airbnb 관련법을 정비한 대부분의 국가에서 관련법에 '활용되지 않는 유휴 자원을 타인과 공유하여 불필요한 소비자 자원의 낭비를 줄이고, 궁극적으로 사회의 공동이

익 증가에 기여'하는 공유경제의 정신을 반영하고 있다. 이와 함께 대부분의 국가에서는 공유경제도 상거래의 일종인 점을 감안하여 세금, 보험 등 의무이행을 강조하고 있다(송순영, 2015).

2) 자율주행자동차: 미국은 1991년 AHS(Auotmated Highway System) 프로젝트를 시작으로 1997년에 대규모 자동운전을 시범 운행하였다. 구글은 2010년도에 국방부의 무인차 경진대회를 통해 확보한 기술을 바탕으로 자율주행차를 공개한 이후 1,126만㎞를 주행했다. 자율주행차는 주행을 많이 할수록 많이 데이타를 쌓고 이를 토대로 기술완성도를 높일 수 있다. 제도 측면에서도 2011년 네바다주를 시작으로 캘리포니아, 미시건, 워싱턴 DC 등 5개 주는 이미 자율주행자동차의 일반도로 주행을 허용하는 법제화를 완료했다.[22] 뉴욕, 일리노이, 하와이, 뉴햄프셔, 오레곤, 텍사스 등 12개 주는 심사 중이다. 유럽은 2008년 HAVit 프로젝트를 통해 부분 자율주행 기술을 연구했다. 이를 바탕으로 2013년 메르세데스-벤츠는 100㎞ 자율주행에 성공했다. 아우디도 A7 모델을 기반으로 900㎞를 운전자 도움 없이 달리는데 성공했다. 일본도 자율주행차와 관련해 도로교통법과 차량법 등 법규를 정비 중이다. 2017년까지 실제 도로에서 자율주행차의 시운전이 가능토록 한다는 방침이다. 2020년 도쿄올림픽 개최 시 나리타공항과 경기장·올림픽선수촌이 있는 도쿄 시내 간 고속도로에서 무인버스와 택시가 자율 주행할 수 있게 된다. 하지만 현재 일본 내에서 개발된 자율주행차는 무선차량통신(V2X) 주파수 대역이 서로 다르기 때문에 해외에서 움직일 수 없고, 해외에서 개발한 차 역시 국내에서는 운행이 불가능하다.

3) 사물인터넷: 2015년 3월 미 상원은 경제성장과 소비자 서비스개선을 목표로 IoT개발 국가전략 수립을 촉구하는 결의안(resolution) 채택하였다. 6월에는 회계감사국(GAO)에 연방정부기관을 대상으로 사물인터넷의 실태(IoT 적용경험 여부, IoT 관리·조정기능 등)에 대한 조사를 촉구하였다. 주요 내용은 데이터기반기기(device) 시장이 성장함에 따라 데이터기반기기의 유용성뿐만 아니라 잠재적 보안위협에 다각적으로 검토 및 논의한다는 것이다. 그리고 다양한 데이터기반

---

22) 미국에서 캘리포니아州가 추진하는 자율주행자동차의 일반주행 법안은 세계에서 유일한데 법률은 '차량운행에 관한 법률 38750절, SB1298 Division 16.6.38750'이다.

기기(자동차, 생활 제품, 대중교통 시스템 등)에 의한 정보수집이 증가하면서 시정부의 강력한 보안정책의 시급성을 강조하였다. 또한 하원 법원·인터넷·지재권 소위원회주관으로 사물인터넷(IoT)과 관련하여 하원 사법위원회 공청회(judiciary committee hearing)를 개최(2015. 7. 29.)하였다. 동 공청회에서는 클라우드(Cloud)에 저장된 정보를 규정한 「1986년 전자 커뮤니케이션 보호법(Electronic Communications Privacy Act of 1986)」 개정의 필요성을 제기하였다.[23] 상기 법에 의하면, 클라우드에 저장된 정보는 6개월 동안 개인정보로 보호되며, 6개월 경과이후 정부가 그 정보를 보유하게 되면서 개인정보보호의 잠재적 위협을 드러냈다. 한편, 산업계 대표들은 데이터 보안문제로 인해 과중한 규제부담을 경계하는 입장이다. 미의회 내에서도 사물인터넷의 긍정적 효과를 인정하는 반면, 보안에 대한 우려가 증대되면서 IoT 성공을 위해 혁신과 보안 간 적절한 균형이 강조되고 있다. 특히, 사이버공격에 대비하기 위한 탐지시간 단축과 지속성장을 위한 글로벌 사이버 거버넌스 프레임워크가 필요하다. 아울러 IoT는 정보기술구성요소와 연결환경에서 보안이 취약하므로 각 구성요소에 대한 보안기술체계의 마련이 요구된다.

　4) 3D 프린팅: 지난 2014년 Robot Figure업체인 게임워크숍(Games Workshop)의 설계도면이 한 3D 프린터 업체가 운영하는 사용자커뮤니티에 공유돼 논란이 되었다. 게임워크숍의 항의로 설계도는 삭제됐지만 많은 사람이 다운로드한 상황이었다. 또한 3D 프린팅기술이 범죄에 직접 악용될 위험성으로 인해 지적재산권과 관련된 특허법, 부정경쟁방지 및 영업비밀 보호에 관한 법률의 개정이 필요하다. 가령 3D 프린팅 기술로 제작된 총기를 이용해 시험 발사하는 데 성공하고, 그 설계도가 인터넷에 확산되면서 이슈가 됐다. 설계도를 제작, 유포한 측은 미국 주류·담배·화기단속국(ATF)으로부터 총기제조 및 판매와 관련된 허가를 받았다고 밝혔고, ATF는 3D 프린터 권총은 법률 상 규제대상 총기류에 해당하지 않기 때문에 법에 저촉되지 않는다고 주장[24]되지만 3D 프린터로 제작된 총

---

23) 1998년의 「아동 온라인 프라이버시보호법(Children's Online Privacy Protection Act)」에서는 개인정보를 개별적으로 식별가능한 개인에 관한 정보로 정의하면서 성명, 주소, 이메일 주소, 전화번호, 사회보장번호 등을 포함하고 있다. 이후 2012년 FTC는 한층 강화된 개인정보보호 가이드라인을 발표하였다.

기사고 발생 시 법적 논란이 제기될 수 있다.

제3절   제4차 산업혁명의 제도화 전략과 방안

1. 제4차 산업혁명의 제도화 추진환경과 전략

제4차 산업혁명의 대응을 위해 필요한 핵심 기술관련 규제의 한계를 살펴보면, 새로운 기술 활용과 데이터 공개, 개인적 정보보호, 기술발전 및 활용범위 확대라는 4가지의 방향으로의 개선이 필요하다. 즉, 기존 규제에서 새로운 기술을 활용하면서 개인적 정보를 보호하고 데이터는 공개하며 현 기술을 발전 및 활용하는 범위를 확대하는 방향으로의 규제방식 전환이 필요하다. 먼저 신기술 활용분야는 자율주행자동차에서처럼 신기술 도입과 관련된 분야로 활성화시키기 위해 법적 규제를 완화하거나 새로운 입법의 마련이 요구된다. 기존 법적 기반에 몇 개의 규제완화만 필요하다면 기존 규제를 네거티브 방식으로 전환하면 간단하다. 하지만 신기술 관련 법적 기반이 전무한 상황에서는 규제사항을 고려한 입법화가 필요하다(김근혜, 2017). 둘째, 기술발전 및 활용범위 확대에 관한 규제영역으로서 네거티브 규제방식을 지향해야 한다. 금지지역과 영역만을 예외로 하고 나머지는 모두 허용함으로써 민간참여를 확대해야 한다.

앞서 보았듯이 주요국들의 대응전략의 공통점의 하나는 민간참여다. 특히, 신기술이나 신사업의 발전과정에서 민간참여를 통해 얻는 국가이익이 크다. 민간참여 촉진을 위해 네거티브 규제방식이 강조되는데 원칙적으로 모든 기업의 활동을 허용하여 참여기회를 확대하고, 기업이 자유로운 경영을 할 수 있도록 자율권을 보장하며 기술발달을 위한 투자활동을 촉진하고 규제개선 체감수준을 획기적으로 개선해야 한다. 다만, 안전·보건·환경 등 국민 삶과 직결된 영역은

---

24) 미국 정부의 요구로 설계도는 결국 삭제됐지만 총기제작자는 정부가 인터넷의 자유를 제한한다며 강력히 반발했다.

최소한의 요건은 규정해야 한다. 셋째, 개인적 정보보호와 관련된 규제다. 4차 산업혁명에서 중시되어야 할 분야가 정보보호 및 보안이다. 4차 산업혁명은 데이터수집과 활용을 기반으로 하므로 적당한 규제 없이 정보보호와 안전에 취약하다. 그렇다고 규제 속에 데이터 활용을 제약해 버리면 빅데이터를 통한 연결화, 지능화, 융합화가 실현되기 어렵다. 그러므로 데이터는 공개하되, 공개데이터 중 안전부문은 보완이 필요하다. 특히, 바이오헬스나 핀테크는 개인정보가 기반이 되기에 무조건적 네거티브 방식의 규제를 강행될 수 없다. 현행 방식의 점진적 개선과 함께 해킹이나 보안문제를 비롯한 불확실성을 해소하는 대안의 마련이후 네거티브 규제방식으로의 전환이 바람직하다.

한국은 선진국에 비해 개인정보보호 관련법이 지나치게 많다. 개인정보 및 의료정보 사용에 대한 동의 확보 및 보호는 의료 빅데이터 구축에 있어서 반드시 넘어야할 장벽이다. 가령 과다한 개인정보보호의 규제는 데이터 활용을 어렵게 하고, 지나치게 개방적인 데이터공유는 개인정보 안전을 보장할 수 없다. 사회·경제적 편익과 비용을 고려한 적정수준의 규제가 필요하다. 이처럼 4차 산업혁명의 핵심기술을 발달시키기 위해 지나치지 않도록 글로벌수준과 함께 규제범위를 고려하여 규제방식을 정해야 한다. 넷째, 데이터공개관련 규제는 규제완화가 필요하다. 제4차 산업혁명에 대응하여 네거티브 규제방식을 취하되, 금지영역이나 특정 영역에서 행할 수 있는 행위에 대해서는 포지티브 방식을 취하는 혼합형 규제방식이 바람직하다(김근혜, 2017).

또한 제4차 산업혁명의 적응적 활용을 위한 창조적 대응이 필요하다. 첫째, 중장기적 비전이나 전략 수립 시 새로운 환경변화에 대한 예측노력이 필요하다. 정책적 통찰과 사회적 상상력이 발휘되어야 한다. 둘째, 제4차 산업혁명을 주도할 기술동향, 수요자요구, 시장동향에 적절하면서 선제적 대응체계가 필요하다. 셋째, 4차 산업혁명에 따른 충격을 흡수하고 바람직한 조화와 균형을 이루는 사회, 제도, 구성원의 정연한 기제와 질서가 마련되어야 한다. 넷째, 제4차 산업혁명의 변화가 야기하는 문제해결과 가치창출을 위해 유용하고 실용적인 전략 마련이 필요하다.

2. 제4차 산업혁명의 제도화 방향과 원칙

제4차 산업혁명은 기회이자 위기이다. 한국의 대응 전략은 기술과 규제라는 양대 축으로 구성될 것인데 시급하고 우선적인 과제는 기술보다 제도이다. 4차 산업혁명에 걸 맞는 규제 패러다임 혁신이 미래를 결정짓는다고 해도 과언이 아니다. 장차 제4차 산업혁명의 전개방향이 불확실하지만 국가전체 발전을 위한 혁신의 전제로서 기대된다. 실천적 측면에서 삶의 질 향상, 기술진보 그리고 사회개선을 추구할 것임이 자명하다. 물론 그동안 정보기술과 사회 간 상호작용의 역사적 맥락과 축적과정을 거쳐 형성된 정보화의 경로의존성을 고려할 때 제도적 변화경로를 통해 진화될 것으로 예상된다. 이런 맥락에서 제4차 산업혁명의 방향은 첫째, 구조적·문화적·근본적 변동을 추구할 것이다. 제4차 산업혁명의 기반인 정보통신기반구조가 경제, 행정, 문화 등 각 부문의 활동과 연관을 맺으며 근본적 변혁을 야기할 것이다. 둘째, 개혁지향의 변화를 추구할 것이다. 민간 및 공공부문 공히 서비스의 핵심문제로서 혁신이 강조될 것이다. 이미 민간부문은 정보기술을 활용한 서비스혁신으로 공공부문을 능가하였다. 공공부문도 정부혁신 및 재창조 수단으로 정보화를 채택하였으며, 국민편의 위주의 민본행정 실현수단으로 인식하고 있다. 셋째, 제4차 산업혁명은 조직구조 및 의사결정을 재구조화하는 수단으로서 불필요한 과정과 절차의 간소화 및 서비스기간 단축, 비용감소 등에 기여할 것이다. 기술문제뿐만 아니라 사회와 조직 및 절차 그리고 의사결정과정의 혁신수단으로서 그 유용성이 확대될 것이다(한세억, 2016). 넷째, 4차 산업혁명 대응은 사람 중심이어야 한다. 인간의 편리함을 넘어 편안함을 제공해야 한다. 즉, 물리적 및 기계적 편리성을 넘어서 본질적 문제라고 할 수 있는 기계화시대 인간의 비인간화에 대한 고민과 대비책을 진지하게 다뤄야 한다. 이러한 전개방향을 의도적으로 관리하면서 제4차 산업혁명의 효과적 추진을 위해 제도화변수와 함께 정치적 맥락과 관리체계를 발전시켜야 한다. 정부는 물론 정치 및 민간부문에서 환경변화에 따른 자체전환능력을 배양하여 자율성과 생존능력을 넘어 창조적 노력이 요구된다(한세억, 2016).

신기술이나 사업의 제도화과정에서 우여곡절이나 갈등은 피할 수 없다. 가령 원격의료서비스과정에서 사고 발생 시 어떻게 받아들일 것인가? 만일 신기술 개입 때문이라면서 원격의료금지법의 필요성이 제기될 수도 있다. 유사한 사고를 사람이 냈을 때보다 훨씬 심각하게 받아들이고 집중적으로 성토할 가능성이 많다. 어떤 경우든 안전문제에 우선하여 민감하게 반응해야 한다. 하지만 관점까지 흔들려서는 안 된다. 중요한 건 잘못된 기술 때문에 일어난 재앙인지, 보완해야 할 기술적 한계인지 살펴야 한다. 사회 전체가 신기술을 따뜻하게 바라보고 수용하는 관점과 함께 규제조급증에서 벗어나 인내심을 갖고 지켜봐야 한다. 그 밑바탕이 바로 네거티브 규제시스템이다(ZDNet Korea, 2016년 9월 18일자).

　　세계 수준의 경쟁력을 보유한 IT를 바탕으로 기술 및 서비스혁신에 조화로운 제도혁신을 위해 선제적 대응이 필요하다. 즉, 신(新)기술 및 산업의 조속한 도입을 위해 입법속도를 높여야 한다. 첫째, 신기술이나 서비스의 변화와 가능성에의 능동적 대응이다. 혁신기술과 서비스 진흥을 위해 혁신, 진흥, 산업발전, 상생, 안전성과 신뢰성 확보 등과 같은 기본원칙을 설정하면서 다른 정책과 조화를 이루어야 한다. 또한 민관협력이나 산학관연이 상호 소통하고 협력할 수 있는 체계를 마련하되 신기술이나 신서비스의 활용 및 확산측면에서 민간자율을 최대한 보장해야 한다. 둘째, 공공부문의 혁신이다. 신기술 채택 및 활용의 촉진을 위해 우선도입 의무부여 등을 들 수 있다. 신기술이나 신서비스는 네트워크와의 연결성이 중요하므로 안정적 통신기반 구축과 운영을 위한 정책적 지원과 노력이 요구된다. 그리고 창업이나 산업화 촉진환경을 조성하되 기금활용이나 세제지원 등 실질적 집행을 위한 법적 근거25)에 의해 기술혁신의 실효성을 담보해야 한다. 셋째, 융합 환경에 맞게 규제체계와 방식을 전환해야 한다. 특히 정보통신분야에서 수평적 규제체계의 도입이 필요하다. 기능적으로 유사한 서비스에 적용할 규제원칙을 세우되 기술혁신에 따른 신규서비스와 기존서비스 간 균형적인 규제체계를 적용해야 한다. 넷째, 신기술과 서비스가 나타나면서 기존 제도와 충돌할 가능성이 높다. 자칫 기존의 법규들이 기술혁신의 장애물로 작용할 수 있다.26) 이에 따라 법으로 정해진 것 외에는 할 수 없는 포지티브방식에서

---

25) 가령 중소기업기술혁신촉진법처럼 정책수단간 유기적 효율성을 갖추어야 한다.
26) 예를 들면 원격진료, 사물인터넷 등 이미 충분한 기술력과 네트워크가 갖춰져 있는 서비스

정해진 것 외에는 다 할 수 있는 네거티브 방식으로의 전환이 요구된다. 다섯째, 기존 사업자들과 충돌하는 경우가 있어 이해당사자, 관련 전문가 등이 모여 합의점을 찾는 과정이 반드시 필요하다[27]. 이에 따라 법제도 정비과정에서 이해관계자의견을 신속하고 적극적으로 수렴하는 등 사회적 공론화 및 공감대 형성을 위해 노력해야 한다.[28]

3. 제4차 산업혁명의 창조적 제도화를 위한 당면과제

제4차 산업혁명이 사회혁신과 변화를 위한 가치와 안정성을 유지하기 위해 제도화가 필요하다. 특히, 다른 국가와 차별화된 한국적 상황과 여건에 적합하고, 유용하며 질서정연한 제4차 산업혁명의 제도화가 필요하다. 제4차 산업혁명은 국가사회의 전반적 영역에 걸쳐서 나타나는 현상이므로 제도화에 영향을 미치는 다양한 변수에 대한 전략적 관리가 필요하다. 가령 제도화변수 간 우선순위 및 중요도, 제도화의 접근방식, 시간적 측면의 고려, 기술 및 산업수준에 따른 평가 등이 고려될 수 있다.

1) 내적 변수

(1) 지도력과 이념

대통령을 비롯하여 비서실, 정책관료와 국회의원이 제4차 산업혁명에 대한 필요성, 중요성의 인식을 바탕으로 리더십을 발휘해야 한다. 한국의 정보화경험에서 나타났듯이 제4차 산업혁명 추진을 위한 강력한 의지는 말이 아닌 행동으로 나타나야 한다. 무엇보다도 제4차 산업에 대한 중요성에 대한 대통령 인식과 함께 변화의지가 국정 전반에 투영되어야 한다. 대통령이 직접 국가프로젝트로 회의를 주재하거나 정책추진의 구심력이 되어 제4차 산업혁명 정책과제가 정책 우선순위로 설정되어야 한다. 아울러 국정지표로 설정하고 새로운 국가발전 이

에서 기존 허가기준이 적합하지 않거나 존재하지 않는 경우가 발생할 수 있다.

27) 논란이 된 콜버스(스마트폰 앱기반 버스이용자승하차서비스)는 택시와 버스사업자의 반대에 부딪혔다. 국토교통부와 서울시도 처음엔 사업허가를 내주지 않았지만 여론비판이 일자 2016년 3월 31일 운영시간과 장소를 제한하는 조건으로 운행을 허가하였다.

28) 국회의 법제사법위원회의 상시운영과 함께 민관협치의 제도화가 필요하다.

념형으로 제시되어야 정책추진의 동력으로 작용할 수 있다. 또한 정부 각 부처의 장관을 비롯한 정책관료와 정책비전을 공유하여 정책리더십으로 확산되어야 한다. 그리고 리더십은 최고정책결정권자의 이념으로 투영되어야 한다. 즉, 통치권자 국정이념의 사회적 확산과정을 통해 제4차 산업에 대한 수요를 자극해야 한다. 그래야 제4차 산업혁명에 대한 국민의식 및 인지수준이 높아질 수 있다. 이미 정보통신의 중요성에 대한 사회성원들의 인식과 활용의지를 나타내는 가치관과 규범 그리고 이들 요소들의 상호작용을 포함하는 체계로서 정보화가 산업사회 이후의 국가발전 이념형으로 자리매김하였다. 제4차 산업혁명의 기반이 되는 정보통신기술의 성장은 지식과 창조성의 생산적인 해체와 조합을 효율적으로 이끌어낸다(김기홍·이현웅·최종석, 2017)는 인식과 의지가 지도력으로 투영되어야 한다.

(2) 정책수단의 확보

제4차 산업혁명의 순기능을 최대화하기 위해서는 필요한 정책수단을 적시에 확보해야 한다. 제4차 산업혁명추진을 위한 예산과 인력, 관련법률 등을 확보하는 것이 필요하다. 정책추진을 위한 수단이 확보되지 못한다면 실효성 있는 정책을 추진하기 어려울 것이다. 먼저, 제4차 산업혁명관련 정책의 안정적 추진을 위해 기금 및 예산을 확보하여야 한다. 예산과 함께 정책을 전담하여 추진하는 전문 인력이 확보되어야 한다. 예산과 인력은 조직과 함께 중요한 정책수단이 된다. 아울러 그 성과를 극대화하려면 글로벌 여건이나 기술추세를 반영하는 내용으로 각종 제4차 산업혁명관련 법령을 사회적 수요와 요구에 부응하여 정비 및 제정해야 한다. 제4차 산업혁명의 진전에 따른 입법적 대응은 지원 및 육성, 보호와 이용확산 그리고 부작용 및 역기능예방 등으로 나타났다. 이 가운데 정보화에의 적응적 변화는 기존 법률의 폐지 및 개정이 해당된다. 만약 제4차 산업혁명관련 법령이 시대변화를 제대로 수용하지 못하거나 기존 사고의 틀을 유지한다면, 산업은 물론 사회 전 분야에 걸쳐 체계적이고 효율적인 발전을 기대하기 어려울 것이다. 그러므로 제4차 산업혁명의 진전에 따른 법철학의 개발과 헌법, 민사법, 형사법, 상사법 등 기존 법에 대한 재해석과 함께 관련법의 진화 또는 개정을 위한 지침과 방향이 마련되어야 한다. 이 과정에서 부처 간 영역다툼이나 정책적 오류로 인해 산업 및 기업 활동의 걸림돌로 작용할 수 있다. 뿐만 아니라 관련법들의 중복 및 미비점으로 인해 정책혼선이나 시행착오가 야기될 수 있음을 간과해서는 안 된다.

(3) 행정조직구조 변화

제4차 산업혁명에 대응하여 행정조직구조와 기능을 재편해야 한다. 가령 범국가적 수준에서 대통령실과 대통령이 관장하는 제4차 산업혁명추진 및 전략위원회(가칭) 등을 갖추어야 한다. 아울러 제4차 산업혁명은 범국가적 대응이 필요하다는 점에서 각 부처 차원에서 정책을 담당하는 정비해야 한다. 정책의 결정과 효율적 집행을 위한 역할을 담당하면서 추진체계를 구성한다. 이러한 과정에서 기존의 정부조직법을 제4차 산업혁명 환경에 맞추어 개정하면서 조직의 개폐가 필요하다. 특히, 지능정보강국을 건설하려면 제4차 산업분야의 산업을 집중 육성하되 산업간 융합 및 연계를 강화하는 방향으로 관련 부처 간 긴밀한 협조체제의 구축, 운영이 필요하다(정충식, 2009). 다만, 범국가적으로 부처별 추진과정에서 중복이나 갈등문제가 야기될 수 있으므로 부처의 상위맥락에서 조정기구가 작동해야 한다.

(4) 정책프로그램 및 이벤트

제도화의 구체적 산출로서 사업 및 프로그램의 추진이 필요하다. 즉, 제4차 산업혁명의 범국민적 확산과 함께 대응을 위하여 중앙 및 지방정부의 정책프로그램이 개발, 추진되어야 한다. 정책프로그램들은 중장기계획 및 전략, 다양한 사업으로 표출되어야 한다. 아울러 제4차 산업혁명이 범국가적 및 사회적 개혁운동의 관점에서 다양한 이벤트가 개발, 실행되어야 한다. 이러한 과정에서 정부를 비롯하여 언론 및 학계의 자발적이며 능동적 참여가 요구된다. 또한 국가사회 전환을 위한 사업으로 공공-민간 파트너십 등 지역·도시차원의 협력이 필수적이다. 혁신적 친환경 인프라구축과 제4차 산업혁명관련 투자·서비스 등 새로운 기술·서비스의 연구개발이 필요하다. 사업을 통해 기대되는 산출과 편익은 개별 구성원들에 공유되어야 한다. 이러한 바탕에서 자발적·능동적인 공공-민간 협력을 통해 자원 확보, 시너지 효과, 사회적인 공감대 형성을 이루어야 한다. 내부 주체들은 공공, 민간, 사회, 교육 등 다양하게 분포하면서 능동적으로 협동에의 참여를 이끌어내야 한다. 제4차 산업혁명 프로젝트 방향성은 시민의 능동적 참여에서 찾되 프로젝트 시작단계부터 시민참여를 중시해야 한다.

(5) 규범, 의식, 행태

제4차 산업혁명의 대응과정에서 기존 관행이나 제도의 변화를 위해 의식개혁이 요구된다. 범국가적 수준에서 국민인식 제고 및 이해능력 제고를 위한 계몽교육이 요구된다. 아울러 법제정비과정에서 다양한 정치·경제·사회·문화적 변화에의 폭넓은 인식과 심층적 이해가 요구된다. 제4차 산업혁명시대의 성숙과 고도화에 따라 제기되는 현안의 해결을 위해서는 현상과 문제 상황에 대한 정확한 진단과 올바른 이해와 인식이 선행되어야 한다. 특히, 국회를 중심으로 법조계, 산업계, 학계, 연구, 행정 등 관계기관의 지속적인 관심과 공감대 형성이 필요하다. 아울러 새롭게 등장하는 제4차 산업혁명관련 용어와 의미와 관련하여 체계적이며 종합적 통일·조정이 필요하다. 나아가 제4차 산업혁명기의 사회패러다임 및 인식체계의 변화에 대한 진단과정에서 고려해야 할 이슈 및 쟁점사항을 심도 있게 분석하기 위해 제4차 산업혁명에 대한 실상 및 동향에 인식과 이해가 요구된다. 시민사회 및 사용자의 역량 및 책임성을 향상시키기 위한 교육·훈련이 병행 추진되어야 한다. 아울러 시민사회의 참여능력 향상을 위한 프로그램으로서 시민사회조직(CSO)과 실질적인 공동연구를 추진할 수 있는 제도적 기반을 구축해야 한다. 또한 사업 및 활동에 참여를 원하는 시민사회 조직의 니즈와 관심을 충족시키기 위한 사전활동과 시민사회 조직의 능력을 향상시켜야 한다. 그리고 Cooperative Research Processes로서 제4차 산업혁명관련 기관과 시민사회 조직의 협력연구와 상호학습을 촉진하기 위한 프로젝트가 발굴, 추진되어야 한다.

2) 외적 변수

(1) 수권적 관련변수

대통령의 확고한 지지와 관심을 바탕으로 정책 및 정책관료의 안정성이 유지되어야 한다. 또한 기술 및 산업의 변화추세에 민첩한 대응력과 민간의 창의력을 고양하는 유연성 있는 입법능력이 요구된다. 헌법을 비롯하여 기존 법령에 대한 개정과 함께 제4차 산업혁명에 대응한 새로운 법률의 제정이 동시에 이루어져야 한다, 수권적 관련변수는 제4차 산업혁명의 안정적 추진을 위한 장치로서 의미를 갖는다. 제4차 산업혁명의 경우, 이미 각종 신기술 및 신규 사업부문에서 충돌 및 갈등과 법적·제도적 장애요인이 발생하고 있다. 또한 새로운 정보시스템 구축 등 융합기반 혁신사업의 추진과정에서 드러난 법·제도적 미비점과 역기능 및 부작용 개선을 위한 구체적 입법수요가 증가하고 있다. 이러한 법·제도적 과제를 조기에 발굴하여 제4차 산업혁명법제 마련을 위한 체계적 정비노력이 요망된다. 이러한 맥락에서 제4차 산업혁명은 국가사회 및 정부혁신 등 개혁의 과제와 맞물리면서 추진되어야 한다.

(2) 기능적 연관변수

기능적 연계는 투입 면에서 관련부처 및 산업간 관계, 산출 면에서는 사회적 기여로 이해할 수 있다. 먼저 투입기능의 경우, 제4차 산업혁명관련 사업은 다수조직의 분산된 집행구조를 갖기에 조직 간 횡적 연계성이 중요하다. 아울러 제4차 산업의 기반분야인 정보통신의 자유화, 민영화 확대에 따라 집행기능을 담당하는 민간부문과의 역할설정이 필요하다. 그리고 제4차 산업혁명시대의 민간 및 공공수요와 환경변화를 면밀하게 파악해야 한다. 이를 위해 제4차 산업혁명관련 전문지식기반의 정책공동체네트워크를 구축, 운영해야 한다. 여기서 전문가, 기업 및 수요자들의 의견을 수렴하여 정책 및 제도형성에 최대한 반영해야 한다. 뿐만 아니라 관련부처와 사회단체 및 업계의 요구사항 및 의견을 수렴해야 한다. 특히 정부주도의 제도화과정에서 부처이기주의로 인한 정책혼선이나 중복 과잉투자 등의 문제점이나 자칫 추진주체의 분기로 인해 제도화가 지체되지 않도록 노력해야 한다. 뿐만 아니라 입법부에 의한 정보화법제 정비작업이 전개되는 경우, 부처나 관련단체에 따라 자의적 해석이나 관리에 벗어나 국가적·거시적·통합적 시각에서 제4차 산업혁명 추진의 효율성과 사회 및 산업발전, 그리고 국민권익과 기업편익의 신장이 우선시되어야 한다. 이러한 과정에서 제4차 산업혁명의 사회적 및 개인적 기여는 정책체제에 지지와 관심, 참여를 확산시키면서 정책의 환류양상을 드러내야 한다.

(3) 규범적 관련변수

제4차 산업혁명의 규범과 가치창출이 청와대를 중심축으로 중앙 및 지방정부로 이어져야 한다. 제4차 산업혁명의 선제적 대응과정에서 장기비전이나 아이디어 도출을 위해 정책 및 기술 전문가 그리고 시민들이 함께하는 공론장(포럼, 워크숍, 토론회 등)이 마련되어야 한다. 가령 시민참여워크숍을 통해 프로젝트의 방향성과 콘텐츠, 그리고 혁신에 대한 창조적 아이디어를 도출해야 한다. 다양한 차원에서 커뮤니티를 활성화하면서 시민들의 자발적 참여의 중요도와 그에 따른 결과와 차이를 분석하고 시민들과 공유해야 한다. 물론 기술·사회·경제적 관점의 수렴과 함께 지역특성이 반영되어야 한다. 또한 제4차 산업혁명의 지속가능성 확보를 위해 전문가집단의 활동을 지원하고 제4차 산업혁명의 실용성과 효과 등 공유·공감·활용을 위해 전문지식의 체계화를 위한 노력이 병행되어야 한다. 그리고 시민들의 니즈에 부합하는 제4차 산업혁명 대응정책과 계획수립을 위해 시민들의 아이디어, 니즈 및 생활패턴을 파악하고 이를 기반으로 제4차 산업혁명에 대응하는 프로젝트를 기획·조정하면서 결과물은 프로젝트에 참여하는 구성원들 간 공유의 바탕에서 프로젝트의 목적과 방향성에 대한 공감대 형성을 위한 기본 자료로 활용해야 한다. 나아가 제4차 산업혁명 프로젝트는 지역과 시민의 니즈를 반영하여 실현 가능성을 높여야 하며 시민과 기업에게 비전 및 목표에 대한 인식, 공유수준을 제고시켜야 한다.

(4) 확산적 관련변수

제4차 산업혁명은 가치와 편익은 사회적·공간적 및 인구·생태적 확산에 기여해야 한다. 이처럼 제4차 산업혁명의 확산과정에서 언론은 정보화의 고도화노력과 함께 제4차 산업혁명에의 대응 및 사회변화에 따른 이슈 부각 등을 통해 선도적 역할을 담당해야 한다. 물론 제4차 산업혁명 패러다임에 맞게 국가지배구조와 공공부문의 일하는 방식 등이 변화되어야 한다. 입법·사법·행정과 중앙-지방정부구조를 포함한 국가 지배구조도 동태적 유연성(Dynamic Flexibility)

을 제고하는 구조로 변화해야 한다. 가령 민주적 국가지배구조로서 정치인과 법관, 관료들의 수직적 지배체제를 수평적 협업 관계로 바꿔 창의성·개방성·유연성을 높여야 한다. 가령 정부의 경우, 정보통신부문의 이익집단, 지식산업기관인 대학 및 산하연구기관 등으로 구성된 정책공동체(policy communities)를 형성, 이를 토대로 정책네트워크를 구축하여 긴밀한 상호협력·교류와 연대, 확산활동을 통해 전략적인 변화대응이 필요하다. 또한 융합화, 개방화, 글로벌화의 심화에 따른 지역 환경의 급속한 변화로 인해 공동체의 삶과 양식이 달라지고 있다. 이에 지역발전 및 혁신전략도 새로워져야 한다(홍순구·한세억, 2009).

　제4차 산업혁명의 제도화를 위해 경쟁적이고 창의적인 정책 및 제도가 요구된다. 새로운 환경변화에 능동적으로 대응, 관리하기 위해 정부뿐만 아니라 정치 및 민간부문간 거버넌스(협치) 역량의 배양과 함께 제도의 질적 성숙과 고도화를 위한 창조적 능력이 요구된다. 새로운 기술 및 사업의 등장으로 발생하는 가치충돌의 문제는 사회적 논의와 합의의 바탕에서 기술혁신을 반영한 법률 제·개정이 요망된다. 최근 제4차 산업혁명의 진전과정에서 새로운 성장 동력의 부재로 산업구조의 고착화 상태를 답보하고 있는 한국의 경우, 자칫 앞서가는 선진국과 끊임없이 추격해오는 개도국 사이에서 국가경쟁력을 상실할 수 있다. 또한 한국적 상황과 여건에 맞는 제4차 산업혁명의 차별적 추진을 위해 대기업 중심의 경제성장에서 벗어나 창조성에 기반을 둔 ICT 융합 신산업 및 신기술의 창출과 육성이 요구된다. 이 과정에서 기술혁신 산물과 사회적 충격은 무조건 금지나 허용의 문제로 다루어지는 것보다는 절충과 묘합의 접근이 필요하다. 나아가 사회가 학습하면서 잠재적 문제점을 최소화하고 장점을 최대화하는 방향으로 공론을 형성해야 한다. 국회가 중심이 되어 기존 법률과 규정에 어긋나는 이슈를 정리하면서 혁신기술과 제도 간 선순환적 상호작용과정을 위해 원칙과 가이드라인을 정하고, 기존 현상과 합치하는 부분, 상충하는 부분, 적용되지 못하는 공백 또는 사각지대 부분에 대한 정확한 진단의 바탕에서 포괄적이며 창조적인 제도화노력이 필요하다.

4. 제4차 산업혁명 중추기술과 제도 간 공진화 방안

그동안 한국경제를 견인해 왔던 IT산업이 한계에 이르렀다. 특히, 정보통신 서비스, 콘텐츠 측면에서 IT 인프라를 효과적으로 활용하지 못할 뿐만 아니라 융합추세에의 준비도 미흡하다.[29) 그러므로 장차 IT기반의 이용활성화를 위해 수요자(사업체)의 요구를 반영하고 다양한 서비스가 출시될 수 있는 환경을 조성 해야 한다. 수요자의견을 수렴하고 수요자도 기술·서비스의 편익을 충분히 인지 하도록 해야 한다. 또한 시장진출 근거법령이 없거나 모호한 경우,「정보통신 진흥 및 융합 활성화 등에 관한 특별법」상의 신속처리·임시허가(제36조~제38조)를 적극 활용하고, 기존 법령 상 불합리한 규제는 범정부 규제개혁 프로세스에 실 시간 반영해야 한다. 이 외에도 사물인터넷·클라우드·빅데이터 전문가가 없더 라도 해당서비스를 불편함 없이 이용할 수 있도록 이용자 환경(user interface, UI) 개선노력이 병행되어야 한다(정준화, 2016).

1) 기술 및 혁신 간 공진화현상에 대한 인식 제고

국회의원은 특정 분야에 깊이 있는 전문성과 동시에 각 분야를 종합적으로 파악하는 상황판단능력이 필요하다. 정책능력은 세계의 변화추세를 파악하고 열 린 자세로 적응하는 능력과 정보화 감각을 포함한다. 특히, 기술혁신관련 법제분 야는 다양한 정치·경제·사회·문화적 변화에의 폭넓은 인식과 심층적 이해가 요구된다(박찬욱 외, 2004). 기술과 제도 간 공존과 상호작용관련 전문성 및 심층 성의 확보를 위해 연구역량 및 국회운영시스템을 강화해야 한다. 이를테면 공진 화현상의 이슈, 의제, 제도화과정을 다루는 국회-과학기술-산업-학계 간 연 계프로그램과 협의체를 마련해야 한다. 제4차 산업혁명의 진전에 따라 제기되 는 현안의 해결을 넘어 미지영역의 개척을 위해 기술혁신과 제도 간 공진화현 상에 대한 정확한 진단과 올바른 이해가 선행되어야 한다. 디지털 및 정보통신 분야의 경우, 이미 각종 정보화정책 및 사업의 진행이 가속화되면서 다양한

---

29) 기존 융합관련 법률(융합촉진을 위해 산업융합촉진법, 정보통신 진흥 및 융합 활성화 등에 관한 특별법) 간 연계성 확보와 함께 새로운 기술현상의 포섭이 요구된다.

법적·제도적 장애요인이 발생하고 있다.30) 이러한 법·제도적 과제를 조기에 발굴하여 법제화하는 입법역량이 요구된다. 아울러 법제는 다양한 분야에 걸쳐있고 서로 연관성을 지녀야 효과를 거둘 수 있다. 따라서 관련법령은 입법단계부터 체계적 정합성을 고려하여야 한다.31) 나아가 디지털화 진전에 따른 사회패러다임 및 인식체계의 변화에 대한 진단과 함께 고려해야 할 이슈 및 쟁점사항을 심도 있게 다루기 위해 정보기술혁신에 대한 실상 및 동향에 인식과 이해가 요구된다(한세억, 2013a).

2) 정보기술과 사회 간 상호작용적 학습의 제도화

입법부는 정보환경의 변화추세에 민첩한 대응력과 민간의 창의력 발휘를 고양하는 유연한 입법능력이 요구된다. 기술혁신에 의한 사회변화에 부응하는 법제도적 정비과제를 사전에 검토하여 사회변화에 따른 충격을 완화하는 입법역량이 절실하다(한국전산원, 2002). 기술혁신과 사업성과가 가시화되면서 드러난 법·제도적 미비점과 역기능 및 부작용을 개선하기 위한 구체적 입법수요도 크게 증가하고 있다.32) 특히, 기술혁신의 확산과정에서 야기되는 역기능, 부작용, 문제점 등을 최소화와 편익 및 순기능의 최대화를 위한 제도적 대응노력이 요구된다. 즉, 정보기술의 사회적 도입, 적용 및 확산에 의한 가치와 안정성을 보장하기 위한 제도화노력이 요구된다. 제4차 산업혁명의 진전에 따른 법철학의 개발과 헌법, 민사법, 형사법, 상사법 등 기존 법에 대한 재해석과 함께 관련법의 진화 또는 개정을 위한 지침과 방향이 마련되어야 한다. 그동안 정부주도로 정보화촉진과 정보산업 육성을 위해 법제 정비를 비롯하여 각종 정책을 추진해왔다.

---

30) 기존 법률이 ICT 환경변화를 반영하지 못해 제도적 공백이 발생하는 경우다. 또한 융합이 핵심인 ICT 산업에서 개별 법령들의 중복규제로 신산업 창출의 장애요소가 되고 있다. 가령 의료법과 은행법 등 관련 법제도 미비로 인해 제한적인 서비스만 가능한데 ICT 융합형 헬스케어, 핀테크(fintech) 분야가 그 대표적 예이다.

31) 정보통신기술 및 산업은 횡적 연계성이 강하므로 법률 및 정책수립 시 관련분야 간 연계와 공유, 협력을 전제로 할 필요가 있다. 이런 맥락에서 조직, 절차, 업무, 범위, 기능 등 정보통신기술 및 산업 간 연계성 촉진 및 강화를 위한 법률(가칭)이 필요하다.

32) 현재 사회적으로 급속하게 확산되고 있는 스마트폰과 관련하여 오픈된 플랫폼과 다양한 모바일 OS에 의해 해킹환경 또한 접근이 용이해졌기 때문이다. 악성코드 감염, 금융 정보 유출 등 예상되는 정보보안에 대한 입법 논의가 필요하다.

이 과정에서 부처 간 영역다툼이나 정책오류로 인해 산업 및 기업 활동의 걸림돌로 작용하였다. 뿐만 아니라 정보화관련법들의 중복 및 미비점으로 인해 정책혼선이나 시행착오가 야기되기도 하였다. 이러한 문제점을 해소하면서 능동적으로 정보기술과 사회적 상호작용을 촉진, 제도화하기 위해 정보화분야에서의 이념, 프로그램, 자원 등 내적 변수와 함께 기능, 권한, 확산관련 외적 변수 통제의 바탕에서 정부입법에 대한 견제 및 조화로운 협력자로서 역할이 요구된다(한세억, 2008).

3) 다양성과 상호작용 촉진을 통한 사회적 논의 및 합의 형성

제도혁신은 시대상황, 수요자 요구, 그리고 환경변화에 적절해야 한다. 제도형성을 둘러싼 환경과 주체들 사이에 정보가 자유롭게 순환하면서 지식이 끊임없이 생성되어야 한다. 즉, 지식창출과 선순환을 위해 개방성과 유연성과 함께 다양한 논의구조가 마련되면서 지식교류와 융합을 통해 창발적 통합을 도모해야 한다. 개별주체의 다양성은 사회적 용인수준에 달렸다. 사회 각 분야에서 시민사회 및 민간부문의 지식생산역량이 강화되면서 활발한 참여와 상호작용과정에서 공감대나 합의가 형성되어야 한다. 국회는 지식창조 주체들 간 인적 네트워크를 구축하여 호혜적 상호작용으로 협의의 틀을 제도화하고 미래지향적 담론 장을 마련해야 한다. 이러한 틀에서 지식인과 지식집단 역시 추측과 논박, 경쟁과 협력을 통해서 새로운 지식의 창출과 지식의 고도화가 가능하다(김선빈 외 2007). 복잡성과 불확실성이 점증하는 환경에 효과적 대응을 위해 지식생산자들이 다양한 지식을 생성, 축적하여 적은 변형으로도 현실 활용성이 높은 정책지식이 생산·유통되도록 역동적이며 유연한 시스템을 갖춰야 한다. 즉, 정책지식 네트워크의 실천적 도구로서 지식DB, 커뮤니케이션링크, 그룹웨어 등으로 연계된 기술적 지원이 마련되어야 한다(한세억, 2013b).

4) 정책지식생태의 창발성 고양

정책지식은 다양한 구성요소의 상호작용에 의해 생성된다. 창조성기반시대의 생존요건으로서 융합창발력을 높이기 위해 국회, 정당이 솔선하여 과학적 사고와 방법의 기반에서 비효율을 줄이고 창조적 업무방식을 고민해야 한다. 또한 소통과 화합의 조직문화가 필요하다. 이(異)분야의 학문과 기술을 융합하려면 끊임없는 소통이 전제되어야 한다. 단순히 창의적 사고를 넘어 정책지식생태 구성요소들 스스로 창조적 리더십을 가지고 새로움을 향해 실천해 나가는 입법역량을 발휘해야 한다. 이처럼 과학적인 업무 프로세스, 활발한 소통문화, 구성원들의 창조 리더십이 갖춰질 때 융합을 통한 기술혁신과 지식혁명이 가능할 것이다 (한세억, 2013b). 이런 과정에서 국회는 사회 내 다양한 구성원들과 맺고 있는 관계의 포괄성, 정책개발 과정에서 다양한 유형의 전문가 참여, 행정부와 국정책임의식 공유와 함께 정책지식의 순환 및 교류 메커니즘에서 중추적 역할을 담당해야 한다.

지금까지 살펴보았듯이 한국은 IT분야의 혁신기술 및 서비스의 산업화 및 상용화에서 지체양상을 보여준다. 혁신기술의 사회적 수용을 위한 법·제도 미비에서 비롯된다. 이로 인한 혁신기술과 법제도의 충돌은 특정기업이나 사업자가 부담하거나 시민이 감내해야 할 문제가 아니다. 새로운 기술등장으로 발생하는 가치충돌의 문제는 사회적 논의와 합의가 전제되어야 한다. 새로운 가치와 기술혁신을 반영한 법률 제·개정이 요망된다.

장차 확장추세의 공유경제는 창의성에 기반한 ICT 융합 신산업 및 신기술의 창출과 육성이 필수적이다(최병삼 외, 2016). 이 과정에서 기술혁신 산물과 사회적 충격은 무조건 금지나 허용의 문제가 아니다. 사회가 학습하면서 잠재적 문제점을 최소화하고 장점을 최대화하는 방향으로 합의를 형성해야 한다. 그동안 노출되었던 문제점을 파악하고, 기존 법률과 규정에 어긋나는 이슈를 빠르게 정비해야 한다. 국회가 중심이 되어 혁신기술과 법제도간 공진화과정에서 야기되었거나 예상되는 문제, 이슈에 대한 기본원칙과 가이드라인을 정하고, 기존 법률과 합치하는 부분, 위배되는 부분, 법률적용이 어려운 공백 또는 사각지대 부분에 대한 파악의 바탕에서 포괄적 법제정비가 필요하다.

Epilogue

혹자는 정보화를 유대인의 정략적 산물이라고 비판한다. 정보통신에 의한 석유 대체로 아랍 세력을 약화시킬 수 있다는 정치경제적 음모론이 깔려 있다는 것이다. 그 진위 여부는 불명확하지만 정보통신의 정치경제적 효과는 분명하다. 자원빈국 한국이 정보화를 추진한 결과 자타가 공인하는 IT강국으로서 국제적 위상이 높아졌다. 단적으로 지난 2010년 IT산업은 총 수출액의 31.1%를 차지했고 경제성장 기여율도 23.4%에 달하는 핵심 산업으로서 현재까지 그 명맥을 유지하고 있다.

하지만 진정 정보강국일까? 한마디로 오해다. 한국의 정보화는 화려한 외양에 비해 내실은 빈약하다. 우리의 사회동력은 아직까지 산업사회 차원에서 벗어나지 못했다. IT기기 생산, 보급을 비롯한 정보통신 활력의 원천이 재생 불가능한 화석연료에 의존하고 있다. 당장 전원공급이 중단되면 IT산업은 올 스톱이고 똑똑한 IT기기는 먹통이 되며 인터넷은 암흑세계로 변할 게 뻔하다. 전자정부든 스마트기업이든 지능 홈이든 전기 공급 없는 컴퓨터와 통신, 가전은 상상할 수 없다. 그런 만큼 화석에너지 중독은 정보강국을 무색하게 하는 아킬레스건이다. 더구나 온실가스배출량 세계 9위라는 불명예의 주범 중 하나가 IT였다는 사실도 정보강국의 불편한 진실이다.

한국이 정보사회의 강자가 되려면 태양·바람·파도로부터 얻는 그린에너지가 사회경제활동의 원천이 돼야 한다. 또 가전 기기가 태양광 휴대전화처럼 전원플러그나 충전지로부터 자유로워야 한다. 정보통신이 화석에너지를 대체해야 정보사회요, 사회경제운영의 중심이 Soft power로 전환해 석유소비와 경제성장 간 악순환이 종언을 고해야 정보강국이다.

사실 한국의 정보생산량이 세계 평균 정보량의 2배를 웃돌지만 부정확한 정보에 의한 불확실성 증대로 초 위험사회로 지목되기도 한다. 일각에선 뒷걸음치는 IT경쟁력 순위를 우려하지만 정작 염려되는 것은 부실한 정보, 안이한 정보마인드와 불건전한 정보행태다. 정보사회의 가치와 IT강국의 안정성을 위협하는 허위정보, 사이버음란 및 테러, 해킹, 불법복제 등을 근절해야 한다. 그런데 인터넷에서 허위정보, 악성리플이 개인생명과 공동체안녕에 해악을 끼치는 상황이다. 그런데도 아직까지 정부와 함께 정책형성 및 제도 구축을 담당해야 할 정치권은 당리당략적 차원에서 소모적 논쟁만 일삼고 있다. 시속 1마일 속도로 정보역기능의 뒷북만 치는 정치권의 무지와 무감각, 무책임이야말로 IT역기능왕국의 일등공신이다. 얼마나 무고한 희생을 치러야 정신 차릴 것인지 문제의 심각성을 모르는 듯하다.

인터넷에서 번진 안티문화는 언제부턴가 '죽이기' 문화로 변질되었다. 자신과 다르면 무조건 적대시하는 배제와 거부의 저질문화다. 갈수록 차열한 경쟁의 시대에서 잘 싸우기보다는 상대방을 흠집 내 이기려 한다. 아니면 말고나 그냥, 잘 모르겠지만 식의 무책임한 괴담이 판치고 있다. 미확인 소문이나 조작된 이야기가 사이버 공간에 떠돌면서 특정 단체나 개인에 회복불능의 상처를 입히는 경우가 허다했다. 이처럼 인터넷에서 좋고 싫음에 의한 감정적, 독선적 편견이 옳고 그름에 의한 이성적, 윤리적 판단을 압도하고 있다. 야만이 지성을 억압하는 상황에서 IT강국이라 뽐내고 정보화편익을 만끽한 채 표현의 자유만 앞세웠지 부작용 예방을 위한 책무에는 안일했다. 정부와 정치권은 정보화 성찰과 예지적 통찰의 결여가 낳은 일그러진 정보화에 책임을 져야 한다. 인터넷역기능은 기술과 윤리의 문제다. 정보기술을 오남용하는 비뚤어진 의식과 행태를 교정하는 문제이지 결코 정치적 이념적 문제가 아니다. 정략적 판단과 가치로 문제의 본질을 왜곡하는 정치적 주장들이 오히려 인터넷의 야만성을 부추기고 있다.

열린 공간의 익명성 뒤에 숨어서 자행되는 무차별적 비난과 일방적 감정배설물에 대해서는 선의의 피해구제 및 예방 수준을 넘어 인간성 회복과 자유민주체제의 수호차원에서 엄중한 법과 규제로 추방해야 한다. 인간의 얼굴을 한 따뜻한 IT강국을 위해 단호한 의지와 실천을 보여야 한다. 이제 인터넷은 기술을 넘어 생활이다. 교양 없고 무례하며 저급한 수준의 정보문화에서 독버섯처럼 기생하는 사이버폭력, 충동의 야만성이 지배하는 IT강국에선 아름다움도 보이질 않고 따스한 온기도 느껴지질 않는다. 기술문명 평론가인 Nicholas G. Carr는 인터넷이 더 이상 응축된 사유공간이 아니라며 그 위험성을 경고했다. 야만성이 지배하는 인터넷에서 벗어나는 것이 정보문화강국을 위해 풀어야 할 숙제다. 창조적 융합의 길목에서 신뢰할 수 있는 인터넷을 위해 정부와 시민단체는 포털사이트에 대한 모니터링을 강화하고 따뜻한 인터넷을 위해 노력해야 한다. 인간의 얼굴을 갖춘 인터넷을 위해 악플러에 대한 처벌을 강화해야 한다. 네티즌 모두가 사이버공간의 파수꾼으로서 불건전한 정보의 유포를 차단하고 선플이 악플을 덮도록 성숙한 시민의식을 발휘하는 것이 건강한 IT강국을 열어가는 근본 열쇠다. 특히 제4차 산업혁명은 미숙한 정보강국의 대단원을 마무리하는 전략이 될 수 있다. IT와 창조적 혁신이 찰떡궁합을 이뤄야 산업사회의 한계를 벗어나 그린시대를 주도하는 IT기반 제4차 산업 강국의 꿈이 현실화될 수 있다.

참고문헌

[제1장]

• 강홍렬·이은정·김신곤·조남재, (2000), 「국가지식경영을 위한 전략수립과 정보화정책의 재조명」, 정보통신정책연구원.
• 권남훈·김종일, (2000), 한국의 정보통신 관련 직종수요 변화전망, 「정보사회연구」, 정보통신정책연구원.
• 김문조, (2000), 지식기반사회: 진단 및 대응, 「한국행정연구」, 한국행정연구원.
• 김원동, (1997), "정보화시대의 재조명(Ⅰ~Ⅴ)", 「정보화동향」, 한국정보문화센터.
• 김용규·홍동표·권남훈·문석웅·이상오 외, (2000), 「정보통신산업 중장기 시장전망(2000~2004)」, 정보통신정책연구원.
• 배순훈, (2000), 지식기반사회로 발전, 「한국행정연구」, 한국행정연구원.
• 산업연구원, (1988), 「정보산업의 장기비전」.
• 이인찬, (1997), 정보통신 중소기업의 창업행태와 창업활성화정책, 「정보통신정책이슈」.
• 조형제, (1999), 정보화, 그 원동력은 무엇인가, 「정보화로 가는 길」, 한국정보문화센터.
• 재정경제부 외, (2000), 「지식기반경제 발전전략」.
• 정보통신부, (1997), 「정보통신산업의 중기전망(1997~2001년)」.
• 정보통신부, (1999), 「2000년도 정보통신 연구개발 기본계획」.
• 정보통신부, (2000), 「정보통신분야 정책성과와 비전」.
• 재정경제부, (1999), 「DJnomics」.
• 통계청, (1996), 「한국의 사회지표」.
• 통계청, (1997), 「'97년 상반기 사회통계조사결과(정보통신·안전부문)」.
• 한국정보문화센터, (1996), 「국민생활정보화의식 및 실태조사」.
• 한국정보문화센터, (1998), 「정보사회통계조사 10년자료집」.
• 한국전산원, (1999), 「1999 정보화통계집」.
• 한국전산원, (2000), 「2000 국가정보화백서」.
• 한세억, (1997), 한국행정에서의 정보통신 제도화방향, 「행정과 전산」, 총무처.
• 한세억, (2000a), 정보화의 전개과정과 변인분석, 「한국행정학보」 제34권 제3호, 한국행정학회.
• 한세억, (2000b), 지식사회의 행정조직관리패러다임, 「한국행정연구」 제9권 제3호, 한국행정연구원.

- 홍기선, (1984), 「커뮤니케이션론」, 나남.
- 홍동표, (1999), 지식기반경제와 정부의 역할, 「정보통신정책이슈」, 정보통신정책연구원.
- 황두현, (1999), 정보정책의 필요성과 방향, 「정보사회연구」, 정보통신정책연구원.
- 행정자치부, (2000), 「정부지식관리시스템구축 기본계획」.
- Anderson, J., (1979), *Public Policy—Making*, 3nd ed, Holt, Rinehart and Winston.
- Appelbaum, R, D., (1970), *Theories of Social Change, Markham Publishing Company*.
- Barclay, R. O., (1999), *Leading the knowledge enterprise—CIOs, CLOs, CKOs and beyond*.
- Beirne, M. & H. Ramsay eds., (1992), *Information Technology and Workplace Democracy*, Routledge.
- Blaise, Cronin, (1987), Transatlantic Perspectives on Information Policy: The Search For reg—ulatory realism, *Journal of Information Science*, 13(3).
- Booz—Allen & Hamilton, (1997), Vision Korea: Revitalizing the Korean Economy toward the 21st Century.
- Braman, Sandra, (1995), "Horizons of the state: Information Policy and Power", Journal of Communication 45(4).
- Dimock, Marshall (1937), *Modern Politics and Administration*, American Book Company.
- Peter F. Drucker, (1993), *Post—Capitalist Society*, Harper Business.
- Peter F. Drucker, (1998), Harvard Business Review on Knowledge Management, MA: Harvard Business School Press.
- Glazer, R., (1991), Marketing in an Information—Intensive Environment: Strategic Implications of Knowledge as an Asset, *Journal of Marketing*, 55.
- Hermon, Peter, (1989), *Discussuio Forum: National Information Policy*, Government Information Quarletly, 6(3).
- Henry H. Perrit, Jr., (1996), "Reinventing Government Through Information Technology", in "Access to Public Information: A Key to Commercial Growth and Electronic Democracy", Conference—Stockholm, 27/28 June.
- Hernon, Peter Charles R. McClure & Harold C. Relyea (ed.), (1996), Federal Information Policies in the 1990s: Views and Perspectives Ablex Publishing Cooperation.
- Rowlands, Ian & Sandra Vogel, (1991), *Information Policies: A Sourcebook*, Taylor Graham.
- Kingdon, John W., (1984), Agenda, Alternatives and Public Policies, Little, Brown and Company.
- Landau, Martin, (1977), The Proper Domain of Policy Analysis, *American Journal of Political Science*.

- Lyon, D., (1988), *The Information Society*, Polity Press.
- McMaster, Michael, (1995), The Intellegence Advantage: Organizing for Complexity, Isle of Man, Knowledge Based Department Co.
- Majone, Giandomenico & Wildavsky, Aron, (1979), "Implementation as Evolution", J. L.Pressman & Aron Wildavsky, *Implementation*, 3rd ed., University of California Press.
- OECD, (1997), *Industrial Competitiveness in the Knowledge-based Economy*, OECD Proceedings.
- Paul Krugman, (1994), Peddling Prosperity, Norton.
- Prusak, Laurence, ed., (1997), The Knowledge in Organizations, MA: Butterworth-Heinemann.
- Rogers, E. M., (1983), *Diffusion of Innovation*, Free Press.
- Schenck, G., (1988), *Restructuring of the Telecommunications System*, *Report of the Governnmental Commission for Telecommunications*, R. V. Decker's Verleg, 1988.
- Sveiby, Karl E., (1998), The New Organizational Wealth: Managing & Measuring Knowledge-Based Assets. translated by 정선종 & 김용구, 지식경영 성공을 위한 지식자산의 측정과 관리, 미래경영개발연구원, 1999.
- Thurow, Lester C., (1999), Building Wealth, Leighco Inc., tranlated by 한기찬, 「지식의 지배」, 생각의 나무, 1999.
- UNCTAD, (1983), International Trade and Foreign Direct Investment in Data Services: Transborder Data Flow in the Context of Services and the Development process.
- Webster, F., 조동기 역, (1997), 「정보사회이론」, 사회비평사.
- World Bank, (1998), *Knowledge for Development*, Oxford University Press.
- 坂井秀司·益本圭太郎, (1986), 「高度情報社會と 地方自治」, 自治行政講座 15, 第一法規出版株式會社.

[제2장]

- 강성주, (2007), 한국정부조직의 IT제도화과정에서 사회자본이 미친 영향에 관한 연구, 한국행정학회 동계학술대회 발표논문.
- 기획예산처, (2006), 「2006 나라살림」.
- 김동욱, (1997), 정보화추진조직의 재정비, 「정보화동향」, 통권 제3호, 한국정보문화센터.
- 김동욱·이원희, (1998), 정보화사업 추진체계의 유형화에 관한 연구, 「한국행정학회보」, 제32권 제2호, 한국행정학회.
- 박성욱, (2010), 주요 산업별 IT활용 현황 분석과 시사점, 정보통신정책연구원.
- 박정은, (2006), 전자정부 추진조직과 정책 및 성과의 관계: 역사적 제도주의 관점의 국가 간 비교, 「이화여대 행정학박사 학위논문」.

- 서현진, (1997), 「한국컴퓨터사」, 전자신문사.
- 손호철·김영수·전재호 엮음, (2007), 「세계화, 정보화, 남북한」, 이매진.
- 안문석, (1995), 「정보체계론」, 학현사.
- 이기열, (1995), 「소리없는 혁명」, 전자신문사.
- 이영음, (1996), 인터넷 캠페인과 대중, 「정보문화」 11·12월호.
- 이용태, (1989), 「정보사회와 정보문화」, 정보시대.
- 임두순, (1986), 전기통신 정책결정모형에 관한 연구-시설투자의 효율성분석을 중심으로-, 「한양대학교 박사학위논문」.
- 전석호, (1999), 지난 세기, 정보화는 어떻게 흘러왔나, 「정보화로 가는 길」, 한국정보문화센터.
- 정보통신부, (2001), 「한국정보통신 20세기사」.
- 정보통신부, (2000~2007), 「유·무선통신서비스 가입자현황」.
- 정보통신부·한국전산원, (2005), 「한국의 정보화 정책발전사」.
- 정홍식, (2007), 「한국IT정책 20년」, 전자신문사.
- 체신부, (1988), 「한국의 통신-80년대 발전전략과 성과-」.
- 정보시대, (1997), 「컴퓨터월드」 11월호.
- 한세억, (2000), 정보화의 전개과정과 변인분석-수정된 제도화모형의 관점에서, 「한국행정학보」 제34권 제3호, 한국행정학회.
- 한세억, (2005), 정보화정책의 지형변화와 진화가능성, 한국정책학회 추계학술대회발표논문.
- 한세억, (2008), 정보통신정책, 「한국행정 60년」, 법문사.
- 한세억, (2010), 한국 정보화정책의 변천과 특징: 행위자 연결망을 중심으로, 「정보화정책」 제17권 제4호. 한국정보화진흥원.
- 한국정보문화센터, (1997), 「정보화의 지형변화와 정보문화확산의 새로운 전개방향」.
- 한국정보문화센터, (1998), 「정보사회통계조사 10년 자료집」.
- 한국정보화진흥원, (2012), 「국가정보화백서」.
- 한국전산원, (2003), 「국가정보화백서」.
- 행정자치부, (1998), 「전자정부의 비견과 전략」.
- 행정안전부, (2008), 이명박 정부의 국가정보화기본계획 확정, 행정안전부 보도자료.
- 홍성걸, (2009), 이명박 정부의 IT정책 추진체계, 「정보화정책」 제16권 제4호, 한국정보화진흥원.
- Berger, P. L. & T. Luckmann, (1967), *The Social Construction of Reality*, Doubleday.
- Bill, L. H., (1974), Institutionalization, the ombudsman, and Bureaucracy, *American Political Science Review*, Vol. 68, September.
- Esman, M. J., (1970), CAG and the study of Public Administration" in Fred W.Riggs, ed., *Frontiers of Development Administration*, Duke University Press.
- Gates, B., 안진환 역, (1999), 「빌게이츠@생각의 속도」, 청림출판.

- Glaser, E. M., (1981), Durability of innovations in human service organizations: a case-study analysis. *Knowledge: Creation, Diffusion, Utilization* 3: 167-185.
- Haggard, S., (1988), The Institutional foundations of hegemony: explaining the Reciprocal Trade Agreement Act of 1934. *International Organization.* 4(91).
- Hermon, P., (1989), "Discussuion Forum: National Information Policy", *Government Information Quarletly*, Vol. 6, No. 3.
- KISDI., (1993), *Information Technology Innovation and National Economy: Lessons for the Next Decade of Change.*
- Krasner, S. D., (1984), *Defending the National Interest*, Princeton University Press.
- Lawry, R. P. & Rankin, R. P., (1969), *Sociology*, Charles Schribner's Sons.
- Lowi, T. J., (1972), Four Systems of Policy, Politics and Choices, PAR, Vol. 32 (July/August).
- Machlup, F. & U. Mansfield, (1983), *The Study of Information: Interdisciplinary Message.* Wiley.
- March, J. G. & Olsen, J. P., (1984), The New Institutionalism: Organizational Factors in Political Life, *American Political Science Review.* Vol. 78.
- Selznick, P., (1949), *TVA and the Grass Roots*, University of California Press.
- Thelen, K. & Steinmo, S., (1992), Historical Institutionalism in Comparative Politics, in Steven Steinmo, Kathleen Thelen and Frank Congstreth(eds.), *Structuring Politics*, Cambridge University Press.
- Van de Ven, A. & Garud, R., (1994), The Coevolution of Technical and Institutional events in the Development of an Innovation, in Baum and Singh(eds.).

[제3장]

- 고경민, (2001), 「한국텔리커뮤니케이션 자유화의 정치경제학」, 커뮤니케이션북스.
- 김광웅, (1991), 「한국의 관료제 연구」, 대영문화사.
- 김광웅, (1995), 「정보화정부론」, 서울대학교행정대학원 정보통신정책과정교재.
- 김동욱·이원희, (1998), 정보화사업 추진체계의 유형화에 관한 연구, 「한국행정학회보」 제32권 제2호, 한국행정학회.
- 김호균, (2001), 「장관의 역할에 관한 연구」, 서울대학교 박사학위논문.
- 김정수, (1994), 80년대 통신혁명의 지휘자: 오명론 이종범편, 「전환시대의 행정가-한국형 지도자론」, 나남.
- 노화준, (1996), 한국관료의 정책역량 변화, 「행정논총」 제34권 제2호, 서울대 행정대학원.
- 박성욱, (2010), 「주요 산업별 IT활용 현황 분석과 시사점」, 정보통신정책연구원(KISDI)

보고서.

• 서현진, (1997), 「한국컴퓨터사」, 전자신문사.
• 손호철·김영수·전재호 엮음, (2007), 「세계화, 정보화, 남북한」, 이매진.
• 송희준, (2008), 정보화와 전자정부: 비판적 성찰과 향후 과제, 「한국행정학회세미나」.
• 안문석, (1995), 「정보체계론」, 학현사.
• 오 명, (2009), 「30년 후의 코리아를 꿈꿔라」, 웅진지식하우스.
• 유석진 외, (2006), 「정보화와 국가전략」, 푸른길.
• 이기열, (1995), 「소리없는 혁명 – 80년대 정보통신비사」, 전자신문사.
• 이용태, (1994), 행정전산망의 회고와 바람, 「국가기간전산망저널」 제1권 제1호.
• 이연우, (2009), 「e – 거버넌스 관점에서의 국가정보화 변화과정에 관한 연구」, 정보화정책 제16권 제2호.
• 이장규, (1991), 「경제는 당신이 대통령이야: 전두환시대의 경제비사」, 중앙일보·중앙경제신문.
• 이희호, (2008), 「동행: 고난과 영광의 회전무대」, 웅진지식하우스.
• 전석호, (2006), 「정보화와 뉴미디어」, 산광문화사.
• 정금애, (2000), 「우리 휴대폰 덩크슛 쏘다」, 도서출판 수채화.
• 정정길, (1994), 「대통령과 경제정책」, 한국경제신문사.
• 정홍식, (2007), 「한국IT정책 20년」, 전자신문사.
• 한국전산원, (1997~2005), 「국가정보화백서」.
• 한국전산원, (2005), 「한국의 정보화정책 발전사」.
• 행정자치부, (1998), 「전자정부의 비견과 전략」.
• 체신부, (1988), 「한국의 통신」.
• 정보통신부, (2001), 「정보통신백서」.
• 한국정보처리학회, (2009~2010), 「The E – BRIDGE」 창간호~제6호.
• 한국정보사회진흥원, (2008), 「국가정보화백서」.
• Allison, Graham T., (1971), *Essence of Decision: Explaining the Cuban Missile Crisis*, Little, Brown and Company.
• Berman, P., (1978), "The Study of Macro – and Micro – Implementation", *Public Policy*, Vol. 26, No. 2, Spring.
• Cohen, M. D., March, J. G. & Olsen, J. P., (1972), A garbage can model of organiza – tional choice, *Administrative Science Quarterly*, 17(1), 1 – 25.
• Conway, M. M. & F. B. Feigert, (1972), *Political Analysis: An Introduction*, Allyn and Bacon, Inc.
• Gourevitch, Peter A., (1989), Keynesian Politics: The Political Sources of Economic

Policy Choices, Peter A. Hall(ed.), *The Political Power of Economic Ideas: Keynesianism across Nations*, Princeton University Press.

- Greenstein, F. I., (1975), "Personality and Politics", i F. I. Greenstein and N. W. Polsby, eds., *Handbook of Political Science*, Vol 2: Micropolitical Theory, Addison—Wesley.
- Grindle Merilee S. & John W. Thomas, (1993), P*ublic Choices and Policy Change: The Political Economy of Reform in Developing Countries*, The Johns Hopkins University Press.
- Hindmoor, A., (1998), The Importance of Being Trusted: Transaction Cost and Policy Network Theory, Public Administration 76, 25—43.
- Hjern & Porter, (1981), Implementation Structures: A New Unit of Administrative Analysis, *Organization Studies*, Vol. 2, No. 3, 211—227.
- Hogwood, B. W. & Peters, B. G., (1983), *Policy Dynamics*, St. Martin's Press.
- Holsti, K. J., (1977), *International Politics*, 3rd eds., Prentice—Hall.
- ITU, (2003), Broadband Korea: Internet case study, March, <http://www.itu.int/osg/spu/publications/salesbirthofbroadband/html>.
- Lasswell, H. D. & A. Kaplan., (1970), *Power and Society*, Yale University Press.
- Menahem, Gila, (1998), Policy Paradigms, Policy Networks and Water Policy on Israel, *Jnl Publ. Pol*, 18(3): 283—310.
- Peters, B. Guy, (1999), *Institutional Theory in Political Science: The New Institutionalism*, Pinter.
- Rhodes, R. A. W., (1997), *Ubderstanding Governance: Policy Networks, Governance, Reflexivity and Accountability*, Open University Press.
- Rhodes, R. A. W. & Marsh, D., (1992), "New Directions in the Study of Policy Networks", *European Journal of Political Research*, Vol. 21.
- Scharf, F. W., (1978), *Interorganizational Policy Studies*, Sage Publications.
- Scott, W. Richard, (1995), *Institutions and Organizations*, Sage Publications.
- Van Meter, D. S. & C. E. Van Horn, (1975), "The Policy Implementation Process; A Conceptual Framework", *Administration and Society*, Vol. 6, No. 4, Feb.
- Yanow, D. J., (1990), Tackling the Implementation Problem: Epistemological Issues in Implemeatation Research, In D. J. Palumbo and D. J. Calista(Eds.), *Implementation and the Policy Process*, Greenwood Press.

[제4장]

- 강원택·박인휘·장 훈, (2006), 「한국적 싱크탱크의 가능성」, 삼성경제연구소.
- 권영일, (2011), 신 가치창출을 위한 열린 지식생태계 구축, IT와 국가발전전략 심포지엄.

- 권해수, (2005), 행정학의 가치중립성을 위한 탐색적 연구, 한국행정학회 춘계학술대회 발표논문.
- 김선빈 외, (2006), 국가경쟁력의 원천: 건강한 정책지식 생태계, 「CEO Information」 제576호, 삼성경제연구소.
- 김선빈 외, (2007), 「대한민국정책지식생태계」, 삼성경제연구소.
- 김성태, (2006), 한국행정학 50년사: 전자정부 관련 분야 연구의 변화와 발전, 한국행정학회 하계학술대회발표논문.
- 김재훈, (2008), 행정연구결과의 활용에 관한 실증연구, 「한국행정학보」 제2권 제호2008 겨울: 35~67.
- 남궁근, (2006), 정부참여·자문 및 용역연구, 한국행정학회.
- 박순애, (2007), 행정학 연구분야의 시대적 적실성에 대한 시론적 연구, 「한국행정학보」, 41(3): 321－344.
- 박종민, (2006), 한국행정학 50년: 행정이론을 위한 비판적 성찰, 한국행정학회 하계학술대회 발표논문.
- 박치성, (2008), 응용학문으로서 행정학의 사회적 적실성에 관한 탐색적 연구: 행정학 학문에 대한 사회수요적 접근, 한국행정학회 하계학술대회 발표논문.
- 방민석, (2003), 전자정부 구축과정의 정책네트워크 분석: 단계별 정책변동을 중심으로, 한국행정학회 춘계학술대회.
- 삼성경제연구소, (2006), 한국 정책지식 생태계 활성화 전략, 삼성경제연구소 한국 정책지식 생태계 활성화 전략 심포지엄 발표자료.
- 송희준, (2008), 공공난제 해결을 위한 행정학지식의 활용방향, 「한국행정학보」 제2권 제4호 2008 겨울: 69~93.
- 안병영, (2005), 한국행정학의 성찰과 전망, 한국행정학회 춘계학술대회발표논문.
- 엄석진, (2008), 전자정부 추진결과의 제도적 결정요인－한국과 미국의 정부기능연계모델 사업을 중심으로.
- 염재호·김호섭, (1992), 한국 정책연구의 활용, 「한국정책학회보」 창간호: 85－95.
- 오철호, (2008), 행정학 연구결과 활용의 이론적 논의, 「한국행정학보」 42(4): 7－34.
- 유평준,(2001), 전자정부 구현과 21세기 행정학의 비전, 「KAPA@포럼」 제95호: 38－40.
- 유재미·오철호, (2011), 지식생태계 연구경향, 한계 그리고 제언, 「정보화정책」 제18권 제4호, 한국정보화진흥원.
- 유영만, (2006), 「지식생태학: 지식기반사회를 위한 포스트 지식경영」, 삼성경제연구소.
- 유영만, (2008). 지속가능한 e－Learning을 위한 지식생태학적 품질관리방안과 기준, 「교육정보미디어연구」, 14(2): 5－34.
- 윤정선·한선화·공수연·이영훈·백명수·정재훤, (2005), "인터넷 기반 지식생태계의 블루오션 전략",

한국기술혁신학회 추계학술대회 발표논문.

• 이종범, (1979), 한국행정학 연구의 방향과 과제, 「한국정치학회보」, 13. 67−79.
• 이희선·윤상오, (1996), 정책정보의 활용에 관한 연구, 「정책분석평가학회보」, 6(1): 85− 110.
• 정연정, (2009), 미국정보화정책의 변화추이와 추진체계 특징: 전자정부 프로그램을 중심으로, 「한국지역정보화학회지」 제12권 4호, 한국지역정보화학회, 197−216.
• 정부혁신지방분권위원회, (2005), 「정책연구 용역체계 개선방안」.
• 채승병·양재석·김선빈, (2006), 정책지식 생태계 활성화 전략의 행위자기반 접근, 제1회 복잡계 컨퍼런스−복잡계 이론과 현실, 생산적 적용의 모색.
• 최희윤, (2006), 지식생태학 관점에서 본 도서관의 지식관리모형연구, 「한국문헌정보학회지」, 40(1), 397−416.
• 하연섭, (2005), 행정학과 행정현실의 정합성, 행정학회 춘계학술대회발표논문.
• 칼 포퍼 저, 이한구 역, (2001), 「추측과 논박」, 민음사.
• 한국전산원, (2005), 「미국 전자정부의 현황」.
• 한국전산원, (2002), 「미국의 전자정부 입법동향 분석−2002년 전자정부법안(S.803)− (E−Government Act of 2002)」.
• 한국정보화진흥원, (2011), 미래 정부를 위한 SNS 기반 지식경영 시스템 구축방향, 「IT & Future Strategy」 제6호.
• 한세억, (2000), 지식사회의 행정조직관리패러다임, 「한국행정연구」 제9권 제3호, 한국행정연구원.
• 한세억, (2002), 정보화정책의 변위와 특성: 행위자수준을 중심으로, 「한국정책학보」 제11권 제3호.
• 한세억, (2006), 행정학 연구내용의 적실성 소고: 행정학의 정체성 재인식과 지향, 한국행정학회 동계학술대회.
• 홍일표, (2011), 한국 정지식생태계의 게릴라들: 독립 민간 싱크탱크의 현황과 전망, 한겨레경제연구소(HERI) 6월호.
• 황성돈·황승흠·권기헌, (1999), 「21세기 전자정부 구현을 위한 주요 입법과제와 추진방안」, 국가과학기술자문회의.
• 황성돈·경건·김현성·명승환·정충식·황승흠, (2000), 「전자정부 법제화의 기본논리와 법안」, 행정자치부.
• 황창호·문명재, (2012), 정책지식의 창출과 활용에 관한 연구: 노무현정부와 이명박정부의 정부기능을 중심으로, 「한국행정학보」 제46권 제1호: 345~374.
• 행정자치부, (1999), 「행정기관의 문서업무 재설계(BPR) 제안요청서」.
• 행정안전부, (2010), 「2010년 상반기 전자정부서비스 활용수준 조사」.

- 행정안전부, (2012), 「정부정책연구 종합관리시스템」.
- Amabile, T. M., (1996), *Creativity in context: Update to The Social psychology of creativity*, Westview press.
- Caplan, N., (1979), The Two Communities Theory and Knowledge Utilization. *American Behavioral Scientist*, 22: 459–470.
- Caplan, N., (1980), The Use of Social Science Knowledge in Policy Decisions at the National Levels, in S. Berger(ed.), *The Utilization of the Social Sciences in Policy Making in the United States*, OECD, 32–48.
- Collingridge, D. & Reeve, C., (1986), *Science Speaks to Power: The Role of Experts in Policy* Making, France Pinter.
- Croply. A. J., (1999), "Definition of Creativity", in *Encyclopedia of Creativity* Vol. 1., Academic Press, 512~524.
- Day, H. I. & Berlyne, D. E., (1971), Intrinsic Motivation, In G. S. Lesser(Ed.), P*sychology and Educational Practice*, Scott, Foresman and Company, 294–335.
- Drucker, P., (1969), *The Age of Discontinuity.* Harperand Row.
- Emery, F. E. & Trist, E. L., (1973), *Towards a Social Ecology*, Plenum.
- Fountain, J., (2002), "Information, Institutions and Governance: Advancing a Basic Social Science Research Program for Digital Government", In NCDG Working Paper, NCDG.
- Haensly, P. A. & Reynold, C. R., (1989), Creativity and Intelligence, *Handbook of Creativity*, Plenum Press.
- Heibeler, R. J., (1996), Benchmarking Knowledge Management, *Strategy and Leadership*, March/April.
- Hennessey, B. A. & Amabile, T. M., (1988), The role of environment in creativity, In R. J. Stenberg(Ed), *The nature of creativity* (pp. 11–38), Cambridge University Press.
- John J. Kao, (1991), *Managing Creativity*, Prentice Hall, Englewood Cliffs.
- Johnson, S., (2002), *Emergence: The Connected Lives of Arts, Brains, Cities and Software*, Touchstone.
- Joy Paul Guilford, (2001), Structure of Intellect Model and Model of Creativity: Contributions and Limitations, Creativity Research Journal Volume 13, Issue 3–4.
- Karl Popper, (1963), *Conjecture and Refutations*, 이한구 옮김, (2001), 「추측과 논박: 과학적 지식의 성장」, 민음사.
- Lane, R. E., (1966), The Decline of Politics and Ideology in a Knowledgeable Society. William B. Strom(ed), *Toward Tomorrow's Organization*, University of Siuthern California.
- Leonard, B. D. & Sensiper, S., (1998), The Role of Tacit Knowledge in Group

Innovation, *California Management Review*, Vol. 40, No. 3.

- Matthew Fox, (2002), *Creativity: where the divine and the human meet*, Jeremy P., Tarcher/Putnam.
- Majone, Giandomenico, (1989), *Evidence, Argument, and Persuasion in the Policy Process*, Yale University Press.
- Malhotra, Y., (2002), Information Ecology and Knowledge Management: Toward Knowledge Ecology for Hypertubulent Organizational Environments, UNESCO/Eolss Publishers.
- Nonaka, I. & H. Takeuchi, (1995), *The Knowledge−Creating Company*, University Press.
- Reich, R., (1991), *The Work of Nations*, Alfres a. Knopf Inc.
- Sternberg, R. J. & Lubart, T. I., (1996), Creative giftedness: A multivariate invetment approach, *Gifted Child Quarterly*, 37(1), 7−15.
- Sugarman, K., (1999), *Winning the mental way*, Burlingame: Step Up.
- Third New International Dictionary, (1976), Merriam and Company.
- Torrance, E. P., (1988), *The nature of creativity as manifest in its testing*, Plenum Press.
- Ventriss, Curtis, (1991), "Contemporary Issues in American Public Administration Education: The Search for an Educational Focus", *Public Administration Review* 51(1): 4−14.
- Wigg, K. M., (1995), *Knowledge Management Methods*, Arlington, Scheme Press.
- Weiss, C. H., (1978), Improving the Linkage Between Social Research and Public Policy, in Laurence E. Lynn Jr.(ed.), *Knowledge and Policy: The Uncertain Connection*, National Academy of Sciences.

[제5장]

- 강신택, (1984), 「사회과학연구의 논리」, 박영사.
- 권기헌, (1999), "한국의 정보화에 대한 비판적 고찰", 「한국행정연구」 제8권 제3호, 한국행정연구원.
- 김동일 외, (1989), 「사회과학방법론 비판」, 청람.
- 김상호, (2010), 마케팅비용 규제의 함정과 소비자피해, 「CFE Viewpoint」 No. 164, 자유기업원.
- 김홍우, (1999) 「현상학과 정치철학」, 문학과지성사.
- 김홍우, (2007), 「행정현상의 현상학적 이해: 시도와 단상」.
- 남지원, (2009), 기존 행정학자들의 새로운 학문체계의 수용과정에 관한 연구: 행정언어연구회 회원들의 현상학적 모멘트를 중심으로, 한국행정학회 하계학술대회.
- 방송통신위원회, (2010), 「2009년도 통신서비스 품질평가」.
- 소영진, (2004), 행정학에 있어서 현상학적 방법의 가능성 탐색, 「한국행정학보」 제38권

제4호, 한국행정학회.

- 송희준, (2008), 정보화와 전자정부: 비판적 성찰과 향후 과제, 한국행정학회 세미나발표논문.
- 오수길·신충식·이광석, (2009), 생활세계의 행정학과 현상학적 접근방법의 적용 가능성 검토, 2009 한국행정학회 동계학술대회 발표논문.
- 이재호·최호진·정충식, (2010), 우리나라 국가정보화 투자의 효과 분석, 한국행정학회 춘계학술대회 발표논문.
- 이호영·유지연, (2004), 유비쿼터스 통신환경의 사회문화적 영향연구, 정보통신정책연구원.
- 정영기, (2009), 이동통신요금의 적정성 논란과 해법 그리고 국회의 역할, 여야 합동 토론회 발표자료.
- 통계청, (2009), 「2008 청소년 통계」.
- 한국소비자원, (2010), 「소비자시대」 10월호.
- 한국전산원, (1996), 「정보화와 삶의 질」.
- 한국인터넷진흥원, (2010), 「인터넷이용자 실태조사」.
- 한국산업조직학회, (2010), 「이동통신분야 요금체계 및 경쟁상황 실태조사」.
- 한국정보화진흥원, (2010~2011), 「국가정보화백서」.
- 한세억, (2001), 정보화의 현상학적 이해와 분석, 「한국정책학보」.
- 행정안전부, (2010), 행정안전부 보도자료.
- Alford, R. R. & R. Friedland, (1985), *Powers of Theory: Capitalism, the state and democracy*, Cambridge University.
- Ang, J. & F. Pavri, (1994), A survey and critique of the impacts of information technology, *International Journal of Information Management*, Volume 14, Issue 2, April, pp. 122−133.
- Beck, Ulrich, (1992), Risk Society: Towards a New Modernity, Sage.
- Bleicher, J., (1980), *Contemporary Hermeneutics: Hermeneutics as Method, Philosophy and Critique*, Routledge and Kegan Paul.
- Brunner, R. D., (1982), "The Policy Sciences as Science", *Policy Sciences*, 15(4): 15−35.
- Burrell, G. & Morgan, G., (1979), *Sociological Paradigms and Organizational Analysis*, Heineman.
- Clemente, F. & Sauer, W. J., (1976), *Life satisfaction in the limited states*, *Social Forces*, 54(3): 621−631.
- Creswell, John W., (1998), *Research Design: Qualitative and Quantitative Approaches*, Sage Publications, 조흥식 외 역, (2005), 「질적연구방법론」, 학지사.
- Deutscher, I., (1966), "Words and Deeds: Social Science and Social Policy", Social Problems, Vol. 13: 241.
- Diener, E., (1984), "Subjective well−being", *Psychological Bulletin*, 95(3): 542−575.

- Feibleman, J. K., (1966), "Technology as Skills", *Technology and Culture*, 7(3).
- Fisher, F., (1998), "Beyond Empiricism: Policy Inquiry in Post positivist Perspective", *Policy Studies Journal*, 26(1): 129−46.
- Freudenburg, W. R. & Gramling, R., (1994), *Oil in Troubled Waters: Perceptions, Politics and the Battle Over Offshore Drilling*, State University of New York Press.
- Gabor, D., (1970), *Innovations: Scientific, Technological and Social*, Oxford University Press.
- Geertz, Clifford, 문옥표 역, (1998), 「문화의 해석」, 까치글방.
- Giddens, A., (1985), *The Nation State and Violence: Volume Two of a Contemporary Critique of Historical Materialism*, Cambridge: Polity.
- Habermas, J., (1973), *Theory and Practice*, translated by John Viertel, Beacon Press.
- Habermas, J., (1975), *Legitimation Crisis*.
- Hadaway, C. K., (1978), "Life satisfaction and religion: A reanalysis", *Social Forces*, 57(2): 636−643.
- Harmon, M., (1981), *Action Theory for Public Administration*, Longman.
- Hendrick, R. M. & Nachmias, D., (1992), "Policy Sciences: The Challenge of Complexity", *Policy Studies Review*, 11(3/4): 310−28.
- Husserl, E., (1981), *Shorter Works*, ed., P. Mccormick, Notre Dame Press.
- Husserl, E., (1989), *Ideas Pertaining to a Pure Phenomenology and to a Phenomenological Philosophy*, Second Book, tr. by Richard Rojcewicz and André Schuwer, Dordrecht: Kluwer Academic Publishers.
- Jun, J. S., (1986), *Public Administration: Design and Problem Solving*, Macmillan Publishing Co.
- Lanlan, A. M., (1985), *La resistance aux systems d'information*, ed., Retz.
- Lasswell, H. D., (1971), *A Pre−View of Policy Sciences*, American Elsevier Publishing Co., Inc.
- Macleod, R. B., (1974), "Phenomenology", *International Encyclopedia of the Social Sciences*, 12, The Macmillan Company.
- Machlup, F. & U. Mansfield (eds), (1983), *The Study of Information: Interdisciplinary Message*, Wiley.
- McMaster, M., (1995), *The Intellegence Advantage: Organizing for Complexity*, Isle of Man, Knowledge Based Department Co.
- Moles, A., (1980), *La qualite de vie*, Travaux de l' IPSC.
- Offe, C. & V. Ronge, (1975), Theses on the Theory of the State, New German Critique, Vol. 6.
- Pavlik, John V., (1994), "Ciizen Access, Involvement and Freedom of Expression in an

Electronic Environment", in The People's Right to Know: Media, Democracy and the Infomation Highway, edited by Frederick Wiliams and Pavlik, Lawrence Erlbaum Associates Publisher, pp. 139−60.

- Ricoeur, T., (1981), Phenomenology and Hermeneutics, *Hermeneutics and Human Sciences*.
- Schenck, G., (1988), Restructuring of the Telecommunications System, Report of the Governmental Commission for Telecommunications, Heidelberg: R. V. Decker's Verleg.
- Schiller, Herbert, I., (1996), *Information Inequality: The Deepening Social Crisis in America*, Routledge.
- Schenk, D., (1997), Data Smog−Surviving the information glut, Harper Collins.
- Toffler, A., (1980), *The Third Wave*, Bantam Books, 이규행 감역, (1989), 「제3의 물결」, 한국경제신문사.
- Webster, F., (1995), Theories of the Information Society, Routledge, 조동기 역, (1997), 「정보사회이론」, 사회비평사.

[제6장]

- 김난영·홍준형, (2006), 행정부공무원의 입법역량에 관한 실증적 연구, 「행정논총」 제44권 1호, 서울대학교 행정대학원.
- 김동욱, (2013), 창조경제 구현을 위한 정보사회 규범정립, 제13회 입법정책포럼, 법제처.
- 대한민국정부, (2007), 「2007 정보화에 관한 연차보고서」.
- 법제처, (2007), 「의원입법의 현황 및 정부의 대응방안」.
- 오호택, (2005), 「의원입법의 문제점」, 한국헌법학회.
- 김동욱·이원희, (1998), 「정보화사업 추진체계의 유형화에 관한 연구」, 「한국행정학회보」 제32권 제2호, 한국행정학회.
- 김현곤, (2010), 「IT기반의 국가사회 선진화를 위한 법제도 정비 연구」, 한국정보화진흥원.
- 한국전산원, (2003), 「국가정보화백서」.
- 한세억, (2005), 정보화정책의 지형변화와 진화가능성, 한국정책학회 추계학술대회 발표논문.
- 행정자치부, (1998), 「전자정부의 비전과 전략」.
- 박명수·박흥식·전종섭, (1997), 국가행정의 혁신 및 확산메커니즘의 한·미간 비교, 「한국행정학보」 제31권 제2호, 한국행정학회.
- 오태원, (2008), 새정부 정보화법체계 변화 동향과 과제, 「정보법학」 제12권 제2호.
- 정윤수·박경효, (1999), 서울시 정보화정책의 고객지향성에 관한 분석, 「하계학술대회 발표논문집」, 한국행정학회·한국정책학회.
- 삼성경제연구소, (2006), 한국 정책지식 생태계 활성화 전략, 「삼성경제연구소 한국 정책지식 생태계 활성화 전략 심포지엄 발표자료」.

- 최경진, (2013), 「미래 ICT 법제체계 개편방향」, 「정보법학」 제17권 제1호, 한국정보법학회.
- 홍준형·박균성·선정원, (2005), 「법제업무관련기관의 입법역량 강화방안 연구」, 법제처.
- 한국전산원, (2004), 「유비쿼터스사회의 역기능에 관한 법제도적 기초연구」.
- Al Gore, (1993), *Creating Government that Works Better and Costs Less: The Report of the National Performance Review*, Penguin.
- Drucker, P., (1993), *Post—Capitalist Society*, Harper Business.
- Krasner, S. D., (1984), Approaches to the State: Alternative Conceptions and Historical Dynamics, *Comparative Politics*, Vol 16, No. 2.
- Mechling, J., (1993), *Barriers to Customer Service in Government*, Harvard University Seminar Report. 1.
- Cobb, R. W. & C. D. Elder, (1983), *Participation in America Politics: The Dynamics of Agenda—Buiding*, The Johns Hopkins University Press.
- Wildavsky, A., (1979), *Speaking Truth to Power: The Art and Craft of Policy Analysis*, Little, Brown and Company.
- Kingdon, John W., (1984), *Agenda, Alternatives and Public Policies*, Little, Brown and Company.
- Mayor, R. R. & Greenwood, E., (1981), *The Design of Social Policy Research*.
- Rogers E. M. & Shoemaker, F. F., (1971), *Communication of innovation*. The Free Press.
- World Bank, (1998), *Knowledge for Development*, Oxford University Press.

[제7장]

- 공성진·강선미, (1996), 정보사회와 여성의 생활세계, 「포럼21」, 한백연구재단.
- 김선환, (2000), 인터넷정보가전 기술개발 기획연구, 선행정보통신기술기획연구2000 – 기획 –02.
- 박용우, (2001), 정보통신기기편: 홈네트워킹, 「정보통신정책」, 정보통신정책연구원.
- 박용우, (2003), 홈네트워킹 수요전망 및 시장진입전, 「정보통신정책」, 정보통신정책연구원.
- 유선실, (1992), 홈네트워킹(Home Networking)시장의 발전과 기업동향, 「정보통신정책」, 정보통신정책연구원.
- 조성혜, (1997), 재택근무와 근로문화, 「한국사회와 정보문화」, 한국정보문화센터.
- 조 은, (1998), 정보사회와 가족생활, 「정보사회의 이해」, 정보사회학회편.
- 하원규·전재호·김상휘, (1998), 가정의 고도정보화기반 정비방안, 「정보통신동향분석」 제4권 제8호, 한국전자통신연구원.
- 체신부, (1988), 「한국의 통신」, 1988.
- 채병건, (1995), 가정의 미디어환경이 청소년의 컴퓨터이용에 미치는 영향에 관한 연구,

「서울대학교 대학원석사학위논문」.

- 한세억, (1996), 「정보정책의 효율적 추진방안에 관한 연구」, 한국정보문화센터.
- 한세억, (1998), 가정정보화에 관한 시론적 고찰, 「사이버커뮤니케이션학보」 제3호, 사이버커뮤니케이션학회.
- 황주성·김성우, (2003), 인간 중심의 지식정보사회 전면화를 위한 제언, 「KISDI 이슈리포트」 03-16, 정보통신정책연구원.
- 홍동표·이상호·유원실, (1999), 디지털경제에서의 기업전략-정보가전을 중심으로-, 「정보통신정책 ISSUE」, 제11권 5호 통권 113호.
- Bayaarma Bazar & Gregg Boalch, (1997), "A preliminary model of internet diffusion with in developing countries", <http://ausweb.scu.edu.au/proceedings/boalch/paper.htm>.
- Bowes, J. E., (1980), "Minds vs. Matter—Mass Utilization of Information Technology", in B. Ervin and M. J. Voigt(eds.), *Progress in Communication Science*, Vol. 2, Ablex.
- Brand, S., (1987), *The Media Lab*, Penguin Books.
- Carey, J., (1996), "The First 100Feet For Households Consumer Adoption Patterns", Draft Paper.
- Davis, S. & Meyer, C., (1998), Blur: The Speed of change in the Connected Economy, Ernst & Young LLP.
- Dickerson, M. D. & Gentry, J. W., (1983), "Characteristics of adopters and no-adopters of home computers", *Journal of Consumer Research*, 10.
- Dutton, W. H., Rogers, E. M. & Jun, S., (1987), "Diffusion and Social Impacts of Personal Computers", *Communication Research*, Vol. 14, No. 2.
- Hardy, A. P., (1984), Diffusion of new communication/information technology for the home, Paper presented at the annual meeting of the International Communication Association.
- Garnham, N., (1996), "Constraints on Multimedia Convergence" in Dutton, W. H.(ed.), Information and Communication Technologies—Visions and Realities, Oxford University Press.
- Gartner, (2001), *Dataquest*.
- Louis Harris & Associates, (1983), "The Road after 1984: The impact of technology on society", Paper presented at the Eighth International Smithonial Symposium.
- Kenichi Ishii, (1996), "Factors Influencing the Adoption of New Information Media in Japanese Families—Assessing the Social Factors of Information Media Adoption", *Media Asia*, Vol. 23, No. 1.
- Lehmer, G., (1994), "Using Modern Information and Communication Technologies in the Home—Breaking the Mold of the Economy of the Household", <http://www.

psl.ku.dk/~oikos/HOITA/Oikos−2/Vol.1/Lehmer.html>.

- Murdock, G., Hartmann, P. & Gray, P., (1992), "Contextualizing home computing re−
  sources and practices", Silverstone, R. & Hirsch, E. (ed), *Consuming Technologies:*
  Media Information in Domestic Space, Routledge.
- Negroponte, N., (1995), *Being Digital*, Hodder and Stoughton.
- Nilles, J. M., (1988), Traffic reduction by telecommuting: a status review and selected
  bibliography, *Transportation Research*, Vol. 22.
- Rogers E. M., (1995), *Diffusion of Innovations*, Free Press.
- Roger Silverstone & Leslie Haddon, (1996), "Design and the Domestication of
  Information and Communication Technologies: Technical Change and Everyday Life",
  in Robin Mansell and Roger Silverstone(eds.), Communication by Design, Oxford
  University Press Inc.
- Steinfield, C. W., W. H. Dutton & P. Kovaric, (1989), "A Framework and Agenda for
  Research on Computing in the Home", in J. L. Salvaggio and J. Bryant(eds.), *Media Use in*
  the Information Age, LEA.
- Steven Pulos & Sarah Fisher, (1993), "Children's Interest in Computers: A Social
  Cognitive Perspective", Schement J. R. & Brent D. Ruben (ed), Between *Communication*
  and Information, Transaction Publishers, Information and Behavior Vol. 4.
- Toon W. Taris, (1998), "Fertility in the Netherlands as an expected value process and
  developmental readiness", *The Journal of Psychology*, Jan, Vol. 132, No. 1.
- Yankee Group, (2003), Yankee Group Forecast Predicts 32 Million Networked Home
  by 2007, Research Note, 3. 19.
- 宮田加久子, (1994), 한국정보문화센터 역, 「전자미디어사회」.
- 水野博介・中村功・是永論・淸原慶子, (1997), 「情報生活と メディア」, 北樹出版.
- 今井賢一, (1994), 「情報ネットワーク社會」, 岩波新書.
- 總務省, (2003), 平成14年 通信利用動向調査の 結果.

[제8장]

- 대구·경북지역정보화추진협의회, (1995), 「농어촌컴퓨터교실체험수기」.
- 정보통신부, (1997), 「정보화사업평가계획(안)」.
- 정보통신부, (1999), 「국민정보화교육 종합계획(안)」.
- 이수성·황주성, (1991), 「지역정보화추진을 위한 종합대책」, 통신개발연구원.
- 이윤식, (1999), 정보화평가방법론의 개선방향과 과제, 「정보화평가심포지엄」, 한국전산원.
- 최흥석, (1998), 정보화사업 평가의 합리화, 「정보사회와 정보화정책」, 최성모 편, 나남출판.

- 체신부, (1988), 「한국의 통신」.
- 한국전산원, (1995), 「국가사회정보화종합발전방안」.
- 한국전산원, (1996), 「정보화촉진 추진실적 평가모형 개발」.
- 한국정보문화센터, (1995), 「농어촌컴퓨터교실종합보고서」.
- 한세억·조찬형, (1997), 「지역정보화정책이론과 실제」, 한국정보문화센터.
- Anderson, J. E., (1979), *Public Policy—Making*(second edition), Holt, Rinehart and Winston
- Brewer, G. & DeLeon, P., (1983), *The Foundation of Policy Analysis*, The Dorsey Press.
- Dye, T. R., (1981), *Understanding Public Policy*, Engelwood Cliffs, Prentice—Hall, Inc.
- Hoff, J., (1992), Evaluation of Information Technology in Private and Public Sector Contexts, *Informatization and Public Sector*, IOS Press.
- Michael Aiken & Jerald Hage, (1968), "Organizational Interdependence and Inter—Organizational structure", *American Sociological Review* Vol. 33, No1.
- Suchman, E., (1967), *Evaluative Research*, Russell Sage Foundation.
- 小林紘, (1989), 「情報化社會と 行政: 地域情報化政策の 推進」(1), 日本自治研究會, 自治研究, 通卷779號(1989年 1月號).
- 東京大學新聞研究所, (1988), 「地域情報」, 研究班 地域情報化政策の現狀と課題.

[제9장]

- 김희수·이원우·한기정·유진식·오기환, (2002), 「정보통신시장에서의 공정경쟁환경조성 및 이용자보호를 위한 법제도 개선방안 연구」, 용역사업보고 02-34, 정보통신정책연구원.
- 박종훈·권영주·한용규, (2003), 최근 통신시장 현황 및 시사점, 「KISDI 이슈리포트」 03-02, 정보통신정책연구원.
- 성지은, (2003), 정보통신산업의 정책 진화에 관한 연구: 이동통신사업자 선정 사례를 중심으로, 「한국행정학보」 제37권 2호.
- 염용섭·박종훈·장범진·김원식·김지훈, (2002), 「통신서비스 환경변화에 따른 법령 정비 연구보고 02-33」, 정보통신정책연구원.
- SK Telecom 경영경제연구소, (2002), 「국내 이동전화시장의 경쟁성과 평가」, 정책자료 02-02.
- 이명호·조 신, (1995), 서비스산업에서의 경쟁과 규제기관, 「정보사회연구」, 가을호, 통신개발연구원.
- 이명호·이한영, (1997), WTO기본통신협상과 우리나라 정보통신산업의 발전방향, 정보통신정책학회 하계정책세미나 자료집.
- 이명호 외, (1999), 「정보통신산업의 공정경쟁과 규제정책」, 서울대학교 출판부.

- 이영수, (2003), 성숙기의 통신서비스 활로는 무엇인가?, 「LG주간경제」.
- 이장우·정해식, (2002), 국내정보통신산업의 성장요인과 향후전망, 「전자통신동향분석」 제17권 6호.
- 정신량, (1997), 한국의 정보통신자유화과정과 전망, 「정보통신정책」 제9권 23호.
- 이한영 외, (2001), 「시장개방이 국내통신산업 및 국민경제에 미치는 영향 연구」, 일반정책 연구지정공모사업 GP－00－27, 정보통신부.
- 주호석, (1995), 「정보통신대전」, 프레스빌.
- 정보통신부, (1997~1998), 「1997~1998 연차보고서」.
- 정보통신부, (2000), 「2GHz 주파수대 이동통신(IMT－2000) 사업자 선정정책」.
- 정보통신부, (2003a), 「통신시장 현황과 경쟁정책 방향」.
- 정보통신부, (2003b), 「정보통신백서」.
- 정보통신서비스품질평가협의회, (2003), 「이동통신품질평가결과표」.
- 체신부, (1998), 「한국의 통신」.
- 최병일, (1997), 「통신사업자의 국제전략적 제휴현황과 전망, 정보통신정책」, 통권 184 호, 통신개발연구원.
- 최선규, (1995), 기본통신시장 경쟁도입후 4년 : 통신시장 구조정책의 평가와 전망, 「정보 사회연구」 가을호, 통신개발연구원.
- 최성락·노화준, (2003), 통신산업부문에서의 정부－기업관계 변화, 「행정논총」 제41권 제3호.
- 최종원, (1995), 「중앙정부의 행정정보화추진체제 정비에 관한 연구, 통신개발연구원.
- 통신위원회, (2002), 「통신위원회민원처리실적」.
- 통신위원회, (2003), 「통신서비스민원사례집」.
- 한세억, (2001), 정보화의 현상학적 이해와 분석, 「한국정책학회보」 제10권 제3호, 한국 정책학회.
- Adams, F. Gerald & Laurence R. Klein, (1983), "Economic Evaluation of Industrial Policies for Growth and Competitiveness: Overview", in F. Gerald Adams and Laurence R. Klein(eds.), *Industrial Policies for Growth and Competitiveness*, Heath.
- Allison, G. T., (1971), *Essence of Decision: Explaining the Cuban Missile Crisis*, Little, Brown and Company.
- Blackman, Colin R., (1998), Convergence between telecommunications and other media, *Telecommu nications Policy*, Vol. 22, No. 3.
- Börzel. Tanja A., (1998), Organizing Babylon－on the different concptions of policy networks, Public Administration 76.
- Chandler, Marsha & Michael Trebilcock, (1986), "Comparative Survey of Industrial Policies in Selected OECD Countries", in D. G. McFetridge(ed.), *Economics of Industrial*

Policy and Strategy, University of Toronto Press.

- Derthick, M., (1980), *New Towns In—Towns*, Urban Institute, 1972.
- Diebold, William, Jr., *Industrial Policy as an International Issue*, McGraw—Hill.
- Easton, David, (1979), *A Framework for Political Analysis*, University of Chicago Press.
- Edwards, G. C., (1984), I*mplementing Public Policy*, Congressional Quarterly Press Inc.
- Elmore, R. F., (1978), Organizational Models of Social Program Implementation, *Public Policy*. Vol. 26, spring.
- Geoggin, M. L. & O'H. Bowman, J. D. Lester & L. J. O'Toole, Jr, (1990), *Implementation Theory and Practice: Toward a Third Generation*, Glenview: Scott, Foresman.
- Gowa, Joanne, (1988), "Public goods and political institutions: trade and monetary policy", *International Organization*, 42(1).
- Hasan, P., (1976), *Korea, Problem and Issues in a Rapidly Growing Economy*, Johns Hopkins University Press.
- Hanf, K. & F. W. Scharpf (eds.), (1978), *Interorganizational Policy Making, Limits to Coordination and Central Control*, Sage.
- ITU, (2002), *World Telecommunication Development Report 2002*.
- Katzenstein P. J., (1985), *Small State in World Market, Ithaca*; Cornell University Press.
- Kenis, Patrick & Volker Schneider, (1991), Policy Networks and Policy Analysis, B. Marin, R. Mayntz(eds), *Policy Networks*, Westview Press: 25—59.
- Krasner, Stephen, (1984), "Approach to the State: Alternative Conception and Historical Dynamics", *Comparative Politics*, 16(2).
- Marsh, D. & R. A. W. Rhodes(eds.), (1998), *Policy Networks in British Government*. Clarendon.
- Murphy, J., (1971), Title I of ESEA: The Politics of Implementing Fedral Education Reform, *Harvard Educational Review*, Vol. 41, No. 1.
- Noam, Eli M., (1993), *The Next Future of Telecommunications industry and Policy: From the Network of Networks to the system of systems*, The 4th KISDI International Conference Proceeding.
- Porter, M. E., (1993), *Competition in the Long Distance Telecommunication Market: An Industry Analysis*, Montor Company, Inc.
- Rhodes, R. A. W., (1988), *Beyond Westminster and Whitehall: The Sub—Central Governments of Britain*, Unwin Hyman.
- Sabatier, P. & D. Mazmanian, (1980), The Conditions of Effective Implementation: A Guide to Accomplishing Policy Objectives, *Policy Analysis*, Vol. 5, Fall.

- Schenck, G., (1988), *Restructuring of the Telecommunications System, Report of the Governnmental Commission for Telecommunications*, R. V. Decker's Verleg.
- Scharf, F. W., (1978), *Interorganizational Policy Studies*, Sage Publications.
- Schneider, V., (1992), "Taking Networks Seriously: Education Policy in Britain", *European Journal of Political Research*, Vol. 21.
- Schneider, V., (1992), The structure of policy networks: A comparison of the 'chemicals control' and 'telecommunications' policy domains in Germany, *European Journal of Political Research*, Vol. 27.
- Van Meter, D. S. & C. E. Van Horn, (1975), "The Policy Implementation Process; A Conceptual Framework", *Administration and Society*, Vol. 6, No. 4.
- Vincent Mosco, (1982), *Pushbutton Fantasies*, Ablex Publishing Co.
- 森田朗著, 윤정길·이재림·김만배 공역, (1996), 「관료조직과 정책집행」, 조명문화사.

[제10장]

- 경제투데이, (2014), "구글글래스 착용하고 운전하면 교통법규 위반?", <http://www.eto.co.kr/news/outview.asp?Code=20140118123158817 &t s=125537>.
- 김근혜, (2017), 제4차 산업혁명에 대응하기 위한 정부의 규제 방식 전환에 관한 연구, 서울행정학회 학술대회 발표논문집, 95-118.
- 김기홍·이현웅·최종석, (2017), 지방정부의 창조경제 구현방안 연구: ICT산업정책을 중심으로, 「한국지역정보화학회지」 제20권 제1호, 107-126.
- 김상욱·정재림, (2008), 시스템 시뮬레이션을 통한 기술과 사회 공진화의 동태성 고찰, 「한국시스템다이내믹스 연구」 제9권 제1호.
- 김선빈 외, (2007), 「대한민국 정책지식생태계」, 삼성경제연구소.
- 미래창조과학부, (2014), 「초연결 디지털혁명의 선도국가 실현을 위한 사물인터넷 기본계획(안)」.
- 박미사, (2014), 「사물인터넷 활성화를 위한 법제도 개선방안」, KISA.
- 박찬욱·김병욱·장 훈, (2004), 「국회의 성공조건: 윤리와 정책」, 동아시아연구원.
- 성지은·송위진, (2007), 총체적 혁신정책의 이론과 적용: 핀란드와 한국의 사례, 한국기술혁신학회 춘계학술대회 발표논문.
- 송순영, (2015), 에어비앤비(Airbnb) 사례를 통해 본 공유경제 관련 법 제정 현황 분석, 「소비자정책동향」 제64호, 한국소비자원.
- 심우민, (2015), 사물인터넷(IoT)과 개인정보보호입법, 「National Assembly Library」 제52권 제3호 통권 제424호.
- 아시아경제, (2014), "구글글래스, 뉴욕경찰도 한번 써볼까", <http://view.asi ae.co.kr/news/view.htm?idxno=2014020914560033257>.

- 이재완, (2014), 자율주행 자동차 국제법규 개발 동향 및 전망, 제어로봇시스템학회 합동 학술대회 논문집.
- 이화여대 법학전문대학원 5기생, (2014), 「ICT 시대 법률의 미래를 이야기하다」, 리걸북스.
- 임이정, (2016), 일본의 퍼스널 모빌리티 도입 방안 및 시사점 (제99호), 도로정책브리프, 도로정책연구센터.
- 정보통신기술진흥센터, (2016), 「주요 선진국의 4차 산업혁명 정책동향」.
- 정선양, (1996), 국가혁신시스템에 관한 이론적 고찰: 생산자−공급자 관계의 측면에서, 「과학기술정책동향」 10월호, 통권 제91호, 과학기술정책관리연구소.
- 정정화, (2013), 「민관협치 강화를 위한 국민 참여모델 개발 및 법적 근거 연구」, 서울행정학회.
- 정준화, (2016), 사물인터넷·클라우드·빅데이터의 업무용 이용현황과 시사점, 지표로 보는 이슈 제51호, 국회입법조사처.
- 정준화, (2017), 4차 산업혁명을 위한 정책과제, 「이슈와 논점」 제1321호, 국회입법조사처.
- 정충식, (2009), 국가정보화 추진체계에 대한 비판적 검토: 추진체계의 변화과정을 중심으로, 「한국지역정보화학회지」 제12권 4호, 한국지역정보화학회, 39−66
- 최병삼·오승환·안형준·성경모·임수연·이세민, (2016), 2016년 국내외 과학기술혁신 10대 트렌드, 「Science & Technology Policy」, 과학기술정책연구원.
- 한국경제연구원, (2016), "인터넷전문은행, 빅데이터 활용 활성화가 관건", 한국경제연구원 보도자료 2016년3월 17일자.
- 한국산업연구원, (2015), 「중국제조 2025」.
- 한국전산원, (2002), eKorea지원사업 법제도정비과제 종합보고서.
- 한상기, (2015), 공유경제를 위한 6가지 조건, 「이슈 & 트렌드」, Power Review, 한국인 터넷진흥원.
- 한세억, (2008), 정보시대의 입법역량 제고를 위한 시론, 「동아법학」 제42호.
- 한세억, (2013a), 정보화법제 정비를 위한 입법역량 제고방안, 「입법과 정책」 제5권 제2호, 국회입법조사처.
- 한세억, (2013b), 정책지식생태의 창조성: 전자정부정책의 한·미 비교분석, 「정보화정책 저널」, 한국정보화진흥원.
- 한세억, (2013c), 공공문제 해결을 위한 Co−creation접근의 가능성과 한계, 「행정논총」 제51권 제3호, 서울대학교 행정대학원.
- 한세억, (2016), 제4차 산업혁명과 입법적 대응: 융합기술혁신과 제도 간 균형과 조화, 한국지역정보화학회 2016 추계학술대회 발표논문.
- 한국정보화진흥원, (2012), 「국가정보화백서」.
- 현대경제연구원, (2016), 4차 산업혁명의 등장과 시사점, 「경제주평」 16−32(통권 705호).

- 현대경제연구원, (2017), 4차 산업혁명기반산업의 R&D 현황 국제비교, 「VIP REPORT」 17−29호.
- 홍순구·한세억, (2013), ICT기반 지역공동체 가치창출 전략의 탐색, 「한국지역정보화학회지」 제16권 제2호, 149−174.
- 황지연, (2015), "O2O, 커머스를넘어 On−Demand Economy로", Issue & Trend, DICIECO 보고서.
- Brett Goldstein, (2013), Beyond Transparency: Open Data and the Future of Civic Innovation.
- Freeman, Ch. & L. Soete, (1997), The Economics of Industrial Innovation, MIT Press.
- Gartner Group, (2003), Gartner's Hype Cycle Special Report for 2003.
- Hughes, Thomas P., (1993), Networks of Power: Electrification in western Society 1880−1930.
- Johnson, S., (2002), *Emergence: The Connected Lives of Arts, Brains, Cities and Software*, Touchstone.
- Moore J. F., (1996), "The Death of Competition" Fortune, 4/15/96, Vol. 133 Issue 7.
- Nelson, R. & Sampat, B., (2001), "Making Sense of Institutions as a Factor Shaping Economic Performance", *Journal of Economic Behavior and Organization*, Vol. 44, 31−54.
- OECD, (2008), *Focus on Citizens: Public Enlargement for Better Policy and Services.*
- Randall H., (2003), 온 디맨드 비즈니스: 가치 창출을 위한 새로운 계획, IBM Global Services.
- Smits, R. Kuhlmann, S. & Shapira, P., (2010), The Theory and Practice of Innovation Policy, Edward Elgar.
- Stam, Erik & Nooteboom, Bart, (2010), "Entrepreneurship, Innovation and Institutions", Utrecht School of Economics: Tjalling C. Koopmans Research Institute, Discussion Paper Series 11−03.
- Toffler, Alvin & Toffler, Heidi, (2005), *Revolutionary wealth*, Knopf.
- UBS, (2016), *UBS White Paper for the World Economic Forum.*
- Vigoda, Eran., (2002), "From responsiveness to collaboration: Governance, citizens, and the next generation of public administration", *Public Administration Review* 62 (5): 527−40.
- Warschauer, M., (2003), *Technology and Social Inclusion: Rethinking the Digital Divide*, MIT.
- World Economic Forum, (2016), *The Future of Jobs.*

찾아보기

저자 약력

한세억(韓世億)
저자는 서울대학교 행정학박사를 취득하였으며, 현재 동아대학교 행정학과 교수로 재직 중이다. 한국지역정보화학회장(2015~2016)을 역임하였으며, 삼성전자, 한국정보문화진흥원, 대통령소속 국가전산망조정위원회 사무국, 한국능률협회매니지먼트 등 공·사조직을 경험하였다. 행정·입법고시 출제 및 채점위원, 중앙정부(국무조정실/과학기술부/행정안전부/국민권익위원회 등) 및 지방정부(부산시/제주도/자치구), 공공기관(한국자산관리공사, 한국남부발전 등)과 기업에서 자문 및 특강(창조성/혁신/정부3.0/규제개혁/청렴) 강사로 활동 중이다.

주요 연구업적
• 학술지논문, "제4차 산업혁명의 창조적 제도화에 관한 연구(2017)" 외 73편
• 학술대회 발표논문, "창조성패러다임의 행정지향과 전략(2016)" 외 125편
• 저서, 〈행정과 창조성〉 및 공저 19권
• 연구보고서, 〈그린 IT와 사회발전 간 조화로운 혁신 메카니즘 구축〉 외 37권
• 정보화컨설팅보고서, 〈울산광역시 남구 지역정보화계획〉 외 7권

정보화관련 수상
• 2002, 정보화촉진 국무총리 표창
• 2018, 정보화역기능예방 국무총리 표창

정보정책의 이해와 실천 – 정보화경험과 제4차 산업혁명의 진로 –

초판발행	2018년 9월 10일
중판발행	2021년 9월 10일
지은이	한세억
펴낸이	안종만·안상준
편 집	김상윤
기획/마케팅	박세기
표지디자인	권효진
제 작	고철민·조영환
펴낸곳	(주)**박영사**
	서울특별시 금천구 가산디지털2로 53, 210호(가산동, 한라시그마밸리)
	등록 1959. 3. 11. 제300-1959-1호(倫)
전 화	02)733-6771
f a x	02)736-4818
e-mail	pys@pybook.co.kr
homepage	www.pybook.co.kr
ISBN	979-11-303-3215-4 93360

copyright©한세억, 2018, Printed in Korea

* 파본은 구입하신 곳에서 교환해 드립니다. 본서의 무단복제행위를 금합니다.
* 저자와 협의하여 인지첩부를 생략합니다.

정 가   22,000원